JN063364

Peruanos en Japón, pasado y presente

ペルーから日本へのデカセギ30年史

ハイメ・タカシ・タカハシ
エドゥアルド・アサト
樋口直人
小波津ホセ
オチャンテ・村井・ロサ・メルセデス
稲葉奈々子
オチャンテ・カルロス

ペルーから日本への
デカセギ30年史
Peruanos en Japón,
pasado y presente

目次

日本語版への序文

　この本を作るプロジェクトは、「ペルーからのデカセギの歴史を記録に残したい」というハイメ・タカシ・タカハシの希望から始まった。なるほど、南米各地の日系人コミュニティは、『○○日本人移民××年史』といった記録を数多く刊行してきた。デカセギに関しては、アウグスト・ヒガやルイス・アリオラが自らの日本就労経験をもとに小説を書いているが（第6章参照）、全体像を描くような試みはなかった。ならば、ペルーからのデカセギ史についてまとめてもおかしくないではないか。そんな風にして、二〇一九年からプロジェクトのための助成金を申請するようになり、七人のメンバーも固まった。

　ほどなくして、運良く研究費を得ることもできた、では始めよう。そう思った二〇二〇年四月、コロナ禍による外出制限で、我々全員が身動きとれなくなっていた。プロジェクト自体は、ペルーコミュニティを舞台にワークショップを開きつつ、デカセギ者からみたデカセギ史をまとめていくはずだったのが、かなわなくなった。日本各地のペルーコミュニティの活動も、ほとんどが停止していた。プロジェクトは、オンラインでのミーティングを中心に進めざるを得ず、全員が初めて真岡市で顔を合わせたのは、二〇二一年一一月になってからのことだった。

　メンバーの中には時給で働く者もおり、収入減に直結するコロナ感染は避けねばならなかった。そのため、対面での活動は極力行わず、各自が調査や素材集めを行う地味な進行となった。その過程で、かつて

稲葉が翻訳書を出す際にお世話になった元現代企画室の太田昌国氏に、出版企画の相談に乗ってもらった。

同社は、スペイン語文学の翻訳を多く手掛け、スペイン語での書籍も刊行していたからである。我々の希望は、デカセギ一世と二世が一冊の本を共に読めるように、日本語とスペイン語のバイリンガルの書籍を作りたいというものだった。これは、出版経費がかかる割には売り上げを期待できない企画で、スペイン語部分は電子ブックにした方がよいのでは、といったアドバイスをいただいた。

結果的に太田氏にインパクト出版会を紹介していただき、同社の深田卓氏と須藤久美子氏には、この本の体裁——右から開けば縦書きの日本語が、左から開けば横書きのスペイン語が現れる——も理解していただき、迅速に編集を進めていただいた。

なお、この本は科学研究費補助金（挑戦的研究（萌芽）20K20777）による成果である。移民による移民史は、南米の日系社会では数多く刊行されているが、日本でデカセギ者自身がデカセギの歴史を書き残す試みは初めてである。そうした趣旨を認めてもらったため、萌芽段階にある研究として採択されたのだと思う。また、それにふさわしく在日ペルー人コミュニティ内部からの視点が生かされた本になった。

著者一同

第1章

帰還——栃木県真岡市でのデカセギ三〇年史

ハイメ・タカシ・タカハシ

1　はじめに

「人生は堂々巡り」とはよく言ったものだ。しかし、それは同じ場所や時間に戻るのではない。過去と似た状況に置かれた時、過去をより理解できる。螺旋階段のように同じところを廻りながら、異なる階へ移動するようなものだ。私個人のケースでは、母方の祖父、東条六郎が人生の中で通過した点に戻った。つまり、祖父と同じ動機で、八〇年の時を経て私たちは家族の幸せを求めて太平洋を横断しなければならなかったのだ。

私の祖父がペルーに向けて旅立つことを決めるに至った時の彼の生活環境を調べると、私と多くの類似点があった。この章では、私の個人的経験および日本へ行くことを選んだ日系デカセギペルー人の経験を共有したい。

私の場合、我が家のパイオニアである東条六郎がペルーの大地を踏み、子孫のために基盤を築いてから八〇年後のことだった。状況に迫られて、私もまた太平洋を横断しなければならなかったが、今度は逆の方向に、より良い未来を求めて、祖父が別れを告げた国に行った。だが、本題に入る前に、私たち日系ペルー人の祖父母がしたように、より良い生活を求めて地球の反対側に行くことを決意した状況を説明した方が

7

いいだろう。八〇年代後半、ペルーでは二〇〇〇％を超えるインフレで経済は麻痺し、生活用品を求めて長い列ができた悲惨な時だった。急速に進行する経済危機により物価が急上昇し、給料が月末にもらえず、市民は深刻な問題にみまわれた。その上、民主主義国家の転覆と社会主義国家の設立を目的とする二つの反体制勢力、センデロ・ルミノソとトゥパク・アマル革命運動による国民をターゲットにした殺人や誘拐、爆弾テロなどで人々は恐怖に怯え、それによりさらに経済危機は深刻化した。

2 太平洋横断——「帰郷」

一方、太平洋の反対側にある日本では八〇年代はかつてない好景気の時期だった。一九八七年から一九九〇年、日本経済はバブルの時代と呼ばれる過剰投資と巨大な利益に酔いしれた雰囲気の中で活力に満ち溢れ成長した。そのピークは目を見張るものだった。国内市場はどんどん需要が増大し、国際市場は「メイド・イン・ジャパン」の製品が世界を席巻し貿易黒字を膨らませていた。輸入よりも輸出が上回っていた。

それにより日本は人手不足となり、その機会と、移民・労働政策の不在を利用して、東南アジアの外国人が、技能実習や就学ビザなど法的には労働者ではない身分で入国できた。そのようにして、台湾人、韓国人、中国人たちが入国した。同様の方法で、ビザ相互免除協定の結果として観光ビザや難民としてイラン人、パキスタン人、バングラデシュ人などが入国した。

しかし、その数年後、言葉、宗教、習慣などの問題が表面化した。中でも深刻だったのは発行された許可証の滞在期間を超えた「不法滞在」だ。そのようなことがあり日本政府は、彼らに代わる労働力として南米の日系人、主にブラジル人、ペルー人に目をつけた。それらの国では当時、インフレ、失業が深刻だったし、またペルーではテロの心配もあった。

（1）沖縄——最初の滞在地

これらと同じ時期に、沖縄には家族の事情で多くの日系ペルー人がすでに住んでいた。日本国籍を持っている人もいたが、大半の人は六ヶ月滞在でき、期間延長が可能な家族ビザで入国した。彼らの中には基本的な日本語や習慣を学習するなど順応期間をおいた後、より良い仕事（産業、製造部門）と高い報酬を求めて本州に移動した人もいた。彼らは日本が人手不足であることに気付いていて、ペルーにいる家族に、来日が家計の問題を解決する糸口になるだろうと知らせ、多くの人が日本に向けて旅立つ後押しをした。一般に兄弟やいとこが一緒になった小さなグループで来日した。まず沖縄に行き、職業安定所を通して、本州での仕事を得た。

日本政府が日系人の最初の入国の可能性について調査している間、すでにいくつかの企業は、住居と生活必需品を用意し、高給の仕事を用意して日系人労働者とコンタクトをとるために南米に足を運んでいた。

こうして、デカセギ現象とよばれる日本に向けた日系人の集団移民が始まった。

（2）最初のグループ

一九八九年一月二八日、男性三〇〜四〇名の第一団が出発し、二月二日、研修ビザ四—一—六—二が押されたパスポートを手に成田空港に到着した。彼らは日本に慣れたり、人材紹介を依頼した工場に提出する日本語の履歴書を作成するためのそれぞれの書類をチェックするために、真岡市に連れて行かれた。データによると真岡では一九八八年一二月三一日以前、つまり第一団の到着以前は、ペルー人五人、ブラジル人三人、アルゼンチン人三人、チリ人一人、メキシコ人一人しか登録されていなかった。その一年後、初期の移民グループの到着により、南米人の数はペルー人一五九人、ブラジル人一二八人と飛躍的に増えた。この第一団から真岡に定住した人もいるが、東京、神奈川、千葉、埼玉、栃木など、関東各地の工場に行った人もいる。その時から、南米のデカセギグループは栃木県に向かうものだけで、月に二グループ以上が

9

図1：真岡市の外国人登録者数の推移　1988年〜2021年

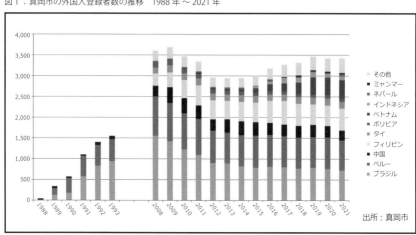

凡例：
- その他
- ■ ミャンマー
- ■ ネパール
- ■ インドネシア
- ■ ベトナム
- ■ ボリビア
- ■ タイ
- ■ フィリピン
- ■ 中国
- ■ ペルー
- ■ ブラジル

出所：真岡市

到着するようになった。図1は、真岡の外国人人口はブラジル人とペルー人が大部分を占めていたことを示している。

（3）給料の付与と控除

日系人が日本へ集団移民する前から、工場労働で得られる高い給与について噂が広まっていた。月に三、四千ドルもらえると思われていた。それを最大限貯金すれば、自分の家やマンションを得る夢を短期間で叶えることができる。しかし、義務として控除される金額については、考慮されていなかった。給与は、法にもとづき労働者が得る報酬である。この所得は通常の仕事、残業代、夜勤手当、ボーナス、皆勤賞などからなる給与で、その仕組みを我々はおいおい学んでいった。一方、所得税や失業保険のような、天引きされるお金もある。ペルー人は働いてできるだけ早くお金を貯める目的で来日しており、その目的を達成する上で、不要な支出があることは、想定外だった。同じことが、デカセギとして私たちより一年前にブラジルから来た日系人に起きていた。

日本では三ヶ月を超えて滞在し、報酬を受けるすべての外国人（観光ビザ所持者を除く）は公的健康保険と年金に加入する義務がある。健康保険については、二〇才以上のすべての人は厚生年金か国民年金に加入しなければならない。一九八八年に、

私がのちに働くことになるNKKという派遣会社が健康保険と年金について日系人労働者に説明したところ、彼らはその支払いを拒否した。なぜなら彼らはできるだけ早くブラジルに帰国しようと思っていたし、支払いは計画を遅らせるからだ。一方、彼らが支払いを承知しなかったことは、支払い義務の一部を節約できた斡旋業者の利益にもなった。そこで、健康保険の代替手段が模索され、外国人旅行者が利用していた保険を使うことになった。その保険は、病気や怪我による支出の一〇〇％をカバーするものだった。

日系ペルー人が到着した初期、彼らも年間一万円で病院費用を一〇〇％カバーする旅行保険の方が良いと考えた。明らかに社会保険と比べてずっと安かった。義務であった国民年金については、デカセギ労働者は定年まで滞在しないと思われたため、市は支払いを強制しなかった。派遣会社は要件を満たしたら従業員を社会保険に加入させなければならない、と政府が義務化するまでこの状態は長年続いた。入国管理局も、永住ビザ申請にあたって、年金事務所の発行した保険料支払い証明書の提示を必須条件として求めるようになったのである。

3　真岡の出稼ぎ

（1）研修ビザ

一九八八年にはペルー日系人協会の新聞「ペルー新報」に、日本での求人情報が載っていた。旅行会社を通して斡旋業者は仕事の契約書と渡航資金を提供し、仕事を探している人と連絡をとっていた。この最初の段階では、日本に行くことに興味がある人で日本国籍を持っている人は手続きが可能だった。そうでない人は日本に住んでいる親族に保証人になってもらい、親族訪問ビザを申請できた。しかしそれは一定程度複雑で厄介な手続きであり、多くの人は沖縄の家族と連絡をとっておらず、希望者の大半はこの条件を満たさなかった。

そこで「研修ビザ」に関して、日本の入管法の曖昧な部分を利用した。それにより日系人の入国が容易になり、日系ペルー人の集団移民はそうして始まった。ペルーから来た労働者の初期のグループは、数ヶ月間、日本の生産部門で仕事の仕方を学ぶため、書類上はすでにペルーで学んだ研修生として到着した。多くの旅行代理店や派遣会社が、日系ペルー人を真岡に連れて行き、その多くが真岡に滞在した。真岡は他の都市への足がかりになったり、真岡に定住する人もいた。真岡では一九八八年の初めから、日産自動車やその子会社の工場で働くため、ブ

図2：最初のデカセギのグループの1人のパスポート。1989年2月2日付の上陸許可のスタンプに、研修の在留資格を意味する「4-1-6-2」と記載がある。

ラジルに住んでいた日系人を連れてきたNKKが仕事を取り仕切っていた。しかし、労働力の需要が大きすぎて企業の要求に追い付けなかった。

そのため、ペルーなど他の国で労働者を探し始めた。ペルーには多くの日系人がいて、ペルーの旅行代理店ITSにコンタクトした。ITSは研修生になりそうな人をリクルートする担当だった。ペルーの日本大使館で彼らのビザ取得手続きをし、日本行きの航空券を用意して空港へ送った。一方、NKKは航空券代金を立て替え、成田空港での出迎え、住居、工場までの送迎、職場での通訳つきの仕事を斡旋した。

（2）「私は2年間だけ行く…」

八〇年前、私の祖父は私と同じ状況だった。彼の世代の多くがより良い未来を築くために、当時の日本の政策によりペルーへ渡った。今度は私だった。よく考えた末、私の家族が将来経済的に豊かになるために日本に戻る道を選んだ。そして旅をすることにし、日本で働く期限を計算した。「二年、行こう」と決めた。カナダ経由で、日本に私のグループは三五人のデカセギ労働者で、皆「家族訪問ビザ」を持っていた。

一九八九年六月二七日午前一一時に到着した。成田空港に誰も出迎えの人はいなかった。予定では一日前に到着するはずだったのだが、飛行機の機材の問題が生じて、三時間の飛行後、引き返さなければならず、バンクーバーで足止めされたためである。派遣会社の社員は午後に私たちを迎えに来て、すぐに私たちを真岡に連れて行った。

「どこに住むんだろう?」「着くのにどのくらい時間がかかるんだろう」「どんな仕事だろう」一時的に滞在する真岡に向かう道中、みんなが疑問、不安、そしてたくさんの質問を口にした。夕方に真岡に到着し、別々の宿舎に私たちは連れて行かれた。私のグループは一〇人で二部屋に泊まらなければならなかった。翌日、早朝から真岡やその他の町の異なる工場へ旅の仲間たちが配置され始めた。多くの場合、それは私たちが会う最後の機会となった。

私は少し日本語ができたので、責任のあるポジションの仕事が約束されていた。日本に着いたばかりの私の最初の職場は、埼玉県大宮市にある工場だった。半自動電気アーク溶接の技術を学び練習するために、日本人職員が与える指示を一〇人の同僚に通訳しなければならなかった。一ヶ月間私たちは一緒にいて、私は八月にNKK派遣会社の事務所で働くために真岡に戻った。ここで、ブラジル人とペルー人の通訳グループに組み込まれた。そこにはすでにロサ・エスピノサとメルセデス・エンドウがいた。三ヶ月後、アルベルト・コサカ医師が加わり、彼と一緒に「カウンセリング」グループを作ることになる。これは、労働者が地域の病院に行く必要がある時に付き添う通訳のチームだった。

図3：スペイン語とポルトガル語の通訳者たち（NKKの事務所前にて）

13

（3）事務所での第一日目

NKK派遣会社の事務所は山川工業（現ユニプレス、真岡第一工業団地内）の工場の土地にあった。その地域にある大半が日産自動車用の部品を生産する工場で、NKKがそこに労働者を送り込んでいた。その場所にはプレハブで建てられた二つの事務所があった。ひとつは経営部門と会計部門、もうひとつは工場の主任のための部屋だった。主任は二、三交替の仕事で出勤状況やいかなる出来事も報告しなければならなかった。私が最初に担当した仕事のひとつは、リマの旅行代理店が派遣会社に送った顧客リストにふりがなをつけることだった。この名前のリストはカタカナで書かなければならなかった。一番大変だったのは、長い間カタカナを使わなかったので、すっかり忘れていたことだ。それで代わりにひらがなを使い、カタカナを覚えるまで練習した。それを提出した時、私は強く思った。「ああ、なんて恥ずかしいんだ」。その晩アパートに戻り、カタカナ

図4：スペイン語に訳した「労務安全マニュアル」

その時代、自動車産業は絶頂期で、労働力不足はよく知られていた。工場から日系人労働者が日本に到着してすぐに工場に連れてくるように、派遣会社にプレッシャーをかけるほどだった。最初の頃はそんな日々だった。労働者たちが真岡に着いた後、すぐに履歴書を作成し、安全に関する注意説明はまったくないか、少しだけで、二、三日後には彼らはもう働いていた。安全については職場の実践で身につけていた。これらの日系人労働者の誰も工場の生産ラインで働いた経験はなかったので、おそらく言葉が分からなかったり、担当の仕事の指示が理解できなかったり、あるいは不注意や怠慢などの理由で小さな事故が起こった。

そんな訳で、『労務安全マニュアル』の翻訳の担当になった。この仕事には時間がかかった。まずは漢字を勉強しなくてはならず、解読し、表現を理解し、そしてそれをスペイン語に翻訳する。そ

の作業の後、パソコンはまだ一般的ではなく Windows 95 もなかったので、ワープロで書かなければならなかった。そのようなすべての作業の後、印刷にまわすために、図とスペイン語のテキストをカットして、一枚の紙に貼る。意図せず私は他の本の内容をコピーする犯罪者になっていた。

（4）研修ビザの期限切れ

　「研修ビザ」で来ていた最初のグループの人たちが、来日して六ヶ月が経過する頃のことだった。滞在の更新は許可されないので、ペルーに帰国しなければならなかった。六ヶ月有効と入国時のスタンプが押してあったとはいえ、寝耳に水の状況だった。私は該当する同胞がいる色々な工場に行って、彼らが帰国しなければならない理由（入管法の規定）を説明する担当になったが、対応は渋いものだった。コミュニケーション不足や誤解により問題が発生し、同胞たちは抗議したり苦情を言ったりして、そんなに早く帰国することに抵抗した。彼らは二年働くという目標を達成することなく、すぐに戻らなければならなかった。それゆえに騙されて敗北したと感じた。議論を重ねた後、いい意味で受け止めるしかないと彼らは理解した。つまり、帰国は家族とともに過ごす貴重な休暇であり、数ヶ月後には戻ってくるのだ、と。

（5）一時帰国について──強制的休暇

　やむを得ず帰国しなければならない数日前、あちらこちらの街に住んでいた多くの労働者が成田空港まで送ってもらうために真岡にやってきた。出発の日はみんな嬉しそうだった。まるで大きな戦いの後に故国に戻った戦士のように勝ち組として帰郷するのだろう。戦いでは多くの負傷者、逃亡者が出た。家族が恋しくて眠れない夜があった。長く厳しい仕事の時間があった。生産における失敗は許されないという「敵」がいた。しかし、最終的には彼らは生き残り、勝者であり、家族のヒーローだった。彼らを送るには大きなバスと、家族や友人へのお土産でいっぱいの重いスーツケースを運ぶ大型トラックが必要だったことを

15

付け加えておかなければならない。

一九八九年後半から研修ビザの滞在期間が一年に改正された。ペルーに帰国した人たちが戻ってくる時はそのビザだった。当時は自動車部品の工場の生産がピークだった。みんなできるだけお金を貯めるために、一日に二、三時間の残業をしたり、土日も休まず働きたがっていた。一九八九年の終わりまでに、繁栄は傾き始めた。日本のバブル経済が終わるところだった。

（6）バブル経済の終焉

国際市場における競争力を失い、低金利、低内需と輸出の減少により、日本史上もっとも豊かで経済的に発展した時代は終わりを迎えた。ペースダウンが続いたので、週末の仕事を中止、残業を制限するなどして工場は生産を見直し、製造業は少々落ち込んだが、それで財政状態は均衡が保てた。当然この方法は日本の労働者の経済に深刻な影響を与えた。彼らの給料は下がったが、まだ仕事はあった。この危機を被った工場は余剰人員を他の生産ラインに移動させたり、子会社に従業員を送ったりした。最終手段として非正規の社員を解雇したが、その多くは南米からのデカセギだった。NKKの場合、従業員名簿にある解雇された労働者は真岡で再編成され、新しい仕事のため待機した。

同時期、ペルーではグループを作り続けており、出発日が決まっていて来日をキャンセルできない人を含め、リストにすでに載っている人もいた。彼らは待機している間に日本経済が良くなることを願っていた。

一九九〇年一月、真岡に三つのデカセギグループが集まり、そのうち二つが女性だけで構成されていた。合計約二〇〇人のブラジル人とペルー人が異なるアパートに分宿した。当然、仕事が決まるまで派遣会社が住居と食事（一日二回の軽食）の責任を持った。毎日希望者に向けて送迎付きの日本語教室も開かれた。しかし、全員がこの機会を利用したわけではなく、勉強しない言い訳をする人は、いつもいた。

（7）真岡における外出禁止令

失業した多くの外国人が集まっていることは街で看過されなかった。グループになって大声で話しながら歩く、住居で騒音を出す、夜遅くまで大音量で音楽を聞く、ゴミの収集日を守らず分別もしない、スーパーでの万引きなどもあった。彼らに日本の生活様式を教えるために、スペイン語とポルトガル語で日常生活におけるさまざまな課題（例えば、燃えるゴミと燃えないゴミの分別、住んでいる場所によって異なるゴミの収集日時についての説明）と習慣やしかるべき振る舞いについてのマニュアルの配布と普及は私たち通訳と主任に任された。

来日したばかりの大半の人は近隣の町ですでに働いている親戚や友人がおり、彼らを歓迎するために訪ねて夜遅くまで長話をしたのだろう。このような行いは近隣住民には迷惑で、秩序を保つために警察が呼ばれ、派遣会社にも苦情の電話がきた。問題があり、混乱した状況だった。そのため、近所に大変迷惑をかけていたこれらの集まりをやめてもらい、近隣の静けさを守るため、夜九時から一二時までの間に家庭訪問がなされた。この訪問で仕事の状況、日本の習慣、日本語の授業、ゴミ出しの方法や曜日などの情報交換もした。それは真岡では冗談で「外出禁止令」と呼ばれた。

（8）真岡に大挙するデカセギ

真岡に一九八八年から最初の日系ブラジル人とペルー人が到着し始め、静かだった小さな街は様変わりした。「いせや」や「福田屋」のようなデパートや「ショッピング」（南米の労働者が住んでいるところにある、多くは工場とアパートの間にある小さなショッピングセンター）は間もなく見知らぬ人々に占領された。彼らは日本人と似たような風貌だが日本語を話さない。「彼らは誰なんだ？」「どこから来たんだ？」「あれは何語だ？」というような様々な疑問が住民の間に生じた。そして徐々に彼らが地元の自動車工場で働いている人たちで、数十年前にペルーやブラジルに移民した日本人の子孫たちだと分かってきた。

17

彼らが来て間もなく外国人登録手続きの義務を済ませようとする外国人で真岡市役所はいっぱいになった。元職員たちによると、一五人から二〇人の外国人が一緒に日本で生活するための手続きに来ると、当時はパソコンもなく、全部の手続きが手書きだったので大変だったそうだ。

（9）おんぶに抱っこ

到着した時から、真岡に住んでいる南米日系人と彼らを雇う企業は多くの問題と困難に立ち向かわなければならなかった。最初に生じた困難は言葉が分からないことだった。他の国と異なり、ペルーは第二次世界大戦の間日本に対して交戦国の立場をとった。それにより外交関係が断絶し、一連の規制と不公平な扱いがなされた。その一部が、日本人学校の閉鎖と日本語教育の禁止だ。そのため多くの日系人は日本語を話せないし、話せたとしても初級レベルである。

そのため派遣会社は、主任と呼ばれる通訳たち（ブラジルに根を下ろした日本人）を用意することにした。主任は工場で従業員たちを監督する責任があり、すべてを通訳する任務があった。面接に始まり、仕事の規則と手順の説明、休憩時間、安全規則などの通訳だ。仕事以外でも行政手続き、給与が振り込まれる銀行口座の開設、送金、家族への郵便、工場への送迎、病院の付き添い、その他多くのサポートが含まれた。日系人は日本語を学ぶ必要に迫られなかった。この悪習のため、地域社会に溶け込む必要がなく、閉ざされた社会が形成された。このようなことは、他の国の人たち、例えば通訳を持たないイラン人やパキスタン人には起こらず、彼らは必要に迫られて日本語を学んだ。日本には「おんぶに抱っこ」という諺がある。その起源は両親が子どもたちをおんぶしたり抱っこして甘やかし、必要なことはすべて代わりにしてやることに由来する。一般に他人に頼りすぎる人を批判するのに使われる。

（10）工場にて

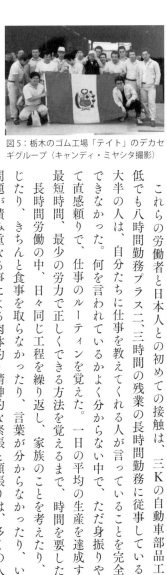

図5：栃木のゴム工場「テイト」のデカセギグループ（キャンディ・ミヤシタ撮影）

これらの労働者と日本人との初めての接触は、三Kの自動車部品工場で、最低でも八時間勤務プラス二、三時間の残業の長時間勤務に従事している時だった。大半の人は、自分たちに仕事を教えてくれる人が言っていることを完全には理解できなかった。何を言われているかよく分からない中で、ただ身振りや表情そして直感頼りで、仕事のルーティンを覚えた。一日の平均の生産を達成するために最短時間、最少の労力で正しくできる方法を覚えるまで、時間を要した。

長時間労働の中、日々同じ工程を繰り返し、家族のことを考えたり、孤独を感じたり、きちんと食事を取らなかったり、言葉が分からなかったり、いろいろな問題が積み重なる事による肉体的・精神的な緊張と頑張りは、多くの人に適応障害、感情障害、うつなどの問題を引き起こし、寮や職場の人間関係にヒビが入った。そのため仕事の生産性が下がり、工場からは、そのような問題のある人を他の人に代えてほしいという要請があった。

（11）カウンセリンググループ

　デカセギ労働者の数は急激に増加し、不適応、心身の健康の問題も増えた。そこで、一九九〇年二月、NKKは主として外国人従業員に医療の必要が生じた時に付き添うためにカウンセリング・グループを作った。精神科のアルベルト・コサカ医師が初代責任者になり、適応障害のケースでは、彼が感情的、心理的支えとなりながら診断を下し、力添えすることを引き受けた。しかし、主な仕事は市の医療センターでの通訳だった。労働者たちがもっとも頻繁に行った病院は派遣会社の事務所に近く、多くの専門分野の科があった福田記念病院だった。このグループは約四年間続いた。ほどなくして、メンバーのリカルド・シロマ医師はペルーに帰国しなければならなかったが、彼の代わりに、フリオ・マツオカ医師が加わり、後にルイス・カナシロさん（俳優）、最後にフリオ・キッタ医師も加わった。

特にコサカ医師の専門領域だったが、もう一つの役割は職場の労働者たちの現地訪問だった。様々な街まで出向き、そこで心身の状態もチェックするのと同時に、間近で彼らの不安、問題を知るためだった。いくつかのケースでは、ルイス・カナシロさんが付き添った。彼は相談相手になるだけでなく、俳優としての経験を生かし、従業員たちにパントマイムなどのちょっとしたエンターティメントを披露した。

4 カルチャーショック

うつと適応障害の主な原因は孤独、仕事のプレッシャー、言葉が分からないこと、交代制勤務、食習慣に至るまで、多くの要因によるものだった。要するに、習慣の違いによって労働者の行動が大きく変わったのである。

（1）文化の違い

確かに日本は世界でもっとも進んでいる国のひとつだと思われているが、日本社会はとても保守的だ。例えば、日本人の血をひく者も含め、外国人にとってはおかしな文化的要素があり、日本では家に入る時、玄関で靴を脱いで、玄関に置いておくのが普通だし、その後、靴を脱いだままか、楽な履き物を履いて家の中に入る。家に外の汚れを持ち込まないための習慣だ。トイレに入る時もスリッパに履き替えなければならない。

靴のまま寮に入り、畳を汚したり乱暴に扱う従業員を注意するため、工場の寮に行かなければいけないことが二回あった。どちらも千葉県だが、一回は成田、もう一回は松戸だった。数日後、注意したことがきちんと守られ、部屋が清潔か確かめるために戻らなければならなかった。

日本では通常、工場に働きに行くのに香水をつける習慣はない。何か約束がある時やパーティーの時に

だけ香水をつける。男女を問わず多くの外国人従業員は香水をぷんぷん匂わせて、大きなネックレスやイヤリングのような目立つアクセサリーを身につけて職場に行った。これは、仕事のラインにいる日本人従業員の目には好ましく映らなかった。その主な理由は、従業員の安全だ。ブラブラしたものが機械に引っかかって重大な事故を起こしかねない。

一部の日本人にしぶとく根付いたある悪い習慣が多くの工場で大きな問題の原因となった。それは女性のお尻をポンと叩くことだった。まったく悪気はなくそのようなことをするのだが、女性たちは悲鳴を上げ、お尻を叩いた人はぞっとされ、触り屋だと評判になった。現在ではこれはセクハラとして法的に罰せられる。

箸は食堂やレストランでよく使われている。お茶碗に盛ったご飯に箸を突き立てるのはとても行儀が悪く、それはお葬式を想起させる習慣だ。外国人は一休みする時、箸をテーブルに置く代わりに、ご飯に突き立てる。

日本では刺青はいつもヤクザや犯罪をイメージさせるので、よく思われない。その上、体に刺青がある人は銭湯や温泉、公共のプール、ジムに入れない。刺青が理由で、人を交代するよう要請した工場もあった。

（2）トイレ

外国人が日本に初めて来てお手洗いに入った時、おそらく床にある便器を見て驚いただろう。「どこに座るんだろう？」「立って使うのかな？」と聞いてまわっただろう。日本にはふたつのタイプの便器がある。和式と洋式だ。来日したばかりの多くの外国人は、初めて和式を使う時、戸惑う。この様式の便器は慣れていない人には奇妙だが、より衛生的だと考えられている。これを使うには、壁の方を見てしゃがまなければならない。それは多くの西洋人にはきつい体勢だが、座面に体のどこも触れない。

今は和式はほとんど姿を消し、とても古い家か、田舎でしか見ることができない。現在はビデ、暖房、ちょ

21

うどよい温度の湯、特別の音までついた近代的な便器の快適さを味わうことができる。

（3）公衆浴場

　昔から伝統的に日本人は銭湯か公衆浴場によく行く。いくつかの工場では従業員が長時間働いたあと、仲間たちとくつろげるように宿舎の中にまだ共同浴場がある。それはお湯がいっぱい入った小さなプールか浅い池のようなもので、全裸で全身を浸かる。浴槽に入る前に浴槽の外のシャワーか仕切られた場所で体を洗わなければならない。そうしない人は、他の銭湯にいる人たちにとっては大変マナーが悪い人にみえる。

　ペルー人はプールを見た時、それが深くないし、かなり熱いと知らず、泳いだり、水の溜まっている場所に飛び込むことができると思っていた。それでどうなったか想像に難くない。後に私たちはお風呂の正しい入り方と公衆浴場では刺青は許されず、泳いだり潜ったりできないし、小さな声で話さなければならないことを説明しに行かなければならなかった。

（4）日本での最初のクリスマス

　大部分の日本人はカトリックではないので、カトリックの国のようにはイエスキリストの誕生を祝わない。日本でのクリスマスはケンタッキーフライドチキンが唐揚げを売り、不二家は、クリスマスを象徴するデザートとしてクリスマスケーキを取り入れ、商業的に大成功した。来日した最初の年は、クリスマスが月曜日だったので働いて過ごした。クリスマスイブの前日、職場では夜勤で働いていた人たちが〇時に挨拶したり、家族のことを思うために短い休憩をとった。幸運にも非番だった人は子どもたちと話し、クリスマスを祝うために一番近い公衆電話に走った。

　私は一九九三年のクリスマスは、前橋市のダイハツの工場で担当者の仕事をしていた。多くの若者にとっ

て、それは家族から遠く離れて過ごす二回目か三回目のクリスマスだった。そこでみんなで職場の食堂でそれぞれにオーブンで焼いた鶏、おつまみ、ソーダ、そして乾杯のためのシャンパンなどを用意して、クリスマス夕食会を催した。

5　エピソード

多くのデカセギの人たちは日本に初めて到着した時、経験がなかったり、言葉や地元の習慣が分からなかったりの新人だったので、どんなことでもしなければならなかった。それで滑稽で恥ずかしい状況になってしまったことが色々とあった。経験を積むまでは、すべてのこのようなことは修行の一部のようだった。そのうちいくつかをかいつまんで話そう。

（1）缶詰

多くのデカセギは料理ができなかったので、一度も家で料理をしなかったが、とても簡単な方法を選んだ人もいる。ツナと玉ねぎとレモンのサンドイッチを作るためにスーパーにツナ缶を買いに行くのだ。実用的で、安く、とても美味しい。何日かして、保存しているすべての缶にネコや犬の絵が描いてあるのを見て質問した。「なんで、こんなデザインなの？」謎が解けた。ペットの餌だったのだ！

（2）シャンプー

個人の衛生に関することで欠かせないエピソードは石鹸とシャンプーのことだ。一番人気は透明のプラスチックの容器で、緑の液体だ。いい匂いで髪がすべすべになるとみんなが言っていた。その容器は食器用洗剤だと誰かに教えてもらうまでは。

（3）男性用下着

ご存知のように、ここ日本では夏はとても暑くて湿度が高いので、散歩に出かけるときは、Tシャツ、短パンにサンダルのようにとても軽装になる。ある友人が夜の繁華街、東京の六本木まで出かけることにし、超都会に行く電車に乗るためにとても軽装になる。ある友人が夜の繁華街、東京の六本木まで出かけることにし、超都会に行く電車に乗るためにとても軽装になる。ペルーの代表チームのTシャツを着て、花柄のショートパンツにサンダル姿だった。六本木に到着し、買い物をしながら、街を散歩した。しかし、じろじろ見られ、自分のことを話していて、馬鹿にされているような変な気がしたが、日系ペルー人だから通行人の注意を引くのだと彼は思った。

家に帰る時、彼の隣人のひとりに会うと咎められた。

「ちょっと、なんで下着で外を歩いてるんだい？　恥ずかしくないのか？」

「下着？　どれが？」

「パンツ！」

「パンツ？　これは僕の短パンだよ」

「違う！　それ、ボクサーパンツとかトランクスっていうパンツだよ」

「何だって？　ありえない！　だからみんな僕を変な目で見て、笑われたりもしたんだ」

男性だけじゃなくて、ある女性がデパートに買い物に出かけると、女性用品売り場でとてもきれいなデザインで淡い色のノースリーブのコットンで、涼しそうなシャツが何枚か飾られていた。値段はそんなに安くはなかったが、気に入ったので一枚買った。翌週末、それをおろして、新しい服に鼻たかだかで駅の方へ出かけた。歩いていると、視線を感じ、ニヤニヤされている感じがした。電車の中でも、友達との待ち合わせ場所に着くまでもそんな感じだった。挨拶した後、ひとりが聞いた。

「どうして下着でいるの？」

24

彼女は下着として着るキャミソールを服として着ていたのだ。

「何ですって？　恥ずかしい！　確かにキャミソールって言っていたわ」

（4）ホットドッグ

　ペルーから来た新しいデカセギたちを出迎えに行き、真岡に向かっている時だった。あるパーキングエリアで脚を伸ばすために休憩をとった。冷たい飲み物を飲んだり、何か食べたりする人もいた。美味しそうなホットドックが欲しい人もいた。最初にホットドックを受け取った人は日本語も分からないのに注文できたことを自慢に思い、すぐに黄色い容器をつかんで、ソーセージの上にかけて、ガブリとかぶりついた。それが美味しいか知りたかった人たちはみんな悲鳴を聞いてびっくりした。彼は口から火を吹きながら言った。

「ちくしょう、これはめちゃくちゃ辛い」

　日本にはふたつのタイプのマスタードがある。ひとつはみんなが知っている普通のものと、もうひとつはマスタードと同じように黄色だが、カラシという名前の辛いもので、いくつかの代表的な料理に使われている。

（5）すみません！

　ある週末、三人の友人が小さいが、感じのいいカフェに入ることにした。彼らは入口に近いテーブルを選び、奥には美味しそうなアイスクリームを楽しんでいるカップルのテーブルがあった。少したって、そのふたりは帰るために、友人たちが座っていた狭いところを通らなければならなかった。男性が肘を伸ばし、手を広げて通ろうとした。それは日本では通してもらいたい時にする一般的な身振りだが、その身振りを見て友人のひとりは立ち上がり、見ず知らずの人に挨拶するために手を伸ばした。

そして、友達の方を見て言った。

「おー、日本人が通った。僕を知らないのに手を差し出したよ」

「違うよ。あの男性は『すみません、通してください』って言ってたんだよ」

6　コミュニケーションの技術

（１）電話

　三三年前、我々はケーブルにつながっていた！　携帯電話もインターネットもなかった。デカセギとして日本に来てまだ数年の頃、ペルーの私たちの家族とのコミュニケーションはテレホンカードを使って、夜、公衆電話ボックスからだった。いつも料金が安い夜の一一時からだった。国際電話がかけられる特別な電話は、駅や公共の建物、郵便局、銀行の近くなど使う人が多くいる市街地にあった。みんな最低でも三〇分話すので、毎週末、自分の番を電話ボックスの前で辛抱強く待つ外国人の長い列が見られた。順番を待っている間、仕事や給料、残業時間、ペルーのニュース、噂話などの情報交換をしていた。悪いニュースを聞いたり、子どもや家族を恋しがったり、またはよいニュースを聞いて泣く人もみられた。

　ヤクザが細工して、イラン人やパキスタン人が安く売っていた偽造テレホンカードのような公衆電話にまつわる逸話は山ほどある。電話代を実際より安くするもうひとつの方法は、受話器のケーブルの中で釘でショートをさせて国際電話のケーブルにつなぐ、クランキングの技術だ。後にNTTはこの犯罪行為を防ぐために、ケーブルを金属製のチューブで覆った。

　一九八九年末はデカセギ現象のピークだった。したがって、日系人を真岡やその周辺、栃木県内外に配属していたNKKにとって、何か緊急事態が起きた時、工場の責任者と連絡を取ることは重要だった。そのため、ひとりひとりに番号のメッセージを受け取るだけの一方向の受信機であるポケベルが支給されて

26

いた。機械の画面に、連絡すべき電話番号だけが映る。その際には、公衆電話をみつけて緊急事態を知るために電話しなければならなかった。しばらくすると技術の進歩で携帯電話ができたが、大きくて「レンガ」と呼ばれていた。重くて値段が高く家庭で使えるようなものではなかった。それには初めてのテキストのメッセージ、カメラなどの他の機能もついていて、後に他のアプリも登場した。私たちが初めて来日してから三三年が過ぎ、多くの事がよくなった。現在、インターネットも、スマホもある。話したりデータや写真、ビデオを送ったり、オンライン会議をしたり、テレビドラマや映画などを見るアプリがあり、すべてが無料なのだ。

（2）ペルーのテレビへの郷愁

多くのペルー人は長時間働いた後、家に帰り、テレビをつける。しかし画面が何を言っているか分からないので、それは騒音にしかならない。そんな必要性と、ペルーへの郷愁があいまって、ペルーの人気テレビ番組、ニュース、ドラマ、スポーツ番組に至るまでのビデオテープのレンタルのビジネスが登場した。そんな商売がどうやって成り立つのだろうか。最初は日本に住んでいる家族が楽しんだり、情報を得られるように、ペルーに住んでいる家族がいくつかの番組を録画していた。そのビデオテープを見た後、職場の同僚に貸していた。これが工場の仕事の副業としてとても儲かるビジネスの最初だった。送付の頻度が増えていき、「マスター」とか「オリジナル」と呼ばれる番組ごとに分類されたＶＨＳビデオテープの量も増えた。中間配給業者に売るために、大量に複製した（後にペルー製品の店でも様々なビデオが見られるようになった）。業者はペルーの製品を売るのと一緒に宅配で貸すために、デジタルテクノロジーの進歩のおかげで多くの面でコストが減り、アナログのＶＨＳのテープはデジタルのＣＤやＤＶＤに変わった。それによりすべてのプロセスが簡単になり、コピーする時間や物流と運送にかかる時間も短縮した。一般的なデジタルフォーマットは再書き込みができるものではなかったので、

顧客は借りた番組を返す必要がなくなり、貸すシステムから売るシステムに変わった。

インターネットの登場はコミュニケーションとデータ通信の革命であり、私たちのコミュニケーションの形は仕事においても余暇時間を楽しむことにおいても大きく変化した。このテクノロジーの進歩で、DVDレンタル・販売のビジネスは実質的に終わりを告げた。ペルーのテレビチャンネルのレギュラー番組を自由に、好きな時に、いくつかの番組はリアルタイムでも視聴できる代わりに、月額料金を払うサブスクリプションのチャンネル放送に入会することに道を譲ったのだ。

しかし、スマートフォンやタブレット、パソコン、テレビなどほとんどんな端末でも使え、映画やドラマ、ドキュメンタリー、ミュージカル等多くのコンテンツを提供するウェブページの出現により、以前のものはすべて廃れた。それはビデオや音声のコンテンツをインターネットに接続された機器に配信するマルチメディアテクノロジーのひとつで、ストリーミングとして知られている。すべて完全に無料で、申し込む必要はないが、必要であれば月額料金を払う。いくつかのテレビ番組やペルーの映画を見るだけなら、YouTubeを探すだけで十分だ。

（3）紙の地図からナビへ

車用のナビや携帯電話のアプリができるまでは、知らない場所に車で行く時、幹線道路や高速道路の載っている地図の本を見なければならなかった。何度も私たちは東京のような大都市で迷子になった。夏のある日、約束の時間に着けるかどうかヒヤヒヤしながら車の渋滞を我慢したこともあった。今日、車搭載のGPSのナビのお陰で、私たちは現在地を知る事ができ、ナビが詳細な情報を私たちに提供してくれるので、興味のある場所に簡単安全に行くことができる。

（4）「使い捨て」に残る私たちの最初の思い出

日本では「使い捨て」のコンパクトカメラは、オートフォーカスで、子どもでも、経験のない人でも誰でも、いつでもどこでも手頃な値段で写真を撮ることができた。もちろん、撮ったら現像に出さなければならず、一週間後に写真が出来上がり、その時に写真がちゃんと撮れたかどうか分かる。このようなカメラは便利だからというより、レトロブームで今でも若者たちに使われている。私たちが日本にやってきた九〇年代には、「使い捨てカメラ」はとても人気があった。どこでも買えて、間違いなく日本での外国人労働者の日常の初期の様子を残した。しかし、その点に関しては用心深く、職場内では使う事ができなかった。なぜなら、デザインや製品の機密が漏れ、産業スパイとみなされかねなかったからだ。そんな訳でその頃の仕事中の写真はそんなにない。

7　社会統合——経済危機後の真岡

（1）サンバチーム・絆

　近隣の日本人と力を合わせて作られたグループが、二〇〇八年の危機で仕事を失った日系人のために、真岡でチャリティーイベントを開催した。そのイベントにはたくさんの音楽グループや、日本舞踊のグループ、ハワイアンダンスのグループ、タヒチダンスのグループ、日本語のボランティア教師、それに一般の人も参加して、多くの観客が集まった。「サウージ」という東京から来たサンバチームも参加した。イベントは大成功で、その収益で真岡に住んでいる外国人向けの仕事に復帰するためのプログラムや日本語授業のような「大人が興味を持つよう配慮された」教室が運営できた。

　そのイベントとサンバのグループの公演の直後、多くの人がこのブラジルのダ

図6：サンバチーム「絆」

ンスを練習してみたくなり、音楽の演奏者グループもでき、それと共に外国人と日本人の熱心に練習する人がまとまって「絆」というサンバチームができた。「絆」は市や真岡市国際交流協会（MIA）の姉妹協会のイベント、ホテル、色々な公園などのイベントに参加した。メンバーの努力のおかげで設立一〇年目に「絆」が、毎年夏、東京で開催され厳格な審査で有名な「浅草サンバカーニバル」に参加する権利を獲得したのは特筆すべきことだ。

（2）「アマウタ」スペイン語教室

図7：夏休み特別教室：アマウタスペイン語教室
＆宇都宮大学HANDSプロジェクト

ラテンアメリカの人たちの日本への移民が始まってから三三年が過ぎた。最初はみんな二、三年働き、それぞれの国に帰るつもりだった。しかし、もっと長くいなければいけない状況になり、日本で家族を作り、家族や子どもたちを呼び寄せなければならなかった。そうした子どもたちは日本の学校で勉強しただろう。つまりそれらの子どもたちの母語は日本語となり、多くの場合、両親との対話が難しくなった。実際にそのような経験をしたため、真岡に住む六人のボランティアと熱心な母親のグループが、二〇一二年七月に南米人の子どものためのスペイン語教室を作ることにした。目的はスペイン語を話す子どもたちが互いに関わりを持ち、同時に読み書きを学び、自分たちの国のアイデンティティを保つ場所を持つことだった。

そのグループはAMAUTA（アマウタ）という名前だった。インカ帝国の言葉であるケチュア語で「賢者」とか「師」という意味である。週に一回、休み時間を削ってボランティアが指導員となり、両親の言葉を学びたいと思っている二〇人ほどの子どもたちに教えた。一方、スペイン語を学びたい日本人の大人たちのグループがあり、二つのクラスが統合した。

30

外国人の生徒たちはクラスメートと話す時に確かに日本語を使うが、その理解力は、生まれた時から両親の日本語を聞き、学校の宿題を両親に手伝ってもらえる日本人の子どもたちと同じレベルではない。また、外国人の子どもたちは日本人の子どもたちのような強みはないので、少しずつ授業が難しくなっていくにつれてついていけなくなった。

そのため、アマウタスペイン語教室が主導し、真岡市教育委員会と宇都宮大学HANDSプロジェクトの支援で、夏休み（七、八月）の間に四、五回の授業が行われる。そこに子どもたちは分からない学校の宿題を持って行き、HANDSに関わる大学生たちが問題を解くのを手伝った。この一〇年間の活動で八八三人の生徒と一八三人の大学生が教室に通った。

（3）ペルーのフォルクローレ〈民族音楽・舞踊〉

二〇一〇年、「ペルー真岡のダンス」という踊りのグループが、マリネラ、フェステホ、アンデスの踊りのような典型的な踊りを通して、ペルーの文化やフォルクローレを広める目的で結成された。グループは真岡や栃木県の他の街、東京や埼玉、茨城県、群馬県などの文化事業に招待されるようになった。さらに二〇一八年、グループは東京の代々木公園で在日ペルー人協会が開催した「おいしいペルー」というグルメと文化の祭典に参加した。

二〇一九年末、世界保健機関が世界中に広がる新型コロナウィルスのパンデミックを宣言した。このために、政府は規制を設け、感染の危険が伴う集まり、練習、すべてのイベントは延期しなければならなかった。地方自治体の指示に従いつつ、これらの活動が徐々に再開されることが望まれる。

図8：ペルー真岡のダンス

（4）東日本大震災

二〇一一年三月一一日一四時四六分、東日本大震災と呼ばれる大地震が起こった。これは単なる地震ではなく、地震の後、四〇メートルを超える巨大な津波が来た。警察庁によると、死者一万五八九九名、行方不明者二五二九名だった。津波により、福島の原子力発電所が崩壊し、原子力発電所から三〇キロ圏内に住んでいた人たちは立ち退きを強いられ、現在まで事故の収束と除染が続いている。この悲しい出来事の一ヶ月後、真岡でその日とその後に起こったこと、気づいたことについて以下のようなメモを書いた。

――多くの人の人生に二〇一一年三月一一日は刻みこまれているだろう。それは他の日と同じように日本の寒い冬を温める太陽が輝き、子どもたちは不幸中の幸いで学校に、親たちは日々の糧を得るために職場にいた、そんな普通の日だった。午後二時四六分マグニチュード九・一の地震が宮城県で起こった。それは、関東と東北地方でこの一四〇年に起こった自然災害の中で最悪のものだった。しかしここでは、真岡での私の経験とそこで日本語教育に協力し、外国人も日本人も参加できる事業を推奨している。

地震、津波、とどめを刺す福島第一原子力発電所の問題。近年、日本を襲った最悪の悲劇の始まりだった。そこで真岡市国際交流協会が果たした役割について述べたいと思う。「外国人の社会統合」は協会のスローガンだ。そのため、日本語教育に協力し、外国人も日本人も参加できる事業を推奨している。

① 二〇一〇年九月、実践的な「外国籍市民対象救急法講習会」をスペイン語とポルトガル語の通訳付きで行った。

② 二〇一一年一月「災害時外国人サポートボランティア養成講座」を開催し、二〇名の通訳が参加した。そこで、神戸地震と新潟地震のさいの、ボランティア通訳の機能と役割が分析された。

③ 二〇一一年二月には五ヶ国語の「ハザードマップ」が作られ、一八五一の外国人世帯に配布された。

読者諸氏がお分かりのように、私たちはしっかり備えていたと思っていた。ひとたび大きな驚きが収ま

32

図9：間に合わせで作った避難所の案内

ると、市内の一二の避難所を即座に決めて、「災害対策センター」が設置された。そこに協会は「災害時マニュアル」のファイルを手に外国人住民を助けるために入った。ファイルには避難所に置くお知らせや標識があったが、そこには原本しかなく、実際には一二組が必要だった。しかし、コピー機、コンピュータ、プリンターは動かなかった。停電していたのだ！　電気が復旧するまでの二四時間、私たちは何もできなかった。許しがたい大失態だったが、私たちは学んだ！　一

時的に手書きで貼り紙を作ったのである。

一方、「大災害時の外国人への援助」のセミナーに参加した人たちの多くは協会とのコミュニケーションがなかったため、それぞれの隣人を助けたり、情報を伝えたり、近所の避難所を訪れたりと、率先して行動した。自身の生活が危うい状況の中、素晴らしく気高い行いだった。寛大で無欲であることを学んだ！

翌日、私は市の主要な避難所をまわり、一〇〇名ほどの外国人を確認した。そこに死傷者はおらず、大半は地震が再び起こるのを恐れて避難していた。日が経ち、街が日常を取り戻すにつれて、がれきの処理やお年寄りへの援助、食糧等を集めて分配するなど再建のための援助が必要になった。その点で、外国人は当初から存在感を示した。団結、結束、協力を示し、ボランティアの仕事に参加したり、食料や現金を寄付したりできるだけの援助をし、市当局には嬉しい驚きだった。

8 日系人は時代遅れ？

（1） 移民と南米人の新しい法律

「研修ビザ」（一九八九年二月）で来日した初期の日系人と同様、初期の東南アジアの人たちは技能実習ビザ（二〇一七年から）、または「研修生」のビザとして広く知られているもので日本に入国できる。そのビザは、三年間有効で、仕事を変えることはできず更新はできなかった。実は、このビザは一九九三年に、製造業の技術を開発途上国に伝えることを名目として創設された。労働者を訓練し、その技術に磨きをかけ、見習いが終了すると帰国して日本で身につけたことを実践する。このビザは、二〇一九年に新たな制度が施行される以前にも改定されていた。

この新しい労働者たちに対して政府は、日系人に対する失敗と同じ事が起きないように配慮した。例えば、健康保険、公的年金の加入義務、そして特に来日前の日本語学習義務、ビザ更新のために毎年必須の技能検定の受験がある。一方、二〇一九年四月の改正で、二種類の特定技能ビザが創設された。特定技能一号は、最長五年、更新不可で、建設、介護、農業、漁業、食品加工業、ホテル業など一二分野のためのものである。特定技能二号は、熟練した技能があり、日本語能力のレベルが高い者に与えられ、在留期間の上限がない。また永住権が取れる可能性があり、家族の帯同も認められている。特筆すべきは五年の経験を持ち、日本語のレベルも低くはない者は、特定技能一号から二号に移行できることである。

ひとつのポストをめぐる競争が一層激しくなるので、南米からのデカセギにとって、これはマイナスに働く可能性がある。技能実習生は日系人よりも給料が安い若者で、簡単に入れ替える事ができるからだ。したがって、職場で求められる人材となれるように、日本語の習得や、フォークリフトや溶接、クレーン車（玉掛け）のオペレーターなどのような特別な免許を持つことが必要である。

一方、日本語力の欠如や、日本社会への不適応は、より良い仕事を見つける機会が減る要因となる。

34

（2）それで、私たちはどうするのか

　どこまで私たちは働き、貢献することが許されるのだろうか。ペルーに帰国するのか。不動産に投資するのか。起業するのか。今日ペルーは、二〇世紀末に鉱物資源が高値をつけたことで多くの面で良くなり、中産階級と富裕層の暮らしは良くなった。しかしよく考えると、現在のペルーは私たちが出国したときとはかなり違い、多くのことが変化したので、私たちは多くを学び、習得しなければならないだろう。それは新しい挑戦であり、新しい始まりであり、私たちの人生の分岐点になるだろう。しかし、犯罪と政治不安は日本に住み慣れた誰をも躊躇させる要因だ。日本では少なくとも犯罪の心配をしなくてもいい。それに、家族たちは抵当権付き融資である「フラット三五」を利用して家を買えるほどの一定の確かな経済的安定を手に入れ、子どもたちは専門学校で勉強しているか、大学に入学した。

　三三年間で私たちはここまでたどり着いた。二〇〜四〇代で来日した初期のデカセギの人たちはすでに定年を過ぎているか、間もなく定年を迎える。年金をもらえる最低二五年の支払いをしっかりしている人は、とても少ない。多くの人は年金を受け取れないか、きちんとした暮らしをするには不十分な額しか受け取れず、いくらかの臨時収入で生活費を補うために働き続けなければならない[1]。

　残念なことだが、時間は戻せない。ペルーに到着してそのまま残ったパイオニアたちと同じように、日系ペルー人集団は皆が二、三年で帰国するつもりだったが、日本に定住することとなった。大半の人が定住したわけではないが、私たちの計画は変わっていったし、何よりも子どもたちの教育のためだった。初めは子どもたちが義務教育を卒業することを考え、後には高校を卒業することを考えた。しかし彼らは一八才になると、大学や専門学校で勉強を続けるか工場で働くかを決めた。そんな訳で私たちは日本に残っていた。

　外国人コミュニティが真岡市の経済発展に積極的に寄与し、近隣住民の行事に参加したいと願っている

35

ことは明らかだった。もう通りすがりの人間ではなく、社会に溶け込みたいと思っているが、日本人側にも外国人側にも機会がなかった。そこで真岡市国際交流協会は、音楽、ダンスのような芸術や食文化を広めることを通して文化的な歩み寄りを推し進める試みをしている。この三三年間、いろいろなことがあった人生だが、日系人家族は確かな経済的安定を築き、ここで家族を作り、子どもたちは日本の学校で勉強し、その多くは社会に溶け込み、難関大学で専門的な教育を受けた。多くのデカセギ第一、第二世代は自分の家を持つ夢も叶えた。

第二世代つまり最初のデカセギ組から日本で生まれたか、日本で育った子どもたちのおかげで、ペルー人コミュニティは質的に大きく発展した。彼らは二つの文化と言語を知っていて、このグローバル化された世界では日本でそして世界で必要な人材になるからだ。実際、この新世代はエンジニア、医者、エコノミスト、ジャーナリスト、スポーツ選手などの異なる専門分野で頭角を現している。当選しなかったが、参議院議員候補になったペルー人の政治家、母親が日本人、父親がペルー人の二〇二二年のミスユニバース日本もいる（第2章参照）。このデカセギ世代の子どもたちである第二世代は、ラテンコミュニティが社会の中で上昇することを推し進める世代となることが期待される。

注

[1] 二〇一七年九月一日より年金制度の改正により、保険料を最低一〇年納付すれば、六五才から老齢年金を受け取る事ができる。

36

第2章
「デカセギ」三〇年の事件史——在日ペルー人の経験

エドゥアルド・アサト

1 はじめに

　この章は、私が在日ペルー人に関する記事を書くジャーナリストとして歩んできた、三〇年以上にわたる経験にもとづいている。この三〇年は、ペルー人が移民として来日してから経過した期間でもある。以下の各節では、一つのコミュニティとしてのペルー人に多大な影響を与えた数々の出来事を、ペルー人がどのように経験し、どういった反応をみせたのかという点に着目してまとめている。地域の行事から、メディアの見出しを飾り長期間にわたって取り上げられ、国際的にも重要となった出来事まで、こうしたことがもたらした影響は、何らかの形で在日ペルー人の歴史にも刻みこまれた。

　三〇年以上前に、私はペルーの日系人社会で起きたニュースを伝える仕事をしていたのに対して、この三〇年間は、日本でまったく逆のことをしてきたわけである。つまり、ペルー人に門扉を開いたこの国で、私たち（そして南米人全般）がこれまで何をしてきたのかという部分に目を向けている。在日ペルー人コミュニティの一員として、私は長年にわたって歴史に残る数々の出来事を目撃してきた。

　この章は、私自身の経験に基づいているため一人称で書かれた部分が多いが、数年前に生じた出来事に関しては、インタビューした人々の証言にもよっている。

37

2 「いってきます」——リマから東京へ

　私の祖父母である安里と島袋は、およそ一世紀前に、後に来日することとなる私たちペルー人と同じ動機で日本から船に乗り込んだ。すなわち、当時の自国では見込めなかった自分たちの未来を切り開くことを目的としていた。祖父母は沖縄出身であり、目的地にペルーを選んだのである。

　私は、一九九〇年にその「復路」を辿ることになった。祖父母たちと同じ動機で、自分より前に旅立った多くの友人や家族の足跡を辿りながら日本へと向かった。日本は近未来の国のようだった。当時のペルーはテロリストによる暴力が日常化していた上に、急激な景気後退によってその年のインフレ率は七六四九％という記録的な数値に達するなど、経済的にも行き詰まっていた。そのため、日本への渡航は、このような混乱した状況から逃れるための救命ボートだった。ペルーでは、二週間で商品やサービスの価格が二倍になっていたのである。

　時を同じくして、地球の反対側にある日本は空前の好景気で、労働力不足の危機に見舞われていた。また、入管法の改正によって多くの南米人の流入が進んだが、その多くは日本人の子孫となる日系人だった。そのため、結果として日本人の血を引くことを唯一の条件とする民族移動（帰還と表現する社会学者もいる）が起こった。

　当時、私は日系ペルー人コミュニティのジャーナリストとして働いていたため、一九八〇年代末当初から多くの報道機関やメディア、学者が「デカセギ現象」と呼んでいたものに関連するあらゆる出来事を追いかけていた。日本で働きたい人を募るための最初の広告は、当時私が働いていた新聞に掲載された。

　数ヶ月後の私は、日本政府の統計で、一万二七九人（一九九〇年時点）いるペルー人の中の一人となり、「日系人」として移住した人々の一人にもなった。

38

写真1：ペルー日系紙での求人広告
1990年代には、ペルー日系新聞にこうした広告が大々的に掲載されるようになった（写真：Prensa NIKKEI紙）。

リマで貯金しようとすれば、恐らく何十年もかかるところを、このたった一度の日本への移動で可能となるはずだった。それと同時に、幼い頃から幾度となく話しを聞き、そして家族の歴史的背景からも文化的に親しみを感じていた、「日本」という国を知ることも可能となった。祖母は、私に何度も「日本語を学びなさい。いつか日本に行くでしょうから」と言っていた。少なくとも、当時はそう思っていた。

私は、自動車部品の工場で働き始めた。私はそこですぐに、誰かが「日系人」であることは、日本人にとって何の意味もなく、単に来歴を示すものの一つでしかないことに気づいた。似たような顔立ちである。（リマの日系人学校に通わせてくれた両親のおかげで）片言の日本語を話す。この国に関する最新のニュースに関心を持つ。さらには日本の伝統的な習慣の一部を実践してみる。——こうしたことは、近所の人や会社の同僚との人間関係を築く上では、プラスに働かなかった。

仕事中、険しい表情で不機嫌なことが多い日本人の「雇用主」にとって大事なのは、仕事を素早く効率的にこなすことだけだった。それは、自分が外国人であり、働くためだけにその場にいたからである。

そのことは、すぐにかつ十分に理解できた。また、自分の日本語力が足りておらず、もしこの国に住んでいる間に我が身を守りたければ、私の怪しい日本語をもっとできるようにし、日本語の語彙力も早急に増やさないといけないこともわかった。大多数の（私のような）「デカセギ」は、二年と期限を区切ってきており、何度もこの期限を延長してきたことになる。

数年後、六〇歳近くなった私の両親も来日したことで、私たちの家族は一緒になれた。そして、私は自分の家族も作った。私の両親が増加するにつれて、最初のスペイン語メディアも登場した。工場が休みの日を利用して、ジャー

ナリズムという仕事に戻る機会が生じたのである。副業として、多くのスペイン語メディアに記事を書き始め撮影するようになった。そして、雑誌をいくつか編集する機会も得ることができ、そのほとんどはペルー人コミュニティに直接関係するテーマに触れている。

この後に綴る事件は、ペルー人が日本滞在中に経験したことの一部である。これは、私の人生の半分以上の期間でもある。

3 フジモリと川崎市の独立記念日祝賀イベント（一九九〇年）

一九九〇年四月、アルベルト・フジモリとマリオ・バルガス・リョサがペルーの大統領選挙で争っていたとき、どちらが当選しても、私はそう遠くない将来に日本にいるだろうと考えながら投票にいった。

地球の裏側にある日本では、ペルーからの移民が最初の日々を過ごしていた。そのときの彼らは、日本人の子で大学教授であるフジモリ氏の出馬とその後の当選を珍奇なものとして、そして驚きをもってみつめていた。彼が、ノーベル文学賞を受賞した世界的な名士を破って、一九九〇年に大統領に就任したからである。

日系ペルー人コミュニティの間でも彼の名は知られておらず、立候補した当初、親近感を抱くというよりは恐怖感をもって見られていた。当時は、日系コミュニティの一員が初めて大統領になる可能性に対して誇りをもつよりも、戦時中の追憶と反日感情の再燃（世論調査でのフジモリ人気の急騰を良く思わない一部の反対派によって、日系人が孤立する状況が生み出され、多くの人が苦しんだ）に対する恐れの方が大きかったのである。

私は、一九九〇年七月二六日に成田空港に到着し、八月の一週目からしか仕事を始められなかったため、それまで自由な時間があった。三日後の二九日の日曜日は、親族や多くの友人とともに、神奈川県で開催

40

されたペルーの独立記念日を祝う行事に参加していた。

自分が、ペルーの独立記念日を日本で祝うことなど考えもしなかった。周りには、何ヶ月も会わずにいた身近な人たちがいた。皆が「デカセギ」として来日した最初のグループで、私よりも先に来ていた。何も変わっていない──風景と耐え難い暑さだけが違っていた。

このイベントを主催していたのは、在日ペルー人を組織した最初の団体である日系ペルー協会だった（後述）。恐らく一〇〇〇人近くのペルー人がこの日に集い、全国各地から訪れた人たちが独立記念日を祝っていた。

働いて住むための求人をいくらでも紹介してくれた時に（当時は、どこでもどんな仕事でもたくさんあった）、友人や親族は渡日したばかりの私に、ペルーのニュースを求めていた。お決まりのペルーの状況に関する質問だけでなく、新大統領はどんな人なのか、また、親族が電話で話していたように、フジモリ当選によって日系人コミュニティが差別にあっているのは本当なのかを知りたがっていた。

彼らのそうした質問からは、フジモリ統治下のペルーに何がもたらされるのかという楽観論よりも、懸念の方が強く感じられた。工場の生産ラインの休憩時間になると、いつもこうした懸念が語られるのだった。ここで、同胞たる日系人が大挙してペルーから出ていく最中に、日系人が大統領になるという矛盾について、あるジャーナリストが語っていたのを思い出される。

その年の七月二九日、アルベルト・フジモリがペルーで政権についたとき、ここ日本では、「デカセギ」たちが独立記念日を祝っていた。フジモリ氏は、大統領選で自身が日系人であること、日本の国際的なイメージ（「正直、技術、勤勉」がスローガンだった）を利用し、破綻していた国家を引き継いで、二期にわたって鉄拳をもって絶対的な権力により統治した。任期中は鉱業部門ブームという幸運に恵まれ、ペルーを変革し経済を再建した。

在任中のフジモリは、一九九六年一二月にリマで起きたペルー日本大使公邸人質事件の難局にも直面し

た。テロリスト集団のトゥパク・アマル革命運動（MRTA）が七二人の人質を取り、その中には政府高官や日本の外交官がいた。立てこもりが一二六日も続いたこの事件は、国際的にも注目を集め、日本ではペルーの状況が報じられない日はなかった。

日本にいるペルー人は、リマで起きている事態を非常に心配していた。な不幸な結果になれば、ペルーの印象が著しく損なわれることになるだろうし、日本で働く私たちペルー人にどういった影響を及ぼすかも分からない、と彼らは考えていたのだ。日本人の人質が犠牲になるよど一般の日本人が、ニュースでいつも目にする誘拐シーンについて話す時、私たちにいちいち聞くのだった。この三〇年間ずっと、日本人が否定的なニュースでのみペルーに関心を持つのは不快だった。

それから一〇年後、三期目を目指すという意向を示したことで、フジモリは社会的な危機の渦中に巻き込まれた。彼の側近だった国家情報局顧問ブラディミロ・モンテシノスを中心とした汚職の全貌が明るみに出て、矛先がフジモリにも向けられていく。彼は、ブルネイで開催された国際会議への参加を利用して日本への逃亡を図った。追い詰められた彼は、東京へ逃げ日本で大統領を辞任したのである。

実際、同僚や友人、近所の人な

在日ペルー人——フヒモリスタ（フジモリ派）の牙城

新体制の開発途上国で生まれた変革は、在日ペルー人の間でも受けがよかった。彼らは、一九九〇年代後半以降の成果の中でも、特に経済状況を喜んでいた。ペルーに一時帰国した人の多くは、自分達が出ていった時とは異なり、状況が好転し始めているのを確認していた。そうした変化を目にして、ペルーの将来に楽観的になり、貯金を投資するべく帰国しようという考えが出てきた。

それゆえ、有権者に歓迎されなかった一九九〇年の選挙から一転して、在日ペルー人は「フヒモリズム」の牙城となった。それ以後のすべての大統領選挙で、在日ペルー人有権者は、フジモリ派の政党を圧倒的に支持してきたのである（フジモリが変革を始めた最初の任期の直前かその間に、多くのペルー人が国を離れて

42

いた）。娘のケイコ・フジモリが有権者から絶大な支持を得て、父親が作った政党の党首になっているのは、こうした理由から説明することができるだろう（とはいえ、近年の大統領選で彼女は一度も勝てなかった）。

二〇二一年の決選投票の日本集計分で、ケイコ・フジモリは九二％以上の票を得る一方、対立候補のペドロ・カスティージョの得票は七・五％に過ぎなかった。こうした人気にもかかわらず、在日ペルー人の票によって選挙に勝てるわけではなかったことを指摘しておかねばならない。在外ペルー人有権者約一〇〇万人のうち、在日ペルー人有権者は三万四〇〇〇人強に過ぎないからである。

アルベルト・フジモリは、チリのサンティアゴで逮捕されペルーに引き渡されるまで日本に五年間亡命していたが、在日ペルー人コミュニティとの関わりは皆無だった。唯一記憶に残るのは、彼がチリに行く前の二〇〇五年九月に、パスポートを更新するために在東京ペルー総領事館に突然出向いたときのことである。末子のケンジに付き添われて三〇分ほど領事館にいた時に、その場にいた多くの人の歓迎を受けた。この出来事は、世界中のメディアで報じられたのである。

4 頑張れ！ペルー！（一九九九）

ペルー人が日本で働くために大々的に来日し始めてから、ちょうど一〇年が経過していた。一九九九年時点の在日ペルー人は四万二〇〇〇人強で、その年の六月、できたばかりの横浜の日産スタジアムに約五〇〇〇人のペルー人が一堂に会した。ペルー人の日本在住三〇年の中で最大の集いだった。サッカーのペルー代表がキリンカップに出場し、日本代表と対戦したときのことである。これは両国にとって公式試合での初めての対戦であり、日本人ペルー移住一〇〇周年の記念行事の一部でもあった。一方でそれは、一九八九年に多数のペルー人が仕事のために来日してから一〇周年を記念したものともいえるだろう。ペルーが最終的にベルギーと優

在日ペルー人にとって、その試合は無得点ドロー以上の意味があった。ペルーが最終的にベルギーと優

43

勝を分かち合うことで、トロフィーを掲げることができたからである。それは、単なるペルーの応援を超えて、経験したすべてが感動的なイベントだった。観客席にいたペルー人やテレビで観戦していた多くの人々からの声援で、まるで自国でプレーしているかのようだった。紅白のユニフォームを着たペルーファンと応援歌が、このスポーツの祭典に彩りを与えた。多くの人がこの瞬間に立ち合うために、そして選手に対する誇りを示すために、家から何時間もかけてやってきた。夜勤明けの日曜日に睡眠もとらずに、アリーナに到着した人もいた。

日本で生まれた多くの子どもたちにとっては、

写真2：スタジアムに集うペルー人
1999年6月6日、横浜の日産スタジアムでペルーと日本代表による初の公式戦が行われた。過去最大規模である5000人の在日ペルー人が応援に集った（筆者撮影）。

両親から聞いていたペルーが現実のものとなった機会でもあり、競技場のあちこちではためく国旗を誇りに思っていた。親の多くは気持ちが高ぶって、国歌を久しぶりに、そして何よりもかつてないほどの大声で歌ってみせた。

観客席では、別の戦いが繰り広げられていた。ペルーのサポーターは、叫んだりいつもの応援をしながら、膨大な数の日本人サポーターを相手に応戦していたのである。こうした行動はある意味、長年祖国を離れていた彼らなりの存在感の示し方であり、公の場で自分たちの国籍を誇らしく思うことでもあった。

私は幸運にも、ペルーのメディアから取材を依頼されていたため、試合の写真を撮りながらグラウンドにいることができた。ペルー人ファンによって埋めつくされたスタンドでの経験に、感銘を受けたのを覚えている。来日して以来一度も、これだけの同胞が一堂に会するのを見たことがなかった。非

常に感動的な光景だった。

ピッチ上には——この試合の意義をさらに高めるかのように——代表選手だったホセ・ペレダ・マルヤマとハビエル・ソリア・ヨシナリ（弟のダビドは日本に留学し、川崎フロンターレでプロ選手としてJリーグで活躍）がいた。素晴らしい経歴を持つこの二人の「日系人」の家族もその日のスタジアムにいたが、その家族もまた「デカセギ」として来日した人々であった。スポーツ選手としてのキャリアが軌道に乗らなければ、彼ら自身も日本のどこかの工場で働く可能性を考えていたという。

5　広島の恐怖（二〇〇五）

二〇〇五年一一月二二日、当時七歳だった木下あいりちゃんは、ペルー人によって性的暴行を受けたのちに絞殺された。犯人は、ホセ・マニュエル・トーレス・ヤケという三三歳の男性で、広島で働いていた。偽造書類で入国していたトーレス・ヤケは（偽造パスポートの名前はファン・カルロス・ピサロ・ヤギ）、下校中の女児を連れ去り、その遺体を段ボール箱に隠した。その段ボール箱を自宅近くに放置し、三重県の親戚宅で逮捕された。

少女が殺害された状況ゆえに、このニュースは日本中に大きな衝撃を与えた。日本国内のメディアは、この事件の報道を通して、その忌まわしい犯罪を報じるに留まらなかった。一九九〇年代前半にペルーでスキャンダルとなった、日本の就労ビザのために書類を偽造していたペルー人が再び注目されたのである。

この事件以降、ビザの発給がより厳格化され、ペルー政府が発行する警察証明書の提出も必要となった。いかなる非難の的となった在日ペルー人

当時五万七〇〇〇人強だった在日ペルー人は、このニュースに大きなショックを受けていた。いかなる

45

形であれ、ペルー人が日本の世論で非難の的となるのは、初めてのことだった。あらゆるニュースや新聞の見出しで、殺人犯がペルー人であったことが強調されていたのである。外国人住民として、良い印象を持ってもらおうと努力している人が多くいるのに、犯罪がぶち壊したと彼らは感じていた。また、ペルー人が犯した重大な犯罪に対して、同胞としての責任にプレッシャーを感じる人も少なくなかった（当時、広島には七〇〇人近くのペルー人が暮らしていた）。

当時、広島県内に住んでいたラウルというペルー人男性は、彼が通勤で使っていた駅周辺で配っていた地元紙の号外で、この事件を知った。その新聞には、トップに大きな文字でペルー人が女児を強姦殺人したことがでかでかと書かれていた。テレビのニュース番組をみて、事件のその他の内容は理解できなくても、ペルー人という見出しを読んで理解できる人は多かった。

翌日、同胞の間でこの事件が話題に上がり始め、ペルーの店に頻繁に出入りしていたと犯人の生活についていて思いめぐらす者もいた。多くの人にとってこの事件は、仕事でも非常に厳しい状況を生み出した。彼らは、日本人から距離を置かれ、自分たちの顔もみたくないのではないかと感じていたのである。殺人事件について触れなくても、日本人はペルー人を怖がっているのではないか、と。トーレスの工場の同僚の多くは、日本というのは外国人を一緒くたにしがちなのだから、彼の蛮行が自分への反感を引き起こす可能性があると感じていた。ニュース番組では、何日にもわたってこの事件ばかりが一日中取り上げられたため、ラウルの親戚の一人は、恥ずかしくて仕事以外は外出しなかったほどであったという。

折り鶴が示す連帯

その頃、日本で長いことトップの座にあったスペイン語週刊紙のインターナショナルプレスは、被害者の両親に対する連帯を示すべく、小さな折り鶴を作るキャンペーンを始めるよう呼びかけた。数週間にわ

46

たって、ラテン系の社会援護団体や宗教団体、スポーツクラブのメンバーが、折り鶴を集めた。家族にペルー人がいる日本人やペルー公館のスタッフも参加したのである。千羽鶴はあらゆることに対して象徴的な意味をもつという信仰が、日本にはある。現在の日本では、何らかの目標達成に向けた取り組み、病気の治癒祈願、あるいは何か惨事が生じたときに連帯を示すために、千羽鶴を渡すのである。

この取り組みがメディアで取り上げられると、インターナショナルプレスの編集部には、読者から広島の女児殺害事件に関して非常に心を痛めているという電話が舞い込んだ。子どもたちが学校の友人から広島事件をネタにペルー国籍であることをからかわれて悩んでいると話す親は多かった。非常にショックを受け、憤慨し、泣きそうになっている人、集団として何かしなければならないと考える人もいた。

同じ国籍の者が犯したこの恐ろしい事件に対して、多くの人が何らかの責任を感じていたのだろう。当時、同紙の編集部にいたルイス・アルバレスは、これは私たちの宗教観でもあり、他者の十字架を背負うことと関係しているという。彼は、メディアとしても、人々をそうした重圧から解放する必要があると感じていた。千羽鶴のアイディアは、そうした考えから生まれたのである。

キャンペーンの立ち上げに先立って、同紙は事件に詳しい人に対して、この活動は実現可能か、また日本人はどう思うかといったことを相談し、こうした状況下で実施してよいのか確認した。また、日本の記者たちに話してみたところ、素晴らしい案だという反応だった。編集部は、知り合いの新聞記者を通じて、あいりちゃんの父親(木下建一氏)と電話で話すことができた。こうした意思表示はペルー人コミュニティが共に痛みを感じ、悲しみを分かち合いたいだけであることを説明したところ、父親はそれに対して深く感謝した。

慣例に従い、千羽の折り鶴を集めるつもりだったが、最終的に八〇〇〇羽以上が集まった。父親の希望により、折り鶴が入った箱はアルバレス氏からカトリック団体に寄贈され、現在は広島平和記念資料館で保管されている。

6 最悪の経済危機 （二〇〇八—二〇〇九）

　二〇〇八年九月中旬、日本経済、ひいては日本に住む南米人の多くにも深刻な影響を与えた世界的な出来事が生じた。不動産部門でハイリスク投資を提供していたリーマンブラザーズという投資銀行が破綻を表明したことにより、アメリカで大混乱がもたらされたのである。これにより、「ドミノ効果」のように世界経済システムが崩壊し、かつて経験したことのない最大の世界的な危機となった。これによって、企業の生産、仕事、世界中で職を失った無数の労働者の社会的な権利も危険に晒された。

　それ以降ほぼ自動的に、大企業は大幅な生産減、日本人と外国人を含む非正規雇用者の大量解雇の実施を告知した。この決定により直接打撃を受けたのは、南米人からなる大規模な外国人労働力部門だった。日本経済の原動力である輸出は、世界的な不況によって数週間で深刻な影響を受けるようになり、自動車や家電といった部門では、余剰人員をすぐにでも解雇しなければならなかった。悪影響は、瞬く間に現れたのである。

　ニュース番組では、連日のように失業者数が報じられ、厚生労働省によれば、二〇〇九年七月に最多の三〇〇万人以上、失業率は戦後最悪の五・五％に上った。日本で解雇された人の多くは、派遣会社を通じて全国の工場に派遣された非正規雇用者だった。さらには、正規雇用であれば、こうした緊急事態でも労働法が守ってくれるが、非正規雇用の場合はそうでなかったことに気が付く契機にもなった。何万人もの人が仕事だけでなく、家も失った。社宅にいた者は、契約が終了すると、そこを去らねばならなかった。あるいは、収入が下がって家賃を払えなくなって退去するしかなかった人もいた。

　この経済危機とメディアにより、日を追うごとに誰が主たる犠牲者なのか明らかになった。それは派遣会社に属する派遣社員で、何百万人もが非正規で雇用され、そのほとんどが外国人だったのである。

48

「仕事はありません、お引き取り下さい」

　南米人は、日本在住の移民として、人生でもっとも困難な時期となった数ヶ月を過ごした。「二〇〇八年の経済危機」は、多くの人にとって日本に居住する中で一つの転換点になった。つまり、彼らは自分たちの生き方が不安定であることに気付き、どのようにして生計を立てていけば良いのかを考えるようになったのである。仕事がない時期には、祖国への帰国から、仕事があれば家族と離れてどこでも行くことに至るまで、思い切った決断をしなければならなかった。

　先行きは不透明になり、経済危機の影響はあらゆる産業に広がった。中でも深刻だったのは、輸出で成り立っていた自動車産業であった。例えば、群馬の派遣会社には、長野や静岡、愛知などの遠方から、仕事があればどこでも厭わない南米人の履歴書が殺到した。仕事を得られた男性はたくさんいたが、時給は女性と同じだった。また、作業で集中力が必要なところでは、細かな部品を扱えるという理由で女性のみを雇用する工場もあった。

　残念ながら、すべての派遣会社が派遣社員に対して、あらゆる権利を保障していたわけではなかった。無知だったかもしれないし、日本語力のなさにつけこんだ悪質な雇用主に依存していたからかもしれない。いずれにせよ経済危機によって、数年間働いても雇用保険や有休、社会保険料の負担といった基本的な権利が契約に含まれてなかったことに、多くの外国人が気づいたのである。派遣会社の多くは、不祥事になってもおかしくないくらい権利の問題をないがしろにし、最低限の福利厚生も供与せずクビにした。

　この時期に解雇された人が雇用主である派遣会社に行く際に、私も一緒に行った時のことを覚えている。その人は、派遣会社の責任者に対して、約束されていた権利──有休と残業代が手当されていないと言いに行った。契約の詳細が日本語で書かれていたため、約束された条件が実際に書かれているのかどうかもわからないまま、サインしてしまったのだ。また、雇用保険の受給手続きの問題もあった。給与から雇用

保険料が差し引かれていたのに、解雇時には何も言及されなかったのである。後で知ったことだが、その日の午後、私たち全員は、机が一つあるだけでオフィスにあるようなパソコンも家具もないアパートの一室に通された。そこに、退職届に署名せよという中年女性が突然現れた。私が同行した人は日本語がおぼつかないため、その女性が知らぬふりをしていた保険のことで文句を言えなかった。なので私は、それは法律違反で、派遣会社を辞める前から失業保険に入るのは会社の義務で（ブラジル人についても同様）次の仕事を得るまで経済的にやっていけるようにするものなんです、と言った。契約時には労働者がわかる言葉で書かれた写しが必要で、派遣労働者にも有休があるんですよ、とも。

その時の私の日本語は、相手が理解できるように主張できるくらいのレベルだった。だからこそ、その女性は私が言ったことが気に入らなかった。見るからに気分を害した様子で、数分待たせて隣の部屋から現金入り封筒と雇用保険の手続を説明した紙を、元従業員一人一人に投げるように配っていった。しかし、机の上にあるだろう。会社の中には、こうした適当な会社もあるのだが、労働者は多くの場合そうしたひどい扱いを受けていることに気付いていなかった。

その後、今でもなぜそんなことをしたのか私は理解できないのだが、彼女は財布から一万円札を取り出して、嘲笑うかのようによくわからないことを言いながら机に放り投げた。その「小遣い」は、まだあの支援の手が差し伸べられる一方で、非難すべき振る舞いもあったのである。クビにならず、仕事のありかを知っていた人たちは、派遣会社を紹介し、あるいは連絡先を教える代わりに同胞から金をもらっており、困った人の身になって助けるどころではなかった。

一方で、解雇された多くのラテンアメリカ人が置かれていた絶望的な状況を利用した人もいた。連帯や

デカセギ──悲劇の経験から抗議行動へ

経済危機の時には、雇用主による不当な扱いから自らを守ってくれるものが何もないことに、かなりの時間がたってから多くの人が気付いた。労働者としての権利と義務という観点から、日本で生活することの意味をもっと知る必要があった。さらに、競って数少ない仕事を得ようとするときには、日本語力のなさが一番の問題となった。

彼らは、大小さまざまな産業で起きた解雇の連鎖の中で、もっとも弱い存在だった。失業という状況の中で、家賃や子どもの教育費、さらには食費といった基本的な出費にも事欠くといった具合に、多くの家族が劇的な状況を経験するようになった。こうした労働者が暮らしていた住宅は、派遣会社が借り上げていたため、契約が終了または解除されると退去しなければならなかった。この時は、車中泊や野宿する人、あるいは次の仕事を待ちつつ空き缶を集め、リサイクル業者に売った人もいたという。

何ヶ月も仕事が見つからないため、家族全員が住む家を失い、経済的な困窮に陥るようなこともあった。愛知県では、岡崎市に住む日本人女性が、自分が所有する廃業したホテルの部屋を提供し、失業して住む場所もない家族が一時的に住めるようにした。

一二月に入ってから名古屋ペルー総領事館は、日本の政府機関・組織からの援助手続を手配するために、管轄地域に登録したペルー人のうち解雇の影響で家がない者の調査を始めた。当時、住宅ローンを組んでいた人も大変だった。多くは銀行から二〇年以上のローンを組んで家を購入しており、自己破産して家を差し出すしかなかった人もいた。

仕事が見つかるまでの間、家計を穴埋めし、あるいは自活するためにお金を得ようと奮闘するペルー人家族の姿が、ごく普通にみられるようになった。週末に家で作った食品を宅配したり、化粧品からパネトーネにいたるまで、様々なペルー製品を売るなど、あの手この手で稼ぐ試みがなされていた。

失業が蔓延した状況は自営業者にも影響を及ぼし、多くが廃業の憂き目にあった。南米製品を販売する

店や小さなペルーレストランのオーナーの多くは、客がいないので閉店した。状況を考えれば、ペルー製品の消費やペルーレストランでの食事は、余計な出費だったのである。その結果、仕事がない時期に工場に戻らなければならなくなった自営業主は少なからずいた。

学齢期の子が三人いるルスとエドゥアルドは、一九九〇年代初頭に来日した。彼らは、経済危機の間に苦労した多くの家族のその一つだった。その頃、長女は病院に行かねばならなかったので、母親は看病のために仕事を休まなければならず、勤務先の工場をクビになった。父親の収入だけが頼りだったが、その職場も外国人労働者全員の解雇を決めたのである。

出費がかさむのに収入がなかったため、非常に苦しい数ヶ月間だった。また、払ったことがないため雇用保険も知らなかったが、クビになった時に保険に入っていたため、それで数ヶ月は持ちこたえることができた。それにもかかわらず、彼らはアパートの家賃の支払いにも困り、自治体に支援を求めなければならなかった。食費にさえ困っていた時期もあり、こうした多くの困難にどう対処すれば良いのかが分からなかったという。

さらに、娘たちの進級や進学に伴って、制服や自転車、通学定期といった出費も増えていった。一難去ってまた一難という状況だった。親しい友人たちは、彼らの苦境を知っていたため、金銭面で援助してくれたり食料を届けてくれたりした。そして、少しずつだが週に数日働けるようになり、そのうち仕事が見つかるようになった。こうした支えてもらったことを、彼らは一生忘れないだろう。自分たちも、緊急時に助けを必要とする人がいれば、お返ししようとしているのだ。

彼らは、日本政府の帰国支援事業を利用してペルーに帰国するという選択肢を、一度も考えたことがなかった。というのは、一つには三年間日本に戻ることができなくなるからで、それを心配していた。また、娘たちはスペイン語が上手ではないし、埼玉や栃木、茨城と転々としたため、娘たちにもうこれ以上の引っ越しはしないと約束していた。彼らは、希望を持ち、そして事態が好転すると神を信じるのみだったと当

52

時のことを語っている。

南米人コミュニティのメディアは、東海地方で活動する外国人支援団体（愛知の「交流ネット」や岐阜の「NPO法人ブラジル友の会（SAB）」）が、外国人労働者が多数失業している状況を国に示そうという声明を支持し、五〇〇人分の署名を集め始めたことを報じた。いわゆる「デカセギ現象」が始まって以来初めて、日本各地で街頭デモが行われ、そこにラテンアメリカ人労働者も参加した。労働組合は、いくつかの都市でデモを呼びかけ、政府に非正規雇用者が置かれている状況を解決するよう求めた。デモには外国人も参加し、そのほとんどがブラジル人だったが、ペルー人やフィリピン人もいた。

広島や東京、愛知（名古屋）、静岡（浜松）、群馬（太田）といった地域のメディアは、外国人が日本人の活動家とともにデモに参加する様子を報じた。外国人が仕事や住宅、子どもの教育に関する訴えが書かれたプラカードを掲げて、母国語で困難な状況を訴える姿が目立った。ブラジル人の場合、日本各地で本国のカリキュラムを用いた教育を提供していた数十のブラジル学校が、経済危機によって閉校した。多くの子どもや若者は、教育を受ける機会を失い、日本の公立学校に入らなければならなくなったため、日本語や学校適応といった一連の問題が生じたのである。

政府が発表した「帰国支援」

経済危機から数ヶ月して、日本は減税や中小企業への融資、定額給付金といった経済支援策を打ち出した。定額給付金は、一人あたり一万二〇〇〇円を支給し、一八歳以下の子どもや六五歳以上の高齢者がいる場合には、それぞれに八〇〇〇円が追加で支給された。また、雇用機会を創出するための事業を直ちに企画してもらえるよう、都道府県に対しても交付金が支給された。

一方で、こうした深刻な状況を前に、契約解除によって仕事や住居すら失った人々に対して家賃手当を出雇用保険は改正され、失業者への給付日数が延長された。解雇されてから加入した人は少なくなかった。

す事業も展開された。公的データによれば、二〇〇八年一一月から二〇〇九年一月（金融危機が発生してから少し経った後）の間だけでも、約一万人の外国人が職を求めてハローワークに来ていた。これは前年比で一一倍に相当する。

こうした数値は、最悪の事態が差し迫っていることを示していたため、政府は日系人労働者とその家族に対する支援策を打ち出した。二〇〇九年三月、内閣府は定住外国人施策推進室を設置し、当時四〇万人程度いた日系人への経済危機の影響を緩和するために、さまざまな指示を出していった。この支援策の予算は約一二億円で、求職中の外国人を支援するために、ハローワークでの通訳や相談員の増員分を地方自治体に交付するといった支援が含まれていた。ハローワークでの増員は、太田や浜松、豊田、美濃加茂といった日系人の集住・就労地域で始まった。同じようにして、次の仕事に役立つ日本語習得や技能習得、社会保険や労働慣行の理解を目的とした就労準備研修も実施された（五〇〇〇人の受講を想定）。

また、南米人が直面する状況に対処する手段として、政府がとったもう一つの対応は、あの物議を醸した日系人失業者に対する帰国支援事業であった。この事業は、失業者一人当り三〇万円、扶養家族については二〇万円支給するものだった。実施期間は二〇〇九年四月から二〇一〇年二月までで、申請すると在留資格を失い、三年間は日本に再入国することができない。申請者が従わなければならない唯一の条件がこれだった。

経済危機に苦しむ多くの家族が申請を選択する一方で、他の人にとってこの事業は侮辱に等しかった。日本が工場労働者を必要としていた時に日系人は歓迎されたのに、問題が生じたら帰国させようとするのか、と批判する者が多かった。いずれにせよ、この支援を受けた者は予想外に少数で、この事業を利用したのは南米系労働者全体の五％程度しかいなかったのである。厚生労働省によれば、この事業を利用したのは二万一六七五人で、このうちブラジル人が二万〇〇五三人、ペルー人が九〇三人、その他の国籍が七一九人だった。愛知、静岡、三重に居住する者が申請者の半数以上にのぼっていた。いずれにせよ、帰

国支援事業に申請したペルー人の数は、予想よりも少なかった。　政府が課した条件に従って帰国を決めた

ペルー人は、二％にも満たなかったのである。

二〇〇九年から二〇一〇年にかけて日本を離れた人は、在留資格が無効となる帰国支援事業を利用せず

に、自らの意思で帰国することが多かった。二〇〇八年時点でのペルー人登録者数は五万七四六四人なの

に対し、二年後には五万二八四三人だった。この差から大雑把に計算すると、この時期に日本を去ったペ

ルー人は約五〇〇〇人、そのうち四〇〇〇人は政府の帰国支援事業を利用しなかったということになる。

自費でペルーに帰国した人たちは、そのうち状況は好転するから、ペルーでの計画が上手くいかなくて

も、遠からず日本に戻れると思っていたのだろう。そう考えると、彼らは苦労して手に入れたビザを失う

という「犠牲」を払うまでの価値がないと思い、帰国費用を自分で賄うことにしたのかもしれない。

ペルー人の多くが日本に留まることを望み、経済危機に向き合った理由はさまざまである。恐らく一番

の理由は、日本で家族を形成し、日本の生活様式を身に着けた子どもたちがいたからだろう。こうした子

どもや若者の多くは、スペイン語を話せず、年齢やペルーでの生活環境によっては、非常に大きなカル

チャーショックを受けるかもしれなかった。正に、ある友人が私に言った以下の言葉のように——子ども

たちには、私が日本で味わったのと同じ経験をしてほしくない。私が「デカセギ」として感じてきた苛立

たしさを、祖国で感じてほしくない。

日本に留まったもう一つの理由は、この二〇年間で激変したペルーへの帰国に伴うリスクだった。四〇

歳を過ぎたのに（経済危機の間、ペルー人コミュニティの大半がそのくらいの年齢だった）、戻ってゼロから出

発しなければならないであろうことを躊躇したのだろう。

日本での生活や言葉がわかるようになり、社会福祉や医療の効率の良さを考えるにつけ、彼ら（特に高

齢者）は史上最大の経済危機に立ち向かい、日本に留まることを決断したのかもしれない。いずれにせよ、

移民となるために多くの人が「デカセギ」であることをやめ、この国で人生を歩み続けることを決断した

瞬間だったのである。

7　三つの複合災害（二〇一一）

二〇一一年三月一一日金曜日、日本がこれまでに経験した中でも特に衝撃的なこと——東日本大震災——が起こった。巨大な地震は津波をも引き起こし、多数の犠牲者を出しただけでなく（この災害による死者・行方不明者は二万人以上）、チェルノブイリ原発事故以来、最悪の原発事故の引き金となった。

一連の津波は、福島第一原子力発電所の防壁より高く、冠水したことで冷却システムに不具合が生じた。そして、原子炉六基のうち三基がメルトダウンした。その日の夜に政府は緊急事態宣言を発令し、原発の三〇キロ圏内で暮らす人々の避難を進めた。当該地域には、およそ一二万人が住んでいた。

「フライジン」と「放射能」報道

ほぼリアルタイムでテレビに映し出された映像は雄弁で、今でもそれが現実だったとは信じがたい。大地震による崩壊と、その後に巨大津波が沿岸の町を襲うという煉獄のような光景の後には、福島第一原発からの放射能漏れという目に見えない未知の危険が待ち受けていた。

原発事故の発生を受けて、大使館のなかには自国民に向けて、原発から少なくとも八〇キロは離れるよう勧告したところもあった（日本政府は三〇キロと判断）。こうしたすべての出来事は、日本のメディアの注目を集めた。メディアは、危機的状態にある日本からあらゆる手段で離れようとする外国人を「フライジン」（この言葉は、英語の「fly（フライ）」と外国人を指す「ガイジン」を掛け合わせたものである）と呼び始めた。

事態が深刻化していたのは事実だが、多くの海外メディアは、数日のうちにこの日本の危機を、世界の

56

終わりに近いものへと仕立て上げてしまった。日本政府や電力会社の隠蔽体質により原発事故に関する情報が少なかったことも、こうした状況を生み出すのに一役買っている。

ソーシャルネットワーク上には、あらゆる内容のニュースが投稿されたが、多くは偽情報で、日本政府の情報が誤訳されたりもした。これによりパニックが生じ、日本の実情について誤った情報がもたらされたのである。こうした情報が海外ニュースで報道され、逆輸入されることで、外国人コミュニティにパニックをもたらした。彼らの多くは言葉が分からないため、日本のメディアから情報を得ることができず、自国のメディアから情報を得ていたからである。そのため、恐怖は国外からももたらされていた。日本のニュースよりも海外からのニュースを信用し、日本に住む多くの外国人がインターネットを通じて煽情的な報道に触れた。こうした状況によって、パニックの悪循環に陥った。

ペルーのニュース番組は、日本の現況を伝えてくれる在住ペルー人にコンタクトをとった（被災地の遠方に住み、被災していない人たちだった）。こうした人たちは、ペルーのテレビに対してありもしない状況を伝え、日本からの退去を求めて必死に訴えた。ヒステリックな叫びは、タブロイド紙の餌食になった。多くの人が絶望に打ちひしがれるあまり、自らが避難区域から数百キロ離れている状況について、無知であるか説明しようとしなかった。

助けを求める必死の訴えは、SF映画のようであった。物事をドラマチックに表現しようとするあまり、大げさな物言いになっていた。しかしそれ以上に、日本の状況に関して誤った情報が溢れかえっていた。これは三・一一よりはるか以前からの傾向で、多くの人は日本に長く住んでいても、常に状況をきちんと理解していなかったのだと思う。

こうした誤った情報は、外国人コミュニティの大半が抱いていた絶望感と同程度にふくらんでいった。これは東北や関東に留まらず、名古屋や大阪にまで広がって、出国のための航空機を用意するよう政府に依頼した者もいた。静岡で暮らすペルー人家族は、コロンビア人とチリ人が出国するためチャーターさ

たコロンビアの航空機に乗せてもらったのである。

リマに着いたペルー人は、記者たちの前で、日本での経験について嘘ばかり言っていた。彼らは、自分が避難してきたことをカメラの前で大げさに話したり正当化しようとして、「水の中に放射能が含まれているのを感じた」と話すなど、他のことも含めて誤った証言をした。ペルーの扇動的なメディアは、そうした情報の信憑性を確認することもなかった。

ペルーでの危機の報道については、私自身も一定の経験をしている。震災から一〇日目のことだった。私たちがまだ家のリビングで寝ていた時で、余震が続く中で強いのが来たら、すぐに外に出られるようにしていた。

ペルーのとあるテレビ局の女性リポーターから電話があり、翌日に放送するニュース番組のために、いくつか動画を送ってほしいとのことだった。数時間後、私は関東地方（私は茨城県に住んでおり、東京から一二〇キロ、福島第一原発から一五〇キロ離れていた）の日常に戻っている様子を撮影して送った。動画には、その日の朝に燃料を買い求める長蛇の列を収める一方、近所のスーパーマーケットの落ち着いた様子も入れていた。その段階では、震災直後の配給や品不足といった状況はなかったのである。

映像には、国外で報道されていたような混乱やヨハネの黙示録のような光景は映っていなかった。撮影した動画では、住民はパニックに陥っていないし、危険な状態にもないし、頭上に放射線の雲もないと報告した。予想通り私の動画は使えない素材で、放送されなかった。こうした落ち着きを取り戻した様子は、当時の海外メディアの多くが好んで報じていた、大げさに不安をあおるような論調に反するものだったのだろう。

在東京ペルー総領事館のフェイスブックのアカウントには、在日ペルー人から、日本の現況に関する情報を求めるメッセージが殺到したが、返信はなかった。彼らの中には、日本にいるペルー政府関係者から現状を危惧してパニックに陥る者さえもいた。しかし、緊急事態での対応に批判が

殺到するまで、ペルー政府は沈黙を保っていた。

それとは裏腹に、あらゆる国籍の在日外国人がSNSやブログ、電子メールを通じた活動を、ほぼ同時に開始した。日本在住のジャーナリストによる興味深いインタビューや記録、政府がネットに出した情報の正確な翻訳、日本の現状を説明した解説を通じて、本物の安心できる情報を提供していた。これらは、外国の報道が外国人自身に悪影響を及ぼしていたことに対抗するものであった。

他方で、多くの者は日本に残って危機に際して共に働くことを望んだ。被災地に行ってボランティアと肩を並べて片付けの手伝いをしたり、週末に出向いて住民たちに炊き出しを行うといった具合に。市民団体やスポーツ団体、宗教団体を通じて被災地を訪れ、食料や生活必需品を届けた者もいた。私は、友人二人と気仙沼に行く機会があり、真岡に住むペルー人たちが支援のために集めた食料品と水が入った箱を届けた。

同様に、日本各地でラテン系コミュニティのさまざまなグループが、東北の被災者のために募金や支援活動を行った。その中でもっとも印象深かったものは、「ペルー・フェスティバル」と呼ばれるショーである。このイベントは、横浜市有数の人気観光スポット、赤レンガ倉庫付近で開催され多くの来場者で賑わった。

被災者のなかのペルー人女性

特に被害の大きかった岩手、宮城、福島を含む全国の避難者数は、震災直後には約四七万人にも達しており、多くは避難所での生活を余儀なくされた。二〇一一年時点で、被災三県に住むペルー人は九三人で、四人が岩手、四一人が宮城、四八人が福島にいた。

ペルー大使館は、自国民に死者はいないが、避難所にはペルー人女性が一人いることを明らかにした。女川町在住のアミラ・レンギフォという女性で、当地を襲った津波は一五メートル以上に達したが、一家は無事に逃げることができた。彼女は日本人と結婚しており、震災の日には水産加工工場で働いていた。

その日の午後、地震が発生し直後に津波警報が出た時には、これまで職場で頻繁に実施されてきた避難訓練の指示にしたがい、高台に避難しなければいけないことを理解していた。

救助され避難所に運ばれるまで、彼女は難を逃れた他の人たちと共に、雪と夜の寒さの中を数時間待たなければならなかった。女川は漁業が盛んな町だが、津波によって人口一万一四人のうち八二七人が津波に呑み込まれ、およそ九割の家屋が全壊または半壊した。

福島第一原発で働く

ペルー人男性のシゲル・ヒグチは、一九九〇年に来日し、高圧機器の設置技術を日本で学んだ。

二〇一一年には、全国の原子力発電所や変電所の業務につき、発電設備の設置やメンテナンスに携わった。

福島第一原発と第二原発で長年仕事をしており、元請けである東京電力の職員だけでなく、何百人もの下請け業者が働いていた。彼は、仕事柄よく原発で仕事をしていた。そのときには、福島第一原発からもっとも近い漁業の町である浪江町の請戸地区に、会社が借り上げた民宿があり、そこに数週間滞在していた。

ヒグチは――運命に導かれるかのように――震災が起きた三・一一の前日まで、原発で仕事の予定が入っていた。そのあと一度東京に戻り、また翌週に原発に戻ることになっていた。東京行きがなければ、彼は大惨事を目の当たりにすることになっていただろう。

福島第一原発に海水が浸入したと聞いて、彼はすぐさまその意味と状況の深刻さを理解できた。そして後に、同僚たちが発電所の敷地内にある建物の高い所に避難したおかげで、翌日ヘリコプターによって無事に救助されたことも知った。この場所を良く知る者として、原発を守るために作られた巨大な防波堤や防壁を乗り越えるような津波が来たのは、信じられないことだった。

状況が落ち着いた後、ヒグチは、勤務先の会社が担当していた機器の状態を確認するために、何度かその場に戻らなければならなかった。その際には、防護服の下に特別な肌着を着用し、放射線の測定機器を

常に携帯するなど、万全の準備をしなければならなかった。放射能にさらされた状態で作業できる時間が制限されていたため、すべての作業を三時間で終わらせなければならなかった。

8　埼玉県で起きた殺人事件（二〇一五）

　二〇一五年九月一六日水曜日、埼玉で六名を殺害した容疑で三〇歳のペルー人男性が逮捕され、日本全国のニュース番組で報じられた。捜査が進み、日本やペルーのマスコミが犯人のあゆみを調べていくにつれ、この事件のおぞましい詳細が明らかになり、国内外に波紋が広がった。

　その日の全国ニュースでは、逃亡に失敗し被害者宅の二階から身を投げたバイロン・ナカダ・ルデニャの写真が放映された。最後に殺されたのは加藤美和子さん（四一）と小学生の娘二人で、寝室のクローゼットの中から遺体が発見された。逮捕から数時間後、彼は熊谷市内の半径一・五キロ圏内で、他の人も刺していたことが明らかになった。

　事の発端は、数日前に彼が奇妙な行動を取っていたことに始まる。消防署に出頭し、警察に連れて行くよう求め、警察署ではペルーへの帰国を求めていたのである。ナカダ容疑者は、署員にタバコを吸ってくると言ってその場から姿を消した。

　それから三日間、加藤さん宅で発見されるまで、彼は無差別に六名もの人々を殺害した。近くに住んでいた白石和代さん（八四）が死亡しているのが発見され、警察が市内全域で警戒態勢をとるなかで、彼は逃亡をはかった。後に、五〇代の夫婦である田崎稔さん美佐枝さん夫妻も殺害していたことが明らかになったが、これが第一の事件だった。バイロン・ナカダ被告は、二〇一八年三月にさいたま地裁によって死刑判決が下された。控訴の末、一年後に弁護側によって彼の精神疾患が証明されたことによって罪が軽減され、東京高裁によって無期懲役という判決が下された。そして二年後の二〇二〇年九月、最高裁が二審を

支持して刑が確定された。

苦しい人生と殺人犯である兄の存在

この連続殺人事件の特異な性格ゆえに、日本のメディアではこの事件が数週間にわたって報じられた。日本のメディアはペルー側の報道に注目しただけでなく、連続殺人犯の詳細を知るために何人かの記者をペルーに派遣した。

それにより、バイロン・ナカダは幼い頃に孤児になるという苦しい幼少期を過ごしていたことが明らかになった。本名がバイロン・ジョナタン・メシアス・ルデニャであったこともわかった。彼の兄であるペドロ・パブロは、八〇〇ソル（日本円で三万円前後）で日系ペルー人男性の養子になり、それによって姓がナカダに変わった。これは、日系人として日本での就労を進める手段だった。日本への渡航を兄が果たすことはなかったが、バイロンは二〇歳のときに来日を果たした。

衝撃的だったのは、ペルーのメディアが「死の使徒」と名付けた連続殺人鬼の正体がペドロ・パブロだったことだ。彼は妄想型統合失調症と診断され、二五名を殺害した罪で二〇〇七年に懲役三五年の判決を受け、医療刑務所で刑に服すことになった。

ペルー人コミュニティに広がるショック

ちょうど一〇年前に広島で生じた事件のように、またもや罪のない人に対する犯罪でペルー人がニュースで取り上げられていた。その時と同じように、日本のメディアは事件を取り上げるたびに殺人犯の国籍を強調していた。世間をもっとも騒がせた事件について、より多くの情報を得るために、いち早く記者をペルーに派遣した。日本の記者たちは、日本とペルーで、殺人犯の親族から証言を集めることができた。ペルーに派遣した。日本の記者たちは、日本とペルーで、殺人犯の親族から証言を集めることができた。両者のケースで、彼らの兄弟姉妹や近親者たちは、事件に驚愕し、何の罪もない人々に与えた痛みを謝罪

62

した。

その一方で、日本の多くの記者たちは、ナカダの人物像を得るために、数日にわたって頻繁に群馬と埼玉を訪れ、事件や彼を知る人々から新たな情報を得ようと試みた。そして相当数の記者は、ペルー人が多く住み、この殺人犯が最後に勤めていた職場——事件の数日前に辞めた食品加工場——がある伊勢崎市にたどり着いた。事件や人物像に関する不明な点を明らかにするために、派遣先の担当者や商店主、さらには外国人にみえる人が道を歩いていれば、そうした人々にも証言を求めた。

同僚たちは、バイロン・ナカダは内向的で無愛想な人だったと語り、休憩や昼休みのときには、人と関わることを避けていたと話した。しかし、仕事はどうやら真面目に取り組んでいたようだ。友人もおらず、普段からどこかのグループに属することもなかった。

SNSは、その当時から意見交換をする場として南米系コミュニティの人々によって広く利用されていたが、こうした事件に対してさまざまな立場にある人の憤りも示された。一〇年前と同様に、この事件によってペルー人に対するイメージを損ねるという意見が溢れていた。職場あるいは学校に通う子どもたちに対して、何らかの差別が生じるのではないかという恐怖心、さらにはナカダ被告に対して死刑を求める声までもあった。

そうしたコメントの多くが、ペルー大使館が介入して殺人犯を強制送還すべきとまで求めていた。しかし、日本人の会員もいて、県内のペルー人が一堂に会するイベントを定期的に開催していた非営利組織たる群馬県ペルー人協会は、違ったアプローチをとった。殺人事件のニュースからほどなくして、SNSを通じて何らかの声明を出すのが適切だと考え、犯行を容認しない立場を取るとともに遺族への連帯を示したのである。

9　新型コロナウイルス感染症の流行による危機（二〇二〇）

新型コロナウイルス感染症がすでに一八ヶ国に広がり、七〇〇〇人以上の人々に影響を及ぼしながら爆発的な感染の拡大が生じていることを、WHOが正式に発表したのは、二〇二〇年一月三〇日だった。この感染症が七〇〇万人近くの人の命を奪い、三年以上も私たちの生活様式に劇的な変化を与えることになるとは誰も想像していなかった。日本におけるコロナ禍の三年間で、三三〇〇万人以上の感染者が記録された。感染者数が最大だったのは四〇〇万人以上の東京都で、最少は鳥取県であった。

これまでにない危機

二〇二〇年になり、この致死的なウイルスの蔓延によって、私たちが直面している真の危機を認識するまでに数週間を要した。当時は、感染しないように人と距離を取り、マスクをして身を守ることが唯一の予防だった。二一世紀で初めての経験で、私たちの日常は日に日に変化していった。新型コロナウイルスによって物流と運送が停止したため、海外から資材を調達するサプライチェーンが遮断され、生産が止まった部門があった。

この新たな危機では、数週間から数ヶ月にわたって業務が停止し、それによって職を失った人は少なくなかった。政府は労働者だけでなく自営業者や企業にも経済支援策を打ち出しており、そうした援助を探さざるを得なかった。日本で最初に外国人住民の集団感染が報告されたのは、工場全体とまでとはいかずとも、生産ラインや部門全体が数日間の業務停止に見舞われたという話は、ペルー人コミュニティでしばしば耳にした。

あらゆる決定は、SNSや地域の掲示板、多言語のポスターで共有された。例えば、感染時の対応やワクチン接種の方法など、この苦境に即した情報が周知され、これによって、外国人コミュニティも問題に

対処できるようになった。個別事例ごとの財政支援など、政府が国民に提供した経済的支援は、在日外国人も対象としていた。そのため、政府が国民に支給予定の一〇万円は外国人も対象になるのか、と多くのペルー人が当初抱いていた疑念は払拭された。

私たちは再び世界的な危機に直面することになったが、今回は経済的安定だけでなく、健やかな毎日や健康までもが脅かされるような、性質の異なるものだった。だが、ペルーとその近隣諸国の状況はもっと過酷で、そこにいる親族や友人たちが経験した現実は、私たちとはまるで異なっていたのである。

混沌が広がるペルー

メディアは毎日のように、南米諸国で多数の遺体が埋葬されたり医療が崩壊したりといった、現実とは思えない映像を流していた。日本とはレベルが違う危機であり、日本に住む外国人は悲しみと無力感でいっぱいになった。

コロナ流行宣言から一年半で、ペルーでは二〇万人以上の人が亡くなったが（その半数はリマ）、これは世界的にみてもコロナによる死亡率がもっとも高い部類に属する。当時の政府は、リマ市民に対して夜間外出禁止令を発出し、州によっては封鎖された都市もあるなど、市民の移動が禁止された。生計を立てるために毎日外出しなければならなかった貧困層が、ペルー社会でもっとも制限措置の影響を受けていた。

彼らは耐えきれず外出するようになったため、すべての人が隔離措置を守れたわけではない。

ペルー日系人社会では、ペルー日系人協会を中心とする組織が「ペルーがんばれ！」キャンペーンを開始した。これは、リマの貧困層に食料や水、医薬品、個人用防護用品を届け、最前線でコロナ危機に取り組む専門家や消防隊、医療、保安職の活動を支援するものだった。

このキャンペーンには、リマの「ペルーがんばれ！」キャンペーンへの募金が実施され、集まった一〇〇万円以上を企画した「Ai Perú（ペルー愛）」に賛同したペルー人や在日外国人も参加した。リマの「ペルーがんばれ！」キャンペーンへの募金が実施され、集まった一〇〇万円以

上の募金は、コロナの影響が大きかったリマの社会的弱者への義援金となった。

日本に戻りたかった人たち──リマ‐東京

世界中で起きた国境封鎖は、新たな問題を生み出した。旅行者は何ヶ月も帰国できなくなったのである。

そうした状況に置かれた多くの日本人とペルー人は、ペルー政府が三月一六日に緊急事態令を出し、各地で隔離措置が取られ、空港も閉鎖されたため帰国便に搭乗することができなかった。

ペルーの日刊紙である「エル・コメルシオ」（二〇二〇年五月）によれば、コロナによる空港閉鎖以前に、約一万七〇〇〇人の在外ペルー人がペルーへの帰国を求め、世界各地のペルー領事館に登録していた。他方で、すべての便が欠航となったため、予期せずペルーでの滞在を延長せざるを得なくなったペルー人と日本人もたくさんいた。同時に、ペルー人の観光客や教育機関で実習を終えた学生も足止めされ、両国で悲劇的な状況がもたらされた。

これに対して、日本もペルーを含む特定の国・地域からの旅客の入国を認めない決定を下した。そうした国から渡航する日本人や在外国人だけ入国できるようになるのも、時間がかかるように思われた。

その間、さまざまな制限のなかでも家族のいる日本へ帰国できるよう努力した人も多かった。ところが、彼らの帰国便は何度も突然変更された。ペルーでは、夜間外出禁止令が出されていたため、彼らにとって一日の終わりは夕方六時だった。ペルー政府が定めた厳格な隔離政策により、閉じ込められてしまったのだ。彼らは、いつ帰国できるかわからないという不安を抱えた状態で朝を迎えることに慣れてしまっていたという。

日本に戻りたかったペルー人たちは、自分たちの苦しみを知ってもらい、励まし合い、そして何より情報共有のために、SNS上のチャットグループを通じてつながった。彼らは、日本への帰国を求める多くの日本人とともに、リマの日本大使館に登録した（スタッフは常に行き届いた対応をしていた）。そして、メ

66

キシコシティ行きの臨時便が手配された。その最初の帰国便に搭乗したのは、ペルー人と日本人を合わせた一一五人で、五月六日に成田に到着した。他の人たちは最初の搭乗便を諦めなければならず、六月にやっと日本に戻ることができた。

一九八九年から日本で暮らしているシゲル・サクダは、二〇一九年一二月のペルー行きを計画していた。リマにいる母親と息子に会うことと、アルゼンチンへの観光を目的として、一一年ぶりの祖国で数週間ほどの短期休暇を計画していた。日本を出て二月二四日にペルーに到着し、一ヶ月ほどの滞在を予定していた。ホルヘ・チャベス空港に到着したとき、リマではほとんどつけている人がいなかったマスクを彼はつけていた。彼はそれほど心配していなかったが、五月六日まで帰れないとは知る由もなかった。

ペルー政府による厳格な隔離政策の下、彼は滞在期間のほとんどを家族の家で過ごした。数週間外に出られない状況を過ごしたことで、精神的にも非常に消耗し、辛い経験だったという。隔離している間は、常に情報を得ようとし、またSNSを通して、リマでのコロナ関連の状況を客観的に伝えるよう努めた。彼は、八月にならないと日本に戻ることはできないと考え、体調管理に気をつけていた。自分が感染することで、そのウイルスを家に持ち込み、家族まで感染してしまうと考えるだけで身震いする思いだった。

ある日本人の観光客もまた、ペルーでコロナに巻き込まれたことで有名となった。片山慈英士は、南米旅行の一環でペルーにやってきたボクシングのインストラクターで、他の人達と同様に、マチュピチュの入場券を購入した。しかし、入場予定の前日にペルー政府は非常事態宣言を発令し、観光地への訪問も含めてイベントの開催を禁止した。そのとき彼は、生涯忘れることのできない経験をすることとなった。国内移動も禁止されていたため、彼は旅行を続けることもリマに戻ることもできず、マチュピチュの麓にあるアグアスカリエンテス村に滞在するしか手段はなかった。ペルーを出国できるようになるまで、彼は村人として七ヶ月以上過ごした。彼は周辺を探索したり、ボクシングを教えたりしていた。お金が底をつくと、企業や市が彼の援助に乗り出した。彼のことは世界的にも知られるようになり、出発の数日前に

は文化省が特例として、観光客に開放される一ヶ月前のマチュピチュ訪問を許可した。その日の来場者は、彼一人だけだった。

それ以来、彼は村に特別な愛着を持つようになり、この間に受けた好意のお礼として、地域支援活動を実施するために村を再訪した。マチュピチュやペルー文化、ペルー各地を国際な観光名所として広めたことが評価され、在日ペルー大使館から「SNS広報大使」として任命されるなど、今ではペルーを積極的に宣伝している。

ペルーに戻りたかった人たち——東京‐リマ

いつ日本行きの飛行機に乗れるかわからないまま多くの人がリマに取り残された一方で、太平洋の対岸でも似たような状況があった。空港が閉鎖される前に訪日したすべてのペルー人が、数週間生き延びるための場所と手段を持ち合わせているわけでもないため、状況は深刻化していた。

日本で立ち往生したペルー人は、SNSを通じて繋がり、そこから自らが置かれた困難な状況を周知した。コミュニケーションアプリ WhatsApp 上の「日本に取り残されたペルー人」というアカウントで、そうした人たちと彼らを助けたいと思う人々とが連絡をとった。彼らは、自分たちの状況をどうすれば可視化できるのかを話し合い、その方法を調整するためにグループを作ることによって、現況を多くの人に伝えることができた。他方で、日本に取り残されたペルー人の支援を考えていた日本のペルー領事館と、コンスタントに連絡が取れるようになった。可能な人は宿泊場所を借りる一方で、多くは親戚の家に泊まったり、同胞の家に数日泊めてもらう人もいた。なかには教会に泊めてもらいたい人もいたという。食べ物は、自前で賄うか領事館に援助してもらったが、これは領事館が苦境にある人をすべて登録していたことによる。

二〇二〇年五月六日、日本人とペルー人を乗せてペルーを出発した航空機が成田に着くのとほぼ同時に、

日本を含む外国で足止めされていた一〇〇人のペルー人を乗せたメキシコ発のチャーター機がリマに到着した。両方とも、コロナ禍の真只中にある自国民の帰国を可能にするべく、両国の政府間で調整されたものであった。

スエミ・ナルセは、日本から帰国した二二人のうちの一人だった。この若い会社員の女性は、一月半ばに観光目的で来日し、数ヶ月かけて日本とアジア二ヶ国を旅行するつもりだった。しかし、この世界的な危機によって計画はすべて変更となり、帰国便を三回も取り直したことで、彼女は帰国日程の目途が立たないと思うようになった。運行再開に関する知らせが何一つない上に、隔離措置は二週間ずつ延長されていった。彼女は、この状況が数ヶ月は続くだろうと、強い不安にかられていた。

在日ペルー人は、今回の危機に際しても連帯が自らの持ち味であることを示した。長年日本で暮らし、長野県で物流の運転手をしていたエンリケ・ポンセ・ハラダは、コロナで日本に立ち往生する人々の状況に心を動かされ、言葉ではなく行動で連帯を示そうとした。彼は、「日本に残されたペルー人との連帯」というアカウントをフェイスブックに作り、彼らに何らかの支援をつなごうとした。

まず、日本政府がすべての市民に一〇万円を給付した際、給付金から一〇〇〇円を寄付することで、日本で立ち往生しているペルー人を支援することはできないか考えた。そこで彼は、何かしたい人達が集まるSNSのグループに自分のアイデアを出して、どういう方法をとればよいか聞いてみた。そこから彼は、「日本で立ち往生した人への直接支援」というアカウントを立ち上げた。これは、金銭その他の援助に対する責任は持たず、どんな直接支援ができるかを見てもらう方式にして、いかなる疑念も持たれないようにした。この取り組みの主たる目的は、ペルーに帰国できず宿泊先も食べ物もない人を支援することにあった。

技術、それは人をつなぐもの

コロナ禍で長期間の制限が生じたことで、公的な活動を実施することができなくなるという困難な状況

69

が続いた。しかし、ペルー人コミュニティは技術を利用して問題なくつながりを保ち、かつて対面参加が必要だったあらゆる面白いイベントを開催してきた。コロナは、在日ペルー人コミュニティが時代の要請に適応しつつ、インターネットやSNSを活用する機会になった。Facebook、Instagram、Youtube、あるいはこの時期に大流行したZoomなどを利用することで、毎年七月に行われる独立記念日をはじめ、一〇月の奇跡の主などの伝統的なイベントを、ネット経由で楽しむことができた。

また、これらのプラットフォームを活用して、在日ペルー人を対象に高齢者介護やメンタルヘルス、農業といった仕事を語る場がデジタルコンテンツとして生み出されたのは、とても興味深いものだった。さらに、納税や健康保険の利用、年金などについての学習意欲が高まり、日本での日常生活問題を取り上げたインタビュー番組までもが作られたのである。

10 ペルー人の誉れ

　私はジャーナリストとして、日本社会のさまざまな分野で活躍する人物に注目してきた。彼らの業績や活動への貢献はメディアでも注目され、在日ペルー人の常なる誇りとなっている。大手企業で働く人、研究者や大学教授として働く人以外にも、アーティストやスポーツ選手がいる。

　その多くは、「デカセギ」として来日した両親から日本で生まれたが、工場での仕事を辞めて夢を追いかけた人たちもいた。彼らの出発点や日本で生きる理由はそれぞれ異なるが、機会があればペルー人としてのルーツを取り戻している。以下は、日本で活躍するペルー人の一部のリストである。

・アルベルト城間　ペルー人男性歌手。音楽プロデューサーでアーティスト。ポップ・ロック音楽のバンド、Diamantes（ディアマンテス）のリーダーで、日本で三〇年以上アーティストとしての経歴をもつ。無論、

70

経歴からもその業界でもっとも著名なペルー人である。

・**長嶺ルーシー**　ペルー人女性歌手。沖縄民謡のジャンルでキャリアを積んだ唯一のペルー人で、CDやコンサートを通じて沖縄の伝統音楽を広めた。およそ三〇年にわたる長い経歴をもつ。

・**RIOSKE**　歌手。COLOR CREATION というグループに属し、ソロ歌手としても活動している。父親は日本人、母親がペルー人である。

・**エリック・フクサキ**　ペルー人歌手、作曲家、プロデューサー。

・**メリッサ荒木**　ペルー人歌手、作曲家。

・**坂本麻里ベレン**　ミス・ユニバース・ジャパン二〇二二。父親はペルー人、母親が日本人。

・**比嘉バービィ**　モデル、人気番組「世界ふしぎ発見！」など、さまざまなテレビ番組で司会者やレポーターを務める。

・**アレクサンダー**　モデル、俳優、歌手。バラエティー番組で絶大な人気を得ている。

・**深作ヘスス**　ペルー生まれの日本人政治家。二〇二二年に政界入りし、衆議院選挙で国民民主党から神奈川選挙区に出馬。父親が日本人、母親がペルー人で、生後六ヶ月で来日。「デカセギ」現象以前に来日した。

・**仲村渠ブルーノ**　東京にある Bépocah のオーナーシェフ。このレストランは、権威あるミシュランガイドのビブグルマンを六年連続で得ている。

・**森岡薫**　日本のプロフットサル界を代表する選手の一人。所属するプロリーグでは歴代二位の得点王となった。彼の才能はペルー人コミュニティのスポーツ大会で開花し、そこから名古屋オーシャンズと契約して二二のタイトルを獲得した。日本代表選手として国際試合に出場するために帰化し、キャプテンを務めた。また、インドネシアやスペインのクラブチームでもプレーし、現在は、日本フットサルリーグ二部のリガーレヴィア葛飾でプレーしている。

・籾井あき　バレーボール選手。主要セッターとして二〇二一年の東京オリンピックで日本代表選手としてプレーした。クラブチームについては、JTマーヴェラスに所属している。ペルー人の両親のもと日本で生まれた。

・シマブク・カズヨシ　アルビレックス新潟（J1）に所属するペルー人サッカー選手。

・島袋奈美恵　女子プロサッカー一部リーグであるサンフレッチェ広島レジーナ所属のサッカー選手。

・ロメロ・フランク　日本プロサッカーリーグJ3の鹿児島ユナイテッドFCに所属するサッカー選手。

・田場ディエゴ　日本プロサッカーリーグJ3、YSCC横浜に所属するサッカー選手。

・MIREY　プロ格闘家。ムエタイとキックボクシングの選手。

・ラミレス・レンソ　野球選手。大学野球で優秀な成績を修めたあと、日本のプロ野球のドラフト会議にペルー人として初めて選出された。現在は、札幌ホーネッツでプレーしている。

・ガラレタ・ユウタとジュンタ　柔道家。二人は日本に在住しているが、国際試合にはペルー代表選手として出場している。ユウタ（九〇キロ級）は、二〇一九年にリマで開催されたパンアメリカン選手権で銅メダルを獲得した。弟であるジュンタも、ユースの部門でペルーを代表する選手である。

・山本宙美　柔道家。一〇〇キロ級に選出されたペルー人で、国際大会に出場。リマで開催されたパンアメリカン選手権で金メダルを獲得。

・田中宙美　フィギュアスケート選手。日本在住（愛知県）。アイススケートの国際大会にペルー代表として出場している。

11　在日ペルー人に関するいくつかの考察

この三〇年以上の間にペルー人の間で話題になったことを、これまで挙げてきた。そこから、私たちが

72

ペルー人コミュニティの一員として経験してきたことを、私個人の視点から振り返ってみたい。

日系人にとって、民族的なつながりによって日本へ行く可能性が提示されたことは、結果的に私たちの命綱となった。切迫した状況の中で、日本行きの選択肢に急いで飛びついたがゆえに、基本的にはほとんど準備せずに渡日した。日本でのカルチャーショックや過酷な労働管理について誰もが知っていたわけではなく、それゆえ多くの人が精神的に参ってしまった。家族と離れたホームシック、環境の違いに加え、言葉ができずコミュニケーションが取れないことに対する無力感、あるいは不当な扱いに抗議ができなかったのは、なんの備えもしていなかった人にとっては悲惨なことだった。

日本で働くための唯一の選択肢は、長い間「デカセギ」の生活と労働のあり方を決めてきた派遣会社に登録することであった。多くの人は、派遣会社に依存するのが当たり前になったのである。政府が管理を強化しかつて酷使することはなくなったものの、労働力を外注するシステムは、多くの日本人と外国人にとって必要悪であったし、今でもそうである。

この章でみてきたように、私たちは日本で長年にわたってさまざまな状況に直面してきた。その一つが、歴史的な事件である二〇〇八年の世界的な金融危機であり、これは日本に住むラテンアメリカ人の人生において一つの節目となった。多くのペルー人にとって、日本に留まる利点と、何より今までの生き方の見直しを迫られるような苦境を引き起こす転機となったのである。

始めは、一時的なものだと思われていた。ここで生活し続けていく、あるいはここで家族を作って子どもや孫を育てていくことなど、誰も望んでいなかったし想像もしていなかった。ペルーを出た時には独身だったが、今では日本で孫がいるような人もいる。三〇年が経過した今では、四世代のペルー人が日本で暮らしているのである。

組織の不在

この三〇年間でペルー人が実現できなかったこととして、在日ペルー人社会に利益をもたらす活動を実施するべく、諸機関をつなげるような団体の結成がある。これは、恐らく次の世代がなしうる課題でもあろう。この間ずっと、あらゆる種類のペルー人組織の設立を知らせる記事を幾度も書いてきたことを思い出す。年を経るごとにそうした組織は少なくなり、その多くは定期的に活動をしているわけでもない。

一九八九年になると、「デカセギ現象」が見られる前から日本に住んでいたペルー人によって、日系ペルー協会が設立された。この団体は、工場で働くために来日した同胞が集まるために設立され、当初は日本での生活に関するオリエンテーションや日本語教室を開催していた。また、ペルーの祝日を祝うイベントには多くの同胞も集まるようにもなった。しかし、ラテンアメリカからの外国人労働者が大量に来日するようになると、存在する意味がなくなってすぐ解散してしまった。

コロナ以降に表立った活動はしてないが現存する新しい組織として、一般社団法人在日ペルー人協会があり、理事会は各県に在住するペルー人で構成されている。この組織は、代々木公園で「おいしいペルー」という食のイベントを何度か開催したが、これは日本でペルー料理を大々的に見せるための、今までででもっとも大きなイベントである。

また、市民団体ではなく営利団体だが、Kyodai Remittance という海外送金を扱う代理店は、在日ペルー人コミュニティでもっとも重要な組織である。毎年開催されるペルーの独立記念日のイベントで、スポンサー兼主催者を務めてきた。その他の組織もいくつかの県にあるが、実質的な活動は、ペルー領事館が巡回領事業務を行う際の後方支援や組織的支援に限られている。

もっともよく機能しているのは、明確な目的を持ち、それに力を注ぐ小さな団体である。こうした団体として、日本各地でスペイン語教育を実施するグループ、あるいは奇跡の主信徒会（第5章参照）のような、ペルーのカトリック教徒の間で一番人気の伝統行事を伝える宗教関連の団体を挙げることができる。また、舞踊などでペルーの文化芸術を子どもたちに教える団体、スポーツイベントに参加する多くのクラブなどが

あるが、健康的な娯楽以上の目的があるわけではない。

この三〇年間、私たちは集団としてほとんど何もしてこなかった。リーダーとして頭角を現した人もほとんどいない。さらに、ペルー人の間では、持続的なプロジェクトを実行しようという熱意も、割ける時間もあまりなかったようである。日本に住むか帰国するかというジレンマに長期間置かれていたことが、こうした結果と関係しているのかもしれない。

コロナの流行が長期化したことで、世界的に科学技術とインターネットの利用が促進された。SNSで共有できるコンテンツが作られていくダイナミズムの中で、ペルー人コミュニティは、ペルー人、さらに南米人コミュニティの活性化に熱心な人たちにたくさん出会うことができた。彼らの中から、在日ペルー人全体の新しいリーダーが現れるかどうかは、今後の行動次第だろう。

新たな課題

私たちが来日した目的は、恐らく実現したのだろう。貯金したおかげで商売をしたり家を建てる資金を調達できただろうし、苦労して稼いだお金のおかげで、子どもたちに対してできる限りの教育を与えることもできただろう。こうして得られた収入により、家族が満足できる生活水準を提供できたと思いたい。

それが、私たちが地球の裏側に来たときの本来の目的だったのだから。

要するに、適応に苦労し続けているこの異なる国に住むことで、犠牲と多くの困難を経験してきた。この、移民となった「デカセギ」であるペルー人第一世代たる私たちにとっては、それだけの価値があったのだ。多くの人と同様に、日本で移民として生きてきたことで、私は貴重な人生経験を得ることができた。そのおかげで、私はたくさんの学びを得ることもできたため、個人的には感謝している。

とはいえ、私たちの前にはまだ残された課題がある。それは、私たちが今後どのように、そしてどこで老いを迎えるのかを決めることにある。二〇二二年末現在、六〇歳以上の在日ペルー人は一五％を超えて

いる。五〇代も含めれば、その数は一万七〇〇〇人を上回るが、これは在日ペルー人四万八九一四人の三五％に相当する。この年代は、年金問題が優先事項となる世代にあたる。こうした人々の大部分は、年金制度に加入していなかったか、遅れて加入した。それだけに、将来がどのようになるのかが心配されてきている。派遣会社は長年にわたって、年金の支払いを伴う社会保障に労働者を加入させることを拒んできたし、政府もきちんと管理しようとしてこなかった。

一方で、労働者の多くは、すぐ母国に帰るから不要だと考え、毎月の保険料の天引きを拒否した。そのため、彼らは厚生年金にも国民年金にも加入しなかった。現在では、ほとんどの派遣会社が社会保険に含まれる年金の支払いを義務付けている。年金問題は、日本人の間でも潜在した問題である。さまざまな研究からわかっているのは、四〇年あるいはそれ以上の加入でもらえる年金だけでは生活できないことである。まともに生活したり、高齢者医療を受けたりするためには貯蓄を取り崩さなければならない。

こうした状況を踏まえると、外国人にとって多世代世帯（三世代以上の家族が同居する世帯）での生活が解決策になる可能性が高い。それにより、子どもたちは高齢の両親に対する経済的な支援や介助も可能になるのである。

住居の確保といった条件が揃えば、この段階で出身国に帰国する選択肢は捨てたものではない。海外で年金を受け取ることは可能だが、そのためには、必ず日本から出なければならない。しかし、年金の額が低いため、貨幣価値の差を考えれば自国で受け取る方が得になるかもしれない。退職した日本人の中には、こうした理由から海外で生活することを決める人も少なくないのである。

一九九〇年代、ラテンコミュニティのメディアでは子どもや若者の就学促進をはじめ、学校中退やいじめなどに関するテーマを展開するのが常であった。ペルー人コミュニティの主たる問題として現在取り上げられるのは、定年退職であり、高齢化が進む日本のペルー人が近い将来どうなるのかといった懸念になっている。これは時間との闘いなのである。

第3章

在日ペルー人の仕事の変遷

樋口直人

1　派遣労働の内と外をめぐる三〇年史――問題の所在

　ペルー人を含む在日南米日系人の仕事の問題は、工場での派遣労働に集中していることだといわれてきた。派遣の仕事は、当初の手取り額こそ正社員より高いものの、給料は上がらず、不安定で、社会保障から漏れ落ちることも珍しくない（この長期的な影響については、第1章を参照）。ペルー人の仕事の変遷をみるに際して、こうした派遣労働以外の仕事にどの程度ついているのか、まず注目する必要がある。一般に移民は、たいていは労働条件のよくない仕事から始まるが、移民先に長く住むにつれて待遇をよくしていくことが多い。時間の経過と共に移民は必要な知識を身につけ、もともと持てる能力も発揮できるようになり、格差は縮小するからである（Chiswick 1978: 899）。

　では現実はどうなのか。我々の調査データからみた状況は、図

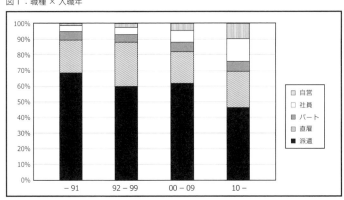

図1：職種 × 入職年

1のようになっている[1]。これは、仕事を始めた年と雇用形態の関係を示しており、デカセギブームだった一九九一年までの仕事の七割は派遣労働だった。その後しばらくは大きな変化がないが、二〇一〇年以降に得られた仕事で派遣の比率は半分以下まで下がっている。その代わりに正社員と自営業が増えており、経済危機以降にかえって職業的地位は上がっているようにみえる[2]。そうした見方は、果たしてどこまで妥当なのか。変化したとすれば、それは何によっているのか。以下では、考えられる要因をいくつか示したうえで、上記の問いに答えていきたい。

2 三〇年で何が起きたのか——いくつかの仮説

前節の図1をみると、デカセギが始まってから目に見える変化が生じるまで二〇年以上かかったことになる。日系人は、家族での移民が可能だし仕事も自由に選べる。学歴も高いし、自分でビジネスをしていた人も多い。日本で待遇の良い仕事につくために有利な条件が揃っているわけだが、それにもかかわらず派遣労働への集中が続いてきた。なぜ有利な条件が結果に結びつかなかったのか。考えられる要因を、いくつかの仮説として示していこう。

（1）人的資本仮説

デカセギ労働者は資本（お金）を持って移民するわけではないから、自分自身が働かなければお金を稼げない。そこで助けになるのが、お金を稼ぐ能力たる「人的資本」である。これは、技能、能力、人格、外見、評判、信用などさまざまな形をとるが、通常は教育・訓練の結果として得られる学歴・資格を指す（Becker 1993）。デカセギの文脈では、学歴と日本語能力が人的資本であり、これを多く持つほど待遇の良い仕事につきやすくなる[3]。

集団レベルでみたとき、在日ペルー人は在日ブラジル人より全体に学歴が高いが、両者の仕事にはほとんど違いがない（大曲ほか、二〇一一）。出身国での学歴が日本で評価されるならば、両者に違いが生じるはずである。その意味で、日本ではペルーの学歴が仕事に及ぼす影響は大きくないという予想が成り立つ。我々は、人的資本のうち、学歴についてはどの国の学校を出たかによって効果が異なると考えられる。外国人に対する就職差別の影響は日本で教育を受けた「在日ペルー人二世」に対しても聞き取りをした。外国人に対する就職差別の影響は考慮する必要があるが、日本の学校で学ぶことで得られる仕事を得る上で有利に働くという知見が、在日アルゼンチン人（稲葉・樋口、二〇一三a）及び外国人一般（Nagayoshi and Kihara 2023）に関して得られている。つまり、人的資本に関してはペルーでの学歴の効果は限定的、日本での学歴は大きな効果を持つ、日本語能力も大きな効果を持つという仮説を立てることができる。

（2）社会関係資本仮説

　移民は一般に、学校やハローワーク、新聞広告といった公的・制度的な経路以外の方法で仕事を得ることが多い。なかでも重要なのは人の紹介であり、その意味で人付き合いは仕事の確保に際しても重要である。ただし、誰から職を得るかによって待遇は異なる。このように、自分に利益となるような人的つながりは社会関係資本と呼ばれており、この章ではその性質が得られる仕事を決めることに着目する。社会関係資本には、相互に知り合いである密なネットワークで得られる強い紐帯と、異なるネットワークに属する人との弱い紐帯によるものがあり、後者の方がよりよい仕事をもたらす（Granovetter 1973）。自分と似た人から得られる情報よりも、違ったネットワークを持つ人の方が自分では得られない情報源になるからである。

　デカセギの文脈に即していえば、強い紐帯はペルー人家族・親族、ペルー人同胞、デカセギの仕事につ

79

いている他の外国人となる。弱い紐帯は、日本人、及び移民していない日本人親族が考えられる。後者の例は沖縄に渡った者が該当しており、沖縄では日本人親族の家に住み、仕事を紹介してもらうことが多い。ペルーに移民していない日本人親族は、ペルー人の親族とは異なり日本社会の方に多くのネットワークを持つため、弱い紐帯とみなすべきだからである。ここから得られるのは、デカセギの人同士の関係で得られる仕事よりも、日本人から得られる仕事の方が待遇がよいという仮説である。

（3）経済的同化仮説

人的資本や社会関係資本と重複するが、時間的経過に着目するものとして、経済的同化に関する議論がある。すなわち、移民当初は人的資本を十分に持たないとしても、日本に長く住めば言葉や仕事を覚えて、また人間関係を築くことにより、待遇の良い仕事につけるようになる（Chiswick 1978）。それゆえ、日本での居住年数が多いときに得た仕事の方が待遇がよい、という仮説になる。

（4）同化仮説

これも人的資本や社会関係資本と重複するが、世代交代に着目するものとして同化論がある。経済的同化論は移民第一世代を念頭においているが、同化論は主に世代交代による変化を扱っている（Alba 2009）。同化とは、ペルー人と日本人の違いがなくなっていく過程であり、日本で育った第二世代は日本語を第一言語とし、日本人との社会関係が主になっていくことを指す。

ペルー人第二世代は、日本、韓国・朝鮮、中国籍と比べると、高校・大学とも進学率は低いが、格差は徐々に縮まっている（樋口・稲葉、二〇一八）。また、在学時に就職活動をする者の比率は低いものの、親世代とは異なる仕事を選択できるようになった（樋口、二〇二三）。すなわち、二〇一〇年以降の変化が生じたのは、第二世代の就職によるものであるという仮説になる。

（5）労働市場の変動仮説

これまでみてきたのは個々の移民側の要因だったが、デカセギ三〇年間で日本の労働市場の構造も大きく変化した。まず、バブル後の長期不況のなかで、日本企業は正社員の比率を年々下げて派遣やパートといった不安定な雇用の労働者を増やしてきた。ペルー人労働者は、派遣労働のなかでも解雇されやすい不安定な仕事を引き受けることで、不景気の中でも人口を増やしてきたのである（梶田ほか、二〇〇五）。その帰結が、二〇〇八年の経済危機における南米人の大量解雇だった（樋口、二〇一〇）。

経済危機の影響は一時的なものにとどまらず、その後も南米人の派遣労働市場を不安定なものにした。丹野（二〇一一）が指摘したのは、頻繁な配置換えと月ごとの労働時間が激しく変化することだった。つまり、正社員での就職自体が難しくなる構造変動のなかで、派遣の仕事もより不安定になっているという仮説になる。

以下ではこれらの仮説をもとに、過去三〇年で起きた在日ペルー人の仕事の変遷をみていきたい。

3　データ分析──ペルー人労働者の経験を振り返る

（1）人的資本仮説の検証

まず、ペルーでの学歴と日本での職の関係を示したのが、図2となる。学歴と職種には関係があるものの、それほど強いとはいえない。それでも、大学卒の方が派遣の仕事につく比率は低くなる。ただし、専門学校卒業者が一番派遣の仕事につきやすくなっており、学歴の高さと派遣従事比率に一貫した関係があ

在日ペルー人全体の学歴が、二〇〇〇年と比べると二〇一〇年の方が、あまり意味を持たないのであれば、高学歴層であるほど日本で働くメリットがなくなっていく。しかし、学歴がある意味を持たないのであれば、高学歴層であるほど日本で働くメリットがなくなっていく。しかし、学歴を日本へ向かわせている。よりも多くの高学歴層を日本へ向かわせている。ラジルやアルゼンチン時代だったことが、ブ時代だったことに加えてテロのション、ハイパーインフレー合、ハイパーインフレーるだろう。ペルーの場一貫していないといえのの、その効果は弱くいないとはいえないも歴は日本で生かされて意味で、ペルーでの学るわけではない[4]。その

図2：ペルーでの学歴 × 職種

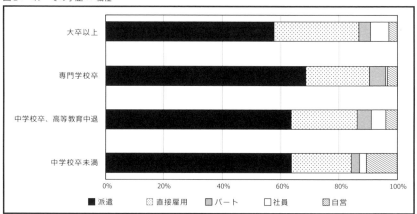

図3：日本語力 × 職種

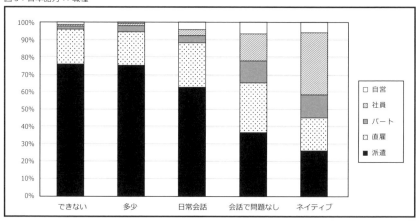

図4：日本語能力・日本での教育経験 × 離職理由

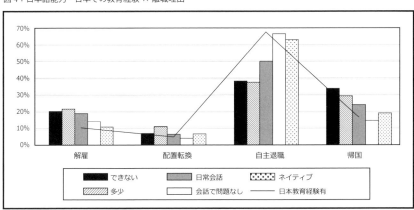

凡例：
- できない（黒）
- 日常会話（グレー）
- ネイティブ（ドット）
- 多少（斜線）
- 会話で問題なし（白）
- 日本教育経験有（折れ線）

横軸：解雇／配置転換／自主退職／帰国
縦軸：0%〜70%

歴が低下した要因の一つは、高学歴層が帰国したことによると思われる（高谷ほか、二〇一五b）。

ペルーでの学歴に比べると、日本語会話の能力は得られる職と強い関連がある。図3をみると、日本語が少ししかできない人の四分の三は派遣労働につく一方で、問題なく話せる人では三分の一まで低下する。日本語のネイティブスピーカーは、日本の学校で教育を受けているため正社員の比率が高くなるが、そうでなくても日本語で仕事ができれば派遣の仕事につくのはむしろ少数になる。日常会話程度の日本語能力の場合、派遣につく比率はできない人より一三ポイント低くなるが、大きな差とはいえない。さらに、日常会話程度では正社員・自主退職につくことがほとんどかなわない。仕事で使える水準の日本語能力がなければ、非正規雇用からの脱出は難しいことになる。その意味で、日本語力は待遇の良い仕事を得るための必要条件であり、人的資本仮説のなかでも重要な要素となる。

日本語能力には、待遇の良い職を得るだけにとどまらないメリットがある。それを示すのが図4であり、日本語能力が高い人の方が解雇されにくい[5]。これは、より安定した仕事についているがゆえのことであるが、派遣でも日本語ができない人から解雇されるという現実にもよるだろう。他方で、ペルーでの学歴と離職理由の間には関連がなかった。つまり、学歴が高いからといって

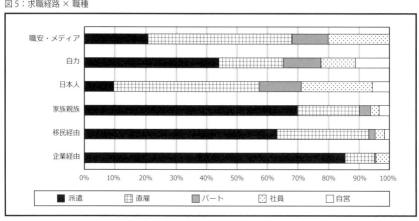

図5：求職経路 × 職種

凡例: ■ 派遣　田 直雇　▨ パート　⠏ 社員　□ 自営

（縦軸上から）職安・メディア／自力／日本人／家族親族／移民経由／企業経由

（横軸）0%　10%　20%　30%　40%　50%　60%　70%　80%　90%　100%

解雇されにくくなるわけではない。学歴を生かすのならば、高学歴だが語学能力に問題がある在米コリアンのように、自営業に進出する道はある（Light and Bonacich 1988）。在日ペルー人の場合、自営業経験がある、あるいは親が自営業者だった者の比率は高いにもかかわらず、日本でビジネスを始める者は少ない。その意味でも、日本語能力以外の人的資本は仕事上の有利な条件になっていないことになる。

（2）社会関係資本仮説の検証

デカセギ労働者が仕事を探す際、学校やハローワーク、求人広告を利用するよりは、家族親族、友人知人に紹介してもらうことの方が多い。その意味で、日本人労働者より社会関係資本を活用する度合いが高いともいえる。求職の経路は、得られる職種と密接に関連することを示したのが、図5の結果である。これは、日本語能力と並んでもっとも強い関連を示しており、情報源によって得られる仕事の種類は大きく異なる。

まず、派遣労働の比率が高いのは企業、移民、家族親族経由で、そのうち企業経由のほとんどはペルーで派遣会社と契約して渡日するケースとなる[6]。それ以外は、派遣労働者が工場で直接雇用される契約社員になった例があるものの、数としては少ない。さらに、派遣から正社員になった例は皆無だった。その意味で、派遣労働

84

者が一つの職場で長く働いても、安定した仕事へと切り替えられる可能性はきわめて低い。待遇の良い仕事につくには、転職が必須となる。

移民経由と家族親族経由で得られる仕事は、かなり似た特徴を示している。データでは示していないが、移民・家族親族経由で得られた仕事は派遣労働の比率が高く、パート・アルバイト、正社員、自営の比率が低い。特徴として、他の経路より派遣労働につく人が過半数だったのだから、仕事を紹介してくれた人の多くも派遣の仕事をしていたことになる。それゆえ、紹介できるのも派遣の仕事が多くなるのは、必然的な結果といえるだろう。これは一方で、職を失っても次の仕事探しが素早く簡単にできるようになり、失業のリスクを引き下げる効果をもつ[7]。また、労働需要が多い時期にはより時給の高い派遣会社へとスムーズに移ることもできただろう[8]。他方で、転職先がおおむね派遣労働に限られるがゆえに、正社員への仕事に結びつかない。

それとは対照的なのが日本人を介した求職であり、派遣労働は一〇％なのに対して正社員は二三％、自営は六％となる。ブラジル（竹ノ下、二〇一六）、アルゼンチン（稲葉・樋口、二〇一三a）からのデカセギについても同様の調査結果が出ており、信頼できる知見といえるだろう。日本人の場合、常に過半数が正社員の仕事を多く紹介するようになるのは当然のことなのだが[9]。

両者の中間にあるのが、ハローワークやメディア、学校経由で仕事の情報を得た場合である[10]。ここでいうメディアは、スペイン語やポルトガル語の新聞・雑誌、英字新聞、日本語の新聞広告や求人誌を指しており、それゆえ派遣も正社員も含まれている。ハローワークの場合、派遣の仕事を紹介されることはなく、直接雇用か正社員が多い。つまり、ハローワークのもう一つの特徴は、一度使うと続けて特定の人が利用するパターンが多いことにある。ハローワークで仕事を探す敷居は高いものの、使ってみれば便利なものと理解されるのだろう。

求職の経路は、得られた仕事の安定性にも影響を及ぼす。仕事を辞めた理由のうち、一八％が企業に解雇されたことによる。ただし、解雇の比率は求職経路により異なっており、図6では移民経由で仕事を得た場合がもっとも高い。家族親族経由や自力で探した場合も高い一方で、日本人を介した求人では七％ともっとも低くなっている。その意味でも、日本人の方が安定した職を紹介できるといえるだろう。

これまでみてきた結果は、社会関係資本仮説を強く支持するものだった。デカセギ労働につく人同士の強い紐帯は、デカセギの仕事に関する情報を効果的に流通させることができる。しかし、より安定した正社員の仕事につくには、日本人との弱い紐帯が特に必要となる。

（3）経済的同化仮説の検証

経済的同化仮説は、日本に住んでいる年数を重視する。時間がたてば言語や仕事上のスキルが上がると想定するため、人的資本に着目した議論だが、長く住めば社会関係資本も増えていくと考えるのが自然だろう。そこでまず、居住年数と職種の関係を検討し、次に居住年数と社会関係資本の関係についてもみていくことにしよう。

図7は、居住年数が長くなるにつれて派遣労働の比率が下がり、正社員や自営業者の比率が高まっていくことを示す。[11] 派遣労働は、日本在住二年未満では七一％なのに対して、一〇年以上住んだ場合に

図6：求職経路 × 離職理由

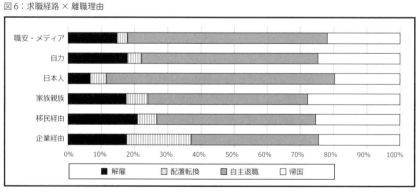

図7：日本での居住年数と職種

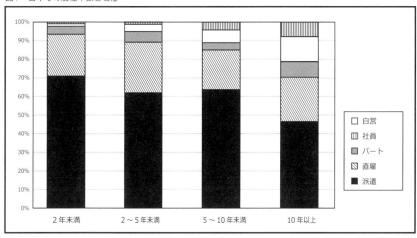

凡例：
□ 自営
▥ 社員
▨ パート
▧ 直雇
■ 派遣

横軸：2年未満　2〜5年未満　5〜10年未満　10年以上

は四六％まで低下した。正社員と自営業の比率は、二↓一三％、一↓八％へと上昇している。小幅ではあるが、着実に変化しているとはいえるだろう。こうした効果は、日本で学校教育を受けた人たちが働くようになったことにもよっている。ただし、ペルーで教育を終えて来日した人についても該当する傾向であり、日本に長く住むにつれて少しずつ安定した仕事についているのは間違いない。

では、日本に長く住むことで安定した職に結び付くネットワークができてくるのだろうか。図8の結果は、そうとはいえないことを教えてくれる[12]。デカセギ初期の一九九一年以前は、三七％がペルーで契約して日本の仕事を決めていた。それに代わって、自力で仕事を探す割合が増えている。これは、以前に働いていた派遣会社に自ら連絡し、仕事を得るパターンが一番多い。件数は多くないが、自営業の場合もほとんどが自力で仕事を始めている。日本で長く暮らすうちに、仕事を渡り歩くこつをつかむというわけである。

同様の傾向は、ハローワークやメディア広告、学校の就職課を利用する比率にもあらわれている。一九九一年以前には四％だったのが、二〇一〇年以降は一二％まで増加した。一般に移民は、制度的な経路より個人的ネットワークを利用して仕事を得ることが多いが（Cornelius et al. 2010;

図8：就業開始年 × 求職経路

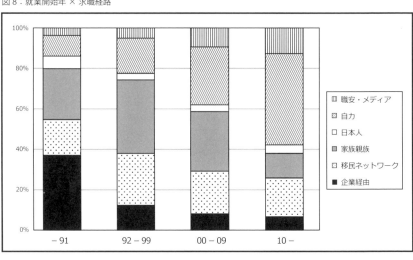

凡例：
- 職安・メディア
- 自力
- 日本人
- 家族親族
- 移民ネットワーク
- 企業経由

Falcon and Melendez 2001)、ペルー人労働者のなかでは前者の利用が徐々に進んでいることになる。これは、日本人労働者と類似した経路を使って仕事を得ることでもあり、経済的同化仮説に沿った結果となっている。

その一方で、九〇年代には三七％あった家族親族経由の就職は、二〇一〇年代には一二％まで激減した。それ以外の移民同士のネットワークも、同時期に二五％から一九％まで小幅に減少しており、全体としてデカセギ労働者同士の関係が使われなくなっている[13]。もっとも、日本人の紹介で仕事を得る比率は期間全体を通じて四％を占めるに過ぎないし、居住期間や時代によって増加する傾向もない。むしろ、一九九一年以前が六％と一番高いが、これは初期に沖縄の親族宅に身を寄せた者が一定数いることと関係しており（第1章参照）、その際に（移民していない）日本人の親族が仕事を紹介することによる。

経済的同化仮説は、仕事の情報源が日本人へと移っていくことも想定している。現に、日本で働いていたイラン人は日本での居住期間が長くなるにつれて、日本人経由で仕事を得る比率が増えていた（樋口・稲葉、二〇〇九）。これは、在日イラン人が急速に減少するなかで同胞ネットワークに頼れない事情にもよるが、日本人との関係を

着実に築いていった結果と考えた方がよい（樋口、二〇〇七）。ところが、アルゼンチンからのデカセギ労働者と同様に（稲葉・樋口、二〇一三ｂ）、ペルー人も日本人から仕事の紹介を得るようにはならなかった。

経済的同化仮説については、あてはまる部分とそうでない部分が混在していた。まず、職種については大幅ではないが着実に派遣労働以外の仕事が増え、とりわけ正社員や自営業に進出していた。少しずつではあるが、経済的同化が進んでいる。また、仕事を探す際にはデカセギ労働者同士のネットワークに対する依存度が下がり、自力で探したりハローワークや求人広告を用いたりする比率が上がっていた。これも、経済的同化が進んでいる証左といえる。しかし、求職経路は人間関係に依存しない方向へと変化したのであり、待遇の良い仕事を紹介してもらえるネットワークを築いたわけではない。これは、在日ペルー人の上昇移動を妨げる大きな要因と言えるだろう。

（4）同化仮説の検証

同化仮説は、移民の世代間の差に目を向けており、ここでは日本で学校に通ったことによる違いをみていこう。図9のうち黒い棒グラフは日本の学校に通ったことがない人の、白い棒グラフは日本の学校に通ったことがある人の職種を示す。両者の差は派遣労働の割合で目立っており、六四％（日本の学校経験無）と三三％（経験有）となっている。日本の学校に通ったにもかかわらず、三

図9：日本での就学経験 × 職種

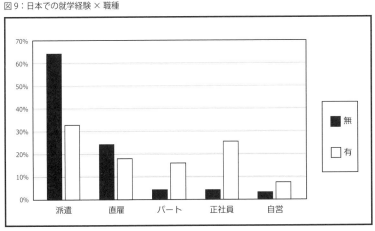

分の一が派遣の仕事についているという見方もあるだろう。しかし、日本で教育を受けた第二世代の場合、派遣の仕事は一時的なものであることが多い。自己投資のために手っ取り早く貯金する、父親と同じ仕事を体験するといった目的があり、一年目の手取り額が多い派遣の特徴を生かしているともいえる（樋口、二〇二三）。

それ以外のパート、正社員、自営業比率については、日本で学校に通った人の方が高い。パート比率の高さは、若年層が多くつくアルバイトも含んでいることによる。一番の違いは正社員比率であるが、日本で教育を受けても二六％にしか達していないとはいえないだろう。デカセギ第一世代からみれば、子ども世代でより安定した仕事についているといえるが、第二世代からみれば学校の日本人同級生とは埋めがたい差が生じている。これは一方では、ペルー人の進学率の低さが仕事上の格差を生み出している現実を示す。しかし他方では、学歴での不利をはね返す形で、安定した仕事に少しずつ近づいていく状況も存在する（樋口、二〇二三；山野上、二〇二三）。

同化仮説が想定する通り、日本で学校に通った世代は親とは異なる仕事についていた。しかし、まったく違った世界で働いているとはいえない程度には、親世代との重なりもある。これはひとつには、日本人との進学格差があるため安定した仕事につきにくい現実がある。しかし、進学率の差から予想されるより安定した仕事についており、その点は同化仮説に沿った結果となっている。

（5）労働市場の変動仮説の検証

最後に、在日ペルー人労働市場の構造的な変化について、二つの時系列的変化を示している。第一は棒グラフが示す離職率や離職理由で、特に「配置転換」と「解雇」の比率が関係する。派遣会社が送り出す工場は、それぞれ派遣契約の期間が異なっており、契約が長いほど労働者にとっては継続できる仕事になる（丹野、一九九九）。派遣会社が短期的な契約を結んで労働

図10では、二つの時系列的な変化を示している。第一は棒グラフが示す離職率や離職理由で、特に「配置転換」と「解雇」の比率が関係する。派遣会社が送り出す工場は、それぞれ派遣契約の期間が異なっており、契約が長いほど労働者にとっては継続できる仕事になる（丹野、一九九九）。派遣会社が短期的な契約を結んで労働

90

図10：離職年 × 理由

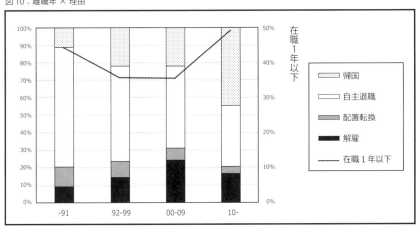

配置転換の比率は、一九九一年以前の一一％から二〇一〇年以降の四〇％まで、年を経るごとに少しずつ低下している。これについては二通りの解釈が可能だろう。まず、バブル期の絶対的な人手不足が解消された後も南米人労働者が増えたのは、より不安定な派遣労働に対する需要が高まったからだ、という説がある（e.g. Higuchi and Tanno 2003）。そうした見方とは逆に、頻繁に配置転換されるような仕事はむしろ減り、仕事は安定していった。次に、好景気の時期であれば派遣先から契約を打ち切られても、派遣会社は別の派遣先を簡単に見つけることができる。それができないから、配置転換で対応するのではなく解雇される人が増えたのではないか。データをみると、一九九一年以前と一九九二～九九年の配置転換＋解雇の比率はほぼ同じである。配置転換が減った分だけ解雇が増えたわけであり、仕事が減った分だけ解雇されやすいという第二の見方に沿った結果だろう。

さらに、解雇の比率は二〇〇〇年代にピークに達しており、これは二〇〇八年の経済危機によるところが大きい（樋口、二〇一〇）。すべての年を通して解雇された三五八件のうち、

者を送り出す場合、契約が切れたら労働者を解雇するか別の工場へと配置転換する。[14] そのため、配置転換と解雇は仕事の安定性を示す重要な指標となる。

八八件（二五％）が二〇〇八、〇九年に集中している。また、同年に離職した二〇三件のうち八八件（四三％）が解雇によるものだった。

これは一過性の問題ではなく、経済危機が過ぎてからも短期の不安定な仕事が多くなったといわれる（丹野、二〇一一）。こうした説が正しいかどうか、図10では在職期間が一年以内の比率を示す折れ線グラフも用意した。これをみると、一九九一年以前の在職一年以下の仕事が四四％と高いが、デカセギ初期は仕事に慣れるまで転職が多かったことによる。それから三六％まで下がるものの、二〇一〇年以降は四九％まで上がっている。経済危機以降は、一年以下の短期の仕事をつないで生活する人が大幅に増えているわけで、移民自身の努力ではどうしようもない状況が生み出されている。その一方で、正社員や自営業の比率は増加しているわけだから、在日ペルー人のなかでの安定層と不安定層の分化が進んだだといえるだろう。

4　結語に代えて

筆者はかつて、二〇一〇年までの南米から日本へのデカセギ労働の歴史を、「失われた二〇年」と評したことがある（稲葉・樋口、二〇一三a）。しかし、三〇年史を書く現時点で振り返ると、それとは異なる評価が必要だと感じさせられる。「失われた二〇年」という見方は、二〇〇八年の経済危機によって説得力を高めたが、少しずつ生じた変化——正社員や自営業者の増加——を見逃していた。二〇一〇年代に、安定した仕事につく人が増えたのは、一方では不安定な状況にある人が帰国したことにもよる。それと同時に、日本語を覚え長期的な計画のもとで少しずつキャリアを積み重ねてきた人が多くいることを、見逃すべきではない。

その一方で、年月の経過とともに社会関係が豊かになっていったわけではなかった。日本人を経由して仕事を得るようにはならず、その代わりに自力で仕事を探したり、ハローワークや求人誌など人の紹介に

92

よらない求職活動が増えている。前節では、日本で働いたイラン人を例にとって違いを説明したが、実際に聞き取りをした時の印象は今でも個別具体的な日本人の名前を懐かしそうに挙げる人が、少なからずみられた。そのほとんどが職場の上司や同僚だが、イランでは個別具体的な日本人の名前を懐かしそうに挙げる人が、少なからずみられた。そのほとんどが職場の上司や同僚だが、イランでは個別具体的な日本人の名前を覚えている程度の関係を築いていた。それに対してペルー人の語りのなかで、日本人の名前が挙がることはほとんどなかった。派遣労働の一つの問題は、デカセギ労働者同士以外の社会関係を生み出しにくい点にある。これは、より安定した仕事への転職を阻む要因になるとともに、広くいえば「社会統合」の進展をも遅らせることになるだろう。

最後に、デカセギ三〇年史のなかで、ペルー国籍者の持ち家比率が二〇一〇年には二五％近くまで高まるなど（高谷ほか、二〇一五a）、日本に着実に根を下ろす人が増えている。しかし、二〇一〇年以降は安定した仕事を得て余裕のある生活を営む人が増える一方で、派遣労働自体の条件は悪化した。その意味で、在日ペルー人のなかで余裕がある層となない層の差が拡大したと考えられる。派遣の仕事は、ただでさえ年を取ると働ける工場が限られてくる（時給の高い自動車部品などではなく、食品や軽工業中心になっていく）。そのうえ短い契約期間の仕事をつないでいくのでは、老後に備えた貯金もままならないだろう。

まだそれほどには顕在化していないが、年金加入期間が短く少額の年金ないし無年金になる人も今後は増えていく。働ける限りは仕事をするにしても、いつかは身体が動かなくなる時が来る。結果的に生活保護を受給する人は増えるだろうが、これは外国人が社会保障にカバーされないことを知りながら放置し、将来展望を持たなかった政府の無策の結果である。二〇〇八年の経済危機で、日本政府は日本に戻らないことを条件に「帰国支援金」を支給するという愚策を実行した。その教訓として、無年金の人たちがやむを得ずペルーに帰っていくような事態を生み出さないように、政府が責任をもって社会保障でカバーする必要性を次の一〇年に向けて指摘しておきたい。

注

[1] 稲葉奈々子と筆者は、二〇一一年から二〇二二年にかけて、ペルーと日本での就労経験があるペルー系移民五三四人に聞き取り調査を行った(イタリアで出会った日本での就労経験があるペルー移民一名を含む)。この章で用いるのは、五三四人が従事した二二三九件の仕事に関するデータである。調査の過程では、多くの方にご協力いただいた。記して感謝したい。

[2] この章で用いるすべての図は、カイ二乗検定で一%有意である。相関の強さをみるに際しては、Cramer's V の値を参照した。また、本書の性格からクロス集計表しか示していないが、職種と離職理由を従属変数とする多項ロジスティック回帰分析の結果を踏まえて関連する部分についてのみ、本文で言及している。

[3] 日系ペルー人の場合、自営業の経験は本来ならば人的資本とみなされる。しかし、日本で自営業に進出するペルー人の比率は低く、人的資本として活用されていない。

[4] 中学(日本の高校相当) 卒業未満の者が自営業に従事する比率は高いが、そもそも人数が少ないので、誤差の範囲内にあると思われる。

[5] 図4で掲げた離職理由のうち、「自主退職」は病気や怪我、人間関係のトラブルで仕事をやめる場合も含んでいる。「配置転換」は同じ派遣会社に雇用されているが派遣先が変わった場合、派遣先から直接雇用として契約し直した場合を指す。

[6] こうした渡航方法は、一九九〇年代後半にはとられなくなっている。

[7] 一九九五年から五年ごとに行われる国勢調査の結果では、ブラジル人よりペルー人の方が失業者比率は一貫して高い(大曲ほか、二〇一二；髙谷・大曲・樋口・鍛治、二〇一三；髙谷ほか、二〇一五b)。全体の学歴はペルー人の方が高く、学歴が高いほど失業者比率は低下するため、学歴では失業率の高さを説明できない。他に考えられる要因は三つあり、第一は日本語能力である。日本語教育が一時期禁止され、さらに家族呼び寄せ以外の戦後移民がいないペルー日系人は、全体として日本語力が低い。第二に、ブラジル人より人口が少ない。ペルー人は、社会関係資本を十分に活用できなかった可能性がある。第三に、ブラジル人中心になってい

[8]　これは、日系人がすぐ転職してしまうあてにならない労働者として、派遣業者の口からしばしば語られる要素である（丹野、一九九九）。

これは、日系三世・四世が中心で非日系人との通婚が多いペルー人は不利になる可能性がある。

一九九九）、日系三世・四世が中心で非日系人との通婚が多いペルー人は不利になる可能性がある。

別も関連しているだろう。「日本人的外見」から遠い者ほど採用されにくく解雇されやすいという指摘があり（丹野、

登録移民が一定比率存在することも、雇用主にとって否定的な要因になったのかもしれない。また、雇用主の人種差

る南米系労働市場で不利に扱われるからともいわれる（丹野、二〇〇二）。ペルー人の場合、第6章でみるように無

[9]　よりよい職に関する情報や権限を持った者、すなわち自分より社会的地位が上位にある者とのつながりでなければ、上昇移動を可能にする社会関係資本とはならない（Lin 2001）。

[10]　ここで含まれるのは、ハローワーク、メディア広告、学校の就職課などを通じた求職を指す。対人関係によらない経路であることに着目しているため、学校の日本人教員が個人的に仕事を紹介した場合は「日本人」経由とみなす。

[11]　これは、アルゼンチンから日本へのデカセギとは違う傾向だが（稲葉・樋口、二〇一三a）、以下のような理由による

と考えられる。日本から戦後に移民した者が多いアルゼンチンの場合、日本語ができる一世の比率が他の国より高い。

また、デカセギ初期の一九九〇年前後はビジネスを始める機会が開かれていた。それゆえ、居住年数とは関係なくビ

ジネスを始める者が存在していた。ペルー人の場合、来日時に日本語ができた者はほとんどいないため、ある程度の居

住期間が必要だったのだと考えられる。

[12]　データでは示さないが、日本での居住期間と求職経路の関係についても、図8と同じことがいえる。

[13]　二〇一〇年代に減少したのは、経済危機後に帰国した者が増えた結果、家族親族や移民同士のネットワークが弱く

なったことによるのかもしれない。これはデータでは検証できない要因だが、解釈には留保が必要である。

[14]　派遣先の仕事が合わないといった理由で、労働者が希望して配置転換をすることもあるが、ごく少数だったためここ

は考慮しない。

95

第4章
日本のペルー人アソシエーションの変遷──過去から未来へ

小波津 ホセ

1 はじめに

この章では、日本にあるペルー人アソシエーションについて紹介する。まず、担当するに至った経緯と実際に調査を始めてからの戸惑いについて述べたい。

筆者は、一九九九年に設立されたペルー人アソシエーションの会長を二〇二〇年度から務めている[1]。就任した当初、ペルー人アソシエーションにしては珍しく長い間活動しているという印象があり、いずれはその足跡を書き残す必要性を感じていた。日本でのペルー人アソシエーションは活動が不安定で、組織内の問題も多く短命であるとされており、二〇年以上継続しているのは異例だと考えていたからである。実際、出稼ぎ現象後に設立されたアソシエーションは一般に短命であり、自然消滅を辿ってきたことも少なくない。そのため、アソシエーションを担当したのは筆者の背景から必然的な部分もあり、調査に対する興味もそそられた。

一方、調査をはじめると戸惑うことが多く、「ペルー人とは？」を再考せざるを得ないような状況が待ち受けていた。これに対する回答は、移民第一世代（出稼ぎ世代）が持つペルー国籍が一つの基準となろうが、ペルー人移民第二世代という立場から、ペルー人国籍を重視しすぎてはいけないと頭では理解していた。ペルー

96

が抱える構造的・文化的な背景も認知していた。移民第一世代の民族性、出身地、階層や学歴といった問題性は確かに存在しており、場合によっては根深く残っている。日本にいるペルー人はその差異の解決に努めることなく、分散して生活している。そして、特定のイベント（ペルーの独立記念日やサッカーの試合など）では表面的な一体感を演出してきた。アソシエーションの調査を進めていく中で、こうした現実にぶつかって根本的に「ペルー人とは？」と再考することも多く、戸惑った。

このような心情で執筆を始めた本章だが、出稼ぎ現象が始まって約三〇年以上が経過する中で本章を通して改めて過去を振り返り、日本にいるペルー人の未来をペルー人アソシエーションからみつめたい。

2　移民が形成するアソシエーション

（1）移民アソシエーションというアクターを考える

移民が多様な背景のもとで出身国を離れ、受入国で新生活を開始するのは容易ではない。家族の助けを借りるにせよブローカーを使う[2]にせよ、日系人の受入社会への適応は難しく、帰国または第三国への移動を強いられる場合も少なくない[3]。一方、受入社会で安定した生活を営む移民もその社会に統合されているとは限らず、日本のように「顔の見えない定住化」（梶田ほか、二〇〇五）という実態を生む場合もある。受入社会からの排除や生じた文化摩擦により移民が習慣、宗教や文化などの表現を禁止されたり、抑圧を受けたりすることもあり得る。

このような状況を改善するアクターとして移民アソシエーションが存在し、二〇世紀後半から注目されてきた（Casselli, 2012 など）。アソシエーションに関する理論は開発途上の状況にあるが、これはアソシエーション研究の難しさを表している。ある組織の成功要因から、他の同胞組織や他の移民アソシエーションの成功または失敗を説明できるわけではない[4]。また、同じ地域内でも移民集団間の成功をもたらす要素に

97

違いがあり、設立経緯と継続性の要因が明確でないとされている（Vermeulen, 2005）。従来は、古典的な同化理論の影響のもとで、入国後の文化的相違、移民集団の資源蓄積、移住パターンが注目されていた。しかし、近年では移住過程、受入国の機会構造、移民コミュニティの特徴へと視点が変化してきている（Moya, 2005; Schrover & Vermeulen, 2005）。

第二次世界大戦後や植民地独立後の人の移動は、途上国から先進国へ、とりわけ旧植民地から旧宗主国への流れが特徴となり、各国の移民政策に影響を及ぼしてきた。これは、移民アソシエーションの形成にも影響してきた（Amelina & Faist, 2008; Chaudhary, 2018; Morad & Della Puppa, 2019; Ong'ayo, 2016; Pirkkalainen et al., 2013）。また、人の移動も単なる送出国－受入国の二地点に限定されるわけではないという複雑性が潜んでいる。デカセギ移民であっても、ディアスポラとの関わりやトランスナショナルな側面を持ち合わせている可能性だってある（藤浪、二〇二〇；Altamirano Rúa, 2000; Merino Hernando, 2002; Tamagno Arauco, 2018）。さらに、送出国のさまざまな地域から受入国へと移動することを考えれば（Morimoto, 1979; Tornos & Aparicio, 1997）、移民は送出国からの社会関係を持ち込めるわけではなく、移民アソシエーションやそれらをまとめる中核団体の形成は容易ではない。関係を築くのに一定の時間がかかるわけで、世代交代できずに消滅する見解もある（Schrover & Vermeulen, 2005）。

（２）移民アソシエーションの目的と意義

移民アソシエーションとは、移民が構成する組織を指す。[5] 小波津（二〇二三ａ）は、アソシエーションの定義、機能、分類と提供する資本について簡単にまとめているが、本項では前項をふまえてこの章の間いに沿ってもう少し紹介する。

移民アソシエーションの目的と意義は、当然ながら設立に至った背景によって規定される。また、ボランタリー精神での運営が基本となるアソシエーションは、明確な目的がなければ継続は難しい。特に、

98

移民は受入国で長時間働くため、それがアソシエーションへの継続的な参加の障壁にもなる（石田・龔、2021; Keen, 1999; Moya, 2005）。

アソシエーションの目的は大きく二つに分類できる。受入国で同胞に焦点をあて活動する組織と送出国である本国との関係性を重要視する組織である。前者は、受入国への参加・統合支援やエスニック・アイデンティティの生成などを目的とし、社会・文化的な組織、スポーツ組織や同胞への支援組織が該当する（Vermeulen, 2005; Oner, 2014）。受入国側から満足な支援を受けられない、移民の習慣や文化を表現できない場合や移民の能力を活用する場としての役割がある。後者は、送出国の特定の地域（主に出身地域）の支援や発展に携わることが特徴だとされる（Amelina & Faist, 2008; Tamagno Arauco, 2018）。このようなアソシエーションは同郷組織であることが多く、規定されたネットワークをもとに送出国へと移動する傾向がみられる。かれらは、出身地域の発展のために経済的支援などを実施するだけでなく、受入国での後続移民の支援にも携わる。一方、宗教組織や専門職組織などのように受入国での活動を目的に設立されながらも、時間の経過や規模拡大により送出国との紐帯を構築する場合もある。

これらの役割を果たす移民アソシエーションの意義はどこにあるのか。実際、設立しても書面上だけのペーパー組織や休眠組織も存在し、その意義が問われる。

移民は、一定の人的資本を持ちながらも受入社会では不利な立場にあり、制度、文化や言語などの軋轢を生みだす。ただ、これらの問題がなければ受入国内の移動でも同郷組織は設立されるし（藤浪、二〇二〇; Macchiavello, 2012; Merino Hernando, 2002）、文化や制度が共通する同国内の移動でも同郷組織など（Altamirano Rua, 2000）は誕生している。また、アソシエーションの活動に関わるにあたってジェンダーによる差異も生じる。なら、移民が受入国と同じ言語を話してもアソシエーションは生まれない、とはならない。なぜ男性は、政治的な上昇志向を目論みアソシエーションを利用する場合もあるが、女性は受入国での適応や子どもの教育のためにその重要性をみいだす（石田・龔、二〇二一; Schrover & Vermeulen, 2005）。

移民アソシエーションの存在または活動の意義は、同胞を支援する目的以外に三つ挙げることができる。まず、アソシエーションは資本（社会関係、文化やコミュニティ）を集積する場である（Altamirano Rua, 2000; D'Angelo, 2005; Morad & Della Puppa, 2019; Ryan & Eril et al., 2015; Pilati, 2012 など）。移民が一定の場所または空間に集まることは、移民相互のネットワークや出身国・地域の慣習を再現しやすくなることを意味し、それが移民のエンパワーメントにつながる。ただし、このような場が必ずしも受入社会と同胞集団に対して積極的な効果をもたらすとは限らず、新たな問題を生みだす場合もある。

次に、送出国・出身地域の文化・習慣・アイデンティティを継承しやすくなる（Caselli, 2010; Oner, 2014 など）。移民は出身国・地域を離れても文化的背景を喪失するわけではない。受入国で文化摩擦が生じても文化的実践を模索することは日本社会でもみられるもので、これは移民の自尊心を高めることにも繋がる。そして、受入国から移民アソシエーションまたは代表組織と認識されることで声をあげやすくなる（Caselli, 2010; Bloemraad et al., 2020; Pirkkalainen et al., 2013）。これは、場合によっては政治的な側面も含まれ、組織の当初の目的とは乖離していくこともあり得る。それでも、移民アソシエーションは代表団体としての側面を持ち、同胞集団の状況や実態に対して意見を求められることはあるだろう[6]。

移民アソシエーションは、その構成員、目的や意義によってその内情は複雑である。そのため、移民がこれらを理解しないと組織運営や活動の継続が困難となり、次世代への継承が叶わないことになる。

（3）ペルー人の移民アソシエーションの系譜

ペルー人がペルー以外の国で生活することは今となっては珍しくはないが、一般に経済移民として認識されることが多い。しかし、経済移民として一括できないほど内情は複雑であり、ディアスポラ性、トランスナショナルな側面や還流的な関係性をペルー人移民は持ち合わせている。それは、ペルー国内の貧困地域から首都リマでの出稼ぎを経て海外へと渡った事例（Altamirano Rua, 2000; Paerregaard, 2013; Tamagno

Arauco, 2018 など)、第二次世界大戦後に移民した人の特徴が時代によって異なる事例（Altamirano Rua, 2000; Merino Hermando, 2002; Paerregaard, 2010 など）、一九八〇年代以降のペルーでの不安定な情勢の影響で出国したペルー人の事例（杉山、二〇〇八；藤崎、一九九二；Melgar Tisoc, 2015; Macchiavello, 2012; Merino Hermando, 2002 など）、先祖の国で新天地を求める事例（渕上、一九九五；Takenaka, 2005; Tamagno Arauco, 2018 など）からもわかる。これらは経済移民として描写されることが多いが、実情は複雑である。

このようなペルー人移民とアソシエーションの関連性は、第二次世界大戦後に次のように推移している。まずは、各国におけるペルー人アソシエーションの形成期である。一九六〇年代から上流階級出身の若者がスペイン、アルゼンチン、ベネズエラなどで高等教育に進学するようになる。これらの国は、当時の大学教育（特に医療関連）がペルーよりも優れていたことや制度的な優遇などが要因としてあげられ、一九七〇年代のペルーでの軍事政権が流れにこれに拍車をかけた。アメリカ合衆国（以下、アメリカ）は戦前から出稼ぎ先として好まれたが、ペルーでアメリカ人などの家事手伝いをしていた女性が雇用主の移動と共にアメリカへ移動する事例もあった。このような家事手伝いの層がその後、家族などを呼び寄せることもあり、移民層が拡大していった。そして、戦後は上流階級出身の若者がアメリカでも進学などを果たし、各国でペルー人アソシエーションの萌芽がみられるようになり、多くが知識人といわれる層を担い手としていた。

その後、一九八〇年代に転換期が訪れる。まず、一九八五年にアメリカで第一回在アメリカペルー人組織大会が一三組織の出席のもと開催された（Altamirano Rua, 2000）。同大会はその後アメリカ国内で開催地を変えながら継続され、約五〇の組織が出席した。同大会は、アメリカに散在していた各組織を定期的にまとめ、その現状を議論する場となったのである。二点目は、ペルーからの出移民が急増傾向に転じ、かつ多様性に満ちていたことである。この現象は、ペルー国内の状況が原因となった。一九八〇年代は、ペルーでは失われた一〇年ともいわれ、ペルーは経済不況に陥り、テロの破壊行為により社会情勢も不安

定であった。そのため、非正規の手段を利用してでも海外に新天地を求める人が多く登場するようになる。経済的階層、民族性、出身地や年齢などがそれまでとは大幅に異なり、スペイン、イタリア、アルゼンチンや日本などへと渡りはじめた。

その後、一九九〇年代になると乱立期ともいえるほど各国で多様なペルー人アソシエーションが登場する。転換期に移動を始めた多くのペルー人を支援するため、または文化的・宗教的なアイデンティティを維持・継承するために各国でペルー人アソシエーションが設立された。アメリカがその代表であり、四七七の組織が確認されている（Altamirano Rua, 2000）。他にアルゼンチン、イタリア、スペインや日本などでもペルー人アソシエーションが急増する。しかし、必ずしも円満に設立や活動ができたわけではない。新旧組織の不和（Macchiavello, 2012; Merino Hernando, 2002）、ペルー人同士の摩擦（Macchiavello, 2012）や受入国の言語・制度の壁に直面することにもなった。もちろん、経済移民またはそれに相当する立場で移動したことから、長時間労働や劣悪な生活環境が障壁になったことも否めない。

二〇〇〇年代になると、アソシエーションの統合期に突入する。背景として、二つのアクターの働きかけを指摘できる。一つは、二〇〇一年にペルー外務省が在外ペルー人コミュニティ課[8]を創設したことである。これは、ペルー外務省が在外ペルー人のもつ経済的なインパクトを認識したこと、国際的な移民をめぐる取り組みが影響したとされる（山脇、二〇一〇）。もう一つは、二〇〇四年にアメリカで「世界ペルー人組織大会」が世界ペルー人組織連盟（FEMIP）主催で開催されたことである。FEMIPは、ペルー政府の働きかけもあり、二〇〇〇年二月二四日にアメリカ、カナダ、ベネズエラと日本の代表団によって設立され、翌年フロリダ州で正式に登録された[10]。アメリカとカナダは、多様な展開をみせるペルー人アソシエーションで構成されており、主に本国ペルーでの教育などの分野で支援を実施していることがわかる。FEMIPの日本支部は存在しているが、個人会員が運営を担っており、主にFEMIPの世界大会を日本で開催してきた。しかし、日本では知名度が低く、特定の人にしか浸透していないのが現状でだろう。FEMIPの日本支部は存在しているが、個人会員が運営を担っており、主にFEMIPの世界

102

あろう。

二〇〇〇年代までの四区分は、ペルー人移民の動向をもとにペルー人アソシエーションについてまとめたものである。ペルーからの出移民に呼応する形でアソシエーションは発展してきたが、出移民の性質によってアソシエーションの性質も変化してきたといえる。そして、ペルー外務省をはじめ、ペルー人アソシエーションを含めた出移民をまとめる動向は山脇（二〇一〇）がいうところのペルー性というナショナル・アイデンティティの象徴でもあろう。

3　日本のペルー人アソシエーションの誕生から現在

（一）日本のペルー人アソシエーションの実態

日本ではいつから、そしてなぜペルー人アソシエーションが設立されてきたのか。調査した内容からまとめる。まず、筆者が今回の調査で焦点をあてたのは、主にペルー人に対する支援の経験があるペルー人アソシエーションである[11]。ここでいう支援とは、日本で生活するペルー人に広く資源を提供した経験があることを意味する。そのため、子どものみへの学習支援などを実施する組織は含まれない。また、教会などで活動する宗教組織、大会やイベントなどへの参

	設立年月日	日本語	スペイン語（省略名称）
1	1947 年	沖縄ペルー協会	Asociación Peruana de Okinawa
2	1961 年	コザペルー会	Agrupación Perú Koza
3	1989 年	ペルー日系協会	Asociación Perú Nikkei
4	1991 年 7 月 28 日	栃木県ペルー協会	-
5	1994 年～1996 年の間	西尾ペルー人協会→ヒスパニック協会	Asociación Peruana de Nishio → Asociación Hispanoamericana
6	1994 年～1996 年の間	横浜ペルー協会	Asociación Peruana de Yokohama
7	1994 年 4 月 1 日	ペルー足利協会	-
8*	1999 年	日本ペルー共生協会	Asociación Japonés Peruana para la Integración(AJAPE)
9	2004 年 10 月 19 日	関西日本ペルー協会	Comunidad Peruana Japonesa de Kansai
10	2007 年 11 月 21 日	愛知ペルー文化交流協会	Asociación Peruana de Aichi Apoyo (APEAA)
11	2008 年 8 月 1 日	豊橋ペルー人協会	NPO Asociación Peruana de Toyohashi(APT)
12*	2009 年	日本ペルー共生協会神奈川	Asociación Japonés Peruana para la Integración Kanagawa(AJAPE Kanagawa)
13*	2011 年 9 月 8 日	群馬県ペルー人協会	Asociación de Peruanos en Gunma(APG)
14*	2012 年 9 月 6 日	多文化共生ネットワーク伊勢崎	-
15*	2013 年 1 月 19 日	一般社団法人在日ペルー人協会	Asociación de Peruanos en Japón(ASPEJA)
16	2013 年 3 月 16 日	日秘アカデミック協会	Asociación Academica Peruano Japonesa(APEJA)
17	2016 年 10 月 2 日	豊橋ペルー国際共生文化協会	Asociación Peruana Intercultural de Toyohashi(APIT)
18	2015 年 7 月 10 日	沖縄ラテン協会	Agrupación Latina Okinawense(ALO)
19	2015 年 12 月 1 日	一般社団法人在日ペルー婦人協会	Asociación de Damas Peruanas en Japón(ADPJ)
20	-	世界ペルー人協会日本支部	Federación Mundial de Instituciones Peruanas sede Japón(FEMIP Japón)
21		和歌山ペルー・ラテンアメリカ文化交流協会	

表 1：日本のペルー人アソシエーションリスト（解散済含む）
※ 番号に「*」がある組織は内閣府の NPO 法人ポータルまたは国税庁の法人番号公表のサイトに登録（設立年と登録年が一致しない場合もある）され、組織によってはすでに解散しているものもある。「-」は不明を指す。

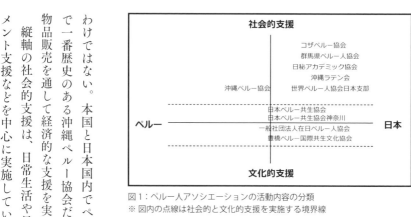

図1：ペルー人アソシエーションの活動内容の分類
※ 図内の点線は社会的と文化的支援を実施する境界線

加を目的とするペルーの民族舞踊組織も今回は除外している。[13]さらに、調査する中で「○○県ペルー人協会」を名称とするペルー人アソシエーションと思われる組織を七つ確認したが、これらは日本人がペルーと友好目的で設立している組織であることが多く、会員も日本人が多数であるため含めていない。そして、ペルー人が主体となって設立された組織でありながらも多様な国籍から構成されている、またはペルー人に限定しない支援である場合も除いている。[15]情報が不明である組織は、記録がなかったり、代表者と連絡がとれなかったり、連絡が取れたにもかかわらず期日までに情報提供がなかった結果である。表で網掛けした組織は、二〇二三年四月段階で規模に関係なく活動がみられた九つのペルー人アソシエーションであり、活動内容を分類すると図1のようになる。

図1の横軸は日本またはペルーにいるペルー人に対する支援、縦軸は支援内容の分類である。まず、本国ペルーと定期的なつながりをもつアソシエーションは多くない。日秘アカデミック協会は学術的な相互関係を持ち合わせているが、本国を支援しているわけではない。本国と日本国内でペルー人への支援を継続しているのは、ペルー人アソシエーションの中で一番歴史のある沖縄ペルー協会だけであろう。[17]具体的には、会員からの寄付、チャリティーイベントや物品販売を通して経済的な支援を実施している。

縦軸の社会的支援は、日常生活や日本社会への統合支援、経済的支援、社会関係資本の構築、エンパワーメント支援などを中心に実施している。日常生活や日本社会への統合支援は、行政手続き、通訳・翻訳、

日本語や学習支援などが含まれる。経済的支援は、各組織に特別な予算があるわけではなく、沖縄ペルー協会のように経済的な支援をするためにイベントなどを開催して一定の金額を当事者に寄付している。寄付の目的としては、生活、進学、治療などがあげられる。社会関係資本の構築は、母の日、ペルーの独立記念日やクリスマス会などの文化的なイベント、セミナーやフォーラムなどの社会的なイベントの開催を指す。エンパワーメント支援は、コミュニティへの啓発・啓蒙活動を通して日本でのペルー人のよりよい生活を目標にしている。一方、文化的支援ではスペイン語やペルー文化（主に民族舞踊）の継承、ペルー文化の普及などの活動が実施されている。

社会的および文化的支援にまたがって活動できている組織は存在せず、何かに特化（例えば、社会関係資本の構築とペルー文化の継承）して活動している。また、年間スケジュールに沿って活動できる組織は多くなく、ペルー政府の要望（選挙期間など）、イベントのために出資者がいる場合、日本政府または企業から助成金を受給できた場合や必要に迫られた際（チャリティーイベントなど）に活動することが多い。コロナ禍で活動できた組織はほとんどなく、アソシエーション運営がボランタリー精神によっていることからも基盤や運営能力が不安定である。

（2）日本でペルー人アソシエーションが設立される背景

図2をもとにペルー人アソシエーションが日本で誕生した背景をみていく。まず、設立に関わる要素として、日本またはペルーの社会的文脈、または日本にいるペルー政府機関（大使館、総領事館またはその関係者家族）の存在があげられ、これらの要因が交差した場合もみられる。

日本駐在のペルー政府機関が設立に関わったのは、日本ペルー共生協会、一般社団法人在日ペルー人協会、日秘アカデミック協会と一般社団法人在日ペルー婦人協会である。日本ペルー共生協会はペルー政府の呼びかけのもと有志が集まって一九九九年に任意団体として設立している。[18]一九九〇年代は出稼ぎ現象

	1990年	2000年	2010年	2020年
	転換期	乱立期	統合期	
	ペルー日系協会	日本ペルー共生協会	群馬県ペルー人協会	
	栃木県ペルー協会	関西日本ペルー協会	多文化共生ネットワーク伊勢崎	
	西尾ペルー協会	愛知ペルー文化協会	一般社団法人在日ペルー人協会	
	横浜ペルー協会	豊橋ペルー人協会	日秘アカデミック協会	
	ペルー足利協会	日本ペルー共生協会神奈川	豊橋ペルー国際共生文化協会	
			沖縄ラテン協会	
			一般社団法人在日ペルー婦人協会	
	経済成長と人手不足	在留資格の新設	多文化共生、経済不況	自然災害、多文化共生
	社会経済的不安定		出移民への意識、自然災害	経済の安定成長

図2：ペルー人アソシエーションの日本での史的経緯
※ 設立年不明の世界ペルー人協会日本支部と和歌山ペルーラテンアメリカ文化交流協会は省いている。

が始まって間もなく、南米から来日する出稼ぎ労働者が抱える問題が多くみられ、特にペルー人が抱える、または起こす問題が顕著であった。査証取得のための書類偽造、査証の期限がきれたことによる超過滞在、犯罪や職場でのトラブルなどの事案（福田、二〇一五；渕上、一九九五；山脇、一九九；Del Castillo, 1999など）により、日本社会でのペルー人の評判は芳しくなかった。このような社会的文脈を危惧したペルー政府が動き出し、日本ペルー共生協会が誕生した。

その後、二〇一〇年代に再び日本駐在のペルー政府機関が設立に関わったペルー人アソシエーションが現れる。ただし、二〇〇〇年代にはペルー外務省の意向を受けたものというよりは、日本駐在の外交官またはその配偶者の個人的な呼び[20][19]かけによるところが大きい。一般社団法人日本ペルー人協会は、日本に存在するペルー人アソシエーションをまとめる中央機関としてペルー政府が積極的に関わっている。しかし、ペルー人アソシエーションをまとめる難しさに直面して、次第に方向転換がみられ、不定期で大規模なイベントを日本のペルー人向けに実施するようになった。

同時期に誕生した日秘アカデミック協会は、主に筑波大学に所属していたペルー人留学生や奨学生を支援することを目的に設立にいたった。しかし、次第に日本の大学・大学院に

	1945 年	1960 年	1980 年
世界のペルー人アソシエーションの動向	形成期		
日本の動向		沖縄ペルー協会　　コザペルー協会	
社会的文脈　日本	沖縄県とペルー間の人の往来		
ペルー	富裕層の出移民、軍事政権など		

所属するペルー人をも包括するようになり、日本に在住する学生や研究者などを対象にアカデミックな側面の啓発に務めている。そして、一般社団法人在日ペルー婦人協会は、当時の大使夫人の呼びかけにより設立にいたった。本国ペルーの日系コミュニティへの慈善事業を名目に誕生し、日本でも同様の活動が不定期にみられた。しかし、大使夫人の異動により活動が衰退し現在は活動を休止している。

一方、一九九〇年代以降に設立された他のペルー人アソシエーションは、日本またはペルーの社会的文脈に影響されたといえるであろう。一九九〇年代は世界のペルー人アソシエーションの乱立期に該当し、日本でも同様の動きがみられたのである。一九九〇年代は日本社会でのペルー人の存在が目立つようになり、かれらが抱える問題は多岐にわたっていた。そのため、ペルー人の集住地域である栃木県、神奈川県や愛知県などでアソシエーションの設立がみられ、二〇〇六年に総務省が打ち出した多文化共生[22]、二〇〇七年のペルー南部の地震、そして二〇〇八年末の経済危機などの社会的文脈の影響がみられる。そして、二〇一〇年代になるとペルー政府の介入によるペルー人アソシエーションの統合の試み、または日本社会で多文化共生が浸透する中でアソシエーションが日本社会から注目されるようになるといった要因により、活動の規模が拡大する。

日本では、一九九〇年代から二〇〇〇年代がペルー人アソシエーションの乱立期、二〇一〇年代は統合期にあたると考えられ、戦後から一九八〇年代前半は形成期、一九八〇年代後半は転換期であろう。では、

形成期と転換期にはどのような動きがあったのか。そこで、沖縄県と神奈川県に注目したい。形成期の日本では、居住するペルー人の約三、四割が沖縄県で生活していた。本国ペルーの日系社会の約七割は沖縄系といわれており、ペルーから沖縄への移動は不思議ではなかった。そうして移動する日本人ペルー移民一世または二世が担い手となり、沖縄ペルー協会とコザペルー会が誕生している。前者は、ペルーに数年しかいなかった者、戦時中に強制収容所で生活した後に沖縄県へと帰国した者、ペルーとの関係性の度合いに関係なく支援する者などと多様な会員によって構成されていた。後者のコザペルー会は日本人ペルー移民一世または二世で構成され、頼母子講や親睦を深める集まりなどを実践して相互支援に努めてきた。ここは構成員の支援を目的としており、対外的なイベントはほとんどしていない。

この二組織は、ペルー人アソシエーションではあるものの「ペルー人」よりも「日系人」という民族性を維持しながら活動している。同郷組織的な性格を強くもつ。一方は、日本国内に留まらず越境的な支援、もう一方は活動する地域で生活する同じルーツをもつ人への支援に努めている。「日系人」という民族性の維持は、例えばコザペルー会で実施され、ペルー日系社会でも実施される頼母子講が象徴的である。これは、会員同士の強い信頼関係がなければ実現しない。日系人であること、日系人という社会関係資本、同郷史の共有や同制度に参入できるだけの信頼を持ち合わせていることなどを証明しなければならない。コザペルー会に関わる全員が頼母子講に参加しているわけではないことから、活発な構成員はある程度限定されるが、会の連帯を日常的に支える制度といってよいだろう。

本土では、沖縄県のような同郷組織性が強いペルー人アソシエーションは確認できていないが、転換期にあたる一九八〇年代後半の神奈川県では動きがあった。それが、一九八九年に誕生したペルー日系協会である（名称から「日系人」を意識した組織であったことがわかる）。一九八〇年代後半といえば出稼ぎ現象の黎明期に当たるが、沖縄在住ペルー人の本土への出稼ぎ、ペルーから家族滞在や研修の査証を取得して来日という二つの経路があった。ペルーから日本への移動は栃木県などでもみられたが（第1章参照）、神

奈川県の工業地域に集住するようにもなった。そして、言語や情報で生活に困る日系ペルー人を支援するため有志数人が集まってペルー日系協会を設立する。かれらは、会費を徴収せずに無料で相談対応や情報誌の発行をする代わりに、年越しなどのイベントは有料にして活動資金を調達していた。同協会は一九九三年頃まで活動を継続したが、自然消滅ともいえる形で幕を閉じた。理由として、設立メンバーの引っ越しや家族の来日による優先順位の変化、日本社会の支援体制が徐々に構築されるようになったこと、入管法の改正により来日するペルー人の多様化が進んだことなどがあげられる。

4　日本の中のペルー人

前節までの内容をふまえれば、日本のペルー人を構成する集団の複雑性は見逃せないが、これは一九九〇年代以降の日本だけにみられた問題ではない。ペルー各地からの出移民がイタリア、スペインやアルゼンチンなどでも定住するようになり、ペルー人アソシエーションが誕生した。しかし、どの国でも出身地や社会階層などによる摩擦がみられ、組織構成または運営に影響がみられた。このような背景から日本でも同様な現象がみられても不思議ではないが、実情はどうなのか。

二〇〇六年に当時の法務副大臣である河野太郎は、日系人を労働力としてしかみていなかったが故に日系人の受け入れは失敗だったと述べている。日系人と一言で表現しても同伴して来日した配偶者が非日系であった場合もあれば、想定された日系人とは言語・文化的にかけ離れた日系人もいた。ペルーを例にとってみても、戦前から混血は始まっていたし (Rocca Torres, 1997) 第二次世界大戦後のペルーの日系社会の状況に鑑みれば、日本語・文化面で相当変容していたことは理解されるべきであった (小波津、二〇二三 b ；在ペルー日系人社会実態調査委員会、一九六九 ; Fukumoto, 1997 など)。

ペルーの首都リマ出身の日系人であっても混血が進んでいる、または日系社会と関わりがなかった者は

多い。それゆえ、来日後に日本社会からだけでなく、同胞であったはずの日系ペルー人からも排除に近い扱いを受けることすらあった。一九九〇年代の日系人と非日系人（または「偽日系人」）の関係が良好であったとはいえないが（Takenaka, 2005）、現時点で日本にいるペルー人にとっては、日系人・非日系人という分類すら意味をなさないのかもしれない。それは、日本社会からしたらわれわれはペルー人であり、多文化共生の取り組みにおいても「日系人」ではなくペルー人として交流し、日本社会が求めるペルー文化を披露しなければならないからである。

次に、日本にいるペルー人の凝集性が高いとはいえず、日本社会が思うほど集団意識は強くない。ペルー人アソシエーションへの聞き取りの際に、「○○という問題があり活動が困難」などという発言を何度か耳にした。災害などの外的な問題ではなく、内的または個人間の問題（社会階層、出身地や金銭など）が原因だと、筆者は同じペルー人として情けなく思えてしまう。筆者の会長としての経験でも、「○○には△△出身の人が増加傾向にあるから今後気を付けなければならない」と言われたことがある。発言した当事者は真剣そのものであったが、ペルー人がペルー人を見る目に戸惑いも感じた。こうした状況を端的に表すのは、以下のような調査協力者の発言である。

われわれはまず相手または組織を疑うことから始めてしまう。それはそのようにペルーで教えられ生活してきた結果でもある。一個人は組織の存在を疑い、そして批判する。金銭が絡めば一個人を組織に参加させることは難しくなり、金銭の行方に衝突も生まれる。そして組織の改善に努めるよりも見返りを望む。[29]

要するに、組織を通してペルー人をまとめることは難しいし、ペルー人同士の良好な関係性を望むことは容易ではないということだろう。これはイタリアやアルゼンチンなどでもみられる現象であり、特定の

地域出身者が集まって生活する傾向や同郷組織などの誕生からも理解できる。中流階級と自負する層が労働者階級を見下したり、首都出身者が地方出身者を排除したり、マチスタが先行する家庭環境などとはペルーの社会・文化的な構造が移民先でも実践されてしまう結果なのである。今まで日本では、他の国ほどこのような事象が表面化しにくかった可能性はある。なぜなら、来日した瞬間からほとんどのペルー人は非熟練労働者であり、差異よりも同質性が基調となってきた。犠牲を払って日本語を習得した者や人的資本を活用できた者のみが、日本で獲得した地位を通して差異化してきた側面はある。とはいえ、職場以外で形成されるアソシエーションでは、社会階層や出身地などの問題がつきまとってきたことは否定できないであろう。そのため、ペルー人第二世代への聞き取りでも「親からペルー人とは関わるなと言われる」などと聞くこともある。

　最後に、出稼ぎ現象が始まって以降、ペルーにルーツを持つ者がどこまでペルー性を維持しているか、アソシエーションとの関連で考える必要がある。筆者のように日本国籍を選択しながらもペルー性を維持する者もいるし、イタリアなどの事例のように中流階級である認識から「ペルー性」を棄てたという者がいても不思議ではない。要するに、国籍では一括りにできない状況が発生していることを、認識する必要がある。家庭内ではスペイン語を使っている、ペルー料理を食べているといった形で、ペルー性を維持しているというのはよく聞かれる。しかし、家庭から出てしまえば、子どもは日本社会の同化圧力に晒されペルー性を喪失する危機は多くの研究でいわれてきた。

　その中で、ペルー人アソシエーションやコミュニティは何を実践してきたのか。ペルーの日系社会を例にとれば、日本人移民が始まって一世紀以上が経過するが、日本人の精神（Takenaka, 2003, 2017）は継承されている。日本人移民一世、日系社会内の各種アソシエーション[31]などの努力によってペルーの日系社会は「日本人精神」の維持に務め、一定の地位を確保している。日本のペルー社会はどうか。出稼ぎ者として来日した移民一世は、ペルー人としての次世代の育成を怠ってきたのではないだろうか[32]。日本社

111

会または日本の学校に適応する中で移民一世の子どもは、アイデンティティの喪失や文化変容を遂げてしまい（角替、二〇二二）、ペルー人として認識されるが、そのような一面的な定義で事足れりとするのでよいのか。このような、自己をペルー人として認識できない「失われた世代」（小波津、二〇二〇）とどのように関わり、次世代の育成に務めるのかも考えていかなければならない。今後は、ペルーからの新たな集団移民が期待できないだけに、移民アソシエーションまたはコミュニティとして対応していかなければ、ペルー人性は徐々に喪失されていくであろう。

日本社会からどのようにペルー社会が認識され、ペルー人はどのように共生して、次世代へとつなげていくのか。その答えを見つけられないのが今の日本のペルー人であろう。われわれペルー人は日本社会で多様に分岐しつつあることを再認識する必要があるが、それは財産でもあるという方向付けの中で次世代へと継承していかなければならないであろう。

5　おわりに

本章の冒頭でふれた筆者が会長を務めるペルー人アソシエーションは、なぜ二〇一九年に二〇周年記念式典を迎えることができたのか。組織内の摩擦が、他のアソシエーション同様に長年の懸案だったことは間違いない。それでも活動を維持できた背景として、ペルー人のためにアソシエーションの重要性を見出し、ペルー人が日本に本当の意味で適応できることを望んでいる日本人の存在が大きいであろう。かれらは、ペルー人の理解者となり、日本社会との仲介役となり、組織の原動力にもなった。ここでは、日本人がペルー人アソシエーションに関わるべきと言いたいわけではなく、かれらが果たした役割に注目したいのである。すなわち、「理解者」「仲介役」「原動力」という役割を今度は、出稼ぎ移民の子ども世代が担っ

ていくべきであろう。なぜならわれわれ子ども世代がその立ち位置、資本と理由を兼ね備えている。そのためには、まずは世代が改めて「ペルー人とは?」と考え、そのペルー性をなぜ継承しなければならないのかを議論せねばならない。どのように議論し、どのような結果がでるか今の段階ではわからないが、出稼ぎ移民として多くの犠牲を払ってきた親世代に対する最低限の敬意であろう。

日本のペルー人アソシエーションを通して日本のペルー人の三〇年、そしてそれ以前からの史的経緯を述べてきた。日本のペルー人アソシエーションは各時代の社会的文脈とキーパーソンの存在によって設立され、足跡を残してきた/残している。こうした理解を通して、在日ペルー人の未来へと繋げていきたい。今の日本社会は、多文化共生の枠組みの中では、ペルー人に「one of them」であることを求める。しかし、出稼ぎ移民の子どもや孫は必ずしも「one of them」の認識があるわけではないし、ペルー人だということも明確に認識していない可能性だってある。多文化共生という枠組みに対しては、われわれが「one of them」であるべく/となるべく適切な支援を日本社会に求めていきたい。

注

〔1〕筆者のペルー人アソシエーションとの関わりは、これ以前にも栃木県の任意団体、ペルー沖縄県人会などがある。

〔2〕難民などの事例には本章ではふれない。

〔3〕例えば、日本人ペルー移民がペルーで形成した日系社会は、第二次世界大戦中に日系人社会の中心人物およびその家族がアメリカ合衆国に強制送還されたことにより空洞化が発生した。その結果、コミュニティの崩壊や社会関係資本の断絶などがみられ、家庭レベルでは家族が離散して生活する状況や経済的問題などがみられた(坪居、二〇一〇など)。日本では、二〇〇八年末の経済不況により多くのブラジル人やペルー人が本

〔4〕小井土（二〇〇五）は、同じ地域出身者間で強い結束を持っても、逆に地域間や異なる移民集団間では極めて弱い結束やむしろ対立関係が存在すると示唆しており、移民アソシエーションレベルではなくミクロレベルでも検討すべきであろう。

国へと帰国（髙谷ほか、二〇一五）してコミュニティの規模が縮小した。

〔5〕Bloemraad et al. (2022) の定義では、相互作用の循環のために歴史、目的、アイデンティティなどを共有し、リーダーまたはメンバーが外国生まれである集団となる。

〔6〕例えば、二〇一五年に埼玉県で。ペルー人が起こした事件の際、犯人が群馬県で働いていたことを理由に伊勢崎市のペルー人アソシエーションの代表がメディアに意見を求められたことがあった。

〔7〕一九九〇年代になると同大会にはスペインなどからの参加もみられるようになった。

〔8〕二〇一〇年から Direccion General de Comunidades Peruanas en el Exterior y Asuntos Consulares へと変更になった。

〔9〕Federacion Mundial de Instituciones Peruanas の筆者訳。

〔10〕http://femip.org/nosotros（最終閲覧日二〇二三年五月三日）。

〔11〕調査方法は、インターネット検索、知人などの聞き取りと文献での検索であった。インターネット検索は、内閣府のNPO法人ポータルサイトと国税庁の法人番号公表サイトで「ペルー」などのキーワードで全都道府県を検索した。知人などへの聞き取りはペルー人集住地域（静岡県、愛知県、ペルー 団体）などのキーワードで検索した。また、「〇〇県、ペルー 団体」などのキーワードで全都道府県を検索した。知人などにペルー人組織の有無を質問した。文献としては照屋（一九七七、一九八〇）柳田（二〇〇七）、Kawabata（2011）、Mendéz (2013) などを用いた。

〔12〕移民アソシエーションであるため、移民一世が設立したことが必須であるが、営利を目的としないことも条件にした。本章では移民2世が設立したエスニックアソシエーションにも多少ふれる。

〔13〕このような組織が日本にいるペルー人を支援してこなかったということではない。本章が意図する組織とは性質や支援方法が異なるだけであり、このような組織が日本にいるペルー人に対して大きな役割を果たしていることに異論はない。また、本章のアソシエーションの定義に合致するにもかかわらず追跡できなかった組織にはこの場で謝意を述べたい。

〔14〕日本ペルー協会、日本ペルー友好協会八街、北海道ペルー友好協会、福井県ペルー友好協会、埼玉県ペルー友好協会、

広島ペルー協会と山口県ペルー協会である。他に沖縄ペルー協会も存在するが、同協会は結果的にペルー人アソシエーションに分類した。経緯は後述する。

〔15〕これは、被調査組織から「ペルー人の組織ではない」という回答があり除外している。

〔16〕網掛けを付したのは一〇組織だが、表の一二番は八番の支部組織であるため一組織にしている。

〔17〕後述するが、本国ペルーでもペルー沖縄県人会に限定された支援であり、特殊である。

〔18〕二〇〇六年七月二〇日に内閣府の特定非営利活動法人として承認を受けたことを機に、日本政府に正式登録された日本駐在のペルー政府機関公認の最初のペルー人アソシエーションとなった。当時のペルー政府から「公認」された正式な文書があるわけではないが、日本ペルー共生協会はそのように謳っている。しかし、実際のところペルー足利協会が当時の在日ペルー大使の依頼により設立した（柳田、二〇一〇）ため、同協会が最初の公認アソシエーションとなる。また、沖縄ペルー協会やペルー日系協会はペルー足利協会以前から日本のペルー政府機関と関わりをもっていた。

〔19〕同協会の設立にあたり、役員を一般公募して適正な選挙のもと選出されたにもかかわらず、なぜ、いつ選出されたのかという批判的なコメントがみられた。また、ペルー人アソシエーションの活動形態が異なること、日本各地に分散していること、中央組織に積極的に関わる人が少ないことなどが要因となり、中央組織としての機能が果たせないとの意識が強くなった。

〔20〕日本のペルー人に向けているが、実際には日本人や他の国籍の人も参加する多文化共生的なイベントになっている。イベントには、各地のペルー料理レストランを集めた「おいしいペルー」や各種セミナーなどが挙げられる。

〔21〕同時期の群馬県では確認できなかった。また、ブラジル人を受け入れる受け皿がある程度構築されていたこと（広田、二〇一六）から、ペルー人への支援も行き渡っていた可能性もあり、組織を設立する必要性が高くなかった可能性もある。

〔22〕多文化共生は、ペルー人アソシエーションの設立理由にはなっていないが、活動を継続する理由付けにはなっている。また、多文化共生の枠組みでペルー人アソシエーションが注目を集めることで広く周知される場合もみられた。多文化共生は、移民一世のペルー人アソシエーションよりも移民二世のエスニックアソシエーションを設立する契機にはなっている。

〔23〕野入（二〇〇五）が示すのは、沖縄県が日本に返還された一九七二年からの統計であり、一九八八年まで日本に居住するペルー人の大半が沖縄県で生活していた。日本国籍を保持した移民一世やペルー生まれでありながら日本国

籍を保持していた移民二世を考慮すると、ペルー系はもっといたであろう。

〔24〕 金城（二〇〇七）によれば、アルゼンチン（約七割）とボリビア（約六割）も沖縄県系のルーツを持つ高い割合がみられる。

〔25〕 沖縄県とペルーという二地点で今回は取りあげているが、例えば Yokota (2012) が挙げるカリフォルニアのような事例も考えられる。

〔26〕 設立当初と現在も類似する会員から沖縄ペルー協会をペルー人アソシエーションとして認識すべきか熟考した。結果的にペルー人アソシエーションの同郷組織という種類で含めることにした。

〔27〕 日本での同郷組織は、ペルー山岳地帯にあるワンカヨと接点を持っていた。ペルー足利協会の代表と当時の在日ペルー大使によって形成する試みはあったが、流動性の高い若年層を取り込むことは難しく計画が頓挫した。

〔28〕 福田（二〇一五）は出稼ぎ現象後の日本の統計をもとにペルー人の特徴を再検討している。

〔29〕 日秘アカデミック協会の設立に関わった調査協力者への聞き取り（二〇二三年三月一五日）。

〔30〕 ペルー社会のマチスタに関しては大平（一九九六）を参照されたい。

〔31〕 日本人ペルー移民当初、ペルーの日系社会も日本のペルー社会同様に階層構造などの問題を抱えていた（柳田、二〇一七）。

〔32〕 教育面でのペルー人学校や通信教育は確かに整備されてきたが、継続が困難であったり、普及しきれていない側面もある。

116

第5章
「奇跡の主」の祭りからみる在留ペルー人の信仰

オチャンテ・村井・ロサ・メルセデス

1 はじめに

筆者はペルー人である。両親がデカセギとして九〇年代に来日し、呼び寄せられて来日した。当時一五歳だった筆者は、来日することに抵抗はなかったが、日本にそのまま移住することになるとは考えることもなく、外国に行くという旅行気分で来日した。夏休みの三ヶ月間の滞在のつもりがもう二七年となっている。

両親も多くの日系ペルー人と同じく、デカセギ労働者として仕事をして、短期間でお金をためて最終的にペルーに戻ることを決めていた。しかし、日本でかかる生活費、ペルーに残された家族への送金で思うように貯金ができず、多くのデカセギ労働者と同じく、滞在期間が延びていくようになる。

両親が長く日本で生活しても良いと決めた理由の一つには、「教会の活動」がある。教会活動を通して、父親・母親の活躍する場──工場での単純作業、地方での生活では満たすことができなかった生きがい、使命を見つけることができた。父親はアンデスの民族音楽バンドで活動も行っていたが（第7章参照）、両親が夫婦、家族として活躍できる場は教会しかなかった。

この章では、「デカセギ」から「日本で宣教する」考えに至った経緯を通して、ペルー人の宗教活動、特に「奇

117

跡の主」の祭りを通してペルー人としてのアイデンティティを保ちながら、次の世代に継承しようとして
いる移民第一世代の思いと課題について検討する。その際、筆者自身の体験──日本への福音宣教、多言
語な共同体形成につながった経験を振り返ってみる。同時に、筆者の家族と同じデカセギとして来日し、
日本でカトリック教会のペルー人コミュニティを支えてきた移民第一世代の信仰と、「奇跡の主」の祭り
を再現する意義について検討する。

2　ペルーの宗教と奇跡の主の起源

　ペルーの二〇一七年の国勢調査の結果では、一二歳以上の総人口のうち一七六三万五三三九人、
七六・〇%はカトリック教徒である。[1]　前回の二〇〇七年調査では、カトリック人口はペルー人の八一・三%
に達していたので、減少傾向にある。

　教皇フランシスコの二〇一八年ペルー訪問の際、「ペルーカトリコ」というデジタルメディアが行った
調査では、カトリック教徒で毎週日曜日のミサに参加していると答えた人は七八%であったにもかかわら
ず、教会のあるグループに所属していると答えた人は僅か二一%であった。[2]　同じく、教皇フランシスコの
ペルー訪問に際して、ペルーの司教協議会事務局長のノルベルト・ストロットマン司教は、日刊紙ペルー
二一のインタビューに答え、「ペルーでは、教会に親しみ、カトリック信者としての義務を果たしている
信者は全体の一〇%に過ぎないと推定」[3]した。

　ペルーのカトリック教徒は人口の七六・〇%であるが、熱心に教会に関わり、教会内のグループに所属し、
活動している信徒は一～二割程度とみるのが妥当なようだ。しかし、ペルーはカトリックが公的領域と私
的領域の両方で重要な役割を果たし続けている国でもある（Fernández-Mostaza & Muñoz Henríquez, 2018）。
一方、信者数の点で日本のカトリック人口はペルーとは比較にならないほど少ない。カトリック教会現

勢によると、日本のカトリック人口は四三万一一〇〇人、人口の〇・三四％に過ぎない[4]。また、二〇二一年一二月三一日現在、キリスト教系の信者数は一九六万七五八四人（一・六％）となっている。日本人信者は、信仰を内面のものと捉え、地域社会とは別に所属教会での教学やミサ祭儀に限定して行う傾向がみられる[5]。

他方、ペルー文化はキリスト教と強く結びついている。伝統的な祭りの多くはキリスト教と関連し、教会に所属していなくても、地域のカトリック教会、各地域の守護聖人の祭りを通じて、信仰に触れる機会は豊富にある。また教会の儀式は陽気、カラフルで、音楽的であり、子どもから高齢者まで参加できる様々な活動グループ、祈りのグループ、守護者の信徒会などもあり教会の活動は活発である。

教会は地域社会でも重要な役割を果たし、信仰が強く根付いている。アメリカ大陸の中でも、聖人の祭壇に上がったペルー人、またヨーロッパで生まれ、ペルーで聖人となった方も多い。スペインの植民地時代の早い段階で列聖され、長年信心されてきたことが影響しているのではないかと考えられる[6]。

ペルーには五人の聖人がいる。アメリカ大陸の守護聖人であるリマの聖ローザは、アメリカ大陸生まれの最初の聖人であるため、ペルーに限らず他の旧スペイン植民地にも信心が広がった。次に、有名な聖人である聖マルティン・デ・ポレスは、母親はアフリカ系パナマ出身、父親はスペイン人で、聖人の祭壇に到達した初めての混血児となった。

各地域や地方の守護聖人への信心、祭りが行われるが、大勢の人に呼びかけ一箇所に集まる行事として、ペルーの「奇跡の主」はラテンアメリカ中でもっとも大きな行列である。この祭りはとても古く、その起源は一六五〇年に遡る。最初はパチャカミージャ地区近隣のアフリカ系の奴隷が壁にキリスト像、十字架のもとにいる聖母マリアとマグダラのマリアの絵を描き、奴隷たちの信徒会としてキリスト像への信心が生まれ始めた。この像は幾度もの地震に耐え、数々の奇跡を行うことによって信心がリマ中に広がり、一八世紀末に像が描かれた壁の上に教会が開設され、一七七一年には総督、市議会議員、大司教、修道会といった市民的・教会的権威による、相次ぐ聖像への賛辞によって信心が統合していった（Costilla, 2015,

2016)。

さらに地震に耐えたことで、地震からキリストを守るという崇敬の念が高まり、市議会はキリストを市の守護聖人とすることを決定した。一七一五年九月二七日、リマの『守護者、管理者』に選ばれ（Costilla, 2015）、一六八七年の地震以来、一〇月一八日、一九日、二〇日は、この守護を記念する日となり、キリスト像を祀る伝統的な行列の始まりとなった（Costilla, 2016）。また、一九五五年には「ナサレーナス奇跡の主信徒会」（Hermandad del Señor de los Milagros）が大司教から公式に認められ、現在行列で歌われている「奇跡の主への讃美歌」が選ばれた（Costilla, 2016）。

このように奇跡の主への信心はパチャカミージャ地区からリマ市中へ広がり、二〇世紀になると、ペルー全土に広がっていく。二〇〇五年に「奇跡の主」はバチカンから「ペルー在住者及び移住者の守護者」と認定され（三木・沼尻、二〇一二）、二〇一〇年にペルー共和国の議会で「ペルーの守護者」として法律に定められた。二〇世紀後半海外に移住するペルー人が増え、移住先でも奇跡の主の祭りが再現されるようになった。

3　ペルー人コミュニティの誕生、筆者の体験

　筆者が活動している伊賀の「上野カトリック教会」は、主に日本人、ブラジル人、フィリピン人、ペルー人、ベトナム人の共同体によって構成されている。日本人は高齢化に伴い信徒数が減り、教会の主要なメンバー、役員などは多国籍となっている。二〇二三年七月現在、外国人信徒がマジョリティとなっている。信徒の言語・国籍の割合は日系ブラジル人、ペルー人がもっとも多いが、フィリピンやベトナム人信徒も増えてきている。各コミュニティの信徒を見ると、高齢化している日本人（七〇代以上）、中高年の移民第一世代のブラジル人、ペルー人、日本人妻のフィリピン人（四〇～六〇代）、技能実習生等のベトナム人、フィ

120

リピン人（二〇代）、ブラジル、ペルー、フィリピンの第二世代の子どもたち（一〇代）で構成されている。

今の教会は、多言語・多文化な環境にある。外国人信徒が増え始めた九〇年代当初は、数少ないペルー人信徒、フィリピン人信徒、ブラジル人信徒が「お客さん」扱いされ、日本語のミサに参加するのみであった。教会を訪れた最初の外国人信徒は筆者の両親である。両親とも熱心な信者で、一五歳の時に地域の教会で出会い、教会での青年活動に関わることをきっかけに交際を始め、結婚した後もリーダーとしてペルーのリマ市にある教会に所属し、来日するまでカテキスタとして活動をしていた。

九一年は日系でない父親の在留資格がすぐには得られず、急遽代わりに母親だけが先に来日することになる。両親を斡旋した派遣会社が三重県伊賀市（当時は合併前で上野市）の工場を紹介して、伊賀市で暮らすことになった。最初に来日した母は、一ヶ月ほど群馬県で暮らし、働く工場が決まって、伊賀市に移動した。数ヶ月後に父親のビザが発給され、父親は最初から伊賀市の母親と同じ工場で働いた。

両親が来日した九一年に合併前の上野市に滞在していた外国人は一一一六人、筆者が来日した九六年は一九二七人だった。ペルー人の数は、九一年が九三人、九六年には一六〇人だった。[7] 三重県全体でみると、一九九一年の三重県の外国人住民数が一万五六一七人、一九九六年は二万三九二六人、また二〇二二年末現在では五万七二七九人にまで増加してきた。[8] 二〇〇二年に上野市や周辺市町村と合併し、伊賀市が誕生した。現在伊賀市の在住外国人数は五七一一人、人口比でいうと六・六二%、ペルー人は三九八人となっている。[9]

母親が伊賀市で最初に働いた工場の社長はフランスにルーツがある。受け入れる初めての外国人労働者が適応できるように支援するなかで、母は市内のカトリック教会を見つけることができた。父親の来日後、夫婦で教会のミサに参加し、外国人信徒が増え始める九〇年代後半から司祭に協力し、外国人信徒をまとめる役、ミサの典礼的な奉仕をするようになる。[10] 筆者が伊賀市の上野教会に参加し始めたのは九六年の一二月、来日当初からである。約三〇年の間で、上野カトリック教会の変化、多国籍・多文化な教会への

成長に当事者として関わることができた。

　筆者にとって、教会の初めての思い出はクリスマスミサとパーティーである。圧倒的に日本人信徒が多く、リーダー、役員は全員が日本人だった。参加していた外国人信徒は、筆者の家族以外数名のペルー人、ブラジル人となっていた。当時の主任司祭は一九四九年から来日していたパリ外国宣教会の司祭であった。この司祭は一九九四年から上野教会を担当し、教会に新たに来ることになったペルー人信徒のために、スペイン語を勉強し始めた。

　筆者が来日した九六年の一二月、ミサは日本語だけだったが、ミサの前半の「言葉の典礼」の部分は、外国人同士が聖堂の隣にあるホールで集まり、スペイン語の聖書の箇所を読んでいた。グループリーダーであった筆者の父親は、教区から任命はされていなかったが、カテキスタ・集会司式者の役割を果たしていた。ミサの後半の部分の「感謝の典礼」になると聖堂に戻り、最後まで日本人信徒と共に日本語のミサに参加していた（オチャンテ・オチャンテ、二〇一七）。数年後教区から任命を受け、父親がスペイン語の集会司式者、母親は聖体授与の臨時の奉仕者を担うようになった。[11]

　九〇年代は、地域のペルー人同士で集まる場が限られていて、教会に行くことがコミュニティと交流するチャンスでもあり、徐々にペルーで祝っていた祭りを日本でも再現したいと望むようになる。母国語のミサ、子どもたちの秘蹟である洗礼や初聖体の勉強会、聖週間、復活祭、クリスマスなどを出身国のように祝いたい、等々がブラジル人信徒と共通する願いであった。

　九〇年代に筆者は一〇代だったが、教会に来る外国人信徒を迎え入れる活動、日本人信徒との交流、翻訳、通訳の奉仕もするようになる。ペルーに両親、子ども等をおいて単身で来日するペルー人も少なくなかった。そんな事情もありクリスマスのようなイベントでペルーで味わっていた温かい雰囲気を求めるペルー人が多かった。ペルーのどの家庭、教会にもある馬小屋、クリスマスツリー、イルミネーション、ミサ後のパーティーでイエスの誕生を祝って「Feliz Navidad（メリークリスマス）」と言って隣の人とハグし合う、わずかでもペルーにいるのと同じように感じられる場所は教会だけだったのではないかと思う。

二〇〇〇年代に入るとスペイン語、ポルトガル語のミサが始まり、親子で教会に通い、初聖体という秘蹟の準備を母親が担当していた。スペイン語、ポルトガル語ができる子どもたちも当時は多かったため、最初は筆者の母親と教会に来ていたお母さんたちが手伝っていたが、日本語の方が得意な子どもが増えはじめてから、日本人信徒の協力も得て、日本語とスペイン語、ポルトガル語などの多言語による支援に変わってきた。現在もこの方針で、多言語での支援を行っている。

デカセギ現象がはじまり三〇年経った今では、三世代で暮らし、家を購入しているペルー人も多く、家に親戚同士で集まったり、友人同士でパーティーを開いたりすることができるようになっている。そのため、教会に家族の暖かさを求めにくるペルー人が少なくなったのではないかとも考えられる。しかし、子どもの入信の秘蹟とよばれる、洗礼、初聖体、堅信の秘蹟を受けさせるために子どもたちを教会に連れてきたり、関わろうとするペルー人家族がいるのは変わらない。

もう一つ教会で再現しようとしてきた祭りが、「奇跡の主 Señor de los Milagros」の祝いである。これは家庭でできる祭りではなく、コミュニティ、教会を土台とした、ペルー人コミュニティで再現できる祝いとなっている。

4　調査概要

　筆者は二〇二〇年に、「在留ペルー人から見る祭り『奇跡の主』の意義と将来の展望」という研究を行ったが、インタビューした対象者の追跡調査を行うとともに、インタビュー対象者、対象地域を広げていった。「奇跡の主信徒会」に所属しているリーダー（神戸、小牧、伊勢崎）と教会のペルー・コミュニティのリーダー（鈴鹿、伊賀、刈谷・安城、浜松、太田）、および、ペルー人司祭と修道女にペルー人コミュニティの現状、日本人側の受け入れ、奇跡の主の将来の展望について聞き取り調査を実施した。それぞれ一時間から二時間に

わたってインタビューを行い、対象者の許可をとって録音した記録を文字起こしして分析した。また確認のため、電話、メッセージでのやり取りも行った。

筆者もまた、教会のラテンアメリカコミュニティのネットワークとのつながりをもち、日本カトリック難民移住移動者委員会（J−CaRM）のスペイン語話者司牧者の集い「アパラ」で活動した体験、筆者自身の所属教会、教区での体験もあり、そうした経験の記録も分析に含まれている[12]。

5　第一世代の奇跡の主

ペルー人コミュニティを対象とした研究の中で、「奇跡の主」の祭りについて触れているものもないわけではない。代表的な研究たる三木・沼尻（二〇一二）は、一九九一年から開催されている神戸の「カトリック住吉教会の奇跡の主」と二〇〇九年から開催されるようになった「カトリック枚方教会の奇跡の主」の事例を比較した。故郷の祭りの再現を通して、ペルー人がエスニシティを顕在化する機会になっている。

筆者自身も、日本で初めて奇跡の主の祭りが実施された住吉教会のペルー人代表のカスティーヨ氏にインタビューを行った。住吉教会は、「奇跡の主」の祭りを三〇年以上実施している場所として、ペルー人コミュニティ（一般のペルー人や大使館関係者等）や日本の研究者からも注目されている。インタビューでは、カスティーヨ氏が神戸大学の教員と学生らでまとめた調査研究報告書「移住者たちの祭り（『奇跡の主』Señor de los Milagros）」（細谷、二〇〇七）を紹介し、

表1：調査対象者

	国籍	性別	来日年齢	来日年	活動地域	年齢	在留資格
A	ペルー	男	36 歳	91 年	神戸	68 歳	永住
B	ペルー	男	23 歳	98 年	伊勢崎	48 歳	永住
C	ペルー	男	25 歳	90 年	浜松	56 歳	永住
D	ペルー／日本	男	10 歳	90 年	小牧	43 歳	日本国籍を取得
E	ペルー	女	29 歳	98 年	安城・刈谷	54 歳	永住
F	ペルー	女	28 歳	91 年	鈴鹿	60 歳	永住
G	ペルー	女	38 歳	91 年	伊賀	69 歳	永住
H	ペルー	女	35 歳	92 年	静岡	67 歳	宗教
I	ペルー	男	36 歳	94 年	京都教区司察	64 歳	宗教

彼自身が神戸大学で「奇跡の主」の祭りについて語ったことを誇らしそうに話してくれた。

二〇〇〇年代から開催される地域も広がり、今は日本中、ペルー人が集住している地域では「奇跡の主」のミサや聖行列が行われるようになっている。筆者が確認している地域として、兵庫県、大阪府、滋賀県、香川県、三重県、愛知県、静岡県、栃木県、茨城県、埼玉県、群馬県、神奈川県、沖縄県などで、奇跡の主のミサ、聖行列が行われている。

滋賀県の「カトリック草津教会」の事例にも触れ、在日ペルー人が行うカトリック守護聖人の祝祭をめぐって研究している。筆者自身、在留ペルー人からみる祭り「奇跡の主」の意義と第二世代における宗教継承の課題と将来の祭りの展望について研究している（オチャンテ、二〇二〇）。

図1：1992 年の奇跡の主のミサの様子：住吉教会奇跡の主信徒会より提供

その他の代表的な研究として、寺澤（二〇〇九）は名古屋市のカトリック緑ヶ丘教会で二〇〇一年から実施されている奇跡の主の事例と日本人信徒の思いを異文化受容の視点からまとめた。古屋（二〇一二）は、新型コロナウイルス感染症拡大により、教会の活動が中止になった。対面によるミサも中止になったり、大勢で集まることができず、聖行列の実施が中止となり、祭りを縮小して、ミサだけで祝った地域がほとんどである。しかし、二〇二三年五月に新型コロナウイルス規制が緩和され、一〇月には三年ぶりに祭りが再開される。

ペルー人の宗教を考えると、「奇跡の主（Señor de los Milagros）」を真先に思い浮かぶ。ペルーでは、このような表現がよく使われる。「Donde hay un Peruano ahí, está el Señor de los Milagros（ペルー人がいるところに『奇跡の主』がある）」。ペルー人のコミュニティがあるところでは、奇跡の主を祝うミサ、聖行列と祭りが行われていると言っても過言ではな

い。ペルー人が移住先で、最初は数家族で始まり、奇跡の主信徒会を形成したり、ペルーと同じ形を再現しようとする傾向がみられる。特徴的な例として、チリ、アルゼンチン、米国、フランス、イタリアなどの行列が挙げられる。

聖行列は公開儀式として、ペルーと同じように街に出て、盛大に行われている。ブエノスアイレスでは、「ペルー人として、また同じ街に住むペルー人グループの一員であると再確認でき、またそれまでにアイデンティティの意味を欠いていた領域でも、奇跡の主の行列をすることによって、一時的に、ペルー人移民が交流する場所としてより大きな価値を持つように変容する」（Macchiavello, 2012）。

筆者が通っている教会ではこうだった。ペルー人信徒が増加し、スペイン語のミサが開催されるようになると、ペルー人同士で交流するため一〇月に奇跡の主のミサと持ち寄りパーティーを開催すると決めた。

最初はペルー人家族が持っていた小さな御絵を借りて行い、その後、ペルーから必要な飾りを持ってきたり、担いでいくための神輿を作って、聖行列も開催するようになる。他の教会のリーダーたちも、同じく最初は小さな御絵を使い、徐々に祭りが拡大してきたと語る。「奇跡の主」に信心がある者の中では、病の癒し等奇跡が叶った体験をしていることが珍しくない。必要な時に奇跡の主に助けられ、その恩恵として奇跡の主への信仰を宣教する、広める約束をしている人も少なくない。

カスティーヨ氏の場合、妻が先に来日して、自分はペルーに二人の子どもと残されたと語る。一九九〇年一〇月にリマ市の聖行列に参加した時、子どもたちが迷子になり、大勢の参加者の中で身動きも自由に取れない中、探していたが見つからず、疲れ果てた時に、主に祈ったという。「子どもが無事に見つかったら、私はどこに行ってもあなたへの信心を伝えていく」と約束した。祈りが終わった後、振り向くと子どもたちが立っていた。その後、子どもたちと来日し、その思いを胸に抱きながら、辿り着いた住吉のカトリック教会で実現することができた。当時担当していた司祭に励まされ、持って来ていたカレンダーに載っていた奇跡の主の御絵を拡大して使い、最初のミサが行われた。

「奇跡の主」の祭りは、奇跡の主を称えるミサ、聖行列とフェスタ（ペルー料理を売る屋台など）からなる。踊り、食文化が混ざり合い、ペルー人のアイデンティティを再確認できる最適な場となる。イタリアのローマでも、奇跡の主の祭りのおかげで、時間と空間を超えて、出身地の文化を守り続けることができるという。

聖行列のキリスト像に、伝統的な音楽、踊りを捧げることもある。そのため、一つの祭りで、宗教、音楽、

ローマに移住してきたペルー人たちは、コミュニティと宗教的環境の中で自分たちのアイデンティティを新たにする、すなわち、民族の伝統、記憶、音楽、歌、踊り（特にラ・マリネラ・ノルテーニャ）、典型的な衣装、食べ物、そして何よりも、同じ遠い土地の子ども、"兄弟"として宗教的経験を分かち合うのである。（Roldan, 2019）

図2：カトリック伊勢崎教会、マリネラを踊っている女の子の様子（樋口直人撮影）

筆者が通っている教会では、聖行列で教会の近所の近くを回るという短いコースを経て、その後、記念ミサと最後に教会のホールでアンデスの民族音楽とマリネラの踊りを捧げる。祭りに参加するブラジル人、フィリピン人、ベトナム人と日本人にもペルーの文化を紹介する機会になる。大きなテーブルに持ち寄って来た料理、特にペルー料理を並べ、奇跡の主を囲んで交流をする。

奇跡の主信徒会のある伊勢崎教会では、信徒会メンバーは六〇人、そのうちよく関わるメンバーは二五人である。ここでは記念ミサを行った後、教会の外に出て、二時間半にわたって行列が行われる。警察の許可も受け、当日、警察の協力も得ながら道路に広がってお祈り

しながら一四ヶ所で止まり、聖書朗読が行われる。教会に戻った後、「キリストモレノ」とも呼ばれる奇跡の主に踊りと音楽を捧げ、祝っていく。ここでは、レストランが出店するスペースを提供して屋台を出し、ペルー料理が売られていく。使用料として二万円の寄付をもらい、必要な経費を賄っていく。

上野と伊勢崎ではペルー・コミュニティの大きさと信徒会の有無に差があるため、祭の形式が違う。しかし、祭の骨格となるミサや聖行列、他のコミュニティとの（音楽・踊り・服・料理など）文化交流には変わりがない。

6　祭りの形態について

日本在住のペルー人が増加し始めてから三〇年以上が経過し、各地で奇跡の主の祭りが実施されるようになった。この間に教会の方針や地域の現状によって、祭りの形態が変わってきた。また、「奇跡の主信徒会」を組んで祭りを実施しているところもあれば、各教会に所属しているペルー人コミュニティリーダーが主催者となり行われる所もある。

筆者が行った調査では、以下の三つの形式で実施されていることが確認できた。教会の年間行事として教会の全員が参加できるような曜日・時間内に国際ミサの形式で開催されるもの（鈴鹿、浜松教会）、一〇月の月一回開催されるスペイン語のミサ内でペルー人共同体が準備するが他の国籍の信徒も数名参加するもの（上野、安城・刈谷教会）、教会の許可と理解のもとで「奇跡の主信徒会」が主催者となり、主にペルー人が集まるもの（小牧教会）がある（オチャンテ、二〇二〇）。

住吉教会も「奇跡の主信徒会」が主催して、リマ市で聖行列が出るメインの日一〇月一八日にもっとも近い日曜日を祭りとして設定する。この日は通常の日本語だけのミサはなく、一〇時から日本語とスペイン語を併用する国際ミサとして、二言語で賛美したり、住吉教会の信徒全員で盛大に行う。兵庫県の信徒

だけでなく、関西一円など他地域からの参加もみられる。国際ミサ、スペイン語と日本語を併用すること でペルー人コミュニティのみのイベントから、多くの日本人教会会員も参加する教会全体の行事ともなって いる。「奇跡の主の祭り」はペルー人の主催する、ペルー人しか参加しない行事から、教会全体の年間行 事として変容している様子が伺えた。中には、将来的に信徒の高齢化が進むことを考えるとペルー人の信 徒のみではなく、共同体全員で関わり、教会の行事としてやり続けることに意義があると考えるリーダー もいる（オチャンテ、二〇二〇）。

しかし、司祭の移動やリーダーの方針によって、祭りの形態が変わることもある。日本人や他の国籍の 信徒との交流のために国際ミサの形式で行われていた浜松教会では、二〇二三年にはラテンアメリカ共同 体が中心となったため、スペイン語のミサに変わっていた。

筆者が長年関わった三重県鈴鹿市の「奇跡の主」の祭りは、長年教会ではなく、鈴鹿川の河川敷に整備 された緑地を借りて、野外ミサ、聖行列と祭りが行われていた。三重県在住のペルー人コミュニティが参 加し、協力していた。開催に際してミサを捧げるための祭壇作りなどに様々な経費と労力がかかり、また、 一〇月に台風が直撃することも珍しくないため、天候にも左右された。さらに、屋外であったため、アルコー ル飲料を自由に飲めると、式を尊重しない人もいた。この形式で続けるべきか、リーダーたちの間で意見 が分かれた。最終的に、教会が建て直されたのをきっかけに、教会の行事として国際ミサの中で開催され るようになり、ミサ後、教会の駐車場を使い、祭りが行われるようになった。これはまた、京都教区の司 教からの要望によるものので、信者同士の信仰を分かち合いを豊かにし、日本の共同体が信仰を表現するこ とを奨励するためであった。また、ペルー人コミュニティが地元の教会の一員であることを感じてもらう ためでもあった。

聖行列が聖堂から駐車場までの短い距離であるため、一般参加者の中には不満が見られ、河川敷に戻し てほしいという声もある。しかし、主催者側として今の形式なら天候に左右されることなく実施ができる

利点もあり、祭り・フェスタより、奇跡の主の霊的な意味に焦点を当ててほしいという願いも含まれている。

コロナ前までは、筆者が参加している伊賀市のコミュニティも手伝いに行き、鈴鹿市の奇跡の主のミサに参加するという交流があったが、コロナ後、密集を避けるためにこのような交流がなくなった。コロナ禍で、教会の中でも人数制限があり、一つのミサに全員参加することができなかったため、各コミュニティ同士で集まり、交流する機会が減った。コロナが教会共同体にどのような影響を与えたのか、今後の課題になる。

7　リーダーたちはパイプ役

奇跡の主や教会の活動において、リーダーたちは日本人信徒と外国人信徒の間でパイプ役を担うこともある。日本人信徒の信頼を築いている彼らは、両方の文化や日本の教会の決まりを理解し、ペルー人信徒の思い、特にできるだけペルーで行われていた通りに祭りを再現しようとする思いを聞きながら、日本の現状に合わせて実現できるよう仲介している。

しかし、思い通りに行かないとき、他のペルー人からペルー人の気持ちに応えたくないのか、ペルー人の思いをかなえたくないのかと批判を浴び、嫉妬されたり、悪口を言われたりすることも少なくない。筆者がインタビューしたカスティーョ氏は、三〇年間毎年奇跡の主の祭りを祝うことができたが、他のペルー人からのクレームに耐えられず、企画を他のペルー人信徒に委ねた年がある。祭りは実施されたが、終了後の片付けを約束通りにできず、教会の幼稚園に迷惑をかけることになり、次年度の開催が断られる残念な結果になった。そこで、初年度リーダーのカスティーョ氏が仲介に入り、食べ物を売るなどのイベントはしないで、ミサと聖行列だけの実施を求めた。カスティーョ氏は日本人が中心の教会役員側から信用を得ていたため、ミサと行列の実施が認められ、許可が出た。数年後、食べ物を売る屋台の許可も出た。

130

図3：京都教区カトリック上野教会の聖行列の様子（オチャンテ・カルロス撮影）

信用を失わないように、必ず、祭りの後すぐに片付けて、掃除して、トラブルにならないように注意を払っている。

彼は、実施に先立って教会評議会に参加し、早い段階から祭りの日程を評議会に伝え、細かい報告を行っている。また終わった後の会計報告も行い、「教会としては会計報告を求めないが、評議会に出ると、日本人信徒の報告の仕方を見て、私もきちんと会計報告を作って、伝えている」と語りながら、毎年の報告書を見せてくれた。

祭りに際して、「私たちが行う祭りは日本で一番貧乏かもしれない」と言いながら、できるだけ大きなお金を使わないようにしていると語った。「お金は分裂の元」と言いながら、必要なお金だけ集めて、あとは寄付で活動を賄い、祭りで得る収入は教会に寄付している。「私たちペルー人コミュニティは、あまり維持費を出していない。そのため、奇跡の主の祝いで得た収入は教会に寄付している」。ペルーでは教会の維持費を出すより、教会の各グループが年に数回「kermés ケルメス」という野外で行われるチャリティーイベントをして屋台を出し、食べ物を売ったり、ビンゴゲームなどをして必要な収入を獲得していくのが一般的な方法である。そのため、教会に頻繁に来ない信徒にも、教会を維持するために、毎月必要な経費がかかることを意識させようとしていると語った。

これは、筆者が参加しているスペイン語話者司牧者の集い「アパラ」の総会で、リーダーたちが挙げる課題の一つとして毎回話題にのぼる。

8 奇跡の主の祭りを超えた、教会への所属意識

月一回程度のスペイン語のミサに参加するが、通っている教会での信者登録ができておらず、教会への所属意識がなく、毎月の維持費も出していない信徒が少なくない。筆者自身の通っている教会の中でも、ペルー人共同体だけでなく、外国人信徒全体の課題の一つである。この課題について、京都教区のペルー人司祭ブルーノ・ロハス氏は以下のように語っている。

維持費で象徴的に重要なのはジェスチャーであり、金額ではないと思います。ほんの少ししか出していない人もいると思います。教会は公共施設であるため、家よりも維持費が高いです。光熱費等は経費の一部です。雨漏りすれば改修しなければならない。地震などの災害保険への加入も毎年しなければならない。「教会は十分な経費がある」から、「してもらっていて当たり前」ではなく、小教区の維持や司祭の給与も信徒が出す維持費によって成り立っていることを気づかせる必要があると思います。

それゆえ、教会が月に必要な諸経費について、外国人信徒にも詳しく伝える必要があるのではないかという。教会の評議会では、一ヶ月の会計報告がなされる。それを日本語とスペイン語、日本語とポルトガル語のようにバイリンガルで広報し、教会を維持するために必要な光熱費はいくらなのか、外国人信徒にも理解させる必要があると語っていた。

また、日本人信徒は高齢化が進み、どんどん亡くなっていく、働いている人も定年退職して、献金できるお金も減少し、どの教会も大変な状況だという。そのため外国人信徒に教会の会計報告を正確に理解できる言語に訳し、説明する必要性を挙げていた。

在日ペルー人信徒の中の所属意識には、三つの異なるレベルがある。教会で活躍しているリーダーたち

は、所属教会に信者登録し、月一回の維持費等を出し、教会のそれぞれの当番に積極的にかかわっている。

彼らは、スペイン語等の外国語のミサに参加するだけでなく、毎週教会に通って、日曜日のミサにあずかる。

そんな教会への関わり方をするのは、ペルー人のごく一部である。

第二のグループは、信者登録はせずとも、維持費を可能な範囲（ゼロのこともある）で出し、教会の掃除当番の手伝いなどを積極的に行う。他言語のミサには頻繁に参加しないが、月一回のスペイン語のミサには参加し教会主催のイベントに協力して、スペイン語圏、ラテンアメリカのコミュニティにある程度所属意識がある。

第三のグループは、毎月のミサに継続的に参加しないが、洗礼式、葬式、奇跡の主など日本でいう冠婚葬祭に参加する。カトリックの洗礼は受けているが、教会への所属意識がない。教会という組織に親しみはないが、個人レベルで「奇跡の主」への信心があり、一〇月の祭りには参加する。

太田カトリック教会のペルー人信徒は、「奇跡の主の祭り」は信徒が神に近づくチャンスであるとして、以下のように述べている。

一年に一回参加すれば一年間守られると思う人もいるだろう。しかし、宗教は魔法ではないです。これを伝えるのは難しいです。しかし、私たちの証しによって、少なくとも年に一度神様に近づこうとしている方達を善意を持って迎え入れ、もっと霊的、神様の愛、魂の救いについて考えるように導かれるチャンスになると思います。

リーダーたちは奇跡の主の祭りを、教会から離れている信徒に呼びかける最大のチャンスとして捉えている。また、行列の慣習的というよりは霊的な意味を強調している。

133

「奇跡の主」の祭りは、ペルー人のアイデンティティを見つめ直すための機会を与えるだけでない。教会から離れている人に信仰を見直すきっかけとして、カトリック信者であることを自分の信仰に問いかけ、教会と何らかの繋がりを持つためのきっかけにもなり得る。

洗礼を受け、カトリック教徒と自認しているものの、積極的に教会の活動に関わらない傾向は在住ペルー人に限ったことではなく、中南米で広くみられる。前述のように、ペルーのカトリック教会でも熱心に教会活動に関わり、親しんでいる信徒は一割から二割に過ぎない。三〇年以上前の古い調査であるが、ブラジルの熱心な信者はカトリック教徒の約三割を占めていると推測している (Follmann, 1987)。ブラジルのカトリック教徒は年々減少し、一九九一年の国勢調査でカトリック人口は八三・三四％だったのが、二〇一〇年には六四・六％まで減っている (Konings & Mori, 2012)。信徒の減少に鑑みれば、熱心に教会に通う信者数も減っているのではないかと考えられる。

乳幼児の時に洗礼を受けても信仰が心に根ざすことなく、教会から離れていく者が少なくない。在日ペルー・ブラジル人信徒にも教会の入信の秘蹟を受けさせるために、その都度、準備のため子どもたちを連れて行くが、秘蹟の式が終わり次第、来なくなる傾向がある。

9　移民第二世代と奇跡の主の将来の展望

調査に際して、日本における奇跡の主の将来の展望、第二世代のペルー人たちへの継承について聞いてみた。

奇跡の主を担ぐとき、イエス様を助け、十字架を背負ったキレニア人のように、キリストのご受難、自分たちの弱さを黙想し、ただペルーで行われていたから、習慣的に行うのではなく、黙想できるための指導は教会のリーダーたちの仕事だと思います。

図4：カトリック浜松教会、香を焚く女性信者たち（モリタ・マリアナ撮影）

明るい展望と前向きなコメントというよりは、対象者の顔の表情が変わり、慎重になる様子が印象的だった。太田カトリック教会の信徒は、祭りがなくなることになっても、第一世代のペルー人の証として歴史には残るのではないかと示唆している。

第一世代のデカセギが日本で自分たちの祭りを再現しようとした歴史が残ると思います。そして第一世代とともに去っていくこともあるかもしれない。そのような状況を恐れる必要はないと思いますし、しがみつく必要もないと思います

日本に三世代で移住しているリーダーたちの中には、子どもの入信の秘蹟を受けさせたが、子どもたちのパートナーは日本人で宗教が違うため孫の洗礼はできていないことがある。奇跡の主の祭りに関して、カスティーヨ氏は以下のようにいう。

続けていってくれることを望んでいる。おそらく、第二世代はこの伝統を守ってくれると思います。自分の子どもに関して、彼らと話して、続けてくれると言いました。私が入院して、準備できなかった年があったが、その時に息子が日本人の役員とコーディネートして開催しました。今後、参加する人数は少なくなるかもしれないが、完全に失われることはないと思います。

伊勢崎教会の奇跡の主信徒代表は、最初に始めた時には、その時

のことしか考えていなかったが、数年前から祭りの将来を考え、子どもや女性の積極的な参加を意識していると語った。また、今回から各コミュニティのリーダーを招待して、日本人信徒と他の国籍の信徒に積極的な呼びかけを行っている。伊勢崎教会には日本、ブラジル、フィリピン、ベトナムのコミュニティがあるが、コミュニティ同士の交流、また日本人信徒が祭りを招待を十分理解していないことを課題として挙げた。

「奇跡の主のキリスト像の絵、紫色の服等わからないことが多いと思う」ため、奇跡の主の絵と裏にその歴史を書いた絵を日本語、ポルトガル語などで書いて配っていく。周辺の教会に配るポスターは基本的にスペイン語であるが、日本人も活動が分かるように、日時、教会名、タイトル「奇跡の主をたたえる[14]伝統的な祭り」、「私達は皆様を招待いたします」と日本語で記入した取り組みを行っている。長年ペルー人コミュニティを支援しているペルー人修道女に祭りの将来を尋ねると、やはり、他のコミュニティとの交流の必要性を挙げていた。

主は排除するものではない。日本人の中に聖行列のキリストの絵が起き上がっていくのを見ると感動すると話したり、だんじりでは見たことがあるが、自分たちの宗教では見たことない。そのような信仰を表現できることは重要であり、将来性が見えてきます。

日本の宗教である神道にも神輿の文化があるため、奇跡の主の行列も、地震から守ってくれる神様として紹介するのも、身近に感じ、理解も深まるのではないかと考えられる。シスターによれば、公開儀式として実施される奇跡の主の祭りは迫害によって隠されてきた日本人信徒の信仰の励みとなり、プライベートで内向きな信仰表現から公開できる信仰表現に変えていく後押しにもなる。

日本人もこの信仰表現を見て、迫害によって押しつぶされた信仰、隠された信仰が、私たちとの体験

を通して、信仰表現を示してもいいんだと学んでいっていると思います。きちっと規則通りにして、敬意を払えれば扉が開いてくれると思います。

そのために、各教会の規則、日本のルールなどを守れば、交流ができるのではないかという。また、日本生まれ、日本で育ってきている子どもたちに、外国人の信仰、遠い国の祭りから、自分たちの信仰、自分たちの祭りとなるために、常に教会を身近に感じ、日々の生活を通して奇跡の主の意味を理解していくのではないかという。

子どもたちを受け入れ、この信仰は外国人のためだけではなく、日本人と共に祝うことによって、子どもたちの理解も増すと思います。子どもたちが小さいときから教会学校に通い、教会を第二の家として受け入れていけば、その学びは奇跡の主と繋がっていくと思います。そのようにインテグレーションしていけば祭りの未来があると思います。祭りとしてブラジル人に「アパレシダの聖母」、フィリピン人の「サントニーニョ（幼きイエス）」ベトナム人には「ラ・バンの聖母」を持ってくるようにして、みんなで祝う祭りは素敵と思います。

このように、子どもたちの信仰教育の土台作りのために祭りに参加するだけではなく、教会を第二の家として感じるための所属感の必要性を挙げ、日本人や他の国籍・ルーツの信徒もきょうだいとして迎え入れる親しみ、身近にある教会の必要性も見られる。同時に、他のコミュニティの参加、同じ信仰を持っている信徒のインテグレーションの重要性も強調されてきた。

奇跡の主は外国人の信仰というより、普遍的な教会であるカトリック教会の「ただ一つの信仰」表現である。祖国を離れたペルー人にとって伝統、文化、アイデンティティを見つめ直し、後世代に受け継がれ

137

ていく機会ともなることを理解していかなければならない。

ロルダン（Roldan, 2019）は、ローマの奇跡の主で若者や子どもの参加者は親、祖父母たちと参加して伝統が受け継がれていくことの意味を以下のように述べている。

キリストの聖像への崇敬は、信仰の表れとしてだけでなく、アイデンティティや、出身国の伝統や文化への親近感、また、特に祖国から遠く離れた場所に住む人々にとって、後世に受け継がれるべき遺産としての要素もあると解釈できる。

図5：京都教区カトリック上野教会、司教が司式するミサの様子（オチャンテ・カルロス撮影）

対象者に子どもの参加を尋ねると、多くの場合は小さい時に参加していたが、大きくなってから協力してくれるものの積極的な参加がみられなくなるという。第二世代の宗教継承の課題が見られる。

さらに、若者に呼びかけるために、旧世代の信徒だけでできることには限界が感じられ、次の世代を引っ張っていけるリーダーを養成する必要性が挙げられていた。多くの外国人信徒が「日本の教会」から「普遍的な教会」へ、多様な背景を持った信徒から成り立ってきている現状を受けとめ、教会の扉をもっと外国人信徒に開いてほしい、扉を開くこと、リーダーを養成することを各教会に要請してほしいと司教団に願っていた。

それに応えて、司教団が移住者の祝祭により深く関わるケースも出てきている。さいたま教区、名古屋教区、福岡教区、高

松教区、京都教区が、司教が積極的な教区として挙げられる。筆者が所属する京都教区の場合、数年前から奇跡の主が祝われる小教区を司教が訪問し、スペイン語でミサを捧げている。

ペルー人修道女も、「日本の孤立の中で信仰を見出し、宣教師ともなられた」デカセギもいると語る。同時に、そうした信徒の養成の必要性を挙げ、信仰をより強固にするための指導、情報提供の重要性を強調してきた。シスターが長年関わっている「アパラ」の活動で、ホームページやSNSを通してコミュニティに情報を提供して、「将来的にデカセギのための養成センターになっていってほしい」。またコミュニティが直面する様々な問題、「差別、病気、精神疾患、孤独」などに直面する時に教会がどのように声を届けていったらいいのか、信徒だけで答えられないこともある」、そのためのリーダー養成を喫緊の課題として挙げていた。

10 終わりに

九〇年代から日系ペルー人の増加に伴い、ペルー人が集住している地域で「奇跡の主」のミサや行列が行われるようになり、カトリック教会を土台としたペルー人コミュニティ、奇跡の主信徒会が形成されるようになった。在住ペルー人数や地域の現状によって祭りの形態も変わってきていたが、ペルー人リーダーの尽力と奉仕のおかげで、長いところで三〇年以上伝統を守り続けている。時には、同じ国籍のペルー人からも理解されず、祭り開催のために教会や地域のルールを徹底して守り、日本の信徒と外国人信徒のパイプ役を果たしてきた。

在日ペルー人信徒の中で、奇跡の主への信心は三〇年の間に変わっていないと考えられる。しかし、日本で信仰が強まり、教会活動を積極的に行う信徒はペルー人コミュニティの一部に限られる。彼らには所属している教会が存在し、教会の維持のため、金銭的及び精神的な貢献が見られる。スペイン語のミサや

139

ペルー人コミュニティに一定の所属意識があり、教会の活動、イベントに協力するグループもある。毎週のミサには参加しないが、呼びかけられれば、進んで協力する。最後のグループは教会組織に親しみがないが、奇跡の主の祭りやイベントに参加する人々である。奇跡の主への信心はあるが、教会を訪れる機会は年に数回もない。ミサより行列に重きを置き、祭り信仰にふれたり、ペルー人コミュニティと交流する機会として捉えている。

そのため、ペルー人リーダーは、ペルーから持ってきた「奇蹟の主」の伝統を日本で再現する意義を、宗教、文化継承をするため、日本人と他のルーツの信徒との交流の機会、そして、離れているペルー人に信仰を見つめ直し、教会に親しみを感じる最善の機会として捉えている。

信徒会のリーダーたちも、奇跡の主の祭りの将来の展望や移民第二世代の宗教継承を視野に入れ、取り組みを始めている。しかし、パンデミックで三年間祭りを実施できず、それまでに行っていた活動が急に待機状態となり、二〇二三年には三年ぶりの新たな出発を踏み出そうとしているのが現状である。

日本人信者の高齢化、司祭の減少など、日本のカトリック教会が直面する課題も多い。その反面、対象者の語りにもあったように、外国人信徒の養成、リーダーの養成、様々な背景を持った信徒が増加していることを、日本人信徒がどう受け止めるかが重要である。外国人信徒の信仰から学ぶ姿勢が、課題に取り組むための鍵になるのではないかと考えられる。ホスト社会から時には排除されたり、差別の対象となったりする外国人信徒に教会の扉を開け、国籍を越えた繋がり、様々な背景を持った信徒と「ただ一つの信仰」を分かち合い、「一つの共同体」を作る。こうした親しみのある教会の実現に向けて、続けて力を入れていきたい。

注

[1] ペルー国家デジタルプラットフォーム gob.pe「二〇一七年国勢調査データベースとペルーの社会人口統計について」(https://www.gob.pe/institucion/inei/noticias/535452-inei-difunde-base-de-datos-de-los-censos-nacionales-2017-y-el-perfil-sociodemografico-del-peru、二〇二三年七月二四日閲覧)。

[2] Perú católico (2017) "Encuesta: ¿Los millones de católicos peruanos que reciben al papa Francisco," (https://perucatolico.com/encuesta-los-millones-de-catolicos-que-reciben-al-papa-francisco/)。

[3] Peru 21 (2018) "El 76% de peruanos es católico, pero solo el 10% es fiel a la Iglesia" (https://peru21.pe/peru/papa-francisco-peru-76-peruanos-catolico-10-fiel-iglesia-391759-noticia/、二〇二三年七月二四日閲覧)。

[4] カトリック中央協議会司教協議会事務部広報課「カトリック教会現勢二〇二一年」一月一日～十二月三十一日(https://www.cbcj.catholic.jp/wp-content/uploads/2022/08/statistics2021.pdf、二〇二三年七月二四日閲覧)。

[5] 文化庁編『宗教年鑑』(二〇二一年一二月三一日現在) 宗教統計 https://www.bunka.go.jp/tokei_hakusho_shuppan/hakusho_nenjihokokusho/shukyo_nenkan/pdf/r04nenkan.pdf 二〇二三年七月二四日閲覧。

[6] 教会から公式に「聖人」の称号が与えられた人を指す。生涯にわたってイエス・キリストの模範として生きて従った人で、信徒の模範ともなる。
教皇庁列聖省が聖人の列に加えられるまで厳密に調査し、「神のしもべ」→「尊者」→「福者」→「聖人」という段階をたどる。通常、列聖までの調査で十数年かかる(なれない者もいる)。福者になるため証聖者の場合、その人に祈りをささげることによって重い病気から回復した、といった一つの「奇跡」が必要である。殉教者の場合は必要ない。列福後、もう一つの「奇跡」を起こすことが前提となり、福者と同様な調査と手続きを踏んで教皇が公に聖人の列に加えると宣言する(列聖)。その式(列聖式)は、ローマの聖ペトロ大聖堂で盛大に執り行われる。カトリック中央協議会「尊者・福者・聖人とは？」を参照(https://www.cbcj.catholic.jp/faq/saints/)。

[7] 上野市における外国人住民の状況について (平成三、平成八年) (https://www.pref.mie.lg.jp/common/content/00106243.pdf、二〇二三年七月二八日閲覧)。

[8] 三重県内の外国人住民登録者数の推移。

〔9〕 伊賀市在住外国人の現状（二〇二三年六月末）（https://www.mie-iifa.jp/?page_id=32、二〇二三年七月二八日閲覧）。

〔10〕 キリスト教にはさまざまな宗派があることはよく知られている。ミサや礼拝など教会の集会のあり方に各派の特色があらわれ、ローマ・カトリックの「ラテン典礼」、ギリシア正教の「ギリシア典礼」などはそれぞれの宗派に定めるミサの次第や人信のありかた、聖職者の規則など、組織としての教会に関する取り決めである。
「典礼」（leitorgia）は、もともとギリシア語で「公共の仕事」「公衆が行う奉仕」、あるいは「公衆のための奉仕」を意味していた。新約聖書では、礼拝や祭儀、福音の告知、愛の実践など、「神と人への奉仕」を意味する言葉として用いられている。ミサの準備（祭壇、聖書朗読、賛美歌等）、秘蹟（洗礼、結婚等）の準備の手伝いなど、キリストに仕える者として、教会の活動に関わることを指す（カトリック中央協議会（2003）「カトリック教会の教え」第二章「典礼と秘蹟」）。

〔11〕 聖体は「最後の晩餐」で使徒に授けられた、キリストの体を起源とする。通例では、キリストの体と考えられるホスチア（聖別された「パン」）を授与するのは、司教・司祭・助祭である。しかし、聖職者が不在、拝領者が非常に大勢でミサが大幅に長引く場合、正式に選任された祭壇奉仕者、もしくは聖体授与のために正式に任命された信者に臨時に聖体の授与を任せることができる。病気でミサに来られない場合も、病者のもとに行き聖体授与の奉仕ができる。
日本カトリック典礼委員会（2014）「聖体授与の臨時の奉仕者に関する手引き」（https://www.cbcj.catholic.jp/wp-content/uploads/2016/11/20150128seitai.pdf）。

〔12〕 APALA JAPÓN（Agentes de Pastoral Latino iberoamericana）：日本カトリック難民移住移動者委員会（J-CaRM）アパラ（スペイン語話者司牧者の集い）。

〔13〕「ペルーを代表する伝統舞踊である。ペルーの無形文化遺産ともなっている。

〔14〕「男性は紫の丈の長い上着とケープを着用し、縄状に結ばれた白色の太い紐を首にかける。女性は紫のワンピース姿である」（三木・沼尻、二〇二三：一八）。

142

第6章　在留資格がないペルー人たち

稲葉奈々子

1　はじめに

　移民は、ナショナルな歴史の記述において、しばしば存在を消されてしまう。なかでも非正規移民は、「存在しないはずの人」として、歴史どころか、日常生活のなかでも存在を消されてしまう。この章で描くのは、そのような非正規のペルー人移民についての歴史である。

　非正規移民とは、定住や永住など安定した在留資格があるラテンアメリカ出身者のなかで、在留資格がないという、きわめて不安定な社会的地位の人たちである。在留資格がない、つまり「非正規滞在」というと、マイノリティのなかのマイノリティの問題のようだが、ペルー人の場合、そうとはいえない。一九九五年はペルー人「不法残留者」がもっとも多かった年だが、外国人登録者三万六二六九人に対し、「不法残留者」は一万五三〇一人である。

図1：ペルー人の外国人登録者数・不法残留者数・不法残留者割合

出所：法務省

143

一九九五年に日本にいたペルー人の約三〇％は、在留資格がなかったのである。その後、ペルー人の「不法残留者」数は減少し、二〇一三年の一一四三人を最後に、入管が公表している上位一〇ヶ国のなかに現れてこない。

一方で、強制送還命令が出ていても帰国を拒否する「送還忌避者」の数は、二〇一九年現在でペルー人は三一人で、八番目に人数が多い国籍となっている[1]。「送還忌避者」とは、難民申請していたり、日本滞在が長期化して、もはや生活基盤が出身国にはないために帰国できない人たちである。この章に登場するペルー人たちのなかには、在留資格がないまま日本滞在が二〇〜三〇年に及んでいる人もいる。一九九〇年代初頭に来日した人の場合、子どもは日本生まれで、すでに成人している。在留資格がないまま日本で成人し、結婚した人もいる。その後、正規化された人もいれば、ペルーに帰国した人たちもいる。

ペルー人のグローバルな移動のなかに位置付けるなら、日本は、ほんの小さな行き先のひとつにすぎない。国境を越えた移動においては、観光ビザで入国して、在留資格の期限を超えて「オーバーステイ」の状態で働く人は珍しくない。メキシコとアメリカの国境や、地中海やドーバー海峡などで、越境に失敗して亡くなった人々の悲劇がしばしば報道されるように、国境地帯では、ブローカーを利用した「不法入国」は頻繁に起きている。

もっとも、北米やヨーロッパでは、非正規移民は、定期的に正規化され、受け入れ社会のメンバーになっている。とはいえ正規化されるまでの苦労は、後述するように並大抵のものではない。それにもかかわらず、なぜ移動するのだろうか。筆者がインタビューした非正規移民の何人かが口にした言葉は「チャンスがあるから」であった。「ペルーでの人生には、チャンスがないから」である。とはいえ、「日系人」のように長期滞在が可能なビザ取得の手続きを待っていても、永久に順番が回ってこない人たちもいる。多くの場合、そのような人たちが、非正規移民となる。

たとえば一九九〇年に来日したペドロの学生時代は、大学が封鎖されて、半年以上授業がなかった。卒

業後、銀行に就職したが、学生の頃から「ペルーを何とかしたい」という夢があり、労働組合で熱心に活動したこともあり、職場でひどい嫌がらせを受けていた。その頃、日本に行った友だちの話をきいて、「ペルーの経済が大変だったので、友だちと日本へ行こうということになった。

ミゲルは、「大学卒業後、インフレやテロのために、コネがないとまともな職に就けなくて、何をやっても貯金できない」ので、「子どもの頃から日本の発展するところをみたい、いってみたいと思っていた」のもあり、一九九一年に来日した。

専門学校を卒業して旋盤工として働いていたフィデルも、「結婚して子どもが生まれてからフジモリ大統領になり、『フジショック』で生活がダメになった。インフレのため、週払いの給料が二日でなくなってしまい、残りの日は生活できない。オーストラリアやチリに行くことも考えたが、きょうだいの助言で日本に行くことにして」、一九九二年に家族で来日している。

（１）　存在しないはずの人たち

ペドロやミゲル、フィデルの例からわかるように、一九九〇年代初頭に来日した人たちの理由は、日系人やその家族とほとんど変わらない。異なるのは、在留資格を得ることができない点である。在留資格は、外国人の運命を左右するといっても大げさではない。在留資格の種類によって保障される権利は大きく異なる。まして在留資格がなければ、基本的人権すら保障されない。

日本政府は、一九七八年の「マクリーン判決」に基づいて、「外国人に対する憲法の基本的人権の保障は、外国人在留制度の枠内で与えられているに過ぎない」としている。正規の在留資格があっても、外国人であれば在留制度の枠内でしか人権が保障されないのだ。まして在留資格がなければ、外国人在留制度の「枠外」に置かれているわけだから、基本的人権の適用外なのである。

在留資格のない外国人を公的サービスから排除する動きは、日本だけではなく、欧米でも同様にみられ

る。しかし非正規移民とはいえ、人権は保障されるという規範が揺らぐことはない（Majcher et al., 2020）。表向きは排除しつつも、非正規移民が公的サービスにアクセスできるインフォーマルな経路を政府がバックアップしていることすらある（Karlsen, 2021）。

日本の場合、労働基準法、母子保健法、児童福祉法、就学援助制度、生活困窮者支援制度、公営住宅入居などは、国籍や在留資格にかかわらず対象となるので、在留資格がなくても適用される。そもそも日本政府は、「国籍要件が明記されていない法律は、すべての人が対象」と説明している。しかし実際には、後述するように住民票がないと「存在しない人」として、自治体は適用の対象とみなさない。在留資格がないペルー人は、このような状態をどのように生き抜いてきたのだろうか。かれらの、日本社会の最底辺での辛酸をなめるような経験を描いたルポルタージュや小説は存在する（ワトキンス 1994；Arriola Ayala 2013）が、以下では、「存在しない人」として、公的サービスから排除された在留資格のないペルー人が、逆説的に、日本の市民社会により強く包摂されていることを示したい[2]。

2 在留資格の喪失

一九九〇年の入管法改定にともなって、他のラテンアメリカ諸国同様に、ペルーからも、日系人とその家族が来日するようになった。日系人やその家族でない人も、観光の短期滞在で来日し、在留資格の期限を超えて滞在する人もいた。「オーバーステイ」である。

たとえば、一九九三年に来日したホルへは、当時カトリカ大学の学生だった。大学に通いながら仕事をしていたが月給は一五〇ドル程度で、父親が病気になったことで学費を払えなくなった。すでに兄が日本にいたため、ホルへも観光ビザで日本に渡った。約五年間、月給二〇〇ドルで働いて、ホルへは帰国して大学を卒業し、政府機関に就職した。

146

ホルヘのように比較的短期間で目的を達成して帰国する人もいれば、滞在が長引く人もいる。レオと妻は一九九三年に観光ビザで来日した。レオはサンマルコス大学中退後、生活できるだけの給料が得られる職に就けなかったためである。日本で子どもが二人生まれ、在留特別許可を申請したが認められず、妻は在留資格がない生活に耐えかねて二〇一三年頃に中学生だった長女と帰国した。長男のマテオはすでに高校に進学しており、ペルーに行くという選択肢はありえず、レオと日本での生活を選んだ。レオはその後、在留資格のあるペルー人女性と再婚し、子どもも生まれた。日本生まれのマテオはすでに二八歳になり、日本人女性と結婚して子どももいる。レオもマテオも、現在も在留資格がない。

在留資格を得るために、日系人の養子となって来日したペルー人もいる。いわゆる「偽日系人」であるが、日系人との養子縁組は正式なものだし、ペルーの日本大使館が発行したビザも正式なものである。つまり、「偽日系人」という呼称は、実は不正確であり、不当でもある。かれらは、在留資格の更新時に、「養親」と連絡がとれず、必要な書類を提出できずに、在留資格を喪失してしまうケースがほとんどである。

ベルタの場合、一九九一年に友だちと来日した夫が、「日本は素晴らしい」と言うので、自分も行くことにした。友だちの親に頼んで、「アラカワさん」という日系人の養子となり、一九九四年に来日し、派遣会社に手続きしてもらい、三年間の定住の在留資格を取得できた。更新にあたって再度書類を求められ、アラカワさんに連絡したが、音沙汰がない。父に訪問してもらったら、その住所にはいなかった。そこで手続きしてくれた友だちの親に電話すると、「アラカワさんに連絡しないように」きつく言われて、在留資格の更新ができなかった。

「本当の」日系人であっても、在留資格が認められない場合もある。日系四世のマリアは、二〇〇三年に家族と来日した。マリアは学費が払えず大学を中退し、事務職に就いていた。家族と来日するにあたっての問題は、当時、日系四世は、日系三世の親に扶養されている未成年の子どもしか在留資格を取得できなかったことである[3]。家族全員で渡航するために、すでに成人していたマリアは、祖父の子ども、つまり

147

三世として来日した。しかし、在留資格の更新時に不許可となってしまった。結果として、父と（来日時未成年だった）妹は在留資格があるが、マリアと日本生まれの日系五世の二人の子どもは、在留資格を喪失してしまった。家族で日本に渡航するにあたって、世代ごとに法的扱いが異なるがゆえの結果である。

「日系人」は特権的な地位である。非日系ペルー人は、日系人に依存してしか在留資格を得られない。結婚により日系人の家族となって来日することはできるが、永住の在留資格を取得する前に離婚した場合、在留資格を剥奪されてしまう。

アンヘルは、リマのリマック地区の貧しい家庭出身で、高校卒業後に警備会社で働いていた一九九二年に日系三世の妻と結婚して、一九九八年に妻と子ども、義父母と来日した。二〇〇九年に離婚してからも、日系人の配偶者としての「定住者」の在留資格が二〇一二年までは続いていた。不景気で仕事が少なくなっていたが、派遣で自動車部品関係の工場を転々とし、生活していた。半年の入院が必要なほどの怪我を足に負ったが、国保に入っていたため病院への支払いも三〇万円で済んだ。後遺症で歩行には装具が必要となったが、その費用も保険でカバーされた。ところが二〇一二年以降、在留資格の更新が認められなかった上に、二〇一四年から一年間、入管に収容されてしまったことで、「すべてを失った」。

また、特権的な地位にある日系人とはいえ、在留資格を剥奪されることがある。刑法に違反し、服役した場合である。日系三世のパコは、二〇〇六年に一一歳で親と来日した。一四歳からストリートで友だちとラップをはじめた。一八歳からはライブで一晩に五〇万円稼げることもあり、プロとして活動していた。しかし、傷害、窃盗、無免許運転などで逮捕され服役した後に、二〇一七年から二年六ヶ月にわたって入管に収容され、永住の在留資格を剥奪された。犯した罪は償ったにもかかわらず、さらに入管法により強制送還という「罰」を科された。外国人であれば、ひとつの罪に対して二重に処罰されることが容認されているのだ。パコの家族は全員日本に住んでおり、パコにもすでに日本人の妻と子どもがいて、ペルーに帰ることはできない。入管職員には、「（あなたは）日本にいる意味がない」といわれ、「子どもをどうした

148

3　正規化

日本人との結婚は、在留特別許可で考慮されるもっとも重要な要件である。実際、結婚によって在留資格を得たペルー人は少なくない。

日本人と結婚したエリは、ペルーからきょうだい三人を呼び寄せた。エリには在留資格があるが、呼び寄せたきょうだいはオーバーステイである。エリは、知り合いに頼んできょうだいに仕事を紹介してもらい、日本人とのお見合いもアレンジした。妹たちは病院で看護師の助手や、レストランで働くなどして、地元の生活にも馴染んだが、結婚には至らず帰国した。弟は工務店に雇われて、人柄と仕事ぶりが評価されて独立するタイミングで、社長の娘と結婚して在留資格を得た。

ルシアは一九九四年に来日した。八人きょうだいのうち、ふたりが先に来日しており、「その頃は甘かっ

らいいのか」尋ねたところ、「ビデオカメラでコミュニケーションすればいい」と言われたという。

在留資格のないペルー人は、上述のように、今日では統計にあらわれないほどに少なくなった。しかし全員が帰国したわけではない。実際には、在留特別許可を認められて、正規化された人たちも多い。

日本は、フランスやイタリア、スペインなどとは異なり、一定の条件を満たす非正規滞在者に対する一斉の正規化措置を実施したことはない。しかし法務省は正規化のガイドラインを公表しており、二〇一二年頃までは年間数千人単位で正規化を行っていた。日本人と家族としての絆が形成されていることは、在留資格取得のもっとも重要な要件のひとつだが、子どもが日本の小中学校に通っていること、その子どもを養育していることも、積極的な要件として示されている。ガイドラインに「本邦での滞在期間が長期間に及び、本邦への定着性が認められること」と明示されているように、日本との家族的なつながりだけでなく、日本社会とのつながりが、在留資格付与の積極的な要件とされている。

[4]

たからビザも問題なくとれ」て、予定では三年、最大でも五年のつもりで働きにきた。きょうだい二人と義兄と同じ水産加工の会社で働き、「日本に住む気がなかったから、一年たっても『わかりません』しか話せなかった」。家の近くに「入管がよくきてびくびくしていた」が、働きはじめて二年目に、現在の夫にアプローチされて結婚した。「まさかこうなるとは思わなかった」が、配偶者の在留資格を得て、五年目の更新のときに、「永住ビザをとらないのか」と入管に言われて、申請して二ヶ月ほどで永住の在留資格に変更できた。

不法滞在者半減キャンペーン

上述のガイドラインに則った正規化が行われたのは二〇一〇年頃までである。日本政府は、二〇〇四年から二〇〇九年にかけて五年間の「不法滞在者半減キャンペーン」を実施した。実際に非正規移民の数は半減したが、全員が強制送還となったわけではない。二〇〇四年からの五年間で、約五万人が正規化された。実際、この頃に出頭した人の多くは、家族で在留資格を得ている。たとえばペネロペは、一九九五年に日本で生まれた。父親が養子縁組で「日系人」になり、母親はその配偶者として来日した。ペネロペが小学六年生の頃から、オーバーステイの家族が「あちこちで捕まるのをみて」、「ママが怖くなって、正直に入管に言おうとパパに頼み、入管ですべてを話した」。ペネロペも、「なぜ日本に残りたいか」という作文を書いた。そしてきょうだい三人と父母は正規化されて、在留資格を得ることができた。

4　正規化後

ペネロペは、「母が弟を妊娠しているときにベビーシッターでブラジル人の子どもを預かっていたので、子どもたちと一緒に過ごして楽しかった。それが根底にあって、保育士になりたかった」。そして保育福

祉専門学校に進学した。ペネロペ自身が、いじめにあっていたので、「困っている子どもは助けてあげたい。自分には教えてくれる人がいなかったし、そうなってほしくない」。ペネロペは、ペルー人の子どもも通う幼稚園に就職し、日本語がわからない親とスペイン語がわからない保育士の間を取り持つ役割も果たしている。

大学や大学院に進学してから在留資格を得る場合もある。エミリは通っていた教会の神父や信者が受験勉強を手伝ってくれて、国公立の大学に合格した。ペルーは「テロがあって危ないし、(親は子どもの)教育のために来たようなところがあるので、大学に行かせたかったし、それが夢だったので、喜んでいた」。エミリは大学院にも進学し、大手企業に就職し、仕事でラテンアメリカにかかわりたいと考えている。

ミリアムは、日系人と結婚して在留資格を得た。そののち、製麺の研修を受けて、リマでラーメン屋を開業した。リマには複数のラーメン屋が存在するが、日本で製麺技術を身に付けてペルーで本格的な自家製麺を提供しているのはミリアムのラーメン屋のみである。

在留資格を得たことで、活動の制約がなくなって活躍する人は多い。しかし、二〇一〇年に入管法が改定されて、新しい法律が施行された二〇一二年以降は、在留特別許可の件数が激減していった。

5　「存在しない人」へ

二〇一二年に新しい法律の施行後、非正規滞在の外国人は自治体で外国人登録ができなくなった。これにより、「在留資格がない」ことの意味が大きく変わった。住民登録に基づく公的サービスを利用できなくなったのである。在留が認められず退去強制の対象となった外国人は、「仮放免許可」を得ることで、入管の施設に収容されずに地域社会で生活することができる。ところが二〇一五年九月の法務省の通知で、就労禁止が徹底された。

このような状況を、在留資格がないペルー人は、どうやって生き抜いてきたのだろうか。在留資格がない外国人の就労が、それほど厳しく取り締まられていなかった頃には、上述のホルへは、一九九三年から五年間ほど、水産加工や建築現場で月二〇〇〇ドルぐらい稼いでいた。

一九九三年から一一年間、家族で日本に滞在したフェリックスは、皮革工場で働いた。他の地域にもっと給料が高い仕事があり、皮革の仕事は大変だったが、社長や同僚、近所の人も優しく、近くに保育園や学校もあったことから、工場近くのアパートにずっと住んでいた。

一九九一年から二〇一〇年まで、家族で生活していたエルネストは、来日して最初は建設土木の仕事をしていたが、その後、電話工事の会社に正式に採用されて一三年間働いた。やがて仕事を覚えて、日本人と二人で独立して電話工事の小さな会社を作った。リーマンショックの時も仕事は十分あり、従業員も二〇人まで増えて順調だったが、六年たったところで、入管に摘発されて、強制送還になってしまった。

フェリックスやエルネストのように、在留資格がなくても二〇一五年頃までは仕事があったし、今も在留資格がなくても働いている人たちはいる。しかし、経済危機に加えて、技能実習生など新たな制度で来日する労働者との置き換えが進み、上述の法務省の

図2：在留特別許可件数（入管庁）

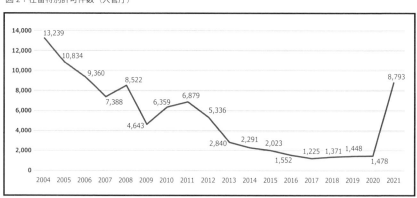

14,000
13,239
10,834
12,000
9,360
10,000
8,522
8,793
8,000
7,388
6,879
6,359
6,000
5,336
4,643
4,000
2,840
2,291
2,023
1,552
1,225
1,371
1,448
1,478
2,000
0
2004 2005 2006 2007 2008 2009 2010 2011 2012 2013 2014 2015 2016 2017 2018 2019 2020 2021

通達により二〇一五年以降は、就労がほぼ不可能になった。就労できないので「自立」できない。しかし「公的支援」もない。在留資格がない人たちは、一〇〇％他人に依存しないと生きられない状態になってしまった。

子どもたちの経験

　子どもたちの経験は、親とはまったく異なる。法務省は、仮放免者が「行政上の便益・サービスを受けられることとなるようにするとの観点から」、仮放免者の情報を居住する自治体に提供している。同様の趣旨から、二〇一二年に文科省は、「外国人の子どもの就学機会の確保に当たっての留意点について」と題する文書で、在留資格のない子どもにも就学案内を行うよう自治体に通知している。そのため義務教育である小中学校に通うこともなる。

　しかし小中学校に通うことができても、高校、さらには専門学校や大学に進学して、就職するという将来を描くことは、在留資格がない子どもにはできない。アユミは、大学入試の面接で将来の夢を聞かれて、「夢はありません」と答えた。「将来の夢」とは、一般には職業を指す。仮放免者は就労が認められていない。つまり仮放免の子どもは、「夢」をみることすら禁じられているのだ。

　ノエミも「私は他の人と違って、「夢」をみることすら禁じられているのだ。

　ノエミも「私は他の人と違って、将来仕事ができる保障がない。そう思い、落ち込んでいた時期があった」。それでも、「本に出合って、言葉を通じて思いを伝えられることに感動し、自分も日々感じていることを文章にし、文学の道に進みたいと思うようになった」という。

　親が就労を禁止されていることは、経済的な面でも、子どもが夢を追求する道を閉ざす。上述のマリアの長男タケシは、私立高校に通っていた。高校以降は就学支援金の対象とならず、月五万円の学費を毎月払わなくてはならない。それでも、マリアの再婚相手は在留資格があり、収入を得ていたため、学費のやり繰りができた。ところがコロナ禍で仕事が自宅待機となり収入が途絶え、学費を払う目途が立たなくなっ

153

た。なんとか就学等支援金を得ようと、県の教育委員会に電話した。担当者は「仮放免」の意味を理解しておらず、文科省の実務者向けのマニュアルには「仮放免者には就学等支援金を支給できない」と書かれているとけんもほろろに突き放された。

親が就労できない上に、公的サービスを受けられないだけではなく、みずからの存在そのものを否定されることで、子どもが受ける精神的な傷はきわめて大きい。たとえば、在留資格の認定を求める裁判についてのテレビ報道を見た友だちが、後ろ姿から当事者がアユミと気が付いたことで、部活動のメンバー全員に伝わった。「アユミの親は悪くない、という人と、不法滞在は犯罪、アユミは犯罪者の子どもでしょ、と友人同士でケンカになったらしい。それで、部が分裂して対立する状態になっているから、皆に説明するようにと部活の先生に言われて、全員の前で、なぜこうなってしまったのかを全部話した。体がぶるぶる震えて、家に帰ったら四〇度の熱がでて、ひどい貧血で一週間入院になった」。

タケシの妹、ノエミは、二〇一七年に小学校五年生になった。母親と一緒に仮放免の更新手続きで入管に行ったときに、一度も行ったことがない国ペルーへの「帰国」を促され、「あんたが学校で授業を受けているときに、教室で友だちの前で捕まえてもいいんだ」と言われて、その日以来、恐怖で教室に入ることができなくなってしまった。

6　日本社会への包摂

逆説的だが、非正規移民は制度的に排除される一方で、正規の移民よりも社会に包摂されている。たとえば就労については、在留資格がないと派遣会社に雇ってもらうことができない。そのため、「普通」のペルー人が働いていないような、日本社会の「底辺」で、皮革産業や、産廃処分場のような、解体、産廃処分場のような、日本社会の「底辺」で、直接雇用で働く人が多い。そのため、「職場で外国人は自分の家族だけだった」り、「日本人に囲まれた仕事」で、

他のペルー人との接点もない。その上、在留資格がないことで雇用が続かず仕事を転々とする人が多く、入管の摘発を恐れて住む場所も頻繁に変わるため、日系ペルー人とは付き合いがない人も多い。

イザベラは一九九五年に来日し、二〇〇七年までは自動車部品工場やコンクリート製造の会社で働いていたが、リーマンショックの頃から、二〇一〇年末から一年間入管に収容されて、仮放免になってからは仕事がなくなり、四ヶ月「立ちんぼ」をやったこともある。その後は、車での送迎の仕事や、出張の美容師の仕事で現金収入を得るようになったが、数年前から家賃が払えなくなり、ペルー時代からの友だちの家に住み込み、家事や子どもの世話をしている。

在留資格がない場合、ラテンアメリカ出身者以外の外国人や日本人との付き合いが、在留資格のあるペルー人よりも密接な場合もある。カミラは、イラン人の友だちが経営するスナックやバーなどで掃除のアルバイトをしている。カトリック教会に通っている場合は、ベルタのように教会の掃除をしたり、バザーで売る物品を製造することで、生活に必要なものの支援を受けている。エンリケも、日本人が経営するスナックやバーなどで、自宅で調理したセビーチェを毎週買ってもらっている。

イザベラやカミラ、エンリケ、エルネストら家族がいない単身者の場合は、インフォーマルな仕事や、身近な知り合いの助けで生活できる。アパートを借りることができなくても、知り合いの家を転々として、しのぐこともできる。しかし、学校に通う子どもがいる場合、他人の家に居候して長期間しのぐことはできない。家賃や光熱費など、生きるために最低限の費用を知り合いや教会からかき集めることになる。しかし、高校の学費や、まして専門学校や大学に進学する費用は、身近な人たちだけでは支えきれない。

もはや在留資格の取得以外に、この困難な状況から抜けだす方法はない。「逃げることを考えていたが、それはできない、正々堂々といこうということで、入管に在留特別許可を申請した」。フェリックスたちは、が二〇〇〇年に入管に摘発、収容されて、家族全員が仮放免になった。フェリックス一家は、父親

155

一〇年にわたって地方の小規模な自治体に居住し、地元のひとつの会社で働いていたため、地域社会のメンバーとして認知されていた。三人の子どもが通っていた学校のPTA有志が呼びかけて、フェリックス一家の在留特別許可を求めるアピールに三〇〇人超が署名し、家族の生活費などが寄付で集められ、フェリックスが入管施設に収容されている間の家族の生活を地域社会が支えた。フェリックスと妻が働いていた会社はすでに倒産していたが、元従業員たちも家族の生活を支援した。一家は強制退去命令の取り消しを求めて裁判をしたが、認められず、結局フェリックス一家は二〇〇四年に帰国した。

裁判に訴えることは、「存在しないはずの」人たちが「隠れていた」場所から、公に姿を現すことになる。子どもたちは、ノエミやアユミが友だちに「ウソをつく」ことが心の重荷になっていたように、仮放免である事実を告げていない場合が多い。しかし裁判に訴えることで、メディアに顔を出さなくとも、支援者を介して、存在が公に知られることになる。

ノエミやアユミのように仮放免である事実を学校で知られることは、子どもには大きな精神的負担となる。いっぽうで、公に姿を現すことで、在留資格がない人たちが置かれた状況を知った人たちからは、広く支援が集まる。ベルタの家族は、カトリック教会の信者の支援で日々の生活を送っているが、アユミと弟の高校と大学進学の費用は、教会だけでなく地元の支援者の寄付金によって可能になった。公共空間に姿を現すことは、ヘイト・スピーチの矢面に立たされることを意味する。しかし同時に、日本社会との複数の接点を持つことで、社会に包摂されていく。

7　帰国後

在留資格がない場合、いつ収容され、強制送還されてもおかしくないため、ペルーに戻ることを前提として、日本に滞在している人は多い。みずからの意思で「予定通り」帰国した場合は、貯金もあるためペルー

156

で新たな仕事をはじめることもできる。

ホルへは帰国後、大学に復学して卒業、現在では政府関係の仕事をしている。ルシアの妹の会社を創業した。アントニオはインターネットカフェを経営している。アントニオの妻もスクールカウンセラーとして働いており、子どももペルーで大学を卒業した。非正規滞在のペルー人は、派遣会社に雇ってもらえず、日本の会社で直接雇用の人が多いが、そのぶん日本語が上達する。その日本語能力を活用して、フェリックス一家は、親子三人で日本語の観光ガイドの仕事に就くこともできた。

しかし、予定外に摘発された場合は、「人生が台無し」になってしまうこともある。エルネストは、子どもの喘息の治療のために日本で「六万ドル」を費やした。在留資格がないため国民健康保険に加入できず、医療費を全額支払わなくてはならなかったためである。エルネストは日本で会社を経営していたので払うことができたが、貯金は使い果たしてしまった。その上、妻と子どもが入管に摘発されて、帰国費用二〇〇万円を会社の共同経営者から借りた。その借金を返し終わったとたんに、自分も摘発されてしまい、貯金なしで帰国することになってしまった。ペルーに戻ってからは、タクシーの運転手をはじめたが、日銭しか稼ぐことができない。

子どもにとっては、どんな帰国も「予定外」である。自分の親が「ペルー人」であることは知っていても、自分は「日本人」だと思っていることも多く、ペルーに行くことは、子どもにとっては「帰国」ではない。

一九九五年に二歳のときに、親と一緒に来日したアルドは、中学校入学前に、日本にいるのは「一六歳まで」と親から言われていた。そのため、「自分のなかで高校受験は心のどこかであきらめていた」が、一六歳が近づくにつれ、「一年経つごとに寿命が尽きていくみたいに思っていた」。二〇〇九年にペルーにもどっても、スペイン語が完全ではないため、教科書には読めない単語が多かった。「授業に出席していても、穴あきの新聞を読むようなかんじだった」。生きる気力がなくなった。

自主的に帰国する場合も、在留資格がない場合、形式としては「強制送還」の手続きに則って出国する。

強制送還となった外国人は、五年たてば再入国できるはずが、実際にビザを取得できる確証はない。アルドはリマの日系学校に通ったため、周囲には、日本から戻ってきた友だちが多く、「日本に帰る」ことがしばしば話題になる。そのたびにアルドは、「聞くたびに気持ちが黒くなる。かれらは帰ろうと思えばいつでも帰れる。自分はまたいけるかどうかわからないので、いやな気持ちになる」。

アルドの例が示すように、ペルーに行ってからも、子どもたちの日本とのつながりは、帰国した日系人の子どもたちと変わるところはない。ディエゴは一九九三年に三歳で親と来日し、中学に入る前にペルーに戻った。「自分が外国人と気づくまで、日本人だと思い込んでいた」ディエゴにとって、ペルー行きは、日本で生まれ育った日本人の子どもが、突然外国で人生の再スタートを強いられるのと同じ経験である。スペイン語が完全に理解できるようになっても、人との接し方や時間感覚は、ペルー人よりも、日本人や日本人の友だちと共通している。大学生になっても、教員に話しかけられると、反射的に、「はい」と日本語で言ってしまうことがあるという。友だちには日系人や日本人が多く、日秘文化会館で、帰国した日系の子どもたちが集う活動をリーダーとして積極的に担うだけでなく、高校で日本語教師の仕事もした。それどころか、沖縄県人会で、日系の若い世代の担い手がいなくなって継承が危ぶまれていたエイサーのグループでも活躍している。

日本にいたときは日系人との付き合いがほとんどなかったペルー人が、ペルーにおいて日本語や日本の文化を伝える役割を担っているのである。かれらが日本社会に包摂されていたことを示す事実である。

8　おわりに

在留資格がないペルー人たちは、日本との家族的なつながりもなければ、法的・制度的な支えもない。それを補って余りあるほどに日本社会に包摂されていることから、ますますペルーに帰ることはできなく

158

なる。

二〇二三年八月に、法務大臣は在留資格がない外国人について、日本生まれで学校に通っている未成年の子どもとその親の正規化を発表し、「家族一体として我が国社会との結び付きを検討して、個別に在留特別許可をする方針」を示した。日本では初めての一斉正規化措置である。しかし「不法入国」した親とその子どもは対象にならないとされている。三〇年前にどのように入国したかではなく、三〇年間、どのように日本社会との絆を築いてきたかに基づいた判断がなされるべきだろう。

注

［1］　出入国在留管理庁（二〇二〇年）「送還忌避者の実態について」
　　　https://www.moj.go.jp/isa/content/930005082.pdf。

［2］　この章では、科学研究費の助成により、二〇一一年から現在まで、筆者が樋口直人と実施する共同研究のデータを使用している。登場するペルー人の名前はすべて仮名である。

［3］　二〇一八年から、一八〜三〇歳の日系四世も入国できるようになった。日本語能力要件、サポーターの確保、家族帯同禁止、更新時に日本語能力を高めることなど、さまざまな条件がついており、三世とはかなり地位が異なる。

［4］　在留特別許可に係るガイドライン（法務省入国管理局）https://www.moj.go.jp/isa/content/930002524.pdf。

第7章 父と日本の夢

オチャンテ・カルロス

この章では、九〇年代初頭に「デカセギ」現象の一環として日本にやって来たペルー移民が抱いたジャパニーズ・ドリームの考え方を、非常に個人的な形で語ろうと思う。主人公となる筆者の父は、家族とともに日本に定住した多くのペルー人の一人である。現在、私は父親となり、日本では少数派である外国人としての生活を通して、日本で生活した自分の父親の人生を振り返るようになった。二〇一五年に父が亡くなってから八年が経つが、彼の存在は今も私たち家族の中で生き続けている。

しかし、彼の死は家族の移民史の一時代の終わりを表すものでもあり、自分自身の外国人として、また親としての出発点でもある。なぜならペルー人第二世代の私は今、この国で父親として、外国人として、彼と同じことを経験しているからである。私が兄弟たちと初めてこの国にやって来たとき、父は四〇代だった。まさに今の私とほぼ同じ年齢である。私は今もこれからも親として、移民者として、父と同じ視点であらゆる経験をしていくのだと感じている。

彼は亡くなる直前、私たちに教えることはまだたくさんあると涙ながらに語ったのを覚えている。しかし、思い悩んだ時やアドバイスが必要なときに頼れる父との思い出の中に、その答えとなる道筋がたくさ

160

んあることに気づいた。なぜなら、これまで日本で困難や様々な試練を家族で経験し、乗り越えてきたからだ。人生のさまざまな場面で、私は時々、もし、彼が私の立場だったらどうするかを考えたり、想像したりする。

父について書こうと思った理由はいろいろあるが、この章では私が個人的になぜそうする必要があるのかを述べたい。母だけでなく、父の人生のさまざまな時点で彼をよく知る友人たちと数え切れないほどの会話を重ねたことから、父が送った人生について振り返ることとする。私が彼のルーツをより深く理解することは、祖国ペルーでの生活から始まり、その後、第二の故郷となった日本での生活を理解するのに役立つからである。

父の人生を通して、自己のアイデンティティを再発見する必要性は、私の個人的な課題でもあり、文化継承を追求する私自身の活動においても重要な課題である。父の物語について書くことで、ペルー人としての自分を理解し、他の国に移住することの意味を理解し、また遺産となる文化の重要性を理解することができると感じている。なぜなら、後述するように、この国で生き残るために役立ったのは母国の文化だったからである。

図1：父と民族音楽

いつも家族と一緒にいたにもかかわらず、父と私の関係は良好といううわけではなかった。私たちは家族という点では互いに関係を保っていたが、父と息子としては衝突することもあった。この章を通して、遠い未知の国、日本で私たち家族を導く存在だった父への敬意とささやかな賛辞を表したいと思う。

私の父はとても明るく、社交的な人だった。リマの近所では誰もが父のことを知っていて、道で会うといつも立ち止まって挨拶したり、家に遊びに来たりした。それに加えて、彼には音楽の才能があり、音

楽のおかげでペルー各地を旅行し、自分の国をよく知っていた。

1 なぜ彼の人生を語る必要があるのか

父の人生を伝えるのは、私個人の目標であるだけでなく、ペルー移民の物語をこの社会に位置づけるためでもある。ペルー人コミュニティは日系人の歴史と関わりがあり、大規模なブラジル人コミュニティとともに、今でも静岡、愛知、三重などの地域で重要な位置を占めている。これらの地域では、三〇年以上の歴史を持ち、すでに三世代にわたるペルー人コミュニティが存在している。しかし、これらのコミュニティの数が減少しているだけでなく、第二世代や第三世代において自分たちの文化を継承することが難しく、コミュニティの団結は、ますます大きな課題となっている（第4章参照）。二世と三世は立身出世のために日本社会に適応する必要があるとの意識が強く、母国語だけでなく宗教など他の非常に重要な要素を脇に置くようになった。

母と違い父は日系人ではなかったが、常に日本文化に大きな賞賛と理解を示していた。多くの外国人にとって非常に難しいレベルにまで日本文化を理解しようとし、適応していた。つまり、彼は日本、特に自分たちを受け入れてくれた伊賀の街を愛することができたのである。生前、伊賀市で父が移民として生きた間、彼は自由に羽ばたくことができたと思っている。なぜそれができたのか、私は頼れる人も場所もない異国の地に来たペルー人の人生を証言しようと思う。移民者は常に自国の文化と価値観、新天地での生活の不安と多くの希望を

持って来日するのだから。

来日した一九九一年から亡くなる二〇一五年まで、父は日本社会に対してペルー人、外国人のポジティブなイメージを持ってもらうために絶えず努力を続けた。この章では、最初に彼のペルーでの生活について触れ、その後、日本での生活について述べていきたい。最後に、彼がこの国で成し遂げたすべてのこと、そしてそれがどのようにして日本の夢「ジャパニーズ・ドリーム」といえるのかについて話したい。

2 リマへ国内移民した父の家族

私の父は一九五〇年代にペルーの首都リマで生まれた。より多くの可能性を求めて首都にやって来た他の多くの家族と同じように、アンデスにルーツを持っていた。リマの人口は現在約一一〇〇万人である。

しかし、一九五〇年当時、人口はわずか一〇〇万人ほどだった。リマの中心部は小さく、その周囲には畑が多く今のような広大な街ではなかった。

まず、私の家族の歴史を理解するには、当時私の国の状況がどのようなものであったかを説明する必要がある。リマは、より良い機会を求めてペルー全土からやって来た移民たちによって急速に拡大した。そのため父の親はリマに移住したアンデスの家族の第一世代となる。

私たちは首都リマの中心部にあるセルカド・デ・リマに住んでいた。リマは、多くの植民地時代の歴史があるだけでなく、多文化からなる街である。すでに述べたように、リマはさまざまな民族グループや多くの国内移民の目的地となっていた。私は子どもの頃から、祭りやその他の行事を通してさまざまな民族グループの多様な習慣について知り、触れることができた。

私たちの近所も、アンデスの同じ都市から来た家族が集まっているコミュニティがいくつかあり、互いの家の近くや隣り合って住む傾向があった。これらの民族的コミュニティはアンデスにある故郷と強い絆

を持っており、共同体として機能していた。彼らは協同組合やコミュニティセンターを設立し、年間を通してイベントを開催した。

図3：オチャンテ家とパン屋で働くスタッフ（右から三人目が父）

父の両親、特に母は、自身の持つアンデスのルーツに非常に強い思い入れがあり、常に故郷や同胞と繋がりがある人だった。二人は苦労の末、つつましく経営していたパン屋を大きく成長させることができ、商売を少しずつ拡大していったのである。この成功により良い機械を購入し、より多くのスタッフを雇い始めた。

私は子どもの頃、学校の休暇中はいつも早起きして朝食のパンを売る祖母の手伝いをしたことを覚えている。私の祖母はパン屋で多くの人とやり取りし、近所のみんなが彼女のことを知っていた。リマで朝食といえば主にパンを食べるので、多くの人がパン屋にパンを買いに来る。

私の父も幼い頃から、パン屋という商売の中で成長し、多くのスタッフやお客さんと関わるようになった。父がなんとか学校を卒業し、大学に入学できたのは、祖父母が営んでいたパン屋のおかげである。

オチャンテ家は、当時リマに定住した多くの家族の中の成功例の一つであるといえる。彼らはリマにやって来たアンデス家族の第一世代であり、リマが今日のような混沌とした都市に変貌するのを目の当たりにした世代でもあった。

また、不思議なことに「移民」であることは母にも共通していた。移民としての歴史は一九〇八年に一八歳で日本を出国した曾祖父の村井国重から始まった。一九四〇年代に父方の祖父母がアンデスからリマに移住することで、私の父と母はリマで出会い結婚し、最終的に母のルーツである日本の地に戻ることになった。つまり、家族における移民の旅は日本から始まり、また日本にやってきたのである。

3　近所の教会と父

父は幼い頃から二人の外国人に会う機会があった。近所では「パブロ」神父として知られる教区司祭で、フランス出身のジャン・マリー・プロテイン・ミュラーと、彼の妹のシスター・アナ・マリア・プロテイン・ミュラーである。ペルーの貧しい地域でキリスト教を伝道するためにフランスから来た二人の兄妹は、ペルーの山岳地帯で働いた後、一九五〇年代にリマに到着した。彼らはまだ歴史が浅く、何もないリマの郊外地区で多くの貧困に直面した。二人は、この新しい地区にとって長い間、非常に重要な人物であり、私の両親の世代に大きな影響を与えることになる。

図4：70年代に教区の若者たちと一緒に。

多大な努力とフランスの援助も得て、彼らはそれまでになかった診療所や託児所を備えた教会を私たちの住む地区で建てることに成功した。父が母と出会ったのも教会で、他の多くの若者たちとともにカトリック教徒として養成され、パブロ神父とともにキリスト教の教理を学び、ミサや讃美歌などを通じて教会と地域における強い共同体が結成された。一方、シスター・アナ・マリアも保育や医務室で看護師として働き、地域の多くの子どもたちに保育や医療支援を行うことになる。

パブロ神父は、貧しい人たちを助けるためにペルーに来たと話し、もっとも困っている人たちに手を差し伸べる大切さが自分のミッションであると挙げていた。二人の兄妹が私たちの地域で実践した宣教は多くの実を結び、その後の多くの世代にも受け継がれることになる。この教会で育った私の父の世代は、パブロ神父のミッションを引き継ぎ、地域の子どもたちに宗教の勉強会を定期的に開いたり、教会のイベントに関わったりなど、共同体の一員として活動することになっていく。

このような経験を経て、私の両親は若いときに多くの豊かな価値観を得たといえる。両親は近所の教区のおかげでたくさんの友達ができ、得難い友情を育むことができた。生活の場が日本に移った今でも、私は愛情を込めて彼らを「Tíos, tías ＝おじさん、おばさん」と呼んだりする。生活の場が日本に移った今でも、私は愛情を込めて彼らを外に住んでいるが、依然として非常に強い友愛関係を維持している。私は幸運なことに、これら友人たちの証言から、父の青春時代を知ることができたのである。図4には数々の宗教青年交流会の様子が写っている。写真は父が亡くなった後に、友人がSNSで共有してくれたものである。青年時代の父の姿が写っている写真は大変珍しく、父がいつも友達に囲まれていたことが伺える。

4　家族と音楽

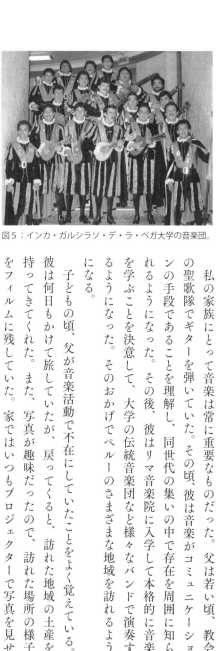

図5：インカ・ガルシラソ・デ・ラ・ベガ大学の音楽団。

私の家族にとって音楽は常に重要なものだった。父は若い頃、教会の聖歌隊でギターを弾いていた。その頃、彼は音楽がコミュニケーションの手段であることを理解し、同世代の集いの中で存在を周囲に知られるようになった。その後、彼はリマ音楽院に入学して本格的に音楽を学ぶことを決意して、大学の伝統音楽団など様々なバンドで演奏するようになった。そのおかげでペルーのさまざまな地域を訪れるようになった。

子どもの頃、父が音楽活動で不在にしていたことをよく覚えている。彼は何日もかけて旅していたが、戻ってくると、訪れた地域の土産を持ってきてくれた。また、写真が趣味だったので、訪れた場所の様子をフィルムに残していた。家ではいつもプロジェクターで写真を見せ

166

てくれて、ペルーのさまざまな場所がどのようなものなのか説明してくれた。

その頃、彼は音楽活動に熱心に取り組み、演奏を通して音楽は世界共通の言葉であると理解するようになった。大学と音楽院に入学したとき、彼は初めて、ほとんどが白人である中流階級以上のペルー人に囲まれる。当時、アンデスの先住民やメスティーソ（白人と先住民の混血）の人々は不平等な扱いなどの差別により、都市の快適な環境に身を置くことはできなかった。メスティーソとして、私の父も多くの差別にあうことになる。しかし、しばらくすると音楽と性格の陽気さによって、さまざま人種や階級の友人を作ることができ、それによって壁を打ち破ることができたのである。

幼い頃から父は私たちの音楽教育に力を入れていた。私は家で延々とギターを練習し、その後リマ美術館で音楽を勉強したことを覚えている。彼は日本に来るまで私たちの音楽教育を続けてくれた。そのおかげで、小学校高学年の頃には、私たちはすでにリマで大きな音楽合唱団の一員になっており、彼はそれをとても誇りに思っていた。しかし、九〇年代初頭に両親が日本に行くことを決めたとき、この活動は中断されることになる。

5　八〇年代、貧困、そして友人との別れ

一九八〇年代末、ペルーの社会的状況は最悪であった。アラン・ガルシア政権によりペルー経済は低迷し、これが国家不安の一因となり、センデロ・ルミノソやMRTAなどのテロ集団がより強力に台頭することになった。テロによりペルーはラテンアメリカでもっとも貧しくもっとも危険な国の一つとなったのである。これらの理由で、多くの人がペルーを離れ、他の国で働き、住むことを決意していくのである。

これは父の周りでも例外ではなかった。友人は少しずつ別れを告げ、多くの場合、海外に定住して母国へ戻ることはなかった。友人の中でアメリカに行った人もおり、ヨーロッパに行った人もいた。多くの人

167

6　出稼ぎの旅に

の生活はうまくいき、そのうち、リマの家族に送金をし始めるようになっていった。八〇年代半ばにはペルーの多くの家族が海外からの金銭的な支援で、新しい事業を始めたり、より大きな家を建てたりしていたのを覚えている。

海外へ移民するのは簡単なことではなく、申請書類の用意や渡航のために多額のお金が必要だった。不況の中、多くの人が多大な借金を背負ったり、自身のものをすべて売ったりする人もいた。私はまだ小さかったにもかかわらず、自分がどれほど貧しい状況に置かれていたかを覚えている。国家の不安定化により日々の食料も不足し、値段が上がり始めていた。

ある日、レストランで家族と一緒に食事をしていたとき、突然子どもが私たちに近づいて施しを求めた。その時、同じ子どもでご馳走を食べていた自分がとても情けないような、気まずいような思いをしたのを忘れられない。また、度々近所の貧しい地域の子どもたちがパンを求めて私たちの家にやって来たこともよく覚えている。

父の友人や親戚は大きな不安を抱きつつ、単身でペルーに別れを告げ、海外へと向かっていった。そのうち、移民した父の友人からの手紙や彼らの一時帰国のたびに、移民によって得られる様々なチャンスについて知った。つまり、移住先にあらゆる可能性が存在し、実現できることがわかったのだ。移民先では安全な生活、より安定した仕事をするための資格取得など、あらゆる機会に恵まれていた。中には大学で学ぶ機会さえ得られた者もいた。このようなことは、移民者にとって夢のようなものであった。国民と移民が共に成長するための手段を与える国があるのだということを知った。それは主に、アメリカとフランスで成功し、出世した父の友人たちの経験だった。

168

上記で述べたたように、ペルーの社会的状況の悪化は、父が経営していた祖父母のパン屋にも影響を及ぼした。物価の高騰と品不足が経営に大きな打撃を与え、父は国を出る決意をしていた。彼が、すでに日本に渡っていた母に会うためにペルーを出発したのは、一九九一年のことだった。

しかし、日本で待っていた生活はそう甘くなかった。なぜなら彼はペルーでの経営者という立場から、新天地の日本ではうまくコミュニケーションが取れない労働者としてスタートすることになったからである。仕事と社宅の往復だけの生活により、彼は非常に単調な、充実しているとは言い難い生活を余儀なくされ、リマにいた頃とは大きく異なる日々が続いた。

当時日本での多くの移民者の生活は同じようなものだった。一日中働いては家に帰って寝る日々の繰り返し。この生活からなかなか抜け出せない最大の理由は言語だった。たとえば、当時は日本語以外の情報がほとんどないため、電車に乗って旅行することは常に大冒険のようなものだった。他の場所を知り、他の人々とつながるためのインターネットなどの手段も居場所もほとんどなかった。また当時、派遣会社や行政が外国人に提供する言語や交流などのサービスや支援がほとんどなかったことも事実である。

しかし、私の両親は他の多くの移民と同様に、すべてが一時的なものであり、資金を貯めれば国に戻れることを理解していた。そのため、多くの人が日本で生きる唯一の方法ではないことを、父は知っていた。これが日本での最初の数ヶ月の日常だったが、それが仕事と家庭の往復を繰り返す生活を我慢していた。週末に通う教会をすでにみつけており、その後、日本語学校もみつけていくようになる。これらの場所が、今後何年にもわたって彼の人生に大きな影響を与えることになると、当時の彼は知る由もなかっただろう。

7　伊賀市のカトリック教会との出会い

一九九一年、週末の自由時間を利用して、父は自転車で伊賀市の小さな中心部（当時は上野市）をよく

図6：90年代半ば、カトリック教会とその当時の南米系コミュニティ。

訪れた。母と一緒に自転車に乗り、田んぼや川沿いの田舎道を通り、三〇分で市内中心部に到着できた。伊賀市は田舎の綺麗な風景以外にも、忍者ゆかりの場所であり、街全体を一望できる素晴らしい伊賀城がある。両親が住んでいた工場地帯の近く以外で、スーパーマーケットなどの店があるのは市の中心部だけだった。

彼らは伊賀城のすぐ近くにある上野カトリック教会をみつけた。そこで、日本での活動経験が豊富なフランス人神父のジャン・ペンクレッシュ神父と出会うことになる。

当時ミサは日本語のみで行われ、教会のスタイルはブラジル人やペルー人にとって非常に日本的で古典的なものだった。例えば普段手拍子して讃美歌を歌うペルーの明るいミサと違い、当時の日本のミサは静かだった。それでも、私の両親はうまく溶け込み、日本の信者に自分の存在を知ってもらえるようになった。また、ペルーの教会で長年フランス人司祭と関わった両親にとって、新たなフランス人司祭との出会いは心強く感じただろう。

ペンクレッシュ司祭のおかげで、外国人コミュニティは日本人とコミュニケーションをとり始め、教会で外国人コミュニティが居場所を築き始めるきっかけにもなった。日本のミサに出席していた両親は、オルガンで演奏される日本の歌をすでに知っていて、父は少しずつ教会の日本語讃美歌にギター演奏を取り入れ、教会の集会やパーティーを盛り上げるようにテンポよく演奏するようになっていった。

後に、これらの讃美歌は外国人にも歌えるようにローマ字で書き直され、今日に至るまで国際ミサ等で使用されている。父は、外国人コミュニティの中に日本の歌を取り入れることで教会というコミュニティ

全体に多文化的な一面を与え、神の家には国境がないことを知らせたかったのだと思う。

数年後、ペンクレッシュ司祭の後任として赴任したアイルランド人司祭のパトリック・オヘール神父（パトリシオ司祭）は外国人コミュニティを強化し、日本人と外国人コミュニティの団結への取り組みを続けることになった。パトリシオ神父はスペイン語とポルトガル語をとても上手に話し、両方の言語でミサを行った。彼のおかげで、教会では現在、複数の言語でミサが行われ、フィリピン人やベトナム人などの外国人コミュニティも加わるようになった。

父は常に教会に対して多文化的な考え方を持っており、これまでに支えてきた司祭たちも同じ考えを共有していた。このようにして、司祭や日本人と外国人の信者が同じ信仰を共通点として教会で働くことができたことで、多文化共生が実現したのである。

8　日本語教室と友情の始まり

長年にわたり父は日本各地で新たな友人と出会い、素敵な付き合いをすることになる。ここでは主に、父が日本語教室で出会ったボランティア精神あふれる日本人の友人について述べたい。というのも、父にとって異文化の壁を超えるために無くてはならない貴重な出会いだったからである。

伊賀市にある日本語教室「伊賀日本語の会」は、地域に多くの移民が現れたことを受けて、一九九三年に設立された。当時はまだ英語を含む外国語に対応した支援がなかったため、日本語を学ぶ必要性が非常に高かった。現在、伊賀市では市役所や病院、学校などで多言語の情報提供が行われているが、九〇年代前半は日本語のみだった。

当時、日本語を学ぶ唯一の場所で、両親は日本語教室のことを知り、週二回参加するようになった。両親は「伊賀日本語の会」の最初の生徒となったのである。仕事を終われば皆、日本語教室へ午後七時に授

171

図7：95年頃、日本語教室に通うペルー人とブラジル人

業を受けに行った。

私が一九九六年に来日した頃、父はすでに日本人と会話することができ、日本語教室でも上級のクラスで勉強していた。仕事がきつく、現場が忙しかった当時、父のように日本語を勉強し、教室に通い続けることができた人はそう多くなかった。

徐々に日本語教室は多くの外国人の集いの場となっていく。日本語を学ぶだけでなく、外国人コミュニティについての情報交換をする場でもあった。今のようにインターネットもお互いに連絡し合える電話もなかった。だからこそ多くの人にとって、日本語教室は同じ国同士の仲間が会って話す限られた場所の一つであった。

父にとって、ここは初めて日本人の友達と出会った場所でもある。移民たちは仕事現場では一時的な存在としてしか扱われていなかったため、多くの日本人は彼らに対して関心や友愛を示すことはなかった。当時、不公平な扱いや差別のほとんどは、工場などの労働現場で発生していたのである。だから、多くの移民が当時の日本人を冷淡で無関心だと認識していた。残念なことに、工場で働き始めたときに私自身も同じ経験をすることになる。しかし、日本語教室には、言葉だけでなく授業以外でも私たちを助けてくれたり、仕事や行政の書類について説明してくれたり、日常生活の情報を教えてくれたりする日本人が多くいたのである。

日本人に対するネガティブなイメージは、私が日本に来て最初に抱いたイメージと同じだった。

両親は日本語教室で、ボランティアで外国人を支援していた多くの日本人と友達になった。授業以外では、自宅に集まって食事や小さな集まりを開き、両国の文化が交差する機会に恵まれた。そんな時、父は

172

しばしばギターを持って、歌ったり踊ったりするなど、集会を盛り上げていた。そのような形でペルー文化は日本人の友人たちに紹介され、受け入れられ、彼らとの友情は深まっていく。

その頃、まだペルーにいた私は一五歳の時、初めて日本人と出会った。それは、ホームステイのために家にやってきた日本人高校生である。両親が日本でできた友人の娘さんをペルーに連れてきたことがきっかけだった。その後、彼女はスペイン語を勉強し、外国語を大学で学ぶきっかけとなる。地球の反対側に大切な娘を預けるのは勇気を要することで、日本の友人とこれだけの信頼関係を築けた両親に私は本当に感心している。数年後、私が来日した際には日本で彼女と再会し、彼女の両親とも会うことになった。親切で、非常に協力的な精神の持ち主であることはすぐにわかった。このご家族には、父が闘病生活における支援などいた間、さまざまなサポートをしていただいた。現在、日本に呼び寄せた祖父母の介護における支援など長年にわたってお世話になっており、感謝してもしきれない存在である。

さらに、日本での生活の支援者として家族やペルー人コミュニティに多大な協力をいただいたのが井上（菊山）順子さんである。彼女は私たち家族だけでなく外国人コミュニティの支援に関わっている人である。

JICA（国際協力機構）での長年の経験を経て故郷の伊賀市に戻り、他の協力者とともに日本語教室を支えてきた。彼女はスペイン語を流暢に話せるだけでなく、海外で働いた経験も豊富だったので、南米系コミュニティ内で非常に重要な人物である。彼女は今日に至るまで、伊賀市の外国人コミュニティの代弁者的存在であり、市の多文化理解推進に多大なる貢献をしてきた人物である。

井上さんは父の友人であり、父が日本文化をよりよく理解できるように助けてくれた日本人の一人だった。おそらく彼女にとって、父もペルー文化を理解するきっかけとなった存在なのかもしれない——後述するペルーの民族音楽活動に井上さんも関わることになったのだから。

9　日本でペルーの音楽活動が始まる

私たちのフォルクローレバンド「ワウヘミカンキ」の歴史は「伊賀日本語の会」から始まる。学習期間の終わりには必ずパーティーが用意され、各クラスでゲームやプレゼンテーションが行われた。生徒たちが日本語の進歩を披露したり、より気楽に日本語スタッフと交流したりするイベントだった。

あるとき、私たち家族は日本語教室のパーティーで披露する曲をいくつか準備することになった。叔父（母の弟）がペルーですでに音楽を演奏していたが、家族で何かを演奏するのはこれが初めてのことだった。父はペルーからいくつかの民族楽器を持ってきてくれたおかげで、この小さな発表会をきっかけに、各地で演奏を繰り返すようになった。そのうちに、日本人教室で教えていた二人の日本人の友人（そのうちの一人は井上順子）が演奏活動に加わり、遊び心からはじめたバンドはのちに、正式なバンドとなっていった。ケチュア語で「私たちは皆兄弟」を意味する「ワウヘミカンキ」（Huaje mikanki）をバンドの名にし、主にボランティア活動としてペルーの文化発信を目指して活動を始める。

「ワウヘミカンキ」という名前は、メンバーが互いに抱いていた感情から生まれたといえる。それ以来、バンドはペルー人と日本人で構成されるようになり、彼らは良い友人となり、共に音楽で文化の境界を越えていった。名前自体には、「外見は違っ

８　月　14　日
平成６年（1994年）
発行所
YOU（ユー）編集部
名張市桔梗が丘６番３－67
TEL 0595-65-7676
FAX 0595-65-7882
伊賀・東大和タウン情報
YO

村井さん　義兄弟

国　違えど　心は同じ

図８：地元の情報誌にて「国違えど心は同じ」

図9：2000年代初頭、息子たちが加わった「ワウヘミカンキ」

図10：演奏の終わりに、握手でお別れ

ていても中身は同じ人間である」という平和へのメッセージが込められている。地元の情報誌（図8）や新聞にも演奏活動が少しずつ取り上げられるようになっていくのである。

このバンドの活動は、父と私たち家族全員の移住体験に新たな意味を与えることになった。週末の趣味として始まったアマチュアバンドが、二〇年以上にわたってペルー文化を広め、ボランティア活動として無償で関西エリア内の数百の小中学校で演奏することとなったからである。

父は幼い頃から音楽を私たちに植え付けてくれた。私たちが来日してまもなく、父は私たちに日本語の勉強と民族楽器の練習を勧めた。父は新しい地にやってきた私たちの将来を考え、音楽を強みの一つにすれば多くの扉を開ける鍵になるだろうと考えていたのかもしれない。だからこそ、彼は一所懸命に私たちに演奏のレッスンをしてくれたのだろう。

このバンドの活動は私自身ペルー人としてのアイデンティティを確立するのに役立ち、それは父にとっても同じではないかと感じている。リマでは、彼はいつも大学の音楽団でスペインルーツの音楽とペルー海岸文化の音楽を演奏していた。主な楽器もヨーロッパ系のギターとマンドリンだった。そのため、フォルクローレを本格的に演奏するきっかけとなったのは、来日して義弟のフェルナンド・ムライ

175

と一緒に演奏してからだ。義弟は若い頃にフォルクローレを探求し、ペルーではケーナやサンポーニャなどの管楽器を習っていた。

残念ながら、フォルクローレなどのアンデス音楽は、特に首都のリマでは度々見下されることもあり、その文化的価値が認識されるようになったのはつい最近のことである。父にとってペルーから遠く離れていたことが民族音楽を好きになるきっかけとなり、何よりもその音楽が日本で受け入れられたことを、とても誇りに感じていた。フォルクローレは彼の両親が生まれたアンデスにルーツがあり、自分のアイデンティティを象徴するものでもあった。ペルー人が軽蔑しがちなこの音楽を日本では楽しく聴いてもらえ、その手ごたえを演奏して感じたのだろう。演奏する曲の歌詞には、先住民族、アンデスのさまざまな習慣に関連したテーマが含まれており、ルーツが恋しくなるものである。だから父にとっては、この音楽でルーツを再確認し、貧しいながらも豊かなペルーの文化を誇りに感じたのだろう。

彼は音楽が多くの可能性の扉を開くツールであることを知っていた。音楽がきっかけで、彼は若い頃にペルーの各地を訪れたこともあった。フォルクローレのおかげで日本でも、さまざまな場所を知ることができただけでなく、多くの人々に出会うこともできた。

また、外国にルーツを持つ多くの子どもたちが市内の多くの地域で学び始めるにつれて、学校では移民の文化理解への関心がますます高まっているのである。そのためか、「ワウヘミカンキ」の活動は多くの学校で広がるようになった。バンドは関西の多くの地域で演奏することになるが、伊賀市ではほぼ全校の小学校で演奏したことがあると言っても過言ではない。

私たちのバンドは音楽を披露するという芸術的な側面に加えて、異文化について学ぶ機会にもなっていた。演奏会では、音楽以外にペルーやペルーの食べ物、そして人々について触れていた。また、子どもたちにスペイン語で歌う時間や演奏と共にダンスをする機会も作り、手厚く交流ができた時間であった。「コンド

日本の子どもたちも自分たちで用意した歌を披露したり、当時学校の音楽の教科書に載っていた「コンド

176

ルは飛んでいく」を弾いてくれたりすることがあった。こうして毎回のコンサートは、子どもたちからは「最初はちょっと怖かったけど、面白い人たちだということがわかった」という感想が寄せられ、異文化理解的な体験の場となっていた。このように音楽を通して、私たちは偏見を克服する方法を体験することになった。

また、父はコンサートを終えたあと、会場の出口に立って、参加した子どもたち一人一人と握手をしようと考えた。握手する際、どうすればいいのか分からなかった子どもたちの小さな手を取った様子を今でも覚えている。日本の子どもたちの多くにとって、そのような挨拶は初めてで、照れながらも握手する子どもや不慣れな手つきで私たちと握手をし、まるで私たちペルー人が人間であることを確認したいかのように私たちに触れる子どももいた。父はより身近に外国人と交流ができ、子どもたちに思い出となる経験を残したかったのだろう。

10　帰国の夢はいずこへ

他の多くの移民と同様に、私の両親は日本に定住する予定ではなかった。できるだけ短い期間で貯金し、ペルーにいる家族を経済的に支援し、帰国することが最初の計画だった。親の送金のおかげで、ペルーで九〇年代初頭の非常に困難な時期を乗り越えることができ、多くの学校がストライキに見舞われていた時代でも、妹弟と私は私立学校で勉強を続けることができたのである。

新しいパン屋と将来の家を建てるという夢は、その時から始まった。それまでに一緒に住んでいた祖父母から独立し、土地を買って新しい家の建設が始まったのだ。家の一階に新しいパン屋を作り、将来両親が経営する予定だった。図11では、一階に完成したパン屋の窯が見える。右にいるのは母で、日本から二年ぶりに帰国していた。二年の間、家族と会っていなかったし、一歳の時に残した末っ子の弟とも久々の

177

図11：建設途中のパン屋の様子

再会だった。私は父親になった今、二年間も自分の子どもたちに会えないのがどんなに辛いことか容易に想像できる。

しかし、バブル後の日本の経済状況は厳しくなっていった。給与は年々減少し、出稼ぎの滞在期間は長期化することになった。両親もこれが原因となり、日本で働き続ける期間が延びてしまった。また、家族が離れ離れになる犠牲は大きかった。そこで、両親は少しずつ家族の来日を計画し始めることになる。新築とパン屋の夢は保留となり、子どもたちを日本の学校に通わせることを最優先するようになった。こうして私の両親は、子どもたちの未来をこの国の教育に賭けようと思ったのだ。父は学校制度を見て、この国の教育が与える可能性を知るために必要な情報を入手していた。両親は、自分の子どもたちが、先進国日本の大学を卒業してペルーに戻れば、地元の大学を卒業するよりも圧倒的に有利であることを知っていた。当時は母国へ戻るという計画もまだあり、両親は本当に悩んだことだろう。滞在期間が長期化するのを覚悟していた。

しかし、少しずつ日本社会における私たちの家族の活躍と発展、教会の外国人コミュニティとやり遂げてきた数々の進歩が、父の将来についての考え方に変化をもたらした。私たちが大学を卒業する頃には、両親は安心して、将来を前向きにとらえ、より明確に見えはじめたのだろう。社宅の狭いアパートを出て、伊賀の中古住宅でより快適な生活もできていた。日本、また伊賀市をもはや第二の故郷として捉え始め、離れるのもどうかと思うようになった。

子どもたちに日本の教育を受けさせることで、

ペルーにいた父の両親は高齢で健康が悪化し、パン屋の商売もうまくいっていなかった。彼は長男として大きな責任を感じたのだと思う。父の母が亡くなった時、私は電話でその知らせを受けたのを覚えてい

る。いち早くそのことを伝えるために、父が働く工場まで探しに行った。その時、父は悲しむ様子を見せなかったものの、そう簡単には帰国できないことへの無力さに心を痛めていたように感じた。ペルーから日本に戻って間もない父は、突然にまた帰国をするリスクを冒すことができなかった。当時は経済的にも難しく、会社をクビになる可能性も常にあったからだ。父は日本にいる家族のために日本に留まり、ペルーにいる兄弟に母のことを任せ、これまで通り生活を続けることを決意した。このような理由もあり、父が亡くなったとき、私たちは彼の遺灰の一部をリマの両親と一緒に埋葬することにした。ペルーの両親の死は、彼が自分の将来がもはやペルーではなく日本にあると思った理由の一つになったと私は感じている。

その時点で、私たちがこの国に留まることは明確になっていた。しかし、すべてが突然変わったのは、二〇〇八年にリーマンブラザーズの破綻をきっかけとした世界的な経済危機が発生した時だった。不況の中で外国人が職を失っているのを見て、彼は家族全員で日本国籍を取得する準備をし始めた。日本国籍を持っていれば法律でもっと守られ、外国人ほど弱い立場に置かれることはないと思っていたからである。日本で過ごした長年の生活とまだ大学生の子どもがいることを考えれば、今更ペルーに戻るという選択肢はあり得なかった。多くの外国人が状況から逃れようとして、自分の国へ帰るのを目の当たりにしながらも、父は日本に留まり、日本国籍取得の可能性を模索することを決意した。国籍変更の手続きを進める準備はほとんど整っていたが、最終的に手続きを断念した。非常に困難な時期ではあったが、彼は運良く失業することなく、なんとか乗りこえることができた。また、大学に在籍していた末の弟をサポートするために働き続けた。弟はなんとか大学を卒業し、現在は大手企業で専門職についている。

11　最後に──透明人間になりたくなかった父

父は、長い癌との闘病の末、ある春の日に亡くなった。彼が亡くなる日まで、私たちは心の準備をする

時間を与えられた。一緒に演奏していたバンドのワウヘミカンキの二〇周年を友達と一緒に祝うこともできた。彼の死は私にとって、初孫に会うことをやり遂げることができた旅である。音楽と信仰によって、ペルーの家族が多くのことをやり遂げることができた旅である。

彼は成功する子どもたちの姿を見ることもでき、初孫に会うこともできた。

移民の長い旅の終わりを意味すると感じている。

日本での約二五年間、彼は同じく移民した同世代のペルーの幼馴染たちと交流を継続していた。アメリカやヨーロッパの国々へ移民し、同じ経験をした仲間である。彼らは互いの滞在国での生活について話したり、意見を交わしたりした。しかし、友達が移民した他の国より、日本へ移民した人々の生活の方がメリットは少ないことに気づくようになった。他国での友達の活躍は誇らしくもあるが、羨ましくも感じたのだろう。例えば、庭師の仕事から始めながらもそのうちに国の支援で高校教師になった友人がいた。移民した国からの特別な支援のおかげでキャリアを続け、大学を卒業することができた友人もいた。父は音楽家であるだけでなく、学位のあるエンジニアでもあった。

日本への移民の中には、言語の難しさのために自身の専門を生かせていない人がいるのは事実である。

彼はアメリカやフランスの友人たちと同じチャンスを得ることが出来なかったかもしれないが、彼の存在と努力のおかげでこの国で家族が成功したといえるだろう。彼はこの社会でやり遂げるための意志や価値観、目指すべきものを常に持つという考え方を示してくれた。そうした意味では、父はこの国で夢を実現できたのだろう――持っていた使命を果たせたのだから。その使命はバトンのように、父のペルーの両親やペルーにすべてを捧げたフランスの宣教師たちから受け継ぎ、今度は私と兄弟が受け継ぐことになった。

私は伊賀市に戻るたびに、街の発展を見て嬉しくなる。父が、伊賀市にやってきた頃の状況と違って、多文化の受け入れ、外国人に対する理解の点で多くの進歩を遂げた街になっているからである。その発展を最後まで見た父もおそらく誇りに思ったはずだ。

180

日本で人生を送った父の体験は少し変わったケースのように聞こえるかもしれない。おそらくそれは、支援してくれた多くの人々との出会いという幸運があり、恵まれた環境がなければうまくいかなかっただろう。残念ながら、これはすべての外国人に当てはまるわけではない。多くの障壁が依然として存在しており、文化間のより良いコミュニケーションの妨げとなっている。起こり得る友情の交歓が妨げられることで、多くの可能性が失われていく。だからこそ父の体験は、幸運に恵まれた稀なケースと言えるだろう。

日本社会で生活する移民の存在は透明で、いるけどいないような状態が日本社会で続いている。また、日本人と日本文化も移民にとっては見えない状態である。移民は一定レベルの文化的孤立が避けられず、多くはこの国のもっとも良い部分を深く知らずに去っていくことが多い。父は演奏会などでも自分が「伊賀人」だとしばしば主張したが、そう思わせてくれたのは伊賀出身の友達だったと思う。父が大事にしてきたペルーのルーツへの思いは第二世代の私たちが受け継ぎ、第三世代となった私の子どもへ継承する形となっていくだろう。

り、今も伊賀カトリック教会で活躍し続けている。

この章を母親に贈りたい。謙虚な心を持ち、無条件に父をサポートしてくれたもっとも重要な存在であ

注

［1］ 伊賀・東大和タウン情報『YOU』一九九四年発行。

181

カトリック伊勢崎教会で行われた
「奇跡の主」でのひとこま
（2014 年 10 月）

フアン・カナシロ／ Juan J. Kanashiro

（第 4 章／ Capítulo 4）

1959 年、ペルーリマ市生まれ。沖縄県からの移民の孫。ペルーのカトリック大学で社会学を卒業し、神戸大学で文学の修士号を取得。 2001 年から日本語からスペイン語への宣誓公翻訳者で、ペルー日系人協会の日本語教師でもある。Mary Fukumoto, *Hacia un nuevo sol*（1997 年、ペルー日系人協会）の研究活動中の日本語資料の翻訳協力、Chikako Yamawaki, *Estrategias de vida de los inmigrantes asiáticos en el Perú*（2002 年、Instituto de Estudios Peruanos - The Japan Center for Area Studies）を翻訳。

Lima,1959. Nieto de inmigrantes japoneses de Okinawa. Licenciado en Sociología por la Pontificia Universidad Católica del Perú, y magister en Literatura por la Universidad de Kobe, Japón. Es Traductor Público Juramentado del idioma japonés al español desde 2001 y docente de idioma japonés de la Asociación Peruano Japonesa. Ha colaborado con la traducción de textos en japonés para el trabajo de investigación del libro Mary Fukumoto, *Hacia un nuevo sol* (Lima, Asociación Peruano Japonesa, 1997) y ha realizado la traducción del libro *Estrategias de vida de los inmigrantes asiáticos en el Perú* de Chikako Yamawaki (Lima, Instituto de Estudios Peruanos y The Japan Center for Area Studies, 2002).

訳者紹介／Traductores

河崎佳代／Kayo Kawasaki
（第 1 章／Capítulo 1）
早稲田大学非常勤講師。共著に『スペ単！』朝日出版 2006 年、『国語辞典 第 3 版』集英社 2012 年。
Profesora a tiempo de la Universidad de Waseda. Coautora del libro de vocabulario español, *Supe-tan* (Editorial Asahi, 2006), y del diccionario de japonés, *Kokugo Jiten* 3ra edición (Shueisha, 2012)

アギーレ・マリエル／Mariel Aguirre
（第 2 章／Capítulo 2）
ペルーにルーツ、日本生まれ。宇都宮大学国際学部卒、同大学大学院地域創生科学研究科博士前期課程修了、同大学大学院同研究科博士後期課程在学中。スペイン語講師。大学在学中に、外国人児童生徒教育及びその課題に関心をもち、以来、小学校を中心に学習支援に携わる。研究領域は、ペルー系移民第 2 世代のスペイン語継承及びスペイン語教育。
Peruana, nacida en Japón. Licenciada de la facultad de Estudios de Relaciones Internacionales y Máster en humanidades de la Universidad de Utsunomiya. En sus estudios universitarios se encontró con el tema de los problemas de la educación a los niños extranjeros y comenzó a dedicarse al voluntariado en las escuelas japonesas. Especializada en educación del español como idioma heredado y su mecanismo de sucesión de los peruanos en Japón. En la actualidad se encuentra cursando el Doctorado en la Universidad de Utsunomiya y se desempeña como profesora de español.

F・ハビエル・デ・エステバン・バケダノ／F. Javier de Esteban Baquedano
（第 3 章／Capítulo 3）
1964 年、スペイン・パンプロナ生まれ。ナバラ大学ジャーナリズム学部卒、東京外国語大学大学院総合国際学研究科修了（文学修士）。在日 30 年を超え、新聞記者を経て現在は翻訳者およびスペイン語講師。スペインの Satori Ediciones から『原発禍を生きる』（佐々木孝著）、『陰翳礼讃』（谷崎潤一郎著）、古典『今昔物語』および『伊勢物語』を出版。
Pamplona, España, 1964. es traductor de japonés. Es licenciado en Ciencias de la Información (Periodismo) por la Universidad de Navarra y máster en literatura por la Universidad de Estudios Extranjeros de Tokio. Ha vivido en Japón más de tres décadas, durante las cuales se ha dedicado al periodismo, la enseñanza del español y la traducción. Para la editorial española Satori ha traducido *Fukushima, vivir el desastre*, de Takashi Sasaki, *El elogio de la sombra*, de Jun´ichirō Tanizaki y los clásicos *Konjaku monogatarishū* e *Ise monogatari*.

2023) y *Cambio de generaciones de los New Comers* (Akashi Shoten, 2023). *La educación del japonés en el Perú después de la segunda guerra mundial* (Revista del museo de inmigración de JICA, 2023), como artículo académico.

オチャンテ・村井・ロサ・メルセデス／ Rosa Mercedes Ochante Muray
（第 5 章／ Capítulo 5）

桃山学院教育大学准教授　共著に『ニューカマーの世代交代』明石書店、2023 年。『ことばと文字 16 号：地球時代の日本語と文字を考える』くろしお出版、2023 年。論文に「ペルーと日本を『移動する子どもたち』の学校生活とアイデンティティの揺らぎ」『奈良学園大学紀要』第 9 号、2018 年。

Profesora asociada de la Universidad de Educación San Andrés. Coautora de, *Cambio de generaciones de los New Comers* (Akashi Shoten, 2023). *Kotoba to Mozi No. 16: Analizando la escritura y el idioma japonés en la era global* (Kuroshio Shuppan, 2023). Como artículo académico, *La vida escolar y la identidad fluctuante de los niños transnacionales entre Perú y Japón* (Boletín de la Universidad Nara Gakuen No.9, 2018).

稲葉奈々子／ Nanako Inaba
（第 6 章／ Capítulo 6）

上智大学教授　共著に『国境を越える』青弓社、2007 年。『入管を問う』人文書院、2023 年。共編著に『ニューカマーの世代交代』明石書店、2023 年。

Profesora de sociología, Universidad de Sophia. Autora de *Kokkyo o Koeru* (Seikyusha, 2007), *Nyukan o Tou* (Jinbun Shoin, 2023) y *Newcomer no Sedai Kotai* (Akashi Shoten, 2023).

オチャンテ・カルロス／ Carlos Ochante
（第 7 章／ Capítulo 7）

奈良学園大学講師　論文に「三重県における日系南米人のドロップアウト問題」『平和研究セミナー論文集』2010 年。「岡山県におけるニューカマーの子どもの教育実態」『環太平洋大学紀要』第 7 号、2013 年。「カトリック教会における多言語・多文化環境の実態」『奈良学園大学紀要』第 7 号、2017 年。現在、外国につながる二児の父親として、関西や東海の国際コミュニティで言語や継承としての文化の支援に取り組んでいる。

Profesor de la Universidad de Naragakuen. Ha publicado estudios sobre los problemas que afrontan los niños con extranjeros en las escuelas japonesas. También se dedica a la educación multicultural y lenguas dentro de las escuelas japonesas. Dando apoyo a entidades educativas e internacionales en ciudades dentro de la zona de Toukai y Kansai. Padre de dos hijos se encarga de la educación bilingüe y de la cultura como herencia de su familia y la comunidad peruana.

執筆者紹介／Autores

ハイメ・タカシ・タカハシ／Jaime Takashi Takahashi

（第 1 章／Capítulo 1）

1989 年 6 月にデカセギ者として来日、派遣会社の通訳として 20 年間働き、関東地方のさまざまな工場で安全マニュアルや作業手順書の翻訳を担当していた。2009 年から真岡市国際交流協会に勤務、翻訳・通訳や相談業務に携わっている。

Llegó a Japón en junio de 1989 como Dekasegi, desempeñándose por 20 años como traductor de la compañía contratista en las diferentes fábricas de la región de Kanto, así mismo responsable de traducir los manuales de seguridad y procedimiento de trabajo. En el 2009 ingresa a trabajar en la Asociación Internacional de Moka (MIA por sus iniciales en inglés) como traductor/interprete y consultor del municipio de Moka.

エドゥアルド・アサト／Eduardo Azato

（第 2 章／Capítulo 2）

フリーランス・ジャーナリスト、カメラマン *KYODAI Magazine* や *Mercado Latino* といった日本のスペイン語メディアに記事を寄稿している。ペルーの Prensa NIKKEI 紙の通信員でもある。

Periodista, reportero gráfico. Actualmente escribe artículos para las revistas KYODAI Magazine y Mercado Latino, como colaborador. También es corresponsal en Japón del diario Prensa NIKKEI (Perú).

樋口直人／Naoto Higuchi

（第 3 章／Capítulo 3）

早稲田大学教授（社会学）。著書に『日本型排外主義』名古屋大学出版会、2014 年。共著に『顔の見えない定住化』名古屋大学出版会、2005 年。共編著に『ニューカマーの世代交代』明石書店、2023 年。

Profesor de sociología, Universidad de Waseda. Autor de *Japan's Ultra-Right* (Trans Pacific Press, 2016), "Immigration and Nationalism in Japan," *Migration and Nationalism* (Edward Elgar, 2024) y "Poverty of Migrants in Japan," *Migration Governance in Asia* (Routledge, 2022).

小波津ホセ／José Raúl Bravo Kohatsu

（第 4 章／Capítulo 4）

獨協大学非常勤講師　共著に『越境するペルー人』下野新聞社、2015 年。『外国人生徒の学びの場』下野新聞社、2023 年。『ニューカマーの世代交代』明石書店、2023 年。論文に「第 2 次世界大戦後のペルーの日本語教育」『JICA 横浜海外移住資料館研究紀要』第 17 号、2023 年。

Profesor a tiempo parcial de la universidad Dokkyo, Coautor de *Peruanos que cruzan fronteras* (Shimotsuke Shinbunsha, 2015), Espacio de estudios para alumnos extranjeros (Shimotsuke Shinbunsha,

Scientific Journal, 10(29): 72-88.

Ong'ayo, Antony Otineo (2016) "Diaspora Organisations and Their Development Potential: An Analysis of Ghanaian Diaspora Organisations in the UK, Germany, and the Netherlands," Discussion Paper 200, ECDPM.

Paerregaard, Karsten (2010) *Peruvians Dispersed: A Global Ethnography of Migration*, Lexington Books.

Pilati, Katia (2012) "Network Resources and the Political Engagement of Migrant Organisations in Milan," *Journal of Ethnic and Migrations Studies*, 38(4): 671-688.

Pirkkalainen, Paivi, Petra Mezzetti & Matteo Guglielmo (2013) "Somali Associations' Trajectories in Italy and Finland: Leaders Building Trust and Finding Legitimization," *Journal of Ethnic and Migration Studies*, 39(8): 1-19.

Roldán, Verónica (2019) "Immigration and Multiculturalism in Italy: The Religious Experience of the Peruvian Community in the Eternal City," *Religions*, 10(8): 1-13.

Ryan, Louise, Eril Umut & Alessio D'Angelo (2015) "Introduction: Understanding 'Migrant Capital'," Ryan, Louise, Eril Umut & Alessio D'Angelo eds, *Migrant Capital: Networks, Identities and Strategies*, Palgrave Macmillan.

Schrover, Marlou & Floris Vermeulen (2005) "Immigrant Organisations," *Journal of Ethnic and Migration Studies*, 31(5): 823-832.

Takenaka, Ayumi (2003) "The Mechanisms of Ethnic Retention: Later-generation Japanese Immigrant in Lima, Peru," *Journal of Ethnic and Migration Studies*, 29(3): 467-483.

Takenaka, Ayumi (2017) "Immigrant Integration through Food: Nikkei Cuisine in Peru," *Contemporary Japan*, 29(2): 117-131.

Vermeulen, Floris (2006) *The Immigrant Organising Process: Turkish Organisations in Amsterdam and Berlin and Surinamese Organisations in Amsterdam*, Amsterdam University Press.

Yokota, Ryan Masaaki (2012) "Ganbateando: The Peruvian Nisei Association and Okinawan Peruvians in Los Angeles," Camilla Fojas & Rudy P. Guevarra Jr. eds, *Transnational Crossroads: Remapping the Americas and the Pacific*, University of Nebraska Press.

Chaudhary, Ali R. (2018) "Organizing Transnationalism and Belonging among Pakistani Immigrants in London and New York," *Migration Studies*, 6(3): 420-447.

Chiswick, Barry R. (1978) "The Effect of Americanization on the Earnings of Foreign-born Men," *Journal of Political Economy*, 86: 897-921.

Cornelius, Wayne A., David Fitzgerald, Pedro Lewin Fischer & Leah Muse-Orlinoff eds. (2010) *Mexican Migration and the U.S. Economic Crisis: A Transnational Perspective*, Center for Comparative Immigration Studies, University of California.

D'Angelo, Alessio (2015) "Migrant Organisations: Embodied Community Capital?" Louise Ryan, Eril Umut & Alessio D'Angelo eds, *Migrant Capital: Networks, Identities and Strategies*, Palgrave Macmillan.

Falcón, Luis M. & Edwin Melendez (2001) "Racial and Ethnic Differences in Job Searching in Urban Centers," Alis O'Connor, Chris Tilly & Lawrence D. Bobo eds., *Urban Inequality: Evidence from Four Cities*, Russell Sage Foundation.

Fernandez-Mostaza, Esther M. & Wilson Muñoz Henriquez (2018) "A Cristo Moreno in Barcelona: The Staging of Identity-Based Unity and Difference in the Procession of the Lord of Miracles," *Religions*, 9: 1-16.

Granovetter, Mark (1973) "The Strength of Weak Ties," *American Journal of Sociology*, 78: 1360-80.

Higuchi, Naoto & Kiyoto Tanno (2003) "What's Driving Brazil-Japan Migration? The Making and the Remaking of Brazilian Niche in Japan," *International Journal of Japanese Sociology*, 12: 33-48.

Karlsen, Marry-Anne (2021) *Migration Control and Access to Welfare: The Precarious Inclusion of Irregular Migrants in Norway*, Routledge.

Kawabata, Miki (2011) *(Re)locating Identities in the Ancestral Homeland: The Complexities of Belonging among the Migrants from Peru in Okinawa*, Ph.D. Thesis, University of London.

Keen, Susan (1999) "Association in Australian History: Their Contribution to Social Capital," *Journal of Interdisciplinary History*, 24(4): 639-659.

Light, Ivan & Edna Bonacich (1988) *Immigrant Entrepreneurs: Koreans in Los Angeles 1965-1982*, University of California Press.

Lin, Nan (2001) *Social Capital: A Theory of Social Structure and Action*, Cambridge University Press.

Majcher, Izabella et al. (2020) *Immigration Detention in the European Union: In the Shadow of the "Crisis,"* Springer.

Morad, Mohammad & Francesco Della Puppa (2019) "Bangladeshi Migrant Associations in Italy: Transnational Engagement, Community Formation and Regional Unity," *Ethnic and Racial Studies*, 42(10): 1788-1807.

Moya, Jose C. (2005) "Immigrants and Associations: A Global and Historical Perspective," *Journal of Ethnic and Migrations Studies,* 31(5): 833-864.

Nagayoshi, Kikuko & Tate Kihara (2023) "Economic Achievement of Immigrants in Japan: Examining the Role of Country-of-origin and Host-country-specific Human capital in an Inflexible Labor Market," *Japanese Journal of Sociology*, 32: 69-95.

Oner, Selcen (2014) "Turkish Community in Germany and the Role of Turkish Community Organisations,"

Méndez, Marcela (2013) "Coexistencia multicultural a nivel local: Oenegés migrantes e integración de los nikkeijin en el este de Japón," *México y la Cuenca del Pacífico*, 2(5): 71-104.

Merino Hernando & María Asunción (2002) *Historia de los inmigrantes peruanos en España: Dinámicas de exclusión e inclusión en una Europa globalizada*, Biblioteca de Historia de América.

Morimoto, Amelia (1979) *Los inmigrantes japoneses en el Perú*, Taller de Estudios Andinos, Universidad Nacional Agraria. (= 1992, 今防人訳『ペルーの日本人移民』日本評論社)。

Paerregaard, Karsten (2013) *Peruanos en el mundo: Una etnografía global de la migración*, Universidad Católica del Perú.

Rocca Torres, Luis (1997) *Japoneses bajo el sol de lambayeque*, Gráfica Bellido S.R.L.

Roldán, Verónica (2018) "Documental: Religión e inmigración: El Señor de los Milagros en Roma," *Encartes antropológicos*, 1(1): 140-151.

Takenaka, Ayumi (2005) "Nikkeis y peruanos en Japón," Paerregaard, Karsten and Berg Ulla eds., *El quinto suyo: transnacionalidad y formaciones diaspóricas en la migración peruana*, Instituto de Estudios Peruanos.

Tamagno Arauco, Carla Julia (2018) *Entra acá y allá, Peruanos entre Italia y Perú: Migraciones laborales transnacionales y desarrollo*, Editorial Académica Española.

Tinajero, Araceli (2019) *Historia cultural de los Hispanohablantes en Japón*, escribana books.

Tornos, Andrés, Rosa Aparicio, Jesús Labrador, Miguel García & Hector Muñoz (1997) *Los peruanos que vienen*, Universidad Pontificia Comillas.

Português

Follmann, José Ivo (1987) "O ser católico: diferentes identidades religiosas," *Comunicações do ISER*, 6(26): 17 25.

Konings, Johan & Geraldo Luiz Mori (2012) "A evolução da Igreja Católica no Brasil à luz de pesquisas recentes," *Horizonte*, 10(28): 1208-1229.

English

Alba, Richard (2009) *Blurring the Color Line,* Harvard University Press.

Amelina, Anna & Thomas Faist (2008) "Turkish Migrant Associations in Germany: Between Integration Pressure and Transnational Linkages," *Revue europeenne des migrations internationals*, 24(2): 91-120.

Becker, Gary (1993) *Human Capital: A Theoretical and Empirical Analysis, with Special Reference to Education*, 3rd ed. University of Chicago Press.

Bloemraad, Irene, Ali R. Chaudhary & Shannon Gleeson (2022) "Immigrant Organizations," *Annual Review of Sociology*, 48: 319-341.

Caselli, Marco (2010) "Integration, Participation, Identity: Immigrant Associations in the Province of Milan," *International Migration*, 48(2): 58-78.

Caselli, Marco (2012) "Transnationalism and Co-development: Peruvian Associations in Lombardy," *Migration and development*, 1(2): 295-311.

渕上英二（1995）『日系人証明——南米移民、日本への出稼ぎの構図』新評論。

古屋哲（2012）「移住者の〈私たち〉の作り方——在日ペルー人が行うカトリック守護聖人の祝祭をめぐって」平井京之介編『実践のコミュニティ——移動、国家、運動』京都大学出版会。

細谷広美（2008）「移住者たちによる祭り（「奇跡の主」Señor de los Milagros）」細谷広美編『多文化共生型の新たな市民社会像の構築——ラテンアメリカからの日系人を中心とするニューカマーの移住者たちと地域社会』神戸大学調査研究報告書。

三木英・沼尻正之（2012）「再現される故郷の祭り——滞日ペルー人の『奇跡の主』の祭をめぐって」三木英・櫻井義秀編『日本に生きる移民たちの宗教生活』ミネルヴァ書房。

柳田利夫（2007）「日系ペルー人家族の一五年の軌跡から——日本における生活・アイデンティティー・文化」山本岩夫・ウェルズ恵子・赤木妙子編『南北アメリカの日系文化』人文書院。

柳田利夫（2010）「移動とアイデンティティ生成——日系二世の生活と地域」『三田社会学』15 号。

柳田利夫（2017）「奉祝から記念へ——ペルー日系社会における『文化装置』としての運動会 Undokai」細川周平編『日系文化を編み直す——歴史・文芸・接触』ミネルヴァ書房。

山野上麻衣（2023）「『だって、家族だから』——南米系 2 世の大人への移行過程と家族の意味づけ」樋口直人・稲葉奈々子編『ニューカマーの世代交代——日本における移民 2 世の時代』明石書店。

山脇千賀子（1999）「人の移動・国家・生活の論理」木畑洋一ほか編『ラテンアメリカ——統合圧力と拡散のエネルギー』大月書店。

山脇千賀子（2010）「在外ペルー人が問いかけるもの——グローバル化の中のナショナル・アイデンティティの行方」中川文雄・田島久歳・山脇千賀子編『ラテンアメリカン・ディアスポラ』明石書店。

ワトキンス、モンセ（1994）『ひかげの日系人——ガイジン記者が見た南米の出稼ぎ労働者』彩流社。

Español

Altamirano Rúa, Teófilo (2000) *Liderazgo y organizaciones de Peruanos en el exterior: Culturas transnacionales e imaginarios sobre el desarrollo*, Pontificia Universidad Católica del Perú.

Arriola Ayala, Luis Fernando (2011) *Gambate*, San Marcos.

Costilla, Julia (2015) "'Guarda y custodia' en la Ciudad de los Reyes: la construcción colectiva del culto al Señor de los Milagros (Lima, siglos XVII-XVIII)," *Fronteras de la Historia*, 20(2): 152-179.

Costilla, Julia (2016) "Una práctica negra que ha ganado a los blancos: Símbolo, historia y devotos en el culto al Señor de los Milagros de Lima (siglos XIX–XXI)," *Anthropologica del Departamento de Ciencias Sociales*, 34: 149–76.

Del Castillo, Álvaro (1999) *Los Peruanos en Japón*, Gendai Kikakushitsu.

Fukumoto, Mary (1997) *Hacia un nuevo sol: Japonese y sus descendientes en el Perú*, Asociación Peruano Japonesa del Perú.

Macchiavello, Manuel (2012) *Migración y religión: El caso de los peruanos en Buenos Aires*, editorial académica española.

Melgar Tísoc, Dahil M. (2015) *Entre el centro y los márgenes del sol naciente: Los peruanos en Japón*, Centro de Producción Fondo Editorial Universidad Nacional Mayor de San Marcos.

髙谷幸・大曲由起子・樋口直人・鍛治致（2013）「2005 年国勢調査にみる在日外国人の仕事」『岡山大学大学院社会文化科学研究科紀要』35 号。

髙谷幸・大曲由起子・樋口直人・鍛治致・稲葉奈々子（2015a）「2010 年国勢調査にみる外国人の教育——外国人青少年の家庭背景・進学・結婚」『岡山大学大学院社会文化科学研究科紀要』39 号。

髙谷幸・大曲由起子・樋口直人・鍛治致・稲葉奈々子（2015b）「2010 年国勢調査にみる在日外国人の仕事」『岡山大学大学院社会文化科学研究科紀要』39 号。

竹ノ下弘久（2016）「労働市場の流動化と日系ブラジル人をめぐる編入様式」『法学研究』89 巻 2 号。

丹野清人（1999）「在日ブラジル人の労働市場——業務請負業とブラジル人労働者」『大原社会問題研究所雑誌』487 号。

丹野清人（2002）「外国人労働市場の分岐の論理——エスニックな分水嶺の発生メカニズム」梶田孝道・宮島喬編『国際化する日本社会』東京大学出版会。

丹野清人（2011）「グローバル時代の働き方を考える——ジェットコースター賃金と『生きづらさ』の構造」西澤晃彦編『労働再審④——周縁労働力の移動と編成』大月書店。

坪居壽美子（2010）『かなりやの唄——ペルー日本人移民激動の一世紀の物語』連合出版。

寺澤宏美（2009）「在日ペルー人の宗教行事『奇跡の主』——異文化受容の視点から」浅香幸枝編『地球時代の多文化共生の諸相——人が繋ぐ国際関係』行路社。

照屋聰子（1997）『沖縄ペルー協会創立三十周年記念誌』沖縄ペルー協会。

照屋聰子（1980）「沖縄にある移民 5 つの団体——各国協会とそのリーダーたち」『季刊・海外日系人』財団法人海外日系人協会。

野入直美（2005）「沖縄における国境を越えた移動とエスニック・ネットワーク」『移民研究』1 号。

樋口直人（2007）「『ガテン』系への道——労働への適応、消費への誘惑」樋口直人・稲葉奈々子・丹野清人・福田友子・岡井宏文『国境を越える——滞日ムスリム移民の社会学』青弓社。

樋口直人（2010）「経済危機と在日ブラジル人——何が大量失業・帰国をもたらしたのか」『大原社会問題研究所雑誌』622 号。

樋口直人（2023）「移民第 2 世代における教育から職業への移行過程——複数の社会的文脈への埋め込みをめぐって」樋口直人・稲葉奈々子編『ニューカマーの世代交代——日本における移民 2 世の時代』明石書店。

樋口直人・稲葉奈々子（2009）「滞日イラン人の求職と転職——出稼ぎイラン人の軌跡・滞日編」『徳島大学社会科学研究』22 号

樋口直人・稲葉奈々子（2018）「間隙を縫う——ニューカマー第二世代の大学進学」『社会学評論』272 号。

広田康生（2016）「『帰還移民』たちの『場所形成』」広田康生・藤原法子編『トランスナショナル・コミュニティ——場所形成とアイデンティの都市社会学』ハーベスト社。

福田友子（2015）「在日ペルー人移民コミュニティの特徴——統計資料の検討を通して」『千葉大学大学院人文社会科学研究科研究プロジェクト報告書』295 巻。

藤崎康夫（1992）『出稼ぎ日系外国人労働者』明石書店。

藤浪海（2020）『沖縄ディアスポラ・ネットワーク——グローバル化のなかで邂逅を果たすウチナーンチュ』明石書店。

引用文献／Bibliografía

日本語

石田賢示・龔順（2021）「社会的活動から見た社会統合——移民と日本国籍者の比較を通した検討」永吉希久子編『日本の移民統合——全国調査から見る現況と障壁』明石書店。

稲葉奈々子・樋口直人（2013a）「失われた20年——在日南米人はなぜ急減したのか」『茨城大学人文コミュニケーション学科論集』14号。

稲葉奈々子・樋口直人（2013b）「外国人労働市場・再考——アルゼンチン系労働者とイラン人労働者の比較を通じて」『茨城大学人文コミュニケーション学科論集』15号。

大曲由起子・髙谷幸・鍛治致・稲葉奈々子・樋口直人（2011）「在日外国人の仕事——2000年国勢調査データの分析から」『茨城大学地域総合研究所年報』44号。

大平健（1996）『貧困の精神病理——ペルー社会とマチスタ』岩波書店。

オチャンテ・村井・ロサ・メルセデス／オチャンテ・カルロス（2017）「カトリック教会における多言語・多文化環境の実態——三重県伊賀市の事例」『奈良学園大学紀要』7集。

オチャンテ・村井・ロサ・メルセデス（2019）「教皇フランシスコを出迎える新しい日本のカトリック教会——多様化する信者の現状と課題を中心に」『紀要エレノア』2号。

オチャンテ・村井・ロサ・メルセデス（2020）「在留ペルー人から見る祭り「奇跡の主」の意義と将来の展望——第2世代における宗教継承の課題を中心に」『紀要エレノア』3号。

梶田孝道・丹野清人・樋口直人（2005）『顔の見えない定住化——日系ブラジル人と国家・市場・移民ネットワーク』名古屋大学出版会。

角替弘規（2021）「日系という表明の消失——ペルー系のエスニック・アイデンティティ」清水睦美・児島明・角替弘規・額賀美紗子・三浦綾希子・坪田光平『日本社会の移民第二世代——エスニシティ間比較でとらえる「ニューカマー」の子どもたちの今』明石書店。

金城宏幸（2007）「ディアスポラの記憶としての『世界のウチナーンチュ』」安藤由美・鈴木規之・野入直美編『沖縄社会と日系人・外国人・アメラジアン——新たな出会いとつながりをめざして』クバプロ。

小井土彰宏（2005）「グローバル化と越境的社会空間の編成——移民研究におけるトランスナショナル視角の諸問題」『社会学評論』56巻2号。

小波津ホセ（2020）『忘却されてきたペルー人研究——家族、学校、地域と社会参入』宇都宮大学博士論文。

小波津ホセ（2023a）「移民の子どもに求められる多様な学びの場——ペルー人移民団体を事例に」佐々木一隆・田巻松雄編『外国人生徒の学びの場——多様な学びに注目して』下野新聞社。

小波津ホセ（2023b）「第二次世界大戦後のペルーの日本語教育——ペルー日本語教師会会誌『アンデス』を事例に」『JICA横浜海外移住資料館研究紀要』17号。

在ペルー日本人社会実態調査委員会（1969）『ペルー国における日系人社会』在ペルー日本人社会実態調査委員会。

杉山春（2008）『移民還流——南米から帰ってくる日系人たち』新潮社。

髙谷幸・大曲由起子・樋口直人・鍛治致・稲葉奈々子（2013）「1995年国勢調査にみる在日外国人の仕事」『岡山大学大学院社会文化科学研究科紀要』36号．

Japón la que parecía menos favoritiva. La que en términos de apoyo, menos ofrecía a los trabajadores extranjeros. Fue asi que durante todo ese tiempo el vio florecer a sus amigos en sus respectivos países. Uno de sus amigos que llego de ser desde jardinero a profesor de preparatoria. A un amigo que logró continuar su carrera y egresar de la universidad gracias a un apoyo especial de ese país. El no solo fue un músico sino que también fue ingeniero. Tenia una carrera que nunca pudo ejercer en este país. Así como el, muchos profesionales no pueden a veces ejercer sus carreras por la dificultad de la lengua.

A pesar de que él no pudo contar con las mismas oportunidades de sus amigos en Estados Unidos y Francia, su presencia y sacrificio hizo todo posible para que nuestra familia triunfe en este pais. Nos preparó bien en esta sociedad y nos hizo entender que siempre hay algo a lo que aspirar.

Puedo decir que mi padre realizo su sueño en este país. Ya que cumplio con la misión que tenia. Una misión que como una antorcha fue transferida a él por sus padres y por aquellos misionarios franceses que también dieron de todo en el Perú. Es una mision que ahora mis hermanos y yo llevamos. Una misión que orgullosamente mis padres cumplieron.

Cada vez que regreso a la ciudad de Iga, me alegro al ver como la ciudad ha progresado. Mi padre vino a una ciudad casi desierta en términos internacionales y dejó una ciudad de muchos avances en términos de aceptacion cultural, de mas entendimiento hacia las minorias internacionales. Se fue creo yo, orgulloso de su ciudad y sabiendo que había contribuido con su granito de arena.

Pareciera que la historia de mi padre en este país fuese un caso algo raro. Y quizás lo es, ya que si no fuese por la suerte de haberse encontrado con tanta gente que nos recibió bien, quizás no nos habría ido tan bien. Lamentablemente este no es el caso de todos los inmigrantes. Muchas barreras todavía existen y prohíben una mejor comunicación entre ambas culturas. Barreras que evitan entrelazar posibles amistades, eliminando muchas posibilidades. Una situación en donde los inmigrantes no solo son invisibles sino que tambien lo son los japoneses para ellos. Muchos immigrantes mantienen un cierto nivel de isolacion cultural a raíz de esto y muchos se van sin conocer profundamente lo mejor que este país puede ofrecer. Mi padre decía que era Igajin (De Iga) y creo que fueron sus amigos y su lazo con la ciudad de Iga los que le ayudaron sentirse asi.

Como segunda generación peruana llevare con mucho orgullo aquellas raíces peruanas que recibí de mi padre y trataré de transmitirlas a mis hijos que ahora son de la tercera generación. Quisiera dedicar este capítulo a mi madre quien fue la persona más importante en la vida de mi padre. Ya que con un soporte incondicional e inmensa humildad, fue ella la compañera que mi padre necesito durante toda esta travesía. Ella hasta el presente sigue cumpliendo con su misión en la iglesia católica de Ueno.

departamentos de la fabrica y vivia mas tranquilos en una casa de segunda mano. Para entonces ya veía al Japón como un segundo hogar al que no tenia que dejar del todo.

Sin embargo, las cosas comenzarían a empeorar, la avanzada edad de sus padres y el negocio en Peru no iban bien y el como hijo mayor sentia una gran responsabilidad. Recuerdo que por telefono recibi la mala noticia de la muerte de su madre en Peru, y fui yo quien fue a buscarlo a la fabrica para darle la noticia. No mostro pena en ese entonces pero senti que se sentia molesto por la impotencia en ese entonces de no poder regresar asi de facil a su país. Acababa de haber regresado del Peru y no podia tomarse el riezgo de hacerlo repentinamente otra vez. En ese entonces no teniamos la fuerza económica y tambien podia resultar despedido. Decidio aguantarse por su familia en Japón y continuar con sus planes. Es por esa razon que cuando mi padre fallecio decidimos tambien enterrar parte de sus cenizas junto con la tumba de sus padres en Lima. Siento que la muerte de sus padres seria una de las razones por las que sentiria que su futuro ya no estaba en Peru si no en este país.

Nuestra estadía definitiva en este país se hacia cada vez mas clara por entonces. Y no fue hasta el 2008 con el desastre economico mundial del "Leeman Brothers" que todo cambio repentinamente. Tras ver a los extranjeros perder sus trabajos en esa situación tomo la decision de prepararnos todos para tomar la nacionalidad japonesa. Pensaba que con la nacionalidad japonesa estariamos mas protegidos por las leyes y no seriamos tan vulnerables como siendo extranjeros. Ademas, con tanto tiempo en Japón y sus hijos entre estudios, se le hacia imposible la opción de regresar al Perú. Sabia que muchos trataban de huir de la situacion optando por regresar a sus paises, pero decidio quedarse y optar por la posibilidad de la nacionalidad japonesa. Aunque teniamos casi todo listo para continuar con los papeleos para el cambio de nacionalidad no se llego a hacer. Y Aunque fueron tiempos muy dificiles, logró sobrepasar y continuó trabajando para sacar adelante a su último hijo que ingresaba a la universidad. Mi hermano logró egresar de la universidad y ahora ejerce su profesión en una gran compañía industrial.

11. Para terminar: Mi padre no quería ser invisible.

Mi padre falleció un día de primavera y tras una larga batalla contra el cáncer. Hasta el día de su partida tuvimos la oportunidad de prepararnos. Celebramos juntos los 20 años de nuestra banda folclórica. Vio a sus hijos salir adelante y también conoció a su primer nieto. Su muerte representa para mí, el final de una aventura inmigrante. Una travesía en donde con la música y la fe, pudimos llegar mucho más lejos.

Recuerdo que en sus casi 25 años en Japón se mantuvo en contacto con los amigos de su generación que tambien salieron del país. Tenía amigos en los Estados Unidos y otros países en Europa. El estuvo siempre al tanto en la situación de sus amigos. Intercambiaban ideas y opiniones sobre sus vidas en países extranjeros. Sin embargo era siempre la situación de

10. El cambio de ruta

Como muchos otros inmigrantes mis padres no habían venido a quedarse. El plan era juntar dinero, apoyar económicamente a sus familias en Perú y regresar. Y así fue en los primeros años. Las remesas que él nos mandaba nos ayudaron a poder pasar por una época muy difícil a los comienzos de los 90. Mis hermanos y yo pudimos continuar estudiando en colegios privados en epocas en donde muchas escuelas sufrían paros por huelgas. Fue en ese entonces cuando el sueño de construir una nueva panadería y nuestra futura casa comenzaría. Esta sería la casa de mis padres, nuestra casa. Y la nueva panadería que se construía en su primer piso seria el negocio de mis padres. En la siguiente foto de 1993, se puede observar el horno de ladrillos de la panaderia terminada en el primer piso. Mi madre a la derecha habia regresado de Japón por primera vez. Llevaba dos años sin ver a su familia y a su último hijo que dejo cuando tenia 1 año. Ahora que soy padre me resulta difícil imaginar lo que seria no ver a mis hijos por 2 años.

Sin embargo, la situación económica en Japón después del fin de la burbuja fue poniéndose cada vez más difícil. Los sueldos fueron disminuyendo cada año y esto fue alargando los periodos de estadía en este país. Esta fue la razón por la cual mis padren seguirian trabajando en Japón.Sin embargo la separación de nuestra familia era un sacrificio que no valía la pena y es por eso que poco a poco mis padres comenzaron a planear el viaje de sus hijos a Japón.

Imagen 11: La familia y la nueva panadería en plena construcción

El sueño de la panadería se pondría en espera y el reto ahora sería de poner a sus hijos en las escuelas japonesas. Así fue como mis padres comenzarian a apostar por la educación en este país. Mi padre había visto el sistema de las escuelas, habia conseguido información necesaria para poder ver las posibilidades que la educación de este país podía ofrecer. Pensó que si sus hijos se graduaban de universidades japonesas, podrian regresar a Peru y beneficiarse mas que si se graduasen de una universidad local. Mis padres sabian que esto significaria quedarse por más tiempo, pero sin embargo el plan de regresar todavía era vigente.

Pero poco a poco el desenvolvimiento de nuestra familia dentro de la sociedad japonesa, con la musica y todas las cosas que se habian ido logrando en la comunidad extranjera de la iglesia son lo que le fueron cambiando de idea sobre lo que seria su futuro. Para cuando sus hijos se fueron graduando de la universidad mi padre ya sentia que todo iria mejor y tenia una mejor idea de lo que serian sus próximos años. Tambien consiguió dejar los estrechos de las músicas y letras se encuentran temas relacionados con los indigenas y las diferentes costumbres andinas. Fue para él como una forma de identificar sus raíces peruanas. De sentirse orgulloso de un pais pobre pero rico en cultura.

Él sabía que la música era una herramienta que abriría muchas puertas. Ya que fue con la música que visito muchas partes del Perú en su juventud. Sabía que con la música podia cruzar

Imagen 10: Al final de cada concierto, despidiéndonos.

fronteras y abrir corazones. Gracias a la música no solo conocio diferentes lugares en Japón, sino que también pudo conocer a mucha gente.

El interes del entendimiento cultural de los inmigrantes se haría cada vez más presente en las escuelas ya que muchos niños con raices extranjeras comenzarian a estudiar en muchas zonas de la ciudad. Creo que fue esta la razon por la cual nuestra actividad como banda fue haciéndose mas conocida entre las escuelas. Tocamos en muchas zonas de Kansai, pero podría decir con toda seguridad que es en la ciudad de Iga en donde hemos llegado a tocar en casi todas las escuelas.

Fue así como nuestra banda serviria no solo como un espectáculo artistico sino tambien en una oportunidad para aprender sobre otra cultura. Se hablaba del Perú, de sus comidas y de su gente. Habian musicas especiales en las que enseñabamos a los niños a cantar en español. Los gimnasios de las escuelas nos daban la oportunidad de hacerlos bailar. Muchas veces los niños tambien nos regalaban canciones que habian preparado y en muchas ocasiones tocaban "El Cóndor Pasa" que en esa epoca aparecia en el texto escolar de musica. Era de esa forma que cada concierto terminaban con los comentarios de los niños diciendo "Al principio me daban un poco de miedo, pero me di cuenta que son personas divertidas". Dando una idea de como la música y el intercambio se convertia en una forma positiva de sobrepasar los estigmas. Al final de cada concierto mi padre siempre insistia en pararse en la salida para saludar de manos a cada niño que asistia. Hasta ahora recuerdo como recibiamos esas manitos de cientos de niños que no sabian que hacer, y es que muchos nunca habian saludado de esa manera y esperaban a que les apretáramos las manos. Lo sabiamos porque muchos nos daban la mano de una manera muy extraña, nos tocaban de una manera en la que parecia como si quisieran confirmar que tambien eramos humanos. Creo que mi padre con esta acción queria dejar una imagen más cercana, una experiencia que quedaría impregnada en los niños.

Imagen 8: Revista local resaltando "diferente nacionalidad, mismo corazón".

logramos difundir la cultura peruana durante mas de 20 años, tocando la mayor parte del tiempo caritativamente en cientos de colegios alrededor de toda la zona de Kansai.

Mi padre cultivo en nosotros la música desde muy temprana edad y para cuando llegamos a Japón lo primero que nos ordenó aparte de estudiar Japones fue tocar la zampoña, la quena y la guitarra. Creo que él ya sabía de lo que se nos venia, y que tal vez la música sería un instrumento, una llave que abriría muchas puertas. Y es por eso que siempre insistió estrictamente que practicaramos.

Las actividades de esta banda me ayudaron personalmente a fundamentar mi identidad peruana y creo que asi fue para mi padre también. La música de mi padre no fue siempre de raíces andinas. En Lima siempre estuvo con la música criolla y española de las tunas universitarias. Por esa razon las guitarras y mandolinas siempre estuvieron en casa.

La música folclórica llegaría a nuestra familia gracias a mi tío Fernando Muray, que de joven exploro la música peruana y asi comenzo a aprender a tocar instrumentos como la quena y la zampoña.

Lamentablemente la música andina siempre ha sido menospreciada en el Perú y en especial la capital, y no es sino hasta poco, que su valor cultural esta siendo reconocido.

Para mi padre no solo fue el estar muy lejos del Perú lo que le llevo a enamorarse de la música andina, sino que tambien fue la acogida que nuestra musica tuvo aqui. En los conciertos él fue testigo de como la audiencia japonesa valoraba algo que nosotros menudamente despreciabamos. La música folclorica representaba sus raíces andinas, en donde sus padres nacieron. Dentro

Imagen 9: A comienzos del 2000, con mis hermanos ahora en la banda.

a su hija ir con mis padres al otro lado del mundo. Años despues yo les conoceria en Japón y entenderia que eran personas de mucha bondad y en general de espiritu muy colaborador. Una familia a la que estoy muy en deuda ya que fueron ellos quienes ayudaron a mi padre cuando estuvo enfermo ya que trabajaban en el area de bienestar social.

Una de las personas a quien mi familia y la comunidad peruana debe mucho de su ayuda es Junko Inoue (Kikuyama). Una japonesa que tras años de experiencia con JICA (Agencia Japonesa de Cooperación Internacional) regresaba a su ciudad natal y con otras personas de gran voluntad deciden formar parte de la escuela de japones. Ella se convirtio en una persona muy importante dentro de la comunidad latina ya que no solo podia manejar bien el español sino que tambien tenia mucha experiencia trabajando en el extranjero. Hasta el presente ella sigue siendo una pieza muy importante para la coneccion y entendimiento de las comunidades extranjeras de la ciudad de Iga.

La Sra. Inoue (Kikuyama) fue muy buena amiga de mi padre y fue uno de los japoneses que le ayudarian a comprender mejor la cultura japonesa. Se podría decir que mi padre también le ayudo a entender la cultura peruana. Especialmente cuando comenzaron con la banda de musica peruana de la que hablaré a continuación.

9. Música peruana en Japon

La historia de nuestra banda folklórica comenzó en la escuela "Iga Nihongo no Kai". Cada fin de un ciclo de estudio se preparaba una fiesta en la que habían juegos y también se hacían presentaciones en la que los estudiantes mostraban sus avances en el idioma japonés. En una ocasión mi padre y mis tios decidieron preparar unas canciones para presentarlas en la fiesta. Aunque mi papá ya había tocado música en Perú esta fue de las primeras veces que en familia se tocaba algo, la cual no fue la ultima ya que gracias a que mi tío habia traido varios instrumentos, esta pequeña presentacion se volvería a repetir.

Para entonces 2 amigos japoneses (uno de ellos Junko Inoue) que enseñaban en la escuela de japones se animarian a tocar junto y asi oficialmente formarían la banda folklorica "Wauhemikanki"(Huauje mikanki) nombre que en quechua significa "todos somos hermanos".

El nombre "Wauhemikanki" nace del sentimiento mutuo que sus integrantes tenían. Ya que para entonces la banda estaba integrada de peruanos y japoneses que se habian hecho buenos amigos y juntos habian logrado cruzar fronteras culturales con la musica. El nombre en si tiene un mensaje que representa paz, que da a entender que aunque seamos diferentes por fuera por dentro somos los mismos humanos. Las actividades Wauhemikanki fueron poco a poco siendo más conocidas y comenzaron a aparecer en revistas y periódicos de la zona.

La historia de esta banda folclórica le daria un nuevo significado a la experiencia migratoria de mi padre y toda nuestra familia. Ya que a pesar de no ser más que un hobbie de fines de semana, y de categorisarnos la mayor parte del tiempo en nivel amateur, con esta banda

Imagen 7: Peruanos y brasileños después de las clases de japones.

había convertido en un lugar de encuentro para todos los extranjeros. No solo se aprendia el idioma japonés, sino que también se intercambiaba información sobre la comunidad extranjera. No habia internet ni teléfonos para comunicarse como hoy. Es por eso que para muchos este lugar era el único lugar para encontrarse y hablar. Especialmente en las clases de los sábados muchos se podían encontrar allí y no podían esperar a terminar las clases para salir a comer y pasarla bien con sus amigos.

Para mi padre este lugar fue en donde conoció a sus primeros amigos japoneses. Ya que en la fábricas los inmigrantes eran tratados de forma temporal, muchos japoneses se abstenian de mostrar interés o fraternidad contra ellos. En aquellos tiempos la mayoría de los maltratos o indiferencias se mostraban en las fábricas. Es por eso que muchos inmigrantes tachaban de fríos e indiferentes a los japoneses de aquella época. Esa imagen negativa de los japoneses fue la primera que tuve cuando llegué aquí y lamentablemente también la afirmé cuando comencé a trabajar en fábricas.

Sin embargo, la escuela de japonés tenía japoneses que trataban de cooperar, ayudándonos no solo con la lengua sino muchas veces también fuera de clases, explicandonos sobre papeles de la ciudad y documentos del trabajo y mostrándonos información sobre la vida diaria.

En los salones de la escuela de japonés mis padres se hicieron amigos con muchos de los japoneses que voluntariamente apoyaban a los extranjeros. Fuera de clases se encontraban en sus casas para comidas y pequeñas reuniones en donde ambas culturas se intercambiaban. Mi padre con su guitarra alegraba las reuniones en donde se cantaban y bailaban. La cultura peruana era presentada y aceptada entre sus amigos japoneses y asi la amistad entre ellos fue floreciendo.

Uno de sus amigos japoneses de la escuela tenia una hija de 16 años que estaba interesada en idiomas. Mi padre les propuso que podria llevarla al Perú para hospedarse en casa (homestay) y aprender de la cultura y el idioma. Sus amigos asi le encargaron a su hija y en 1994 ella se vino al Perú con mis padres. Yo la conocí en Lima y ya despues ella terminaria tomando la carrera de lengua española en la universidad. Ahora que me pongo a pensar lo increible que resulta la idea, de la gran confianza que tubieron sus amigos japoneses de dejar comunidad extranjera con lo japonesa. Se dio espacio para que la comunidad extranjera pueda manifestarse dentro de la parroquia.

Para entonces mis padres que asistían a las misas japonesas ya se sabían los cánticos en japonés que eran tocadas en órgano y fue poco a poco que mi padre fue incorporando los cánticos japoneses en guitarra para tocar y animar las reuniones y fiestas de la iglesia.

Ya después estos cánticos en japonés se reescribirían al alfabeto para poder ser cantados por los extranjeros y son hasta el presente usados en las misas internacionales. Pienso que mi padre al incorporar las canciones japonesas quizo dar un matiz multicultural a toda la comunidad y dar a conocer que en la casa de dios no hay nacionalidades.

Años después el Padre Patrick O`hare (Padre Patricio), Un irlandés que manejaba muy bien los idiomas fortaleceria la comunidad latina y continuaria con el trabajo de unidad entre la comunidad japonesa y extranjera. El padre Patricio manejaba el español y el portugues muy bien y comenzo a dirigir misas en ambas lenguas. Gracias a él la iglesia cuenta ahora con misas en varios idiomas y otras comunidades extranjeras como la filipina.

Mi padre siempre tuvo una mentalidad multicultural en la Iglesia y los sacerdotes que nos acompañaron durante todo este tiempo también compartieron esa mentalidad.

Es de esta forma que con el trabajo de los sacerdotes y las diferentes comunidades se logro construir una parrroquia en la que la convivencia cultural ha sido posible. teniendo como parametro comun la fe en la religión.

8. La escuela de japones y el comienzo de muchas amistades

Durante muchos años mi padre consiguio hacerse amigos con muchos japoneses en distintos lugares. Sin embargo hablare principalmente de aquellos amigos que conocio en la escuela de japones. Ya que fue este lugar uno de los pocos en donde el conoceria gente de gran espiritu colaborador que lograria sobrepasar las diferencias culturales.

La escuela de japonés de Iga "IGA Nihonngo No Kai" fue fundada en 1993, tras la aparición de grandes numeros de inmigrantes en la ciudad de Iga. La necesidad de aprender el idioma en ese entonces era muy necesaria ya que todavia no existian ayudas en varios idiomas. En el presente la ciudad de Iga brinda informacion en distintas lenguas en lugares como la municipalidad, hospitales y escuelas, pero para el principio de los 90 todo estaba solo en japonés. La escuela de japonés era en eses entonces el unico lugar para aprender el idioma.

Mis padres supieron de las clases de japonés y comenzaron a participar 2 veces por semana. Serian asi uno de sus primeros estudiantes. Salían de las fábricas y tomaban las clases a las 7pm. Cuando llege a Japon en 1996 mi padre ya podia conversar con los japoneses sin mayor problemas y estaba entre las clases mas avanzadas de la escuela de japonés. Cabe resaltar que no muchos lograban continuar con el idioma japones como lo hizo el en ese entonces ya que el trabajo y la demanda era muy dura. Para ese entonces la escuela de japonés se tiempos los contratistas y las ciudades de residencia tenían muy poco que ofrecer para ayudar a los extranjeros.

Sin embargo, mis padres como muchos otros inmigrantes sabían que todo era temporal y que después de juntar dinero regresarían a sus países. Por eso muchos solo se abstenían de seguir la misma rutina del trabajo y la casa. Esa fue la rutina que mi padre tuvo en sus primeros meses de estadía, sin embargo, él sabía que no era la única forma de vivir en Japón. En los fines de semana ya había encontrado una Iglesia a la que asistir y además encontró una escuela de Japonés. Él poco sabía que estos lugares afectarían su vida en los años siguientes.

7. El encuentro con una nueva Iglesia

En el año 1991, usando el tiempo libre de los fines de semana el con su bicicleta acostumbraba a visitar el pequeño centro de la ciudad de Iga (en ese entonces Ueno). Junto con mi mama se subían a la bicicleta y cruzando arrozales y ríos llegaban en 30 minutos al centro de la ciudad. Esta ciudad es un típico pueblo japonés con todas las comodidades de una ciudad normal pero encogida en dimensión. Lo particular de este lugar a parte de contar con bonitos paisajes fue el tener la tradición de los ninjas por la cual cuenta con un espléndido castillo que contempla toda la ciudad.

Era el centro de la ciudad el único lugar en donde se encontraban supermercados y otras tiendas que no habían cerca de las zonas de las fábricas.

Fue allí muy cerca del castillo de Iga que se encontraron con la Iglesia Católica de Ueno. Que en ese entonces estaba llena de fieles japoneses liderada por el padre Jean Pencrech, un sacerdote francés que ya tenía mucha experiencia trabajando en Japón.

Al principio las misas eran en solo en japonés y el estilo cultural de la iglesia en ese entonces era para los latinos muy tradicional. A diferencia con las misas en Perú en donde se cantaban alegremente y con palmas, las misas en Japón eran muy tranquilas. Aun asi mis padres supieron acoplarse y comenzaron a hacerse conocer entre los fieles japoneses. Trabajar de nuevo con un sacerdote francés no solo alento a mis padres a continuar con su fe si no a adaptarse mas rapido dentro de la comunidad mayoritaria japonesa de la iglesia. Gracias a este sacerdote fue que se comenzaron a comunicarse la

Imagen 6: La iglesia católica y sus primeras comunidades latinas a mediados de los 90.

despedía del barrio y en muchos casos para nunca más regresar. Unos se iban a Estados Unidos y otros a Europa. A muchos les fue bien y comenzaron a mandar remesas a sus familias en Lima. Recuerdo que a mediados de los 80 muchas familias comenzaban a beneficiarse de ello por lo que se abrían nuevos negocios y construirían casas más grandes.

Sin embargo, eran los que tenían suerte los que conseguian salir del país. Ya que se necesitaba muchísimo dinero para conseguir visas y costearse los vuelos de viaje. Muchos se endeudaban y vendian todo lo que tenían. A pesar de todavía ser pequeño recuerdo mucho como la pobreza nos afecto. Como la inestabilidad nacional traia escasez de alimentos básicos. Recuerdo lo lamentable que me sentía en los restaurantes comiendo con la familia y cuando de repente un niño se nos acercaba para pedirnos limosna. También recuerdo que niños de zonas pobres del barrio venían a pedirnos pan a las puertas.

Fue en esos tiempos que nuestros amigos y familiares se despedían del barrio para trabajar en el extranjero. Muchos dejaban a sus familias y salían con mucha incertidumbre sobre lo que traería el viaje. Así, entre cartas y visitas nos enteramos de las grandes oportunidades que la inmigración proveía. Las cartas y las fotos nos comunicaban como nuestros amigos iban progresando en un lugar que dejaba progresar. Una vida más segura, licencias para conseguir mejores trabajos. Muchos de ellos hasta tuvieron la oportunidad de salir egresados en universidades. Todo esto es lo que muchos inmigrantes suelen soñar. Un país que les de la mano para crecer juntos.

Esa fue en su mayoría la experiencia de sus amigos que salieron adelante en Estados Unidos y Francia.

6. Rumbo a Japón

Como explicaba en los párrafos anteriores, la situación del Perú empeoraba y esto afectó también el negocio de mi padre que se encargaba de la panadería de mis abuelos. Con el alto precio de las cosas y la escases de los productos el negocio se vio muy afectado lo cual le llevó a tomar la decisión de salir del país.

Fue en 1991 que partió a alcanzar a mi madre que ya había llegado a Japón unos meses antes. Sin embargo, la vida no sería fácil. Pasó de ser alguien con mucha libertad y al mando de un negocio, a ser un obrero que a puras penas lograba conectarse con una nueva sociedad. La rutina del trabajo y la casa lo limitaba a una vida muy monótona. Algo muy diferente de sus años en Lima.

La vida de muchos inmigrantes en Japón era la misma en sus principios. Se trabajaba todo el día y se regresaba a casa a dormir. El idioma era la mayor razón por la cual era difícil salir de la misma rutina de siempre. Por ejemplo subir a los trenes y viajar era siempre toda una aventura porque en ese entonces no había guías en otros idiomas. Tampoco había internet para conocer otros lugares y conectarse con otras personas. Cabe resaltar también que en esos al conservatorio de música de Lima. De allí no pararía, tocando en la tuna de su universidad y otras bandas que lo llevarían a conocer diferentes zonas del Perú.

De niño, recuerdo mucho a mi padre ausente por la música. Solía irse por días y cuando regresaba nos traía regalos típicos de las zonas que visitaba. Tenía de pasatiempo la fotografía por lo que siempre tomaba fotos de todos los lugares que visitaba. En casa siempre nos mostraba las fotos en un proyector y allí nos explicaba cómo eran los distintos parajes del Perú.

Imagen 5: En la tuna de la Universidad Inca Garcilaso de la Vega

La música fue importante para él ya que le enseñó que era un idioma universal. Cuando ingresó a la universidad y al conservatorio estuvo por primera vez rodeado de peruanos de clase media alta y en su mayoría de raza blanca. En esos tiempos la gente de los andes y los mestizos tenían muy poco acceso a las comodidades de la ciudad y eran discriminados. Mi padre como mestizo vio mucho las diferencias sociales. Sin embargo, con la música y su forma de ser logró hacer amigos de varias clases sociales y así romper ciertas barreras.

Desde muy pequeño mi padre estuvo tras de nuestra educación musical. Recuerdo las interminables prácticas de guitarra en casa y ya después estudiando música en el museo de arte de Lima. Él continuo con nuestra educación musical hasta antes de venir a Japón. Gracias a eso para finales de primaria ya formábamos parte de uno de los coros musicales más grandes de Lima y siento que él se sentía muy orgulloso de ello.

Sin embargo, todo esto se vería interrumpido cuando mis padres deciden salir al Japón en los comienzos de los 90.

5. Años 80, La pobreza y separación de los amigos.

La situación del Perú a finales de los años 80 estaba en ese entonces en sus peores momentos. La economía del gobierno de Alan García se fue abajo y esto contribuyó a una inseguridad nacional en la que grupos terroristas como Sendero Luminoso y el MRTA surgirian con mayor fuerza. El terrorismo haria que el Peru se convierta en uno de los países más pobres y peligrosos de Latinoamerica. También fue por esta razón que muchos decidirian dejar el Perú para trabajar y vivir en otros países.

Esto no fue diferente en mi comunidad, ya que poco a poco la generación de mi padre se y estaba rodeada de mucha pobreza. Estos hermanos durante mucho tiempo serían muy importantes para nuestra comunidad y serian de gran influencia para la generación de mis padres.

Con mucho esfuerzo y ayuda de Francia lograron construir una iglesia que contaba con un consultorio médico y también una guardería, cosas que nuestra zona no teniá hasta entonces.

Fue en la iglesia que mi padre se conocio con mi madre y así con muchos otros jovenes se formarian catolicamente, estudiando el catecismo con el Padre Pablo, preparando las misas y los cánticos. Por otra parte la hermana Ana María se encargaba de la guardería de niños y como enfermera en el consultorio médico brindando asistencia médica a la comunidad.

El padre pablo relató que vino al Perú porque quería ayudar a los pobres y siempre hablaba de la importancia de ayudar a los que más lo necesitan. La misión que estos hermanos practicaron en nuestra zona dio muchísimos frutos ayudando a muchas generaciones por venir. La generación de mi padre que creció en esta parroquia se convertiría después en jóvenes catequistas que continuarian la mision del padre Pablo, educando a las jovenes generaciones y asi creando una fuerte comunidad cristiana en nuestra zona.

Fueron estos y muchos otros valores que se inculcaron en la juventud de mis padres. Mis padres cultivaron muy buenas amistades gracias a la parroquia del barrio y muchos de esos amigos se convirtieron en mis "tíos" que cariñosamente llamo hasta ahora. Muchos de ellos radican ahora en el Perú y el extranjero pero sin embargo todavia hasta ahora mantienen una muy unida fraternidad. He tenido la suerte de contar con el testimonio de estos amigos para asi conocer esta temprana etapa de mi padre. En la imagen 4 se puede observar a mi padre y sus amigos participando en algun intercambio (retiro) que organizaban las iglesias.

La foto fue compartida por sus amigos en las redes sociales como recuerdo por su fallecimiento. Las fotos de mi padre de esa época son muy raras y muestran que mi padre siempre estuvo rodeado de amigos.

Imagen 4: En los años 70 junto con la juventud de la parroquia.

4. La música en mi familia

La música siempre fue muy importante en mi familia. En su juventud la guitarra siempre estuvo con él en los coros de la Iglesia. Fue por esos años en que entendió que la música era un instrumento de comunicación y así logró conglomerarse, hacerse conocer, tener amigos, con toda su generación. Ya después decidiría aprender la música en otros niveles ingresando

Mi abuelo y en especial mi abuela, fue una persona muy apegada a sus raíces andinas. Estuvo siempre en contacto con su tierra natal y paisanos. Los dos con mucho esfuerzo lograron sacar adelante la panadería que manejaban humildemente en sus comienzos y poco a poco este negocio se fue expandiendo. Se fueron comprando mejores maquinarias y dando trabajo a más personal.

Imagen 3: Familia Ochante y los trabajadores de la panadería. Mi padre es el 3ro desde la derecha)

De pequeño recuerdo que en las vacaciones de la escuela siempre me levantaba temprano para ayudar a mi abuela a despachar los panes para la hora del desayuno. Mi abuela atendía a muchísima gente y por eso todo el barrio le conocía. Muchísima gente recurre a las panaderías por el pan ya que es el alimento primordial de las mañanas limeñas. Desde temprana edad mi padre también estuvo en contacto con la gente dentro de un negocio en donde prácticamente toda la zona te conoce. Fue gracias a la panadería de mis abuelos que mi padre lograria terminar sus estudios e ingresar a la universidad.

Se podría decir que la historia de mi familia es un caso de logros dentro de las muchas familias que se establecían en la Lima de ese entonces. Esa fueron la primeras generaciones de familias andinas en Lima y así vieron a Lima transformarse en la gran ciudad caótica que es hoy.

Resulta peculiar saber que la inmigracion en mi familia siempre estuvo presente, en ambos lados, comenzando con el abuelo de mi madre, mi bisabuelo Kunishige Muray que partió de Japón cuando tenia solo 18 años en 1908 y también por el lado paterno con la inmigración de mis abuelos Carlos Ochante y Hortencia Flores de los andes a Lima en los años 40' y así sin parar llegaría hacia mis padres inmigrando a Japón terminando esta travesía migratoria en el mismo lugar en el que comenzó.

3. La parroquia del barrio y mi padre

Desde muy joven mi padre tuvo la oportunidad de conocerse con dos extranjeros. El párroco Jean Marie Protain Muller conocido en la zona como el padre "Pablo" y la hermana Ana Maria Protain Muller. Dos hermanos franceses redentoristas que habían venido desde Francia para evangelizar zonas pobres del Perú. Despues de trabajar en las serranias del Perú, llegaron a Lima en los años 50. Encontraron nuestra zona, que en ese entonces recién se establecía los inmigrantes llegamos siempre con maletas llenas de cultura, valores, tal vez algo de incertidumbre, pero con mucha esperanza.

Desde su llegada a Japón en el año 1991 hasta su partida en el año 2015 mi padre estuvo en constante esfuerzo por simbolizar una imagen positiva de los peruanos y de los extranjeros en Japón. En las siguientes páginas narraré primero sobre su vida en Perú y después sobre su vida en Japón. Trataré de relatar aquellas

Imagen 2: En una escuela japonesa por el año 1995.

experiencias que fueron significativas para él y que creo que serian muy importantes para su segunda vida en Japón. Terminare narrando sobre todo lo que él logro hacer en este país y sobre como esto se convierte en su sueño japones.

2. La familia de mi padre llega a Lima.

Mi padre nació en los años 50 en Lima, la capital del Perú. Dentro de una familia de raíces andinas que como muchas habían venido a buscar más oportunidades a la capital. Lima tiene en el presente alrededor de 11 millones de habitantes. Pero para entonces en 1950 tenía solo 1 millón de habitantes. El centro de Lima era pequeño y sus alrededores no estaban tan poblados como ahora.

Para entender la historia de mi familia resulta importante explicar cuál era la situación de mi país en esa época. Ya que fue en esos años que una gran ola de immigracion nacional comenzaba y se expandía por toda la capital. Es así que Lima se expande rápidamente con inmigrantes de todas partes del Perú que venían a buscar mejores oportunidades. Ellos serían las primeras generaciones de familias andinas.

Vivíamos en el Cercado de Lima que está en el centro de la capital. Debo detallar que Lima es una ciudad muy representativa para Perú no solo porque cuenta con mucha historia colonial sino también por el hecho de ser multicultural.

Ya que como mencionaba es el centro de atención para muchos inmigrantes peruanos de diferentes grupos étnicos. Desde mi niñez pude contemplar muchísimas costumbres de varios grupos étnicos que se manifestaban mediante festivales y otros eventos.

Nuestro barrio mismo tenía varias zonas en donde estaban agrupadas familias de las mismas ciudades Andinas que tendían a vivir cerca o al lado del otro. Estas comunidades étnicas tenían un fuerte lazo con sus tierras y siempre trabajaban comunalmente. Fundaban cooperativas y centros comunales donde se organizaban para celebrar eventos durante el año.

Imagen 1: Mi padre tocando musica folclorica

el significado de la importancia de la cultura como herencia. Ya que como relataré en las próximas páginas, sería nuestra cultura la que nos ayudaría a sobrevivir en este país.

A pesar de haber estado siempre junto con la familia, mi relación con él nunca fue la mejor. Tuvimos siempre una relación normal en muchos sentidos pero algo separada en términos de padre a hijo. Este capítulo se convierte en mi manera de completar un saludo de respeto, un pequeño homenaje hacia él. Ya que siempre le consideraba como un guía en estas tierras lejanas y desconocidas. Mi padre era una persona alegre y muy social, en nuestro barrio de Lima todos le conocían y siempre paraba para saludar y conversar con la gente. Además de esto tuvo el talento de la música que lo acompañó a muchos lugares.

1. Porque contar su historia

Contar la historia de mi padre no solo es un objetivo personal y sentimental sino también una forma de ubicar la historia inmigrante peruana en esta sociedad. Hasta ahora muchos inmigrantes y sus comunidades extranjeras han venido y pasado por estas tierras muchas veces sin ser conocidas.la comunidad peruana por tener conexión con la historia nikkei y ser acompañada de la gran comunidad brasileña aún tiene una posición significativa en zonas como Shizuoka, Aichi y Mie. Son en estas zonas en donde se pueden encontrar comunidades peruanas con más de 30 años de historia y que cuentan ya con 3 generaciones.

Sin embargo, cada vez se hacen más difíciles conglomerar a las comunidades ya que muchas han venido perdiendo no solo número sino también un común interés en celebrar sus culturas. Ya que la fuerte necesidad de la 2da y 3ra generación en adaptarse a la sociedad japonesa para salir adelante significó dejar de lado no solo la lengua sino también otros factores muy importantes como la religión.

Aunque él no fue Nikkei, siempre mostró una gran admiración hacia la cultura japonesa. La supo comprender y se adaptó a niveles que resultan muy difícil para muchos. Es decir, logró querer a este país y sobre todo la ciudad que lo acogió, Iga. Iga es la ciudad protagonista en la que mi padre pasó la segunda parte de su vida.

Es por esa razón que decido dar testimonio de la vida de un peruano que vino sin nada al Japón. Aunque dije "sin nada" esto se reduce a "dinero" ya que muchos venimos hasta endeudados. Sin embargo ese no es el caso de muchos. Ya que como veremos en este artículo

Capítulo 7
Mi Padre y el Sueño Japones

Carlos Ochante

Este capítulo, aunque muy personal tratará de relatar la idea del sueño japonés que vivieron los inmigrantes peruanos que llegaron a este país como parte del fenómeno "Dekasegi" a comienzos de los 90. Este artículo relatará la historia de mi padre como un ejemplo de los muchos peruanos que se fueron estableciendo con sus familias en Japón.

En estos últimos años, mi vida como padre de familia y como extranjero en un país en donde me reconozco como minoría, me han llevado a reflexionar sobre la vida de mi propio padre. Aunque ya pasaron 7 años desde que falleció su presencia sigue todavía vigente en nuestra familia.

Y es que no solo representa el final de un capítulo en la historia migratoria de mi familia, sino también un punto de partida para mi vida como extranjero y también como padre de familia. Ya que estoy en estos momentos, pasando por lo mismo que él, como padre y extranjero paso en este país.

En el momento que escribo este artículo me encuentro con la misma edad que él tuvo cuando mis hermanos y yo recién llegábamos a este país. Cada experiencia como padre de familia e inmigrante la revivo ahora con la perspectiva que él tuvo, y siento que será de esa manera tal como continuaré viviendo en Japón.

Recuerdo que en su funeral egoístamente entre lágrimas dije que todavía habían muchas cosas que él nos habría podido enseñar. Sin embargo, desde entonces he venido comprendiendo que cuento con muchos recuerdos a los que acudir cuando necesitó consejo.

En diferentes situaciones de mi vida a veces me pongo a pensar, reflexionando y simulando que haría él en mi posición. Decidí escribir sobre él por muchas razones, pero en este artículo trataré de resaltar porque personalmente me resulta necesario. Fue para este artículo que decidí volver a encontrarme con él, basándome en los recuerdos, las innumerables charlas que tuve con mi madre y sus amigos que le conocieron en diferentes puntos de su vida. Todo esto me ha ayudado a conocer mejor sus raíces y entender el tipo de vida que tuvo en Perú su tierra natal y sus próximos años en Japón como su segundo hogar. La necesidad de reencontrarme con mi propia identidad, se ha convertido no solo en un tema personal, sino también académico por mi trabajo en estos últimos años. Siento que al escribir sobre su historia me ayudará a entenderme a mí mismo, a entender los retos de inmigrar hacia otras tierras y también entender en la Asociación Okinawense del Perú, Okinawa Kenjinkai.

De este modo, peruanos que en Japón apenas tenían relación con los *nikkei*, en Perú desempeñan el papel de transmitir el idioma japonés y la cultura japonesa. Esta es una realidad que demuestra cómo estaban incluidos como parte de la sociedad japonesa.

8. Para terminar

Los peruanos sin estatus de residencia, mientras que no tengan lazos familiares con Japón, no reciben apoyo legal ni por parte del sistema. Esto hace que los que se quedan en Japón, estén tan incluidos en la sociedad japonesa que son capaces de suplir dichas carencias, por lo que cuanto mayor tiempo pasa, más se les complica regresar a Perú.

En agosto del año 2023, el Ministro de Justicia de Japón anunció respecto a los extranjeros sin estatus de residencia, que se regularizará la situación de los hijos menores de edad nacidos en Japón que asistan a una escuela, y la de sus padres, y mostró una "política de permisos especiales de residencia individuales, que tendrá en consideración los lazos de las personas afectadas, a nivel familiar, con la sociedad japonesa". Esta es la primera vez que se implementa una medida de regularización en masa en Japón. Sin embargo, las personas que hubieran entrado ilegalmente a Japón y sus hijos quedan excluidos de la medida. En mi opinión, el gobierno no debería considerar el otorgamiento de estos permisos especiales según cómo entraron a Japón hace 30 años, sino según los lazos que han construido con la sociedad japonesa a lo largo de estas tres décadas.

------

1) Agencia de Servicios de Inmigración de Japón (Año 2020) "Situación real de los evasores de deportación" (https://www.moj.go.jp/isa/content/930005082.pdf).

2) En este artículo se usan los resultados de la investigación conjunta llevada a cabo por la autora y Naoto Higuchi, en el periodo del año 2011 hasta la fecha, gracias a la subvención para la investigación científica (KAKENHI). Los nombres de todos los peruanos recogidos en este artículo son nombre ficticios.

3) Desde el año 2018, también se otorga estatus de residencia a los *nikkei yonsei* (descendientes japoneses de cuarta generación) de entre 18 y 30 años de edad. Hay una serie de requisitos, que los hace con una posición ciertamente diferente a los *nikkei sansei* (descendientes japoneses de tercera generación), por ejemplo, el requisito de habilidad lingüística en el idioma japonés, el aseguramiento de una persona que le apoye, la prohibición de acompañamiento por parte de familiares, así como que, a la hora de actualizar su estatus de residencia, hayan mejorado su conocimiento del idioma japonés, entre otros.

4) Directrices para otorgar el permiso especial de residencia (Agencia de Servicios de Inmigración de Japón) (https://www.moj.go.jp/isa/content/930002524.pdf).

mucho que conozcan que sus padres son peruanos, en la mayoría de los casos se consideran a sí mismos como japoneses, por tanto, para los hijos, ir a Perú no se siente como "regresar" a su país.

Aldo llegó a Japón junto con sus padres, cuando tenía tan solo 2 años en el año 1995. Antes de entrar en la escuela secundaria, sus padres le dijeron que estarían en Japón hasta que él cumpliera los 16 años. Por esta razón, Aldo cuenta que "en mi interior, me había rendido frente a los exámenes de ingreso al bachillerato", y que cada año más cerca de cumplir los 16 años "sentía que cada año que pasaba era como si mi vida se acortase". Cuando regresó a Perú en el año 2009, su español no era del todo perfecto, había muchas palabras en sus libros de texto que era incapaz de entender. "Durante mis clases, me sentía como si estuviera leyendo un periódico agujereado. Me quedé sin ganas de vivir", relata.

Incluso en el caso de haber regresado a Perú de forma voluntaria, al no tener estatus de residencia regular, formalmente la salida de Japón se considera como deportación forzosa. A los extranjeros que han sido deportados forzosamente, en teoría, pasados 5 años, se les permite entrar de nuevo a Japón. Pero, en la práctica, no existe ninguna garantía de que puedan obtener un visado. Aldo, al regresar a Perú, cursó sus estudios en una escuela para *nikkei* en Lima. En la escuela tenía muchos amigos que acababan de regresar de Japón, y el tema de regresar a Japón era frecuente en las conversaciones. "Cada vez que escuchaba acerca de este tema, me sentía triste. Mis amigos tenían la posibilidad de regresar a Japón cuando quisieran. Mientras que yo ni siquiera sabía si algún día podría regresar, esto me hacía sentir muy mal", relata Aldo.

Tal y como queda patente en el caso de Aldo, tras regresar a Perú, los lazos establecidos con Japón de los hijos de peruanos irregulares, no difieren de los de los hijos de *nikkei* regresados a Perú. Diego llegó a Japón en el año 1993, a la edad de 3 años, junto con sus padres. Sin embargo, antes de entrar a la escuela secundaria en Japón, regresó a Perú. "Hasta el día que me di cuenta que yo era extranjero, siempre pensé que era japonés", cuenta Diego. El ir a Perú, para él fue la misma experiencia que viviría un hijo de japoneses nacido y crecido en Japón, que de repente, es obligado a comenzar de cero su vida en el extranjero. Por mucho que entienda por completo el español, en el sentido del trato con las personas, o la sensación del tiempo, más que con los peruanos, se siente identificado con los *nikkei* y sus amigos japoneses. Ahora que es universitario, cuando los profesores le preguntan, en ocasiones, casi de forma inconsciente, les responde de inmediato "Hai" (Sí) en japonés. Ha tenido muchos amigos japoneses y *nikkei,* y además de encargarse de forma activa de funciones como líder en las actividades en las que participan los hijos de *nikkei* retornados de Japón, en el Centro Cultural Peruano Japonés, también ha trabajado como profesor de japonés en institutos de bachillerato. Pero no solo eso, también es activo en el grupo de danza folclórica Eisa, el cual estaba en peligro de continuidad por falta de miembros de generaciones más jóvenes *nikkei,* de los feligreses de la iglesia católica que frecuentan. La colegiatura de Ayumi y su hermano menor, así como los gastos para seguir estudiando en la universidad, han sido posibles además de la iglesia, gracias a las donaciones de diferentes personas que les apoyan en el ámbito local. El mostrarse en la escena pública también significa ponerse en el punto de mira del discurso de odio. Sin embargo, al mismo tiempo, al tener múltiples puntos de contacto con la sociedad japonesa, se van incluyendo como parte de la sociedad.

7. Tras regresar a Perú

Es frecuente que al no tener ningún estatus de residencia y siendo conscientes de que en cualquier momento se les puede detener o incluso deportar forzosamente, estos peruanos residan en Japón con la premisa de regresar a Perú. Si logran regresar a Perú, bajo su propia voluntad, tal y como tenían previsto, al tener ahorros, también son capaces de comenzar una nueva vida en Perú.

Jorge, tras haber regresado a Perú, retomó sus estudios y se graduó de la universidad. Hoy día, trabaja en una institución gubernamental. La hermana menor de Lucía fundó una empresa de refrescos. Antonio gestiona un cibercafé. La esposa de Antonio se desempeña como trabajadora social en una escuela, y sus hijos también se han graduado de la universidad en Perú. Los peruanos que residen irregularmente en Japón, al no poder ser contratados por empresas de trabajo temporal, frecuentemente recurren a ser contratados directamente por empresas japonesas. Es gracias a esto que mejoran mucho más en el idioma japonés. Al regresar a Perú, Félix, su esposa y su hijo, aprovechando sus capacidades lingüísticas, lograron trabajar como guías turísticos en japonés.

Sin embargo, si en Japón son descubiertos por sorpresa como residentes irregulares por la Agencia de Servicios de Inmigración de Japón, lo normal es que la vida de los afectados quede arruinada por completo. Ernesto se gastó 60 mil USD en el tratamiento del asma de su hijo. La alta cantidad económica se debe a que al no tener estatus de residencia, tampoco podía afiliarse al seguro de salud nacional, siendo su única opción pagar el coste total del tratamiento médico. En su caso, como Ernesto gestionaba su propia empresa en Japón, sí fue capaz de pagar el tratamiento, pero se gastó todos sus ahorros en ello. Sumado a estos gastos, su esposa y su hijo fueron descubiertos por la Agencia de Servicios de Inmigración de Japón, para los que necesitó tomar prestado del coadministrador de su empresa 2 millones de JPY en concepto de gastos para regresarlos a Perú. Justo cuando había terminado de devolver el dinero que tomó prestado, su situación como irregular también fue descubierta por la Agencia de Servicios de Inmigración de Japón, de modo que no le quedó otra que regresarse a Perú sin ahorros. Tras regresar a Perú comenzó a trabajar como taxista, pero solo obtenía ingresos para vivir al día.

Para los hijos, sea de la forma que sea, regresar a Perú siempre es algo inesperado. Por

211 (140)

Enrique y Ernesto, logran vivir gracias a trabajos informales y la ayuda de conocidos cercanos. Pese a no poder alquilar un apartamento, sobreviven quedándose en las casas de diferentes conocidos. Sin embargo, si tienen hijos que van a la escuela, no pueden quedarse por largos periodos de tiempo sin pagar en la casa de terceras personas. En ese caso, recolectan los gastos mínimamente necesarios para vivir, como el alquiler, los consumos de luz, agua y gas, entre otros, entre la ayuda de conocidos y de la iglesia. Sin embargo, para la colegiatura del bachillerato, o si los hijos prosiguen sus estudios a escuelas especializadas o la universidad, solo pueden recurrir a las personas más cercanas.

Lo cierto es que la única forma de salir de esta difícil situación es obtener un estatus de residencia. En el caso de la familia de Félix, él fue descubierto y detenido por la Agencia de Servicios de Inmigración de Japón en el año 2000, por suerte, posteriormente, toda la familia quedó en libertad provisional. "Me planteé huir, pero no podía hacer eso, así que pensé en actuar de la manera más apropiada, y solicité un permiso especial de residencia a la Agencia de Servicios de Inmigración de Japón. La familia de Félix residió durante 10 años en un pequeño municipio de provincia, y trabajó en una empresa local, ganándose el reconocimiento como miembros de la comunidad local. Más de 300 personas firmaron una petición para que la familia de Félix obtuviera un permiso de residencia especial, gracias a la actividad de simpatizantes de la asociación de padres y profesores de la escuela a la que iban sus tres hijos, hicieron una colecta de donaciones para los gastos de vida de la familia, e incluso, cuando Félix fue detenido en un centro de inmigración, la comunidad local brindó apoyo a la familia. En aquel entonces, la empresa en la que trabajaban Félix y su esposa ya había quebrado, sin embargo, los antiguos trabajadores de la empresa siguieron apoyando a la familia. La familia inició un proceso judicial en el que demandaba la cancelación de la orden de deportación forzosa, pero sus demandas fueron desestimadas, así que toda la familia tuvo que regresar a Perú en el año 2004.

El emprender acciones judiciales, significa que estas "personas que no deberían existir" salen a la luz del lugar donde se ocultaban, mostrando su presencia en público. Mientras que para los niños como Noemi y Ayumi, el tener que mentir a sus amigos también es una fuerte carga psicológica, es frecuente que no se revele a terceros el hecho de estar en libertad provisional. Pero, al emprender un juicio, incluso aunque los rostros no aparezcan en los medios de comunicación, su existencia puede ser revelada al público a través de las personas que dan apoyo.

Como hemos visto en los casos de Noemi y Ayumi, si en la escuela se enteran de que son personas en libertad provisional, los hijos también acaban sufriendo una enorme carga psicológica. Por otro lado, al mostrar su realidad de forma pública, son capaces de obtener un amplio apoyo de aquellas personas conscientes de la realidad en la que viven las personas sin estatus de residencia. La familia de Berta, logra vivir su día a día, gracias al apoyo que reciben de regresar a clase.

6. Inclusión como parte de la sociedad japonesa

Paradójicamente, a pesar de que los inmigrantes irregulares son excluidos por el sistema, tienen una mayor inclusión en la sociedad que los inmigrantes regulares. Por ejemplo, respecto al empleo, si no se tiene estatus de residencia, un extranjero no puede ser contratado por una empresa de trabajo temporal. Es por esta razón, que la mayoría de peruanos sin estatus de residencia trabaja en empleos de contratación directa, en los que no trabajan peruanos normales, empleos como la industria del cuero, el desmantelamiento de edificios o centros de eliminación de residuos industriales, es decir, en empleos en lo más hondo de la sociedad japonesa. Por esto, es frecuente que los peruanos en situación irregular, en sus lugares de trabajo sean la única familia de origen extranjero, o que se desempeñen en trabajos rodeados de japoneses, en los que no tienen contacto con otros peruanos. Además, muchos de ellos, al no tener un estatus de residencia, quedan obligados a abandonar su trabajo y a rotar constantemente entre empleos, cambiando con frecuencia su lugar de residencia, con miedo a ser descubiertos por la Agencia de Servicios de Inmigración de Japón. Por todo esto, muchos de los peruanos evitan relacionarse con *nikkei* peruanos.

Isabela llegó a Japón en el año 1995, y hasta el año 2007 estuvo trabajando en una fábrica de componentes automotrices y en una empresa fabricante de hormigón. Pero, a causa de la crisis financiera derivada de la quiebra de Lehman Brothers, se quedó sin trabajo. Ella tenía un coche, con el que a partir del año 2007, comenzó a trabajar recibiendo pedidos vía telefónica de otros peruanos, a los que les ayudaba a hacer sus compras, así como a llevarlos y traerlos. Desde finales del año 2010 fue detenida durante un año en un centro de inmigración. Tras haber sido puesta en libertad provisional, perdió su trabajo, y durante un periodo de 4 meses se vio obligada a ejercer la prostitución. Tras esto, logró obtener ingresos en efectivo trabajando llevando y trayendo a personas en su coche, o como peluquera a domicilio. Pero, como hacía años que dejó de pagar su alquiler, tuvo que recurrir a vivir en casa de una amiga que conocía desde que estaba en Perú, a quien a cambio ayudaba en sus tareas domésticas y en el cuidado de sus hijos.

Al no tener ningún estatus de residencia, es frecuente que se tenga una mayor cercanía con japoneses y extranjeros no latinoamericanos, que con los peruanos que sí cuentan con un estatus de residencia. A Camila, todas las semanas, un amigo iraní que gestiona un bar de copas, le compra el ceviche que elabora en su hogar. Enrique también trabaja de forma ocasional limpiando en bares de copas y bares gestionados por japoneses. Los peruanos que asisten a la iglesia católica, como en el caso de Berta, a veces reciben apoyo para su vida, a cambio de limpiar la iglesia o de elaborar objetos que venden en el bazar.

En el caso de personas solas, que no tienen ningún familiar en Japón, como Isabela, Camila,

Noemi nos cuenta que "Yo a diferencia de otras personas no tengo la garantía de poder trabajar en un futuro. Hubo un tiempo que me deprimía al pensar sobre mi futuro". Pese a esto, Noemi relata que "Gracias a mi encuentro con los libros, me emocionó conocer que las ideas se pueden transmitir a través de las palabras, así comencé a plasmar en oraciones los sentimientos de mi día a día, y decidí que seguiría la senda de la literatura".

También desde el punto de vista económico, que a los padres se les prohíba trabajar, cierra a los hijos el camino de perseguir sus sueños. El hijo mayor de María, Takeshi, asistía a un instituto de bachillerato privado. Los estudios de nivel superior a partir del bachillerato están excluidos de los apoyos para la escolarización, de modo que todos los meses debe pagar una colegiatura de 50 mil JPY. Pese a todo, como el segundo esposo de María tenía estatus de residencia, y obtenía suficientes ingresos, lograron pagar la colegiatura. Pero esto no duró mucho, por desgracia, a causa de la pandemia de COVID-19, su esposo tuvo que quedarse en casa sin trabajar, mermándose sus ingresos, y dejando de poder pagar la colegiatura. Llamaron al Comité de Educación de la prefectura, para preguntar si había posibilidad de obtener algún apoyo para la escolarización. El encargado que les atendió no comprendía lo que significa ser una "persona en libertad provisional", y les respondió con una rotunda negativa de que en el manual para profesionales publicado por el Ministerio de Educación, Cultura, Deportes, Ciencia y Tecnología de Japón se recogía que "a las personas en libertad provisional no se les puede ofrecer apoyos para la escolarización".

Los daños psicológicos que sufren los niños son inmensamente grandes, no solo sus padres no pueden trabajar, ni siquiera pueden recibir servicios públicos, y encima se les niega su propia existencia. Por ejemplo, un amigo de Ayumi vio una noticia en la televisión sobre un juicio que demandaba la aprobación de su estatus de residencia, al ver la imagen de espaldas de la demandante, el amigo se dio cuenta que la demandante era Ayumi, y se lo contó a todos los demás miembros del club escolar en el que participaba. "Mis amigos se pelearon divididos entre los que pensaban que mis padres no habían hecho nada malo, y los que pensaban que como ser residente irregular es un delito, y que por tanto yo era hija de delincuentes. El club quedó roto y confrontado. El profesor responsable de nuestro club me pidió que explicara delante de todos lo que había pasado, así que tuve que contarlo todo. Mi cuerpo temblaba de estremecimiento, cuando regresé a mi casa, tenía una fiebre de 40 grados, me dio una terrible anemia, por la que tuve que estar hospitalizada durante una semana".

La hermana menor de Takeshi, Noemi, se convirtió en estudiante de quinto año de educación primaria en el año 2017. Cuando fue junto con su madre a la Agencia de Servicios de Inmigración de Japón para renovar su estatus como personas en libertad provisional, el personal le instó a que "regresara" a Perú, un país al que nunca había ido en su vida, e incluso le dijo que "Cualquier día podemos ir a por ti, a tu escuela, mientras que estés en clase y te detendremos delante de tus amigos". Desde ese día, Noemi, tuvo tanto miedo que fue incapaz

13 años. Posteriormente, al dominar su profesión, se independizó junto con un compañero japonés, con quien fundó una pequeña empresa especializada en obras de telefonía. Incluso en la época de la crisis financiera derivada de la quiebra de Lehman Brothers, tuvieron suficiente trabajo, y crecieron a un buen ritmo, llegando a contratar hasta 20 empleados. Pero, en el sexto año de operación, su situación irregular fue descubierta por la Agencia de Servicios de Inmigración de Japón, que ordenó su deportación forzosa.

Hay tanto peruanos que al igual que Félix y Ernesto, sin tener estatus de residencia, tuvieron trabajo hasta el año 2015, como otros peruanos que incluso hoy día siguen trabajando sin tener ningún estatus de residencia. Pero, sumándose a la crisis económica, el relevo de trabajadores extranjeros por aquellos llegados a Japón bajo el nuevo sistema de programa de capacitación técnica, hizo que a partir del año 2015, con la notificación del Ministerio de Justicia de Japón presentada anteriormente, se volviera prácticamente imposible trabajar en situación irregular. No poder trabajar significa no poder ser independiente. Y ni siquiera reciben ningún apoyo público. Por tanto, estas personas que no tienen ningún estatus de residencia, se encuentran atrapadas en una situación en la que son incapaces de vivir sin depender al 100 % de otras personas.

La experiencia de los hijos

La experiencia de los hijos es totalmente diferente a la de sus padres. El Ministerio de Justicia de Japón, con la intención de que las personas en libertad provisional puedan recibir beneficios y servicios administrativos, ofrece información sobre las personas en libertad provisional a sus municipios de residencia. En el mismo sentido, en el año 2012, el Ministerio de Educación, Cultura, Deportes, Ciencia y Tecnología de Japón envió una notificación a los municipios titulada "Precauciones para garantizar las oportunidades de escolarización de los niños extranjeros" en la que solicita a los municipios que avisen de la escolarización también a los niños sin estatus de residencia. Es por esto, que los niños sin estatus de residencia también pueden asistir a la escuela primaria y secundaria, que son parte de la educación obligatoria japonesa, así como también pueden recibir apoyos para la escolarización.

Sin embargo, por mucho que estos niños asistan a la escuela primaria y secundaria, los niños que no tienen un estatus de residencia no pueden planificarse un futuro en el sentido de proseguir estudios de bachillerato, posteriormente a escuelas especializadas y universidades, para finalmente conseguir un empleo. Cuando a Ayumi, en el examen de acceso a su universidad, le preguntaron con qué soñaba ser en un futuro, respondió "No tengo ningún sueño". Habitualmente, cuando a un joven se le pregunta sobre sus sueños de futuro, estos responden con la profesión que quieren desempeñar. Sin embargo, a las personas en libertad provisional no se les permite trabajar. Y pensándolo de este modo, por tanto, los niños en libertad provisional tienen prohibido incluso soñar sobre su futuro.

Gráfico 2 : **Número de permisos de residencia especiales otorgados**
(Agencia de Servicios de Inmigración de Japón)

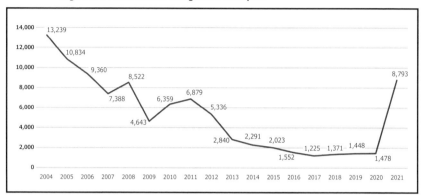

5. Transición hacia "personas que no existen"

Tras la entrada en vigor de la nueva ley en el año 2012, los extranjeros en estancia irregular, dejaron de poder registrarse como extranjeros en los municipios. Por esta razón, el significado de "no tener un estatus de residencia" cambió drásticamente. Dejaron de poder acceder a servicios públicos a través de su registro como residentes. Actualmente, a los extranjeros a los que no se les ha aprobado ningún estatus de residencia, y que son objeto de deportación forzosa, se les permite obtener un permiso de libertad provisional, con el que pueden vivir como parte de la comunidad local, evitando ser detenidos en centro de inmigración. Sin embargo, a partir de la notificación del Ministerio de Justicia de Japón de septiembre de 2015, se ha aplicado de forma estricta la prohibición de trabajar.

Teniendo en cuenta estas limitaciones, la pregunta que surge es, ¿cómo las han superado los peruanos sin estatus de residencia? En la época en la que no se mantenía un control tan estricto sobre los extranjeros que trabajaban sin estatus de residencia, Jorge, tal y como presentamos anteriormente, fue capaz de ganar aprox. 2000 USD al mes durante cerca de 5 años trabajando en el procesamiento de pescado y en la construcción.

Desde el año 1993, en el periodo de 11 años, en el que Félix residió en Japón junto con su familia, trabajó en un taller de cuero. A pesar de que en otras regiones, había trabajos con un salario mayor, y de que el trabajo del cuero era bastante duro, el trato del presidente de la empresa, sus compañeros y los vecinos locales era agradable, había guarderías y escuelas cerca, y pudo vivir durante todo ese tiempo en un apartamento cercano a su taller.

Desde el año 1991 hasta el año 2010, Ernesto, vivió en Japón con su familia. Al principio, nada más llegar a Japón, trabajó como peón de obra civil, pero más tarde, fue contratado oficialmente por una empresa especializa da en obras de telefonía, en la que trabajó durante cursaba estudios de sexto de primaria, su madre y ella presenciaron cómo el personal de inmigración atrapaba a diferentes familias de su entorno que habían excedido el tiempo permitido por el plazo de su estatus de residencia. Hasta que su madre del miedo, le pidió a su esposo que contara la verdad a la Agencia de Servicios de Inmigración de Japón, así fueron y contaron todo. Penélope también escribió una redacción en la que explicaba las razones por las que deseaba quedarse en Japón. Finalmente, los tres hermanos, su padre y su madre, fueron regularizados, y obtuvieron su estatus de residencia.

4. Tras la regularización

Penélope cuenta que "Cuando mi madre estaba embarazada de mi hermano menor, se desempeñó como niñera y cuidaba a niños brasileños, a mí me divertía mucho jugar con otros niños. Principalmente por esta experiencia, es por lo que quería ser profesora de educación infantil". Cuando creció, Penélope estudió en una Escuela Especializada en Cuidado y Bienestar Infantil. Ella misma había sufrido acoso escolar, y relata que "Yo deseaba ayudar a los niños en problemas. En mi caso, no tuve a nadie que me apoyara, no quiero que ningún otro niño sea víctima de acoso". Penélope, hoy día, trabaja en una escuela infantil a la que asisten niños peruanos, en la que también juega un importante papel entre los padres que no saben japonés y el resto de profesoras de educación infantil que no saben español.

También hay peruanos que han obtenido su estatus de residencia tras haber comenzado estudios de grado o de posgrado en la universidad. A Emily le ayudaron a prepararse para los exámenes de acceso a la universidad el cura y feligreses de la iglesia que frecuentaba, así logró entrar en una Universidad Pública Nacional. Ella relata que "Perú es peligroso, hay ataques terroristas, fue por esto que mis padres vinieron a Japón para educarnos, querían que fuéramos a la universidad, ese era su sueño, así que están muy felices de mis logros". Emily también desea proseguir estudios de posgrado, que le permitan trabajar en una gran corporación, donde pueda desempeñarse en algo relacionado con América Latina.

Miriam se casó con un *nikkei* y obtuvo su estatus de residencia. Posteriormente, recibió formación en elaboración de fideos, que le permitió abrir un restaurante de fideos ramen en la ciudad de Lima. En Lima hay diferentes restaurantes de fideos ramen, pero según Miriam, su restaurante es el único que ofrece fideos ramen de auténtica elaboración casera peruana con el uso de la técnica de preparación de fideos aprendida en Japón.

También son muchos los peruanos, que tras haber obtenido un estatus de residencia, se desempeñan sin restricciones en diferentes actividades. Sin embargo, en el año 2010 se revisó la Ley de Inmigración, y desde la entrada en vigor de la nueva ley en el año 2012, el número de permisos especiales de residencia otorgados se redujo drásticamente.

pocos los peruanos que han obtenido su estatus de residencia a través del matrimonio. Eri, que se casó con un nacional japonés, animó a sus tres hermanos a que vinieran a Japón desde Perú. Aunque Eri sí tiene estatus de residencia regular en Japón, sus tres hermanos son considerados como irregulares al haber excedido el periodo de estancia permitido por sus visados. Eri le pidió a varios conocidos que les presentaran ofertas de trabajo a sus hermanos, e incluso coordinó encuentros matrimoniales con nacionales japoneses. Las hermanas menores de Eri han trabajado en puestos como auxiliar de enfermería en hospitales, o trabajos varios en restaurantes. Ellas se acostumbraron a la vida en su localidad de acogida en Japón, sin embargo, al no lograr casarse, finalmente regresaron a Perú. El hermano menor de Eri fue contratado por una empresa constructora. Su forma de ser y su actitud frente al trabajo fueron muy bien valoradas, y justo cuando iba a emprender por su propia cuenta, se casó con la hija de su hasta entonces jefe, así fue que obtuvo estatus de residencia.

Lucía llegó a Japón en el año 1994. De un total de 8 hermanos, dos de sus hermanas habían llegado previamente a Japón. "En aquel entonces, me lo tomé a la ligera, y pensé que obtendría mi visado sin ningún problema", comenta. Su plan original era venir a trabajar a Japón durante 3 años, hasta un máximo de 5 años. Ella trabajaba en la misma empresa de procesamiento de pescado, que sus dos hermanas y su cuñado. "Como no tenía la intención de vivir en Japón, tras un año, la única palabra que sabía era "Wakarimasen" (No entiendo)". También comenta que el personal de la Agencia de Servicios de Inmigración de Japón solía visitar los alrededores de su casa, y que esto le asustaba. Sin embargo, al segundo año de comenzar a trabajar, conoció a su esposo actual, con quien se casó. "Nunca pensé que esto fuera a ocurrir", expresa. Lucía así obtuvo estatus de residencia como cónyuge, y al renovarlo en su quinto año, el personal de la Agencia de Servicios de Inmigración de Japón le animó a que probara a solicitar el estatus de residencia permanente, y unos dos meses después de su solicitud, su estatus de residencia fue cambiado al de permanente.

Campaña para reducir a la mitad el número de residentes irregulares

Las regularizaciones según la directriz presentada anteriormente se llevaron a cabo hasta aprox. el año 2010. Durante el periodo de 5 años, comprendido desde el año 2004 hasta el año 2009, el gobierno de Japón llevó a cabo la denominada como "Campaña para reducir a la mitad el número de residentes irregulares". Es un hecho que el número de inmigrantes irregulares se redujo a la mitad, sin embargo, no todos ellos fueron deportados forzosamente. En el periodo total de 5 años, desde el año 2004, cerca de 50 mil residentes irregulares regularizaron su situación. Lo cierto es que la mayoría de personas que regularizaron su situación en esa época, obtuvieron su estatus de residencia a nivel familiar. Este es el caso de Penélope, nacida en Japón en el año 1995. El padre de Penélope se convirtió en *nikkei* por medio de una adopción. Mientras que su madre llegó a Japón, como su cónyuge. Cuando puede retirar su estatus de residencia. Esto es en el caso de que sean condenados a cumplir condena en prisión por infringir el código penal. Paco, *nikkei sansei* (descendiente de japonés de tercera generación), llegó con sus padres a Japón en el año 2006, cuando tenía 11 años. Desde los 14 años comenzó a rapear con sus amigos por las calles. Y a partir de los 18 años, se desempeñó como profesional del rap, celebrando actuaciones en vivo, con las que llegó a ganar hasta 500 mil JPY en una sola noche. Sin embargo, esto no duró mucho, fue arrestado y condenado a prisión por cargos de lesión, robo y conducción sin licencia, entre otros. Años más tarde, en el año 2017, durante un periodo de 2 años y 6 meses, fue detenido en un centro de inmigración, y se le retiró su estatus de residencia. Sin importar que ya se hubiera pagado por los delitos cometidos, a Paco se le impuso el castigo adicional de deportación forzosa por parte de la Ley de Inmigración. En el caso de los extranjeros, se permite que sean penados doblemente por un único delito. Toda la familia de Paco vive en Japón. Paco también tiene ya una esposa japonesa e hijo japonés, por lo que no puede regresar a Perú. El personal de la Agencia de Servicios de Inmigración de Japón, le dijo que "No tenía ninguna razón para estar en Japón", y al preguntarle "Y entonces, ¿qué debería hacer con mi hijo", solo se le respondió "Pues, comunícate con él por videollamada".

Hoy día, los peruanos sin estatus de residencia, tal y como se ha explicado anteriormente, son tan pocos que ni siquiera aparecen reflejados en las estadísticas. Sin embargo, no todos regresaron a Perú. En la práctica, también muchos de estos peruanos regularizaron su situación, obteniendo permisos especiales de residencia.

Sin embargo, Japón, a diferencia de otros países como Francia, Italia o España, nunca ha tomado medidas de regularización masiva de inmigrantes irregulares que cumplan con determinados requisitos. Pese a esto, el Ministerio de Justicia de Japón sí hace públicas unas directrices para la regularización [4], y de hecho hasta aproximadamente. el año 2012, anualmente miles de inmigrantes irregulares se beneficiaron de estas medidas de regularización. La formación de lazos familiares con japoneses es uno de los requisitos más importantes para la obtención del estatus de residencia, pero no es el único, también son considerados como requisitos positivos, el hecho de que se tengan hijos que vayan a la escuela primaria o secundaria japonesa, o de que se esté criando a hijos. En las directrices se recoge explícitamente que "Se reconoce el establecimiento en Japón, cuando el periodo de estancia en nuestro país se haya prolongado por un largo periodo de tiempo", de modo que los lazos familiares con japoneses no son el único requisito, sino que los lazos con la sociedad japonesa, también son considerados como requisitos positivos para otorgar el estatus de residencia.

3. Regularización

El matrimonio con un nacional japonés es la condición más importante que se tiene en consideración a la hora de otorgar un permiso de residencia especial. Y lo cierto es que no son

Entonces probaron a llamar al padre del amigo que les presentó, este le insistió en que no volvieran a intentar contactar de nuevo con Arakawa-san. Así fue que Berta no pudo renovar su estatus de residencia.

Y lo cierto es que por mucho que se sea un verdadero *nikkei*, el estatus de residencia no siempre es otorgado. María, *nikkei* yonsei (descendiente de japonés de cuarta generación), llegó con su familia a Japón en el año 2003. María era incapaz de pagar la colegiatura de su universidad, por lo que tuvo abandonar sus estudios, y comenzó a trabajar en un puesto de oficina. El problema para María para venir a Japón con su familia se encontraba en que en el caso de los *nikkei yonsei*, solo podían obtener estatus de residencia aquellos niños menores de edad dependientes de *nikkei sansei* (descendientes de japoneses de tercera generación) [3] . Para poder trasladarse a vivir a Japón, María, ya adulta en aquel entonces, viajó a Japón como hija de su abuelo, con el fin de ser considerada como descendiente de tercera generación. Sin embargo, al momento de renovar su estatus de residencia, le fue denegado el permiso. De este modo, su padre y su hermana menor (quien era menor a la hora de llegar a Japón) cuentan con estatus de residencia, sin embargo, tanto María como sus dos hijos que son *nikkei gosei* (descendientes de japoneses de quinta generación) nacidos en Japón, han perdido su estatus de residencia. Este es justo el resultado de que el tratamiento legal para cada generación de descendientes de japoneses sea diferente a la hora de trasladarse a Japón en familia.

Los *nikkei* gozan de una posición privilegiada. El resto de peruanos, de origen no japonés, solo puede obtener su estatus de residencia como dependientes de *nikkei*. Pueden llegar a Japón, casándose como familiares de *nikkei*. Sin embargo, en caso de que se divorcien antes de obtener el estatus de residencia permanente, se les retira su estatus de residencia.

Ángel nació en el seno de una humilde familia del distrito de Rímac, Lima. Tras graduarse del bachillerato, comenzó a trabajar en una empresa de seguridad. Ahí conoció a su esposa, una *nikkei sansei* (descendiente de japonés de tercera generación), con la que se casó en el año 1992, y en el año 1998, llegó a Japón, junto con su esposa, su hijo y sus suegros. Tras haberse divorciado en el año 2009, continuó con el estatus de residente como permanente a largo plazo, como cónyuge de *nikkei* hasta el año 2012. Por la crisis económica, su trabajo se vio afectado. Pero a través de empresas de trabajo temporal logró trabajo en diferentes fábricas de componentes automotrices, que le permitieron vivir. Sufrió lesiones en las piernas que le requirieron estar hospitalizado por cerca de 6 meses, por suerte, como estaba afiliado al Seguro Nacional de Salud, le bastó con pagar 300 mil JPY al hospital. Las secuelas, le obligaron a hacer uso de una órtesis para poder andar, pero todos esos gastos también se los cubrió el seguro. Pero, desde el año 2012, además de no haber recibido la aprobación para su renovación de estatus de residencia, en el año 2014, fue detenido durante 1 año en un centro de inmigrantes, con lo que Ángel perdió todo lo que tenía.

Asimismo, incluso a los *nikkei* que se supone gozan de una posición privilegiada, se les compaginando sus estudios en la universidad, pero su sueldo mensual tan solo era de unos 150 USD. Por desgracia, su padre enfermó, y se quedó sin recursos para pagar la colegiatura. Como su hermano mayor ya se encontraba en Japón, Jorge decidió aventurarse a ir a Japón como turista. Trabajó en Japón durante cerca de 5 años por un sueldo mensual de unos 2000 USD, posteriormente, regresó a Perú, donde se graduó de la universidad y encontró trabajo en una institución gubernamental.

Mientras que hay peruanos como Jorge, que al cumplir sus objetivos, regresaron a Perú en un periodo relativamente corto de tiempo, también hay peruanos que alargaron su estancia en Japón. Leo y su esposa llegaron a Japón en el año 1993 con un visado de turista. La razón de Leo para probar suerte en Japón, fue porque tras abandonar sus estudios en la Universidad Nacional Mayor de San Marcos (UNMSM), no fue capaz de encontrar ningún trabajo con un sueldo que le permitiera vivir. En Japón tuvo dos hijos, así que solicitó un permiso de residencia especial, el cual no le fue otorgado. Mientras que su esposa, incapaz de aguantar seguir viviendo sin estatus de residencia, en el año 2013, decidió regresar a Perú, junto con su hija mayor, en aquel entonces estudiante de secundaria. Su hijo mayor, Mateo, ya estaba cursando bachillerato en el instituto, e ir a Perú no se planteaba como opción, de modo que decidió quedarse viviendo en Japón con su padre. Más tarde, Leo, se casó nuevamente con otra mujer peruana que sí tenía estatus de residencia, con la que tuvo otro hijo. Mateo, nacido en Japón, ya tiene 28 años, se ha casado con una mujer japonesa y también tiene un hijo. Tanto Leo como Mateo, hoy día, siguen sin tener ningún estatus de residencia.

También hay peruanos que llegaron a Japón como hijos adoptados por *nikkei*, con el fin de obtener un estatus de residencia. Frecuentemente han sido llamados como falsos *nikkei*, por no tener realmente lazos de consanguinidad. Sin embargo, mientras que la adopción por parte de la persona nikkei haya sido oficial, el visado emitido por la embajada de Japón en Perú también es considerado totalmente regular. Dicho de otro modo, lo cierto es que la denominación como "falsos *nikkei*" es imprecisa, e incluso errónea. Pero, lo cierto es que muchas de estas personas, al momento de la renovación de su estatus de residencia, no lograban contactar con sus padres adoptivos, no pudiendo por tanto presentar los documentos necesarios, y por tanto acabaron perdiendo su estatus de residencia.

Este es el caso de Berta, a quien su esposo que visitó Japón junto con unos amigos en el año 1991, le comentó lo maravilloso que era Japón, y ella también decidió que probaría suerte. A través de la presentación de los padres de un amigo, fue adoptada por un señor *nikkei* conocido como Arakawa-san. En el año 1994, llegó a Japón, y a través de una empresa de trabajo temporal, obtuvo su estatus de residencia a largo plazo para un periodo de 3 años. Para renovar su estatus de residencia, contactó a Arakawa-san para solicitarle de nuevo la documentación requerida, sin embargo, no obtuvo ninguna respuesta. Le pidió a su padre que fuera a visitarle, pero Arakawa-san no se encontraba en la dirección de la que tenían registro.

garantizados dentro del marco del sistema de residencia. La situación es aún peor, en el caso de no contar con estatus de residencia, ya que dichas personas quedan fuera del marco del sistema de residentes extranjeros, y se les excluye incluso de la garantía de sus derechos humanos básicos.

Los movimientos para excluir a los extranjeros sin estatus de residencia de los servicios públicos, no solo ocurren en Japón, sino que es una tendencia también vigente en los países de Europa y América del Norte. Sin embargo, por mucho que se trate de inmigrantes irregulares, la garantía de sus derechos humanos debe ser un estándar inexorable (Majcher et al., 2020). Y a pesar de que se excluya a los inmigrantes irregulares de manera pública, el gobierno puede ofrecer a los inmigrantes irregulares un respaldo a través de vías informales de acceso a los servicios públicos (Karlsen, 2021).

En el caso de Japón, la Ley de Estándares Laborales, la Ley de Salud Materno Infantil, el Programa de Apoyo a la Escolarización, el Programa de Apoyo a Personas Necesitadas, el ingreso en viviendas públicas, entre otros, son de aplicación, sin importar la nacionalidad o el estatus de residencia, por lo que también se pueden beneficiar de estos, las personas sin estatus de residencia. Mientras que el propio gobierno de Japón explica que "las leyes que no recogen de forma explícita el requisito de nacionalidad, están destinadas a todas las personas". Sin embargo, en la práctica, tal y como se explicará posteriormente, toda persona que no esté registrada como residente en un municipio, queda excluida por los gobiernos municipales de la aplicación de sus políticas, al ser "personas que no existen".

La pregunta que surge aquí es, ¿cómo han superado estas dificultades los peruanos sin estatus de residencia? Existen diferentes reportajes y novelas que relatan las arduas experiencias de estos peruanos que han vivido en lo más hondo de la sociedad japonesa (Watkins 1994; Arriola Ayala 2013). Pero, a lo largo de este artículo, me gustaría mostrar cómo, paradójicamente, estos peruanos sin estatus de residencia excluidos de los servicios públicos como "personas que no existen", han sido fuertemente incluidos como parte de la sociedad civil japonesa [2] .

2. Pérdida del estatus de residencia

Con la revisión de la Ley de Inmigración del año 1990, al igual que para otros países latinoamericanos, en el caso del Perú, se comenzaron a otorgar permisos para que los *nikkei* y sus familiares pudieran venir a Japón. Pero, no solo llegaron los *nikkei* y sus familiares, también hubo peruanos que llegaban a Japón con un permiso de corta estancia como turistas, y que se quedaron residiendo excediendo el plazo permitido. Una infracción conocida en inglés como "overstay".

Un ejemplo de esto es el de Jorge, llegado a Japón en el año 1993. En aquel entonces era estudiante en la Pontificia Universidad Católica del Perú (PUCP). Jorge trabajaba su turno, por mucho que esperen a un trámite para obtener un visado de estancia a largo plazo, como del que se benefician los *nikkei* (descendientes de japoneses). En la mayoría de los casos, dichas personas son las que se convierten en inmigrantes irregulares.

Por ejemplo, hablemos del caso de Pedro, llegado a Japón en el año 1990. Durante su época como estudiante, su universidad permaneció clausurada, con un paro de clases que se prolongó por más de medio año. Tras graduarse de la universidad, encontró trabajo en un banco. Desde su época de estudiante siempre soñó con contribuir de algún modo en mejorar el Perú, lo que le hizo participar de forma entusiástica en actividades sindicales, algo que le salió caro al traducirse en un terrible acoso por parte de su lugar de trabajo. Justo en esa época, un amigo que había ido a Japón, le contó sobre su experiencia en el país. "La situación económica del Perú era terrible, así que decidí irme con mi amigo a probar suerte a Japón".

Este relato es similar al de Miguel, quien llegó a Japón en el año 1991. "Tras graduarme de la universidad, Perú sufría de una acuciada inflación y de terribles actos de terrorismo. En mi caso, al no tener contactos, no era capaz de encontrar ningún trabajo decente, y por mucho que hiciera no era capaz de ahorrar". "Desde que era niño siempre anhelé ir y ver con mis propios ojos un país desarrollado como Japón".

Un caso similar es el de Fidel, quien tras graduarse del instituto, trabajó como tornero. Él nos relata que "Tras casarme y tener un hijo Alberto Fujimori llegó a la presidencia del Perú, en el ámbito económico, nos azotó el *Fujishock*, y nuestra vida se arruinó por completo. La inflación era tal, que todo el sueldo de una semana solo nos alcanzaba para dos días, no nos quedaba nada para vivir el resto de la semana. Pensamos también en irnos a Australia o Chile, pero siguiendo el consejo de mis hermanos, nos decidimos por Japón". Así fue como Miguel, llegó con su familia a Japón en el año 1992.

Las personas que no deberían existir

Tal y como se observa en los ejemplos de Pedro, Miguel y Fidel, las razones de los peruanos llegados a principios de la década de 1990, apenas difieren de las razones de los *nikkei* y sus familiares. Lo único que varía entre ambos casos, es el no poder beneficiarse de la obtención de un estatus de residencia. No es exagerado afirmar que el tener o no un estatus de residencia determina el destino de los extranjeros. En Japón, los derechos que se garantizan a los extranjeros varían según su estatus de residencia. Dicho de otro modo, si un extranjero no cuenta con estatus de residencia, ni siquiera se le garantizan sus derechos humanos básicos.

El gobierno de Japón, con base en la sentencia McLean del año 1978, reconoce que "en el caso de los extranjeros, la garantía de sus derechos humanos básicos recogida por la constitución japonesa, únicamente se limita a la otorgada por el marco del sistema de residencia para extranjeros". Es decir, por mucho que un extranjero cuente con un estatus de residencia regular, por el mero hecho de ser extranjero, sus derechos humanos solo son en Japón en el año 1995 no contaban con ningún estatus de residencia. Desde entonces, año tras año, el número de residentes irregulares peruanos en Japón ha ido reduciéndose, hasta que en el año 2013, la cifra registrada descendió a los 1.143 residentes irregulares peruanos, siendo dicho año, el último año en el que Perú apareció entre los 10 primeros países de la clasificación de nacionalidades de origen de los residentes irregulares, según los datos publicados por la Agencia de Servicios de Inmigración de Japón.

Por otro lado, el número de evasores de deportación de origen peruano, es decir personas que rechazan regresar a sus países de origen a pesar de que se les haya emitido una orden de deportación forzosa, a fecha del año 2019, fue de 31 personas, siendo los peruanos la octava mayor nacionalidad en esta estadística [1]. Los evasores de deportación son personas que por diferentes motivos como, por ejemplo, haber solicitado el estatus de refugiado, han visto prolongada su estancia en Japón, por tanto tiempo que su base de vida ha dejado de estar en su país de origen, y no son capaces de regresar. Entre los diferentes peruanos de los que presentaremos sus historias en este artículo, algunos incluso han residido en Japón sin estatus de residencia durante más de dos o tres décadas. En el caso de los peruanos llegados a Japón a principios de la década de 1990, muchos de ellos han tenido hijos, que han nacido en Japón, y que hoy día ya son adultos. También hay peruanos que pese a no contar con ningún estatus de residencia, se han hecho adultos y se han casado en Japón. Asimismo, hay tanto peruanos que han regularizado su situación, como otros que han regresado a su Perú natal.

Si analizamos los movimientos migratorios de los peruanos desde un punto de vista global, dentro de los diferentes destinos de su migración, Japón solo ocupa una reducida posición. En los movimientos migratorios transfronterizos, no es raro encontrarse con personas que entran a cierto país con un visado de turismo, con el objetivo de quedarse a trabajar de forma irregular, excediendo el tiempo permitido por el plazo de su estatus de residencia. Tal y como se informa constantemente en los medios de comunicación sobre las tragedias de personas que han fallecido al fracasar en su intento de cruzar fronteras entre regiones, como la frontera entre México y Estados Unidos, el mar Mediterráneo, el estrecho de Calais, entre otros, es habitual que en las zonas fronterizas haya personas que entran de manera ilegal a los diferentes países recurriendo a la asistencia de intermediarios.

En América del Norte y en Europa, los inmigrantes irregulares, frecuentemente son regularizados, y acaban siendo aceptados como miembros de sus sociedades receptoras. Pero, lo cierto es que el arduo proceso hasta su regularización, tal y como se recoge a continuación, no siempre es tan sencillo. Entonces, cabe preguntarse, ¿por qué estos peruanos decidieron trasladarse a Japón a pesar de tales dificultades? Diferentes inmigrantes irregulares peruanos entrevistados por la autora comentan como una de sus razones el hecho de habérseles presentado la oportunidad de venir a Japón. Pues una de sus razones es la falta de oportunidades de vida en Perú. Por desgracia, hay muchas personas a las que nunca les llegará

Capítulo 6
Migrantes peruanos sin papeles

Nanako Inaba

1. Introducción

La presencia de inmigrantes es un hecho frecuentemente olvidado en la historia nacional. En especial, cuando se trata de inmigrantes irregulares, quienes son considerados no solo por la historia, sino también en el día a día como personas que no deberían existir. En este artículo les presentaré acerca de la historia de la inmigración peruana irregular en Japón.

Los inmigrantes irregulares, en comparación con el resto de inmigrantes latinoamericanos residentes en Japón con estatus de residencia regular, como el de residencia a largo plazo o el de residencia permanente, se enfrentan a una posición social sumamente inestable por el hecho de no contar con estatus de residencia alguno. El no tener estatus de residencia, es decir, el encontrarse en una estancia irregular, pudiera parecer como un problema minoritario que solo afecta a una ya reducida minoría. Sin embargo, esta afirmación no corresponde con la realidad de los peruanos residentes en Japón. El pico máximo de residentes irregulares peruanos en Japón fue registrado en el año 1995. En contraste con los 36.269 peruanos registrados como residentes extranjeros de forma regular, se contabilizaron 15.301 residentes irregulares peruanos para el mismo año. Es decir, aprox. el 30 % del total de los peruanos residentes

Gráfico 1: Número de peruanos en el registro de extranjeros / Número de residentes irregulares / Proporción de residentes irregulares

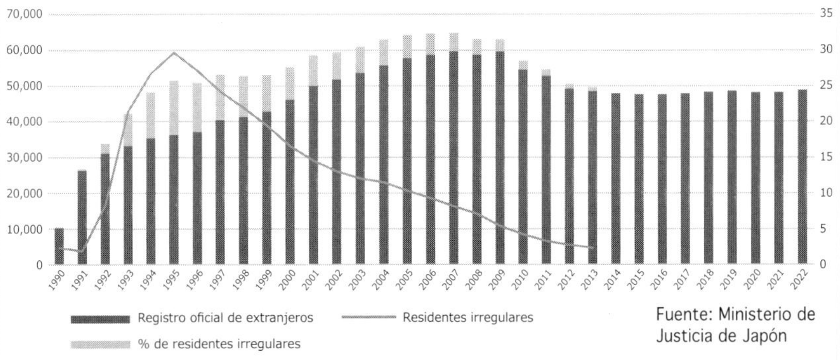

Fuente: Ministerio de Justicia de Japón

(https://www.gob.pe/institucion/inei/noticias/535452-inei-difunde-base-de-datos-de-los-censos-nacionales-2017-y-el-perfil-sociodemografico-del-peru, último acceso: 24 de julio de 2023).

2) Perú católico (2017) "Encuesta: Los millones de católicos peruanos que reciben al Papa Francisco". (https://perucatolico.com/encuesta-los-millones-de-catolicos-que-reciben-al-papa-francisco/, último acceso: 24 de julio de 2023).

3) Perú 21 (2018) "El 76% de peruanos es católico, pero solo el 10% es fiel a la Iglesia". (https://peru21.pe/peru/papa-francisco-peru-76-peruanos-catolico-10-fiel-iglesia-391759-noticia/, último acceso: 24 de julio de 2023).

4) Conferencia Episcopal Católica, Oficina Administrativa del Consejo de Obispos, División de Comunicaciones Sociales, "ESTADÍSTICAS de la IGLESIA CATÓLICA en JAPÓN, 1 de enero - 31 de diciembre de 2021". (https://www.cbcj.catholic.jp/wpcontent/uploads/2022/08/statistics2021.pdf,último acceso: 24 de julio de 2023).

5) Agencia de Asuntos Culturales, "Shukyo Nenkan" [Estadísticas anuales de religión]). (a 31 de diciembre de 2021), https://www.bunka.go.jp/tokei_hakusho_shuppan/hakusho_nenjihokokusho/shukyo_nenkan/pdf/r04nenkan. pdf, último acceso: 24 de julio de 2023)

6) Tendencias del número de extranjeros registrados en la ciudad de Ueno.

7) La situación de los residentes extranjeros en la prefectura de Mie (1991 y 1996). (https://www.pref.mie.lg.jp/common/content/001062243.pdf, último acceso: 28 de julio de 2023).

8) La situación actual de los residentes extranjeros en la ciudad de Iga (finales de junio de 2023).（https://www.mie-iifa.jp/?page_id=32、último acceso: 28 de julio de 2023)

9) APALA JAPÓN (Agentes de Pastoral Latino iberoamericana) : Entidad católica nacida a pedido de la Comisión Episcopal japonesa de Migrantes y Refugiados（J-CaRM）.

10) Es una de las danzas tradicionales más representativas de Perú. También forma parte del Patrimonio Cultural Inmaterial del Perú.

11) En el caso de los hombres, usan una túnica morada larga, sobre la que se coloca el capote, además llevan un cordón blanco en el área del cuello. El hábito de las mujeres es un vestido morado, el cordón no se ubica en el cuello, sino en la zona de la cintura（三木・沼尻 2012: 118）.

12) La Prohibición del cristianismo en Japón fue promulgada en 1614 y derogada en 1873. Se conoce a este periodo como la "época de la persecución cristiana".

Entre los fieles peruanos en Japón, se cree que la devoción al Señor de los Milagros no ha cambiado durante los últimos 30 años. Sin embargo, los creyentes cuya fe se ha fortalecido en Japón y que participan activamente en actividades eclesiásticas se limitan a una pequeña parte de la comunidad peruana. Estos tienen una iglesia a la que pertenecen, y contribuyen tanto financiera como espiritualmente al mantenimiento de la iglesia.

Existe otro grupo que tiene un cierto sentido de pertenencia a la comunidad peruana, asiste a la misa en español, y cooperan con las actividades y eventos de la iglesia. Aunque no asisten a la misa semanal, están dispuestos a ayudar cuando se les solicita. El último grupo son los que no se familiarizan con la organización eclesiástica, pero participan en la festividad y eventos del Señor de los Milagros. Tienen devoción al Señor de los Milagros, pero visitan la iglesia unas pocas veces al año. Están más centrados en la procesión que en la misa y la ven como una oportunidad para acercarse a una fe más festiva e interactuar con la comunidad peruana. Por ello, los líderes peruanos ven la importancia de recrear en Japón la tradición del Señor de los Milagros traída de Perú como una oportunidad de transmisión religiosa y cultural, una ocasión de intercambio entre los japoneses y fieles de otras raíces, y como la mejor oportunidad para que los peruanos que se encuentran espiritualmente alejados replanteen su fe y se sientan más cerca de la Iglesia.

Los líderes de las hermandades también han comenzado a trabajar en la perspectiva futura de la Festividad del Señor de los Milagros y en el relevo de esta fiesta religiosa a la segunda generación de migrantes. Sin embargo, debido a la pandemia, después de tres años sin poder celebrar esta festividad, las actividades que se venían realizando hasta entonces quedaron repentinamente suspendidas, y solamente a partir del presente año 2023, poco a poco vienen siendo retomadas.

Son muchos los retos a los que se enfrenta la Iglesia católica en Japón, como el envejecimiento de los feligreses japoneses y la disminución del número de sacerdotes. Por otro lado, como mencionan los entrevistados, es importante considerar cómo perciben los fieles laicos japoneses el creciente número de creyentes de diversos orígenes, y la necesidad de formación de líderes y laicos migrantes. Una actitud positiva de querer aprender de la fe de los fieles extranjeros puede ser una clave para afrontar los nuevos retos.

Seguiremos esforzándonos por hacer realidad esta iglesia acogedora para todos en donde se abran las puertas de la iglesia para todos los fieles migrantes, que a veces son excluidos o discriminados por la sociedad de acogida, creando así una "sola comunidad", compartiendo "una sola fe" con creyentes de diferentes nacionalidades y orígenes.

---

1) Plataforma digital única del Estado Peruano gob.pe "INEI difunde Base de Datos de los Censos Nacionales 2017 y el Perfil Sociodemográfico del Perú".

Cuando preguntamos a los entrevistados sobre la participación de sus hijos, en muchos casos dijeron que habían participado cuando eran pequeños, pero a medida que crecieron, aunque continúan colaborando, ya no participan activamente. Se observan retos en la transmisión religiosa de la segunda generación. Además, se mencionó la necesidad de formar líderes que puedan dirigir a la siguiente generación, ya que consideran que existe un límite de lo que puede hacer la primera generación de creyentes por sí sola para convocar a los jóvenes. También, manifestaron su deseo de que los obispos formen y abran más las puertas para los fieles extranjeros, aceptando la situación actual en que la iglesia se encuentra pasando de ser una "iglesia de japoneses" a una "iglesia universal" compuesta por fieles de diversos orígenes.

En este sentido, está habiendo casos de obispos que se involucran más en las festividades de los fieles migrantes. Como es el caso de la diócesis de Saitama, Nagoya, Fukuoka, Takamatsu y Kioto. En el caso de la diócesis de Kioto a la cual pertenezco, desde hace varios años el obispo visita las parroquias donde se celebra la festividad del Señor de los Milagros celebrando la misa en español.

Sobre la formación de los migrantes, la religiosa peruana nos cuenta que algunos dekasegis "no eran apóstoles en sus tierras, pero en la soledad de Japón encontraron la fe". También enfatiza en la necesidad de brindar información y formación para los fieles migrantes, para que puedan seguir fortaleciendo su fe. La religiosa, que por muchos años, a través de la actividad de APALA ha seguido brindando información por medio de la página web y las redes sociales, nos comparte su deseo de que "en un futuro, APALA se convierte en un centro de formación para el dekasegi aquí en Japón". También señaló los diversos problemas a los que se enfrenta la comunidad, "discriminación, soledad, enfermedad corporal y mental", y cómo la iglesia puede llevarles una respuesta, unas palabras ante estos problemas, "No siempre el apóstol está preparado para hacerle llegar una respuesta", por esto, la formación de líderes para este fin es una cuestión urgente.

10. Conclusiones

A partir de la década de 1990, con el incremento del número de peruanos de ascendencia japonesa, se empezaron a realizar misas y procesiones del Señor de los Milagros en las zonas donde se concentraban gran cantidad de peruanos, formándose las hermandades del Señor de los Milagros y comunidades peruanas basadas en la Iglesia Católica. El formato y la organización de la festividad han cambiado según el número de peruanos que viven en el país y la situación actual de cada región, pero gracias al esfuerzo y servicio de los líderes peruanos, la tradición se ha mantenido viva, en algunos lugares durante más de 30 años. Los líderes, en ocasiones, no han sido comprendidos ni siquiera por sus propios compatriotas, aun así, han observado rigurosamente las normas eclesiásticas y locales para poder celebrar la festividad, actuando como intermediarios entre la congregación japonesa y la extranjera.

hermanos de una sola comunidad. Al mismo tiempo, se ha subrayado la importancia de la integración de las comunidades que comparten una misma fe.

El Señor de los Milagros es más que una fe de los extranjeros, es una expresión de la "única fe" de la Iglesia universal, la Iglesia católica. Debe entenderse que también es una oportunidad para que los peruanos que han dejado su patria reflexionen sobre sus tradiciones, cultura e identidad, y las transmitan a las generaciones futuras.

Roldán (2019) describe de la siguiente manera la importancia de que niños y jóvenes participen con sus padres y abuelos en la festividad del Señor de los Milagros de la ciudad de Roma, para poder así, transmitir sus tradiciones.

De hecho, la veneración de la sagrada imagen de Cristo puede interpretarse no sólo como una manifestación de fe, sino también como un elemento de identidad y de cercanía a la tradición y la cultura del país de origen y como un legado que debe transmitirse a las generaciones futuras, especialmente a las que viven lejos de la patria (Roldán 2019).

Imagen 5: Iglesia católica de Ueno, diócesis de Kioto, misa presidida por el obispo.

El Señor no excluye. Algunos japoneses dicen emocionarse cuando ven que el anda se levanta en procesión, y lo han visto en *danjiri(carrozas que son movidas durante un festival)*, pero no en su propia religión. Poder expresar esa fe es importante y en ese sentido tienen futuro.

Dado que el sintoísmo y el budismo, también tiene una cultura de santuarios portátiles, la procesión del Señor de los Milagros y la presentación del Señor de los Milagros como un Dios que nos protege de los terremotos también pueden considerarse familiares y más comprensibles. Según la religiosa, la Festividad del Señor de los Milagros, realizado como una ceremonia pública, puede alentar la fe de los creyentes japoneses, que ha permanecido oculta debido a la persecución contra los cristianos[12], y animarlos a pasar de una expresión de fe privada y orientada hacia adentro, a otra que pueda hacerse pública. Describió lo siguiente:

Creo que los japoneses también están viendo esa expresión de fe, esa fe que fue aplastada y ocultada por la persecución, con nosotros están aprendiendo que se pueda mostrar. Siempre cumpliendo las leyes, si respetamos, las puertas se nos abren.

En este sentido, si seguimos las normas de cada iglesia y las normas de Japón, podremos relacionarnos e interactuar unos con otros. También nos dijo que los niños nacidos y criados en Japón si se sienten acogidos por la iglesia, a través de su vida cotidiana comprenderán mejor el significado del Señor de los Milagros, y en vez de sentirla como una fe extranjera y una festividad lejana, harán de ella su propia fe y su propia festividad.

Si acogemos a los niños y celebramos la festividad también con ellos, ellos se darán cuenta que esta fe no es sólo para los extranjeros, sino también para los japoneses, creo que así, su comprensión hacia la festividad aumentará. He visto a niños que desde pequeños asisten a la catequesis, y veo a chiquillos que vienen aquí y dicen esta es mi segunda casa, esta catequesis está unida al Señor de los Milagros. Si nos integramos de este modo, creo que habrá futuro para la festividad. Creo que sería maravilloso tener un festival en el que todos celebraran juntos, pedir a los brasileños que traigan la imagen de Nuestra Señora Aparecida, a los filipinos con el Santo Niño y a los vietnamitas con Nuestra Señora de La Ban.

De esta manera, menciona que para sentar las bases de la educación religiosa de los niños es necesario no solo participar de la festividad sino tener un sentimiento de pertenencia para sentir la iglesia como un segundo hogar, también menciona la necesidad de una iglesia familiar y accesible que acoja a japoneses y a fieles de otras nacionalidades y raíces, como reciban el sacramento de la iniciación, pero no han podido bautizar a sus nietos porque las parejas de sus hijos son japoneses y de religiones diferentes. Respecto a la Festividades del Señor de los Milagros, Castillo dice:

Espero que la continúen. Quizá la segunda generación continúe esta tradición. En el caso de mis hijos, hablé con ellos sobre esto y me dijeron que continuarían. Hubo un año en que estuve hospitalizado y no pude prepararlo, pero mi hijo coordinó con los representantes japoneses para organizarlo en aquel momento. Es posible que en el futuro disminuya el número de participantes, pero no creo que se pierda del todo.

El *representante* de la hermandad del Señor de los Milagros de la iglesia de Isesaki dijo que, cuando empezaron, sólo pensaban en el momento, pero que desde hace varios años han estado pensando en el futuro de la festividad dando mayor importancia a la participación de niños y mujeres. Además, a partir de este año, se ha invitado a los líderes de cada comunidad, convocando activamente a la comunidad japonesa y a los fieles de otras nacionalidades. La Iglesia de Isesaki cuenta con comunidades de Japón, Brasil, Filipinas y Vietnam, nos

comentó que uno de los retos es la interacción entre comunidades y el hecho de que los fieles japoneses no entienden del todo la festividad. "Creo que hay muchas cosas que no entienden, como la imagen del Cristo moreno, o porque vestimos el hábito morado, etc.", por lo que distribuyen imágenes del Señor de los Milagros con su historia escrita en el reverso en japonés, portugués y en otros idiomas[11].

Imagen 4: Iglesia católica de Hamamatsu, hermanas sahumadoras. Fotógrafa: Mariana Morita

Los afiches que se distribuyen a las iglesias de los alrededores están básicamente en español, pero para que los japoneses también entiendan sobre esta actividad, se procura escribir en japonés la fecha y la hora, el nombre de la iglesia, el título "Fiesta tradicional en honor al Señor de los Milagros" y una cordial invitación.

Cuando preguntamos a una religiosa peruana que lleva muchos años apoyando a la comunidad peruana sobre el futuro de la festividad, nuevamente mencionó la necesidad de la interacción con otras comunidades. Describió los siguiente:

que es importante, y eso es el trabajo de los que están más introducidos en la iglesia, que se enseñe, que los hermanos no lo hagan solo por costumbre, como se hacía en Perú.

La festividad del Señor de los Milagros no sólo ofrece a los peruanos la oportunidad de replantearse su identidad. También puede ser una oportunidad para que aquellos que han estado alejados de la Iglesia reevalúen su fe, cuestionen su propia fe como católicos y establezcan alguna conexión con la Iglesia.

La tendencia a bautizarse y declararse católicos, pero no participar activamente en las actividades de la Iglesia no se limita a los peruanos que viven en Perú, sino que está extendida entre quienes emigraron a otros países. Como ya se ha mencionado, sólo entre el 10% y el 20% de la feligresía de la Iglesia católica peruana participa con entusiasmo en las actividades eclesiásticas y está familiarizada con ellas. Esto también se puede ver en otros países de América Latina. Una antigua encuesta de hace más de 30 años estimaba que los creyentes entusiastas brasileños representaban alrededor del 30% de los católicos (Follmann, 1987). El número de católicos en Brasil ha ido disminuyendo año tras año, pasando del 83,34% de la población católica en el censo de 1991 al 64,6% en 2010 (Konings & Mori, 2012). Considerando la disminución en el número de creyentes, parece probable que también esté disminuyendo el número de fieles comprometidos con la iglesia.

Muchos son bautizados de pequeños, pero en muchos casos la fe no llega a arraigar en sus corazones y a menudo abandonan la Iglesia. Los fieles peruanos y brasileños en Japón también llevan a sus hijos para prepararlos a que reciban los sacramentos de iniciación en la Iglesia, pero suelen dejar de acudir en cuanto termina la ceremonia sacramental.

9. La segunda generación de inmigrantes y las perspectivas de futuro del Señor de los Milagros

Durante nuestra investigación le preguntamos sobre las perspectivas del Señor de los Milagros en Japón y su sucesión a la segunda generación de peruanos. En lugar de una perspectiva optimista y comentarios positivos, fue sorprendente ver cómo las expresiones de los rostros de los entrevistados cambiaban y se volvían serias. El líder de la iglesia católica de Ota, comentó que, aunque la festividad desapareciera, permanecería en la historia como testimonio de la primera generación de peruanos. Nos comentó lo siguiente:

La historia de la primera generación de dekasegis intentando recrear sus propias festividades en Japón permanecerá. Y puede que se vayan con la primera generación. No creo que debamos temer tal situación, ni aferrarnos a ella.

Algunos líderes que han emigrado a Japón hasta tres generaciones han hecho que sus hijos personas que trabajan se van jubilando, y contribuyen cada vez menos, y todas las iglesias se encuentran en una situación difícil. Mencionó la necesidad de traducir y explicar los informes financieros de las iglesias a idiomas que los fieles migrantes puedan entender con precisión.

Por medio de las entrevistas pudimos verificar que existen tres niveles diferentes de sentido de pertenencia dentro de los fieles peruanos en Japón. Los líderes activos en la iglesia son miembros registrados en su iglesia, pagan una cuota mensual para el mantenimiento, etc., y participan activamente en sus respectivas tareas eclesiásticas. No sólo asisten a la misa en español y otros idiomas extranjeros, sino que también van a la iglesia todas las semanas y asisten a la misa dominical. Sólo una pequeña proporción de peruanos participa de tal manera en la iglesia.

El segundo grupo no se encuentra inscrito en el registro de fieles, pero contribuyen con las cuotas de mantenimiento en la medida de lo posible (a veces cero) y colabora activamente en las tareas de limpieza de la iglesia. No asisten con frecuencia a misas en otros idiomas, pero asisten mensualmente a la misa en español y colaboran con las actividades organizadas por la iglesia, y tienen cierto sentido de pertenencia a la comunidad hispanohablante y latinoamericana.

El tercer grupo no asiste a la misa mensual de forma continua, pero participan en ocasiones ceremoniales como bautizos, bodas, funerales, y en la festividad del Señor de los Milagros. Son católicos bautizados, pero no tienen un sentido de pertenencia a la Iglesia católica. No conocen la organización eclesiástica, pero tienen fe en el Señor de los Milagros a nivel personal y participan en la festividad de octubre.

Un líder peruano de la Iglesia Católica de Ota describió la Festividad del Señor de los Milagros como una oportunidad para que la congregación se acerque más a Dios. Comentó lo siguiente:

Algunas personas creen que, porque participan una vez al año, ya están protegidas para todo el año. Pero la religión no es magia, pero eso no se lo podemos decir, sin embargo, creo que nuestro testimonio nos dará la oportunidad de acoger a quienes intentan acercarse a Dios al menos una vez al año, y con buena voluntad llevarlos a pensar más en la espiritualidad, el amor de Dios y la salvación de sus almas.

Los líderes consideran que la festividad del Señor de los Milagros es la mejor oportunidad para convocar a los fieles alejados de la iglesia. También hacen hincapié en el significado espiritual, más que en la costumbre de la procesión.

Cuando cargamos el anda del Señor de los Milagros, vamos pensando en la pasión de Cristo, en el cireneo que ayudó a Jesús a cargar la cruz, en la debilidad de la carne y, claro obtenemos de la celebración del Señor de los Milagros los donamos a la iglesia'.

En lugar de pagar por el diezmo para el mantenimiento de la iglesia, una práctica común en Perú es que cada grupo religioso celebre varias veces al año un acto benéfico al aire libre llamado kermés, en el que se instalan puestos de comida, se realizan bailes y juegos de bingo para obtener los ingresos necesarios. Por eso se intenta que los feligreses, incluso los que no acuden con frecuencia a la iglesia, sean conscientes de los gastos mensuales necesarios para mantener el edificio parroquial. Este es uno de los problemas que plantean los líderes de las comunidades, y ha sido tema de debate en la asamblea general de APALA, una reunión de pastores de habla hispana en la que he participado.

8. Un sentido de pertenencia a la iglesia más allá de la fiesta del Señor de los Milagros

Hay muchos fieles que asisten a una misa en español aproximadamente una vez al mes, pero no están registrados como fieles en la iglesia a la que asisten, no tienen sentido de pertenencia a la iglesia y pocas veces colaboran con las cuotas mensuales de mantenimiento. Este es uno de los retos no sólo para la comunidad peruana de la iglesia a la que asisto, sino también para las comunidades migrantes en general. Sobre este reto, consultamos a un sacerdote peruano que trabaja con la comunidad latinoamericana. El padre Bruno Rojas, que trabaja en la diócesis de Kioto nos dijo lo siguiente:

Creo que es algo simbólico, lo que importa es el gesto y no la cantidad. Creo que algunas personas sólo pagan una pequeña cantidad. Las iglesias tienen costes de mantenimiento más elevados que las casas porque son instalaciones públicas. Los servicios públicos y otros costos forman parte de los gastos. Si hay goteras, hay que reformarla. También se tiene que pagar por un seguro anual para terremotos y otras catástrofes. Creo que tenemos que recordar a la gente que el mantenimiento de la parroquia y el sueldo de los sacerdotes también son posibles gracias al diezmo que los fieles colaboran mensualmente, y no pensar que "la iglesia tiene suficiente" y dar por sentado que es obligación de la iglesia o del sacerdote el ayudar.

Analizando el comentario del padre Bruno Rojas, vemos la necesidad de que la iglesia debe informar detalladamente a la congregación migrante sobre los gastos generales necesarios para el mes. En las reuniones del consejo parroquial, se presenta un informe financiero mensual. Nos dice que es necesario darlo a conocer de forma bilingüe, en japonés y español, o japonés y portugués, para que la congregación extranjera entienda cuánto se tiene que pagar por los servicios de electricidad, agua, gas,etc. para mantener la iglesia. También dijo que la comunidad está disminuyendo porque va envejeciendo y los mayores van falleciendo, las

Sin embargo, cuando las cosas no salen como ellos quieren, a menudo son criticados, difamados, entre la misma comunidad peruana, acusándolos en algunos casos de no querer responder o cumplir los deseos de los peruanos. Juan Castillo, a quien la autora entrevistó, pudo organizar la festividad del Señor de los Milagros todos los años durante más de tres décadas, pero hubo un año en que no pudo soportar las quejas de otros peruanos y dejó la organización a otros fieles. La festividad se llevó a cabo, pero al final del evento, no limpiaron la iglesia como se había prometido, causando molestias a la guardería de la iglesia, con el

desafortunado resultado de que se cancele el evento del año siguiente. Por ello, Juan Castillo, responsable de los primeros años, actuó como intermediario y pidió para que por lo menos se pueda celebrar la misa y la procesión, sin venta de comida. Como el Sr. Castillo se había ganado la confianza de los miembros del consejo parroquial, que eran principalmente japoneses, se le permitió celebrar la Misa y la procesión. Unos años más tarde, también se concedió el permiso

Imagen 3: Procesión a las afueras de la iglesia católica de ueno, diócesis de Kioto.

para la venta de comida. Para no perder credibilidad, siempre se asegura de ordenar y limpiar inmediatamente después de cada festividad para evitar problemas con toda la comunidad.

Él participa en las reuniones del consejo parroquial desde antes de la celebración, informando desde el principio al Consejo el programa de la festividad y realizando informes detallados. También una vez finalizada la festividad, presenta un informe financiero y mostrándonos el informe anual nos dijo: "La iglesia no pide un informe financiero, pero cuando asisto a la reunión del consejo, veo cómo informa la comunidad japonesa, así que procuro elaborar un informe financiero adecuado y lo entrego".

Nos declaró que durante la festividad intentan en lo posible no gastar tanto dinero, afirmando que "el festival que celebramos puede ser el más pobre de Japón". También nos dijo que "El dinero es una fuente de división", y añadió que sólo recaudan el dinero que necesitan para financiar sus actividades, el resto son donaciones de productos o arreglos florales, y los ingresos que adquieren durante la festividad lo entregan a la iglesia. 'Nosotros, la comunidad peruana, no pagamos mucho por el mantenimiento de la Iglesia. Por eso, los ingresos que y la fiesta al aire libre. Todas las comunidades peruanas residentes en la prefectura de Mie participaban y cooperaban de esta actividad. Sin embargo, al ser al aire libre, se necesitaba preparar un altar, traer sillas, colocar los toldos, eran muchos gastos y esfuerzos para celebrar el evento, además dependía también de las condiciones meteorológicas, pues no es raro que en octubre algún tifón llegue a esta zona de Japón. Además, al ser al aire libre, algunas personas se sentían con la libertad de consumir bebidas alcohólicas y no respetaban la celebración. Así comenzó a haber diferencias de opinión entre los líderes sobre si el evento debía continuar con este formato o no. Finalmente, cuando se reconstruyó la iglesia, la festividad se convirtió en un evento de toda la parroquia, celebrándose una misa internacional con todos los miembros de la iglesia, y utilizando el parqueo para realizar la fiesta. Esto se debió también a un pedido del Obispo de la diócesis de Kioto, para compartir y enriquecer la fe de los fieles, animando a la comunidad japonesa a exteriorizar su fe. Y también para que la comunidad peruana se sienta parte de la iglesia local.

Algunos participantes en general se han quejado por el poco espacio para la Procesión que sale de la capilla hasta el aparcamiento, y algunos han pedido que la procesión vuelva a realizarse a la orilla del río. Sin embargo, el formato actual tiene la ventaja de que puede llevarse a cabo independientemente del tiempo que haga, y los organizadores también esperan que la atención se centre en el significado espiritual del Señor de los Milagros más que en la fiesta.

Antes de la pandemia, existía alguna reciprocidad entre las comunidades de Suzuka e Iga, comunidad de la que hago parte. Había cierta interacción porque los fieles latinoamericanos de ambas comunidades participaban en las misas del Señor de los Milagros en ambas iglesias. Pero muchas cosas cambiaron cuando se propagó la pandemia. Algunas normas fueron implementadas con el propósito de evitar aglomeraciones, y así se quedó interrumpido esta interacción. Debido a la pandemia, se limitó el número de personas que podían participar en las misas y, en consecuencia, hubo menos oportunidades para que las comunidades se reunieran e interactuaran entre sí. Posteriormente, será bastante oportuno realizar un análisis para ver si la pandemia ha afectado considerablemente el desenvolvimiento normal en la vida de las diversas comunidades eclesiásticas.

7. Los líderes trabajan también como intermediarios

En la festividad del Señor de los Milagros y las actividades de la iglesia, los líderes también actúan como intermediarios entre la congregación japonesa y la comunidad migrante. Se han ganado la confianza de los fieles japoneses, entienden ambas culturas y las normas de la iglesia japonesa, y escuchan los deseos de la comunidad peruana, especialmente su deseo de recrear en la medida de lo posible la festividad tal y como se celebraba en Perú, y hacen lo posible para que se haga realidad, de acuerdo con la situación actual en Japón.

regiones. Durante este tiempo, el formato de las festividades ha cambiado según las políticas eclesiásticas y las condiciones locales. En algunos lugares, las festividades son organizadas por la Hermandad del Señor de los Milagros, mientras que en otros no existe una hermandad y son los mismos líderes comunitarios los que organizan esa actividad religiosa.

En la investigación previa que realizamos se pudo confirmar que existen tres diferentes formatos: las festividades que se celebran como un evento anual de la iglesia, por medio de una misa internacional, en un día y hora en que todos los miembros de la iglesia pueden participar (Suzuka, Hamamatsu); las que prepara la comunidad peruana dentro de la misa en español que se celebra una vez al mes, en octubre, pero con la participación de varios miembros de otras nacionalidades (Ueno, Anjo y Kariya); y con el permiso y comprensión de la iglesia, algunas son organizadas por la Hermandad del Señor de los Milagros y a ellas asisten principalmente peruanos (Iglesia de Komaki)（オチャンテ 2020）。

En la iglesia Sumiyoshi la festividad también está organizada por la Hermandad del Señor de los Milagros, y se fija para el domingo más cercano al 18 de octubre, día principal de la procesión en Lima. Este día, no se celebra la misa habitual solo en japonés, sino una misa internacional que comienza a las 10:00 am. tanto en japonés como en español, con alabanzas en ambos idiomas. Es una gran celebración a la que asisten todos los miembros de la Iglesia de Sumiyoshi. Participan no sólo los fieles de la prefectura de Hyogo, sino también personas de otras regiones, incluida la de Kansai.

Al celebrar las misas internacionales, tanto en español como en japonés, este evento ha pasado de ser una actividad religiosa restringida a la comunidad peruana a convertirse en un evento de toda la iglesia, con la participación de muchos miembros de la comunidad japonesa e incluso filipina y vietnamita. La festividad del Señor de los Milagros parece estar transformándose. Lo que fue un evento al que asistían solo peruanos se está convirtiendo ahora en un acto anual de toda la iglesia.

Considerando que los fieles de la primera generación de peruanos seguirán envejeciendo en el futuro, algunos líderes piensan que es significativo continuar haciendo esto como un evento de la iglesia, involucrando no sólo a los fieles peruanos sino a toda la comunidad（オチャンテ 2020）．

Sin embargo, la forma de las festividades puede cambiar debido al cambio de los sacerdotes o a las políticas de los dirigentes. En la Iglesia de Hamamatsu, donde se celebraba una misa internacional para facilitar la interacción con los japoneses y fieles de otras nacionalidades, desde el 2023 se cambió a una Misa en español centrándose más en la comunidad latinoamericana.

La festividad del Señor de los Milagros en Suzuka, prefectura de Mie, en la que he participado durante muchos años, no se celebró en una iglesia durante muchos años, sino en un espacio verde alquilado a orillas del río Suzuka, donde se celebraban la misa, la procesión consiste en una misa en su honor, una procesión y una fiesta (que incluye puestos de comida peruana). En ocasiones, durante la procesión le dedican a la imagen de Cristo música y bailes tradicionales. Esto hace de la festividad una ocasión perfecta para mezclar religión, música, danza y cultura gastronómica en un solo festival y reafirmar la identidad peruana. Incluso en Roma (Italia), la Festividad del Señor de los Milagros permite a la gente mantener viva la cultura de su lugar de origen a través del tiempo y el espacio.

Los inmigrantes peruanos en Roma renuevan su identidad, la memoria y las tradiciones de su pueblo, su música, sus canciones, su danza (especialmente la marinera norteña), sus trajes típicos y su comida y, sobre todo, comparten su experiencia religiosa con sus "hermanos", todos ellos hijos de la misma tierra lejana. (Roldán 2019).

En la iglesia a la que asisto, se realiza un pequeño recorrido de la procesión por los alrededores de la iglesia, seguida de una misa conmemorativa y, por último, en el salón parroquial se presenta un homenaje con música folclórica andina y la danza marinera[10]. Es también una oportunidad para dar a conocer la cultura peruana a los brasileños, filipinos, vietnamitas y japoneses que asisten a la fiesta. En el salón parroquial se coloca una gran mesa con la comida que todos los fieles traen para la fiesta, especialmente comida peruana, y la gente comparte e interactúa alrededor del Señor de los Milagros.

En la Iglesia de Isesaki, donde se encuentra la hermandad del Señor de los Milagros, hay 60 miembros de la hermandad, de los cuales 25 participan con frecuencia. Después de una misa conmemorativa, durante dos horas y media se realiza una procesión fuera de la iglesia. Con el permiso de la policía de la zona, el día del evento, contando con la cooperación de la policía, salen por las inmediaciones de la iglesia haciendo 14 paradas, en cada cual se lee un pasaje de la Biblia. Luego de regresar a la iglesia, le dedican danzas y música al Señor de los Milagros, también conocido como "Cristo Moreno". Aquí los restaurantes cuentan con espacios para instalar puestos de venta de comida peruana. Cada puesto da una donación de 20.000 yenes como tarifa de uso para cubrir los gastos necesarios.

El formato del festival es diferente en las iglesias de Ueno e Isesaki, esto debido a la diferencia en el tamaño de la comunidad peruana y a la presencia o ausencia de las hermandades. Sin embargo, no hay diferencia en las misas y procesiones que forman la estructura principal de la festividad, ni en el intercambio cultural (música, danza, vestimenta, comida, etc.) con otras comunidades.

6. La forma del festival

Han pasado más de 30 años desde que el número de peruanos residentes en Japón comenzó a aumentar y se ha venido celebrando la Festividad del Señor de los Milagros en diversas

La procesión en Argentina es una ceremonia pública y se realiza en la misma ciudad y con la misma pompa y forma que en Perú. En Buenos Aires, 'El simple hecho de participar en la procesión del señor de los milagros se inscribe en términos de voluntad de reafirmación como peruano y como parte del grupo de peruanos que viven en la misma ciudad. Durante la precesión, áreas previamente carentes de sentido identitario para el migrante, se transforman y el camino deja de ser una avenida cualquiera para tomar un mayor valor en donde los peruanos interactúan" (Macchiavello 2012).

Este fue el caso de la iglesia a la que asisto. Como la comunidad peruana crecía y se celebraban misas en español, se decidió celebrar en octubre una misa del Señor de los Milagros y una fiesta para que los peruanos interactúen entre ellos. Al principio, tomaron prestada una pequeña imagen que tenía una familia peruana, y más tarde trajeron de Perú los adornos necesarios, construyeron un anda y organizaron también la Procesión. Otros líderes de las comunidades afirman que también empezaron utilizando pequeños cuadros, y que la festividad se fue ampliando poco a poco. Entre quienes tienen fe en el Señor de los Milagros, no es raro que experimenten el cumplimiento de milagros, como la curación de enfermedades. Muchos han sido ayudados por el Señor de los Milagros en tiempos de necesidad y han prometido predicar y difundir la fe en el Señor de los Milagros como agradecimiento.

En el caso de la iglesia de Sumiyoshi, Juan Castillo, nos contó que su esposa llegó primero a Japón y él se quedó en Perú con sus dos hijos. Cuando participó de la procesión en Lima, en octubre de 1990, sus hijos se perdieron y en medio de una gran cantidad de personas buscó a sus hijos sin poder encontrarlos. Y, agotado, rezó al Señor diciendo: "Señor, hazme este milagro, que encuentre a mis niños a salvo, y te prometo que seguiré con esta tradición a dondequiera que vaya". Tras la oración, se dio la vuelta y vio a sus niños allí de pie. Más tarde, vino a Japón con sus hijos, siempre guardando en su corazón este deseo, pudo realizarlo en la iglesia católica de Sumiyoshi, adonde llegó. Animado por el sacerdote encargado en aquel momento, se celebró la primera misa, utilizando una imagen ampliada del Señor de los Milagros del calendario que había traído consigo.

Imagen 2: Iglesia católica de Isesaki, niñas bailando la marinera en Isesaki.

La festividad del Señor de los Milagros

de Sumiyoshi ha atraído la atención de toda la comunidad peruana (peruanos de a pie como a funcionarios del consulado, etc.) y de los investigadores japoneses por ser el lugar en donde se celebra la Festividad del Señor de los Milagros por ya más de 30 años. En la entrevista, Juan Castillo nos presentó el informe de la investigación "*Festividad de los Migrantes ('Señor de los Milagros')*" (細谷 2007), trabajo de campo recopilado por profesores y estudiantes de la Universidad de Kobe, y nos contó con orgullo que él mismo brindó una charla sobre la festividad del Señor de los Milagros en esta Universidad.

La celebración de la festividad se ha extendido a otras muchas regiones desde la década de 2000, y ahora en todo Japón, en las zonas donde se concentran comunidades de peruanos, se celebran misas y procesiones al Señor de los Milagros. La autora ha confirmado que se celebran misas y procesiones del Señor de los Milagros en las prefecturas de Hyogo, Osaka, Shiga, Kagawa, Mie, Aichi, Shizuoka, Tochigi, Ibaraki, Saitama, Gunma, Kanagawa y Okinawa.

En otros estudios representativos, 寺澤 (2009) resume el caso del Señor de los Milagros, que se celebra desde 2001 en la iglesia católica de Midorigaoka, en Nagoya, y el sentir de la congregación japonesa desde la perspectiva de la aceptación intercultural. 古屋 (2002) menciona el caso de la iglesia católica de Kusatsu, en la prefectura de Shiga, y estudia las fiestas patronales en la iglesia católica realizada por peruanos residentes en Japón. La misma autora realizó un estudio sobre el significado de la festividad del Señor de los Milagros desde el punto de vista de los peruanos residentes en Japón, los retos de la transmisión religiosa en la segunda generación y las perspectivas de futuro de la fiesta (オチャンテ 2020).

La pandemia causada por el nuevo coronavirus provocó la cancelación de las actividades eclesiásticas. Aquí en Japón, en muchos lugares también se cancelaron las misas presenciales, y por supuesto las procesiones debido a la imposibilidad de reunirse en gran número, y en muchos casos, las festividades se redujeron y se celebraron sólo con una misa en la mayoría de las zonas. Sin embargo, desde mayo de 2023 en todo Japón, se relajaron las nuevas restricciones por el coronavirus y, por primera vez en tres años, se reanudaron las festividades en octubre.

Si preguntamos a un peruano sobre su fe y festividad religiosa, seguramente lo primero que vendrá a su mente será el Señor de los Milagros. En Perú se usa mucho esta expresión: "Donde hay un peruano ahí está el Señor de los Milagros".

No es exagerado decir que dondequiera que haya comunidades peruanas, hay misas y procesiones en honor al Señor de los Milagros. Hay una tendencia de los peruanos a formar hermandades del Señor de los Milagros en los lugares donde se establecen, comenzando con unas pocas familias y tratando de celebrar la festividad de la misma forma que en Perú. Ejemplos característicos son las procesiones en Chile, Argentina, Estados Unidos, España, Francia e Italia etc.

información, entrevistando por llamadas telefónicas y enviando mensajes. La autora también mantiene vínculos con la red de comunidades latinoamericanas de la Iglesia en Japón, y tiene experiencia de trabajo con los Agentes de Pastoral Latino iberoamericana APALA del Comité Católico Japonés para los Refugiados y Migrantes (J-CaRM), así como las propias experiencias en su propia parroquia, y los registros de dichas experiencias también se incluyen en el análisis[9].

Tabla 1. Los sujetos de estudio

	Nacionalidad	Sexo	Edad al llegar a Japón	Año de llegada	Región de actividad	Edad actual	Estatus de residencia
A	Perú	Hombre	36	91	Kobe	68	Residencia permanente
B	Perú	Hombre	23	98	Isesaki	48	Residencia permanente
C	Perú	Hombre	25	90	Hamamatsu	56	Residencia permanente
D	Perú/Japón	Hombre	10	90	Komaki	43	Nacionalidad japonesa
E	Perú	Mujer	29	98	Anjo y Kariya	54	Residencia permanente
F	Perú	Mujer	28	91	Suzuka	60	Residencia permanente
G	Perú	Mujer	38	91	Iga	69	Residencia permanente
H	Perú	Mujer	35	92	Shizuoka	67	Visa religiosa
I	Perú	Hombre	36	94	Diócesis de Kioto	64	Visa religiosa

5. El Señor de los Milagros y la primera generación de migrantes

Algunos estudios dirigidos a la comunidad peruana en Japón mencionan la festividad del Señor de los Milagros. Un estudio representativo es el de 三木・沼尻 (2002), que compararon las festividades del 'Señor de los Milagros de la Iglesia Católica de Sumiyoshi', en Kobe, que se celebra desde 1991, y el 'Señor de los Milagros de la Iglesia Católica de Hirakata', que comenzó a celebrarse en el 2009.

Imagen 1: Iglesia de Sumiyoshi. Misa en honor al Señor de los Milagros de 1992.

Mencionan que estas festividades han sido una oportunidad para que los peruanos manifiesten su origen étnico a través de la recreación de las fiestas de su ciudad natal.

La autora también entrevistó a Juan Castillo, representante peruano de la Iglesia de Sumiyoshi, en donde se celebró por primera vez en Japón la Festividad del Señor de los Milagros. La Iglesia venían solos a Japón, dejando a sus padres e hijos en Perú. Creo que la gran mayoría buscaba un ambiente cálido, algo que los transportara a Perú, sobre todo en fechas especiales como la Navidad. Al ver en la iglesia el pesebre, el árbol de Navidad, las luces, después de la misa de gallo, participar de la fiesta conmemorando el nacimiento de Jesús, abrazando a sus compatriotas diciendo "Feliz Navidad", eran unos de los escasos momentos en los que podían sentirse como en Perú. Creo que, en este tiempo, la iglesia era el único lugar donde podías sentirte como si estuvieras en Perú, aunque fuera por escasos momentos.

En la década de 2000, empezaron a celebrarse misas en español y portugués, padres e hijos acudían juntos a la iglesia, siendo mi madre la encargada de preparar el sacramento de la Primera Comunión. Al principio, como en aquella época había muchos niños que sabían hablar español y portugués, mi madre junto a otras ayudaba en la catequesis, pero cuando empezó a aumentar el número de niños que hablaban mejor japonés, se comenzó a contar con la ayuda de los fieles japoneses, para brindar un apoyo multilingüe, incluyendo japonés, español y portugués. Esta política sigue vigente hoy en día, y el apoyo se sigue prestando en varios idiomas.

Han pasado ya más de treinta años desde que comenzó el fenómeno "dekasegis", y muchos peruanos se han establecido de manera definitiva, compraron sus casas y viven ya con tres generaciones, lo que les permite reunirse con familiares en sus hogares y celebrar las fiestas con sus amigos. Quizá por ello, cada vez son menos los peruanos que acuden a la iglesia en busca de calor familiar. Sin embargo, todavía hay familias peruanas que participan de la iglesia y llevan a sus hijos a la iglesia para que reciban los sacramentos de Iniciación cristiana, el Bautismo, la Primera Comunión y la Confirmación.

Otra festividad que la iglesia ha tratado de recrear es la celebración del Señor de los Milagros. Esta no es una fiesta que se pueda hacer en casa, sino una fiesta que se reproduce junto a la comunidad peruana, tomando como base la iglesia católica.

4. Método de la investigación

En el 2020 se realizó un estudio viendo desde el punto de vista de los peruanos en Japón el significado y las perspectivas de futuro de la festividad del Señor de los Milagros. Se llevó a cabo una encuesta de seguimiento de los entrevistados, además de ampliar el abanico de entrevistados y las zonas de investigación. Se realizaron entrevistas a líderes pertenecientes a la Hermandad del Señor de los Milagros (Kobe, Komaki, Isezaki) y a líderes de las comunidades peruanas de la Iglesia (Suzuka, Iga, Kariya-Anjo, Hamamatsu, Ota), así como a un sacerdote y una religiosa, ambos peruanos, sobre la situación actual de la comunidad peruana, la aceptación por parte de los japoneses y las perspectivas futuras del Señor de los Milagros. Cada entrevista duró aproximadamente entre una y dos horas y, con el permiso de los entrevistados, se transcribieron y analizaron las grabaciones. También confirmamos la

El presidente de la empresa donde comenzaron a trabajar mis padres, en la ciudad de Iga, era de raíces francesas. Los miembros de mi familia fuimos los primeros extranjeros que recibió en su empresa. Al comienzo ayudó a mi familia a conocer y adaptarse a la ciudad. Fue por esta guía que mi familia conoció la iglesia católica más cercana. Tras la llegada de mi padre a Japón, comenzaron a participar en las misas y, a finales de la década de los 90, cuando la congregación extranjera comenzó a aumentar, empezaron a apoyar al sacerdote, organizando la comunidad extranjera y realizando servicios litúrgicos en la misa. Yo comencé a frecuentar la iglesia de Ueno y a participar en sus actividades, desde que llegué por primera vez a Japón en diciembre de 1996. A lo largo de un periodo de casi 30 años, pude ser partícipe de los cambios en la Iglesia Católica de Ueno y de su crecimiento hasta convertirse en una iglesia multinacional y multicultural.

Los primeros recuerdos que tengo de la iglesia son los de la misa y la fiesta de Navidad. La congregación era mayoritariamente japonesa, y todos los líderes eran japoneses. Los pocos extranjeros que había eran mi familia y otros cuantos fieles peruanos y brasileños. El párroco en aquel momento era un sacerdote de la Misión Extranjera de París que llevaba en misión en Japón desde 1949. Este sacerdote estaba a cargo de la iglesia de Ueno desde 1994 y, al ver el aumento de los fieles peruanos, comenzó a estudiar español para poder atenderlos de la mejor manera posible. Cuando la autora llegó a Japón en diciembre de 1996, la misa sólo se celebraba en japonés, pero durante la primera parte de la misa, en la Liturgia de la Palabra, los extranjeros se reunían en el salón parroquial que está contiguo a la capilla y leían los pasajes de la Biblia en español.

Mi padre, que era el líder del grupo, no era designado por la diócesis, pero ejercía como catequista y ministro de la palabra. En la segunda parte de la misa, cuando llegaba la Liturgia Eucarística, volvíamos a la capilla y participábamos con los fieles japoneses hasta el final de la misa（オチャンテ・オチャンテ 2017）. Unos años más tarde, recibieron el nombramiento de la diócesis, asumiendo mi padre el papel de ministro de la palabra, y mi madre el de ministra extraordinaria de la Eucaristía.

En los años noventa, los peruanos de la zona tenían pocas oportunidades de reunirse con otros peruanos, e ir a la iglesia se convertía en una oportunidad de interactuar con la comunidad, y poco a poco empezaron a desear recrear en Japón las fiestas que celebraban en Perú. El deseo de celebrar la misa en lengua materna, tener los grupos de estudio para recibir los sacramentos como el bautismo y la primera comunión de los niños, celebrar la Semana Santa, la Pascua y la Navidad como en su país natal, etc., eran deseos comunes compartidos también por la comunidad brasileña.

En la década de 1990, cuando todavía era una adolescente, comencé a ayudar a mis padres acogiendo a los fieles extranjeros que venían a la iglesia, al adquirir confianza con el idioma japonés, empecé a ayudar en la traducción e interpretación. En ese tiempo, muchos peruanos emigraron.

3. Mis experiencias en el nacimiento de la comunidad peruana

La Iglesia Católica de Ueno, en Iga (ciudad situada en la prefectura de Mie), a la cual pertenezco, está formada principalmente por fieles de origen japonés, brasileño, filipino, peruano y vietnamita. Debido al aumento de la población de origen extranjera y al envejecimiento de los fieles japoneses, actualmente, la mayor parte de los ministerios y cargos de responsabilidad de la iglesia son realizados por fieles de origen extranjero. En julio de 2023, los fieles extranjeros ya eran mayoría en esta parroquia. Por nacionalidades, los mayores porcentajes corresponden a brasileños y peruanos, pero también está aumentando el número de creyentes filipinos y vietnamitas. Cada comunidad tiene su propia estructura demográfica y características. Los japoneses (más de 70 años de promedio), los inmigrantes brasileños, peruanos de la primera generación y filipinos casados con japoneses, de mediana edad (de 40 a 60 años), los vietnamitas y filipinos que vienen a trabajar como practicantes técnicos (en sus 20 años) y niños de la segunda generación de Brasil, Perú y Filipinas (en sus 10 años).

La Iglesia de hoy tiene un entorno multilingüe y multicultural. A principios de los noventa, cuando la congregación extranjera empezó a aumentar, los pocos miembros peruanos, filipinos y brasileños asistían a misas en japonés, puesto que no se oficiaban en otros idiomas, y eran tratados como huéspedes. Mis padres estuvieron entre los primeros extranjeros que llegaron a la iglesia. Eran muy creyentes, se conocieron a los 15 años en su iglesia local, empezaron a relacionarse cuando se involucraron en las actividades juveniles de su parroquia y, tras casarse, continuaron como líderes y catequistas en una iglesia de Lima, hasta que llegaron a Japón.

En 1991, mi padre, que no era de ascendencia japonesa, no pudo obtener inmediatamente la visa, por lo que primero mi madre y sus hermanas tuvieron que venir solas a Japón. Llegaron a la prefectura de Gunma, donde permanecieron durante un mes, hasta que por fin lograron encontrar un trabajo para ellas en la ciudad de Iga, prefectura de Mie (en aquel momento, la ciudad se llamaba Ueno). Unos meses más tarde, se expidió el visado de mi padre, que desde un comienzo empezó a trabajar en la misma fábrica que mi madre en la ciudad de Iga.

En 1991, cuando mis padres llegaron a Japón, había 1.116 extranjeros en la ciudad de Ueno, y cuando yo llegué a Japón, en 1996, había ya 1.927 extranjeros. El número de peruanos era de 93 en 1991 y de 160 en 1996[6]. En toda la prefectura de Mie, el número de residentes extranjeros aumentó de 15.617 en 1991 a 23.926 en 1996, ya para finales del 2022, éramos 57.279 migrantes en toda la prefectura[7]. En el 2002, la ciudad de Ueno se fusionó con otros municipios vecinos formando así la ciudad de Iga. Actualmente, el número de residentes extranjeros en la ciudad de Iga es de 5.711, es decir, el 6,62% de toda la población es migrante, con 398 peruanos residentes[8].

oración y hermandades en las que pueden participar desde niños hasta ancianos.

La Iglesia también desempeña un papel importante en las comunidades locales, donde la fe está fuertemente arraigada. Esto puede deberse también al alto número de peruanos que han llegado al altar de los santos y a su temprana canonización, cuando el país todavía era colonia española, siendo venerados por muchos.

Perú tiene cinco santos. Santa Rosa de Lima, patrona de América, fue la primera santa nacida en el continente americano, por lo que su piedad se extendió no sólo a todo el Perú, sino también a las antiguas colonias españolas fuera de Perú. Otro santo famoso es San Martín de Porres, cuya madre era de origen africano y su padre español. Se convirtió en el primer mulato en llegar al altar de los santos.

Aunque existen devociones y fiestas patronales locales y regionales, uno de los acontecimientos que congrega un gran número de personas en un mismo lugar es la festividad del "Señor de los Milagros". Se trata de la procesión más grande de toda Latinoamérica. La fiesta es muy antigua, su origen se remonta a 1650. En un principio, un esclavo africano del barrio de Pachacamilla pintó en una pared una imagen de Cristo, la Virgen María y María Magdalena al pie de la cruz, y una cofradía de esclavos comenzó a desarrollar una devoción en torno a la imagen de Cristo. El muro resistió a numerosos terremotos, realizando muchos milagros, lo que extendió la piedad por toda Lima. A finales del siglo XVIII se construyó una iglesia en el muro en el que estaba pintada la imagen y, en 1771, la piedad se consolidó con una sucesión de homenajes a la imagen por parte de autoridades civiles y eclesiásticas, entre ellas el virrey, miembros del cabildo, arzobispos y órdenes religiosas (Costilla 2015, 2016).

Además, a medida que la imagen resistía a varios terremotos, fue aumentando la veneración del Cristo como protector frente a los temblores, y el Cabildo decidió declararlo patrono de la ciudad. El 27 de septiembre de 1715 el Señor de los Milagros fue elegido como "guarda y custodia" de Lima (Costilla 2015) y, desde el terremoto de 1687, las fechas 18, 19 y 20 de octubre permanecieron como conmemorativas de esa protección, marcando el inicio de las tradicionales procesiones con las andas del Cristo (Costilla 2016). También en 1955, la 'La Hermandad del Señor de los Milagros de Nazarenas' fue reconocida oficialmente por el arzobispo de Lima y se eligió el Himno al Señor de los Milagros, que actualmente se canta en la procesión (Costilla 2016).

De esta manera, la devoción al Señor de los Milagros se extendió desde la zona de Pachacamilla a toda la ciudad de Lima y, a principios del siglo XX, se había extendido a todo el Perú. En 2005, el "Señor de los Milagros" fue reconocido por el Vaticano como el "Patrón de los Peruanos Residentes e Inmigrantes"（三木・沼尻 2012）y, en 2010, el Congreso de la República del Perú dictaminó una ley que declara al Señor de los Milagros como "Patrono del Perú". En la segunda mitad del siglo XX, un número cada vez mayor de peruanos emigró al extranjero y la Fiesta del Señor de los Milagros comenzó a celebrarse en los lugares a los que siguiente generación, especialmente en lo que se relaciona con la festividad del Señor de los Milagros. Reflexionaré también sobre mis propias experiencias, mi misión evangélica en Japón y las vivencias que condujeron a la formación de una comunidad multilingüe en la parroquia de Ueno. Al mismo tiempo, consideraré el significado de recrear la fiesta del Señor de los Milagros, y la fe de la primera generación de inmigrantes que, al igual que mi familia, llegaron a Japón como "dekasegis" y han apoyado a la comunidad peruana por medio de la Iglesia Católica en Japón.

2. La religión en Perú y los orígenes del Señor de los Milagros

Los resultados del censo peruano de 2017 mostraron que el 76,0% del total de la población de 12 o más años de edad se declaraba católico[1]. En el censo anterior de 2007, la población católica había alcanzado el 81,3% de la población peruana, por lo que podemos apreciar una considerable tendencia a la baja.

Con ocasión de la visita del papa Francisco al Perú en 2018, una encuesta realizada por el medio digital Perú Católico mostró que, si bien el 78% de los católicos decía asistir a misa todos los domingos, solo el 21% decía participar de algún grupo de la parroquia[2]. Asimismo, con motivo de la visita del Papa Francisco al Perú, Mons. Norberto Strotmann, Secretario General de la Conferencia Episcopal Peruana, en entrevista con el diario *Perú 21,* estimó que "en el Perú, solo el 10% de los fieles están muy cercanos a la iglesia, cumpliendo sus deberes como católicos"[3].

Los católicos en Perú representan el 76,0% de la población, pero parece razonable suponer que solo alrededor del 10% al 20% de la congregación participa con entusiasmo en la Iglesia, perteneciendo a algún grupo dentro de sus parroquias. Sin embargo, Perú también es un país donde el catolicismo sigue desempeñando un papel importante tanto en la esfera pública como en la privada (Fernández-Mostaza, Muñoz Henríquez 2018).

En ese aspecto, en términos de número de creyentes, la población católica en Japón es mucho menor que la de Perú. Según las *Estadísticas de Iglesia Católica*, un informe de la Conferencia Episcopal, la población católica en Japón es de 431.100 personas, es decir, solo el 0,34% de su población total[4]. Al 31 de diciembre de 2021, el número de creyentes cristianos era de 1.967.584 (1,6%)[5]. Los creyentes japoneses tienden a considerar su fe como algo privado y suelen limitarse a la enseñanza y a los servicios de misa en sus iglesias, al margen de sus comunidades locales.

Por otro lado, la cultura peruana está fuertemente vinculada al cristianismo. Muchas fiestas tradicionales están asociadas al cristianismo e, incluso si no se pertenece a ninguna iglesia, hay muchas oportunidades de vivir la fe a través de la iglesia católica local y las fiestas patronales de las distintas regiones. Las ceremonias de la iglesia son alegres, coloridas y musicales; y las actividades eclesiásticas son diversas, con muchos grupos de estudios, de

Capítulo 5
La Fe de los Peruanos en Japón Vista a Través de la Festividad del Señor de los Milagros

Rosa Mercedes Ochante Muray

1. Introducción

En este capítulo trataré sobre la fe de los migrantes peruanos vista a través de la festividad del Señor de los Milagros. También presentaré mis propias experiencias como migrante dentro de la iglesia católica en Japón.

Yo soy peruana de nacimiento. Mis padres llegaron a Japón como "dekasegis", en la década del 90 y, luego de establecerse, me trajeron a este país. En aquella época tenía 15 años de edad, nunca me opuse a la idea de venir a Japón, pero a la vez tampoco pensé que alguna vez migraría del todo.

Lo que parecería ser unas vacaciones de verano de tres meses se ha convertido ahora en una estancia de 27 años continuos.

Como muchos peruanos de ascendencia japonesa, el propósito de mis padres era venir y trabajar como obreros "dekasegis", ahorrar algún dinero durante un breve periodo de tiempo y, finalmente, regresar a Perú para cumplir sus sueños y proyectos de vida. Sin embargo, la realidad fue otra. No consiguieron ahorrar todo el dinero que hubieran deseado, debido al costo de vida en Japón y las remesas que hacían para la familia que les quedaba en Perú. En consecuencia, igual que en el caso de muchos trabajadores "dekasegis", terminaron quedándose más tiempo de lo planeado e, incluso, estableciéndose aquí de forma definitiva.

Una de las razones por las que mis padres decidieron residir definitivamente en Japón fue por motivos religiosos, vinculados a la iglesia católica. A través de ciertos compromisos con la comunidad católica local, mis padres encontraron un lugar de acogida y un espacio donde podían vivir su fe en Dios y sentirse útiles para con los otros, encontrando así un propósito de vida y una misión que no se consigue solo trabajando en fábrica o viviendo en una zona rural. Aunque mi padre también participaba en un grupo musical de folclore andino (véase el capítulo 7), la iglesia era el único espacio donde mis padres podían sentirse más realizados como pareja y como familia.

Este capítulo examina las reflexiones y los desafíos de un grupo de inmigrantes peruanos de la primera generación, a través del proceso que los llevó a pasar de ser "dekasegis" a la idea de tener una "misión en Japón", donde, por medio de sus actividades religiosas, buscan preservar sus raíces culturales y su identidad como pueblo, para poder transmitirla a la sido mayor.

24) Según 金城 (2007), hay una alta proporción de personas de las comunidades *nikkei* de Argentina (alrededor del 70%) y de Bolivia (alrededor del 60%) que tienen raíces okinawenses.

25) Esta vez se han considerados dos ubicaciones, la provincia de Okinawa y Perú, pero también son concebibles otros casos como el de California, que menciona Yokota (2012).

26) Me pregunté si la Asociación Peruana de Okinawa debería ser considerada como una asociación de peruanos por la similitud de sus miembros tanto en el momento de su creación y como ahora.

Finalmente, decidí incluirla como una especie de una Asociación de Peruanos de un mismo pueblo.

27) Sobre las organizaciones de un mismo pueblo de peruanos en Japón, hubo un intento de formarlo por parte del embajador peruano en Japón de ese momento y representantes de la Asociación Peru Ashikaga que tenían contacto con la ciudad de Huancayo de la sierra peruana. Dado que es difícil trabajar con una generación joven que tiene gran movilidad, el plan fracasó.

28) 福田 (2015) reexamina las características de los peruanos a partir de estadísticas japonesas luego del fenómeno *dekasegi*.

29) Entrevista con un colaborador de la investigación que participó en el establecimiento de la Asociación Académica Nikkei (15 de marzo de 2023).

30) Véase 大平 (1996) sobre los machistas en la sociedad peruana.

31) Al inicio de la inmigración japonesa al Perú, la comunidad *nikkei* en el Perú al igual que la comunidad peruana en Japón tenía problemas como el de las diferencias de clases（柳田 2017）.

32) En materia de educación, ciertamente se han desarrollado las escuelas peruanas y los cursos por correspondencia, pero hay aspectos que son difíciles de continuar y que no están completamente difundidos.

aunque son diferentes de las organizaciones previstas en este capítulo en términos de su naturaleza y métodos de apoyo. Nos gustaría aprovechar esta oportunidad para pedir disculpas a aquellas organizaciones que pertenecen a los tipos de asociaciones de este capítulo pero que no han podido ser ubicadas.

14) Asociación Japón-Perú, Asociación de Amistad Japón-Perú Yachimata, Asociación de Amistad Hokkaido-Perú, Asociación de Amistad Fukui-Perú, Asociación de Amistad Saitama-Perú, Asociación Hiroshima-Perú y Asociación Yamaguchi-Perú. También está la Asociación Peruana de Okinawa, y después de una cuidadosa consideración la clasificamos en la Asociación Peruana. Los detalles se explicarán más adelante.

15) Se excluyen porque la organización encuestada respondió que "no era una organización de peruanos".

16) En el cuadro hay 10 organizaciones que están sombreadas, pero la organización número 12 es una organización filial de la número 8, por lo que se considera como una organización.

17) Como se describirá más adelante, el apoyo se limita a la Asociación Okinawense del Perú, constituyendo un caso especial.

18) El 20 de julio de 2006, la Oficina del Consejo de Ministros la reconoció como una Sociedad de actividades específicas sin fines de lucro se convirtió en la primera asociación de peruanos registrada oficialmente ante el gobierno japonés. Aunque no existe ningún documento oficial que fuera "reconocido oficialmente" por el gobierno peruano en su momento, la Asociación Japonés Peruana para la Integración así lo afirma. Sin embargo, dado que la Asociación Perú Ashikaga en realidad se estableció a solicitud del embajador peruano en Japón de ese momento（柳田 2010), esta asociación se convirtió en la primera asociación oficial. Además, la Asociación Peruana de Okinawa y la Asociación Perú Nikkei ya habían estado involucradas con las representaciones diplomáticas peruanas en Japón antes que la Asociación Perú Ashikaga.

19) Cuando se estableció la asociación, a pesar que los miembros de la junta directiva fueron seleccionados mediante una convocatoria pública y un proceso electoral adecuado, hubo críticas de la comunidad peruana sobre por qué y cuándo fueron elegidos. Además, existe una fuerte conciencia de que una asociación centralizada no puede cumplir su función centralizadora debido a diversos factores como los diferentes tipos de actividades de las asociaciones de peruanos, el hecho de que ellas están dispersas por todo el Japón y la falta de personas que participen activamente en la organización central.

20) Si bien están dirigidos a los peruanos en Japón, en realidad son eventos multiculturales en los que también pueden participar japoneses y personas de otras nacionalidades. Los eventos incluyen "Delicioso Perú" que reúne a los restaurantes de comida peruanas de todo el país, diversos seminarios, etc.

21) No ha sido posible confirmar el caso de la provincia de Gunma para la misma época. Además, dado que se había establecido en cierta medida la capacidad de aceptar a los brasileños（広田 2016), es posible que el apoyo a los peruanos fuera amplio y que la necesidad de establecer una organización no haya sido tan necesaria.

22) El multiculturalismo no es la razón por la que se establecieron las asociaciones de peruanos, pero sí constituye la razón por la que sus actividades continúen. Además, hubo casos en que las asociaciones de peruanos fueron ampliamente conocidas por llamar la atención en el marco de la convivencia multicultural. La coexistencia multicultural es el catalizador para establecer asociaciones étnicas de inmigrantes de segunda generación en lugar de las asociaciones de inmigrantes peruanos de primera generación.

23) 野入 (2005) presenta estadísticas desde 1972, cuando la prefectura de Okinawa fue devuelta a Japón. Hasta 1988, la mayoría de los peruanos residentes en Japón vivían en la provincia de Okinawa. Si se considera a los inmigrantes de primera generación que conservaron la nacionalidad japonesa y a los inmigrantes de segunda generación que nacieron en Perú pero tienen la nacionalidad japonesa, el número de peruanos habría

el marco de la convivencia multicultural, me gustaría pedir a la sociedad japonesa el apoyo adecuado para que seamos o podamos llegar a ser "uno de ellos".

---

1) Sobre la relación del autor con las asociaciones de peruanos, anteriormente estuvo relacionado con una organización de voluntarios de la provincia de Tochigi, Asociación Okinawense del Perú, etc.

2) En este capítulo no se trata los casos como el de los refugiados.

3) Por ejemplo, durante la Segunda Guerra Mundial la comunidad *nikkei* de Perú formada por inmigrantes japoneses, sufrió un vacío debido a la deportación de sus figuras centrales y de sus familias a los Estados Unidos. Esto trajo como consecuencia a nivel comunitario la pérdida de liderazgo, el colapso de las comunidades y la desconexión del capital social; a nivel de familias, la separación de sus miembros y problemas en sus condiciones de vida y económicas（坪居 2010, etc.). En Japón, con la recesión económica de fines de 2008, muchos brasileños y peruanos regresaron a sus países de origen（髙谷 et al. 2015), reduciendo el tamaño de la comunidad.

4) 小井土 (2005) sugiere que incluso si las personas de una misma región tienen fuertes lazos, por el contrario, puede existir una cohesión muy débil e incluso rivalidad entre regiones y entre diferentes grupos de inmigrantes. También se debe considerar no solo a nivel de asociación de inmigrantes sino también a nivel micro.

5) Tal como lo define Bloemraad y otros (2022), la asocación de inmigrantes es un grupo de líderes o miembros nacidos en el extranjero que comparten una historia, un propósito, una identidad, etc., para que su interacción circule internamente.

6) Por ejemplo, en 2015, cuando un peruano estuvo involucrado en un incidente en la provincia de Saitama, los medios de comunicación le pidieron su opinión al representante de la Asociación de Peruanos de la ciudad de Isesaki (Gunma) porque el delincuente había trabajado en la provincia de Gunma.

7) En la década de los 90 se empezó a ver la participación de otros países como España.

8) A partir de 2010 pasó a ser Dirección General de Comunidades Peruanas en el Exterior y Asuntos Consulares.

9) La traducción al japones de la Federación Mundial de Instituciones Peruanas es del autor.

10) http://femip.org/nosotros (Último acceso: 3 de mayo de 2023)

11) La investigación se realizó a través de búsquedas en Internet, entrevistas a conocidos y búsquedas bibliográficas. En la búsqueda en Internet, se buscó las palabras claves como "Perú" entre las organizaciones sin fines de lucro del portal de Oficina del Consejo de Ministros y en el listado de número de registro de las asociaciones de la Agencia Nacional de Impuestos.

Además, se buscó en todas las provincias japonesa con palabras clave como "Organización peruana en la provincia". Para las entrevistas, pregunté a conocidos de zonas en donde viven peruanos (Provincias de Shizuoka, Aichi, etc.) sobre la presencia de organizaciones de peruanos. Como referencia bibliográfica: 照屋 (1977; 1980), 柳田 (2007), Kawabata (2011) y Méndez (2013).

12) Para ser considerada como una asociación de inmigrantes, se consideró que ésta debía ser establecida por inmigrantes de primera generación y no debe tener fines de lucro. En este capítulo también se aborda brevemente las asociaciones étnicas fundadas por inmigrantes de segunda generación.

13) No es que este tipo de organizaciones no hayan apoyado a los peruanos en Japón. No discutimos el hecho de que dichas organizaciones estén desempeñando un papel importante para los peruanos en Japón,

asociaciones o comunidades de inmigrantes respondan a este tema, la peruanidad desaparecerá lentamente.

¿Cómo la sociedad japonesa ha de percibir en el futuro a la comunidad peruana, y cómo los peruanos han de vivir juntos a los japoneses y transmitir la peruanidad a la próxima generación? Los peruanos en Japón, en la actualidad, no encuentran la respuesta a estas preguntas. Nosotros los peruanos necesitamos afirmar nuevamente que la sociedad japonesa se está diversificando, y debemos transmitir la peruanidad a la próxima generación con el sentido que esta constituye un activo a su favor.

5. Conclusión

Como mencionamos al principio de este capítulo, el autor preside una Asociación de Peruanos. Esta asociación pudo celebrar su vigésimo aniversario en el 2019. ¿Cómo fue posible esto? Sin duda, las fricciones dentro de la organización han sido una preocupación de larga data, al igual que ocurre en otras asociaciones. Sin embargo, la razón por la que pudimos continuar con nuestras actividades es por la valiosa presencia de los japoneses, quienes ven la importancia de formar una asociación para los peruanos y esperan que los peruanos puedan adaptarse a Japón en el verdadero sentido de la palabra. Estos japoneses fueron comprensivos con los peruanos, mediadores de ellos y la sociedad japonesa, y motores de la organización. No es mi intención sugerir aquí que los japoneses deberían estar involucrados en las asociaciones peruanas, sino llamar la atención en el papel que jugaron. En otras palabras, los papeles de " persona comprensiva", de "persona mediadora" y el de "persona impulsora" ahora deben ser asumidas por la generación de hijos de los inmigrantes. Porque, nosotros, la generación de los hijos de los inmigrantes, contamos con la posición, el capital y las razones para ello. Así, en primer lugar, las nuevas generaciones deben replantearse: "¿Qué significa ser peruano?". Debe haber una discusión sobre el por qué debemos heredar ese carácter peruano. En esta etapa, no sé cómo se desarrollaría la discusión y cuál sería su resultado, pero el hacerlo sería una muestra mínima de respeto por la generación de nuestros padres, quienes han hecho muchos sacrificios como migrantes *dekasegi*.

A través de las asociaciones de peruanos en Japón, hemos descrito el trasfondo histórico de los peruanos en Japón durante los últimos 30 años e incluso mucho antes. Las asociaciones de peruanos se han establecido de acuerdo al contexto social de cada época y por la presencia de personajes claves, han dejado o vienen dejando huellas. Y estos cambios constituyen en sí en una oportunidad para comprender lo que somos. A través de este entendimiento, me gustaría conectarme con el futuro de los peruanos que viven en Japón. La sociedad japonesa actual espera que los peruanos sean "uno de ellos" en el marco de la convivencia multicultural. Sin embargo, los hijos y nietos de los inmigrantes no necesariamente se reconocen como uno de ellos, "*one of them*", y es posible que tampoco se reconozcan claramente como peruanos. En práctica de las estructuras sociales y culturales del Perú en los destinos de emigración. Hasta ahora, un fenómeno similar era poco probable que emergiera en Japón a diferencia de otros países. Esto se debe a que desde el momento en que llegaron a Japón los peruanos en su gran mayoría pasaron a ser trabajadores no calificados, y esta homogeneidad se convirtió en la nota clave que se impone sobre las diferencias. Únicamente los que han aprendido japonés con sacrificios o los que pudieron hacer uso de su capital humano, se han podido diferenciar por el estatus que han adquirido en Japón. Sin embargo, no se puede negar que problemas como las diferencias de clase social y del lugar de origen han estado presentes en la organización de las asociaciones organizadas fuera del lugar de trabajo. Es por ello que en las entrevistas con los peruanos de segunda generación, a veces escuchamos expresiones como: "Mis padres me dicen que no me junte con peruanos".

Finalmente, desde que comenzó el fenómeno dekasegi se hace necesario considerar hasta qué punto las personas con raíces peruanas mantienen su peruanidad en relación con las asociaciones. Así como hay personas como el autor que eligen la nacionalidad japonesa pero mantienen su peruanidad, no es de extrañar que algunas personas la abandonan por su percepción de ser de clase media, como es el caso de Italia. En definitiva, es necesario reconocer que hay una situación en donde solamente bajo el tema de la nacionalidad se puede agrupar a las personas. A menudo se escucha que se mantiene el carácter peruano, hablando español en casa y comiendo comida peruana. Sin embargo, muchos estudios han señalado el peligro de que los niños pierdan su peruanidad una vez que dejen el hogar y se expongan a la presión de asimilación de la sociedad japonesa.

En este contexto, ¿qué han hecho las asociaciones y comunidades de peruanos? Tomando como ejemplo a la comunidad *nikkei* del Perú, ha pasado más de un siglo desde que comenzó la inmigración japonesa al Perú, pero el espíritu de los japoneses ha sido transmitido como una herencia (Takenaka 2003; 2017). A través de los esfuerzos de los inmigrantes japoneses de la primera generación y de varias asociaciones *nikkei*, la comunidad *nikkei* del Perú se esfuerza por mantener el "espíritu japonés" y mantener un lugar dentro de la sociedad peruana[31]. Pero, ¿qué pasa con la comunidad peruana en Japón? Los inmigrantes issei que llegaron a Japón como *dekasegi* pueden haber desatendido la formación de la próxima generación como peruanos[32]. Los hijos de inmigrantes de la primera generación al adaptarse a la sociedad japonesa y a las escuelas japonesas, terminan por perder su identidad y sufren una aculturación（角替 2021）, y hay muchos casos en los que los niños no pueden reconocerse como peruanos. La sociedad japonesa los reconoce como peruanos por su nacionalidad peruana, pero ¿es suficiente esta definición unilateral? También debemos pensar en cómo podemos relacionarnos con esa "generación perdida"（小波津, 2020）que no puede reconocerse como peruana, y cómo podemos trabajar para formar a la próxima generación. En el futuro, en la medida que no se puede esperar una nueva inmigración masiva al Japón desde el Perú, a menos que las

Incluso entre los *nikkei* de Lima, la capital del Perú, el mestizaje ya estaba presente o había quienes nunca se habían involucrados con la comunidad nikkei. Así, después de llegar a Japón, el trato excluyente recibido no solo provenía de la sociedad japonesa, sino también por los *nikkei* peruanos que se suponía que eran sus compatriotas. La relación entre *nikkei* y no *nikkei* (o "falsos *nikkei*") en la década de 1990 no se puede considerar como buena (Takenaka 2005) pero en la actualidad para los peruanos en Japón, incluso la clasificación de *nikkei* y no *nikkei* puede ya no tener sentido. Esto es porque desde la perspectiva de la sociedad japonesa, todos somos peruanos, y en nuestro esfuerzo por promover la convivencia multicultural, debemos relacionarnos como peruanos, y no como "*nikkeijin*", y presentar a la cultura peruana que demanda la sociedad japonesa.

Es cierto que los peruanos en Japón no están muy cohesionados y que su conciencia de grupo no es tan fuerte como piensa la sociedad japonesa. Durante las entrevistas realizadas sobre las asociaciones de peruanos, escuché varias veces afirmaciones como "Hay un problema con XX, que dificulta la realización de actividades". Como compatriota peruano, sentí tristeza que como causas de los problemas se refieran a los problemas internos o interpersonales (clase social, lugar de origen, dinero, etc.) y no a los problemas externos como los desastres naturales. En mi propia experiencia como presidente, una vez me dijeron: "Hay un número creciente de personas de la zona de XX en YY, por lo que debemos tener cuidado en el futuro". La persona que hizo el comentario lo dijo muy seriamente. Me sentí también confundido por la manera en que los peruanos miraban a otros peruanos. La siguiente declaración de uno de nuestros colaboradores en la investigación expresa claramente esta situación.

Nosotros empezamos siendo escépticos de nuestro interlocutor o de la organización. Esto es el resultado de la educación recibida y de haber vivido en Perú. Un individuo duda de la organización y critica su existencia. Cuando hay dinero de por medio, se hace difícil conseguir que el individuo participe en una organización y surgen conflictos sobre el destino del dinero. Y en lugar de tratar de mejorar la organización buscan una compensación por su participación". [29]

En pocas palabras, reunir a los peruanos a través de una organización resulta difícil, y tampoco es fácil esperar que haya buenas relaciones entre los peruanos. Este es un fenómeno que también se puede apreciar en otros países como Italia y Argentina, y se puede entender por la tendencia de las personas de regiones específicas a vivir juntas y por el surgimiento de organizaciones del mismo pueblo de origen. Los estratos sociales que se enorgullecen de ser de clase media miran por encima del hombro a la clase obrera, la gente de la capital excluye a la gente de las provincias, el machismo que reina en el ambiente hogareño[30], etc. se mantienen sin cambios incluso en los destinos de emigración. Todo esto es el resultado de la puesta en fue el comienzo del fenómeno dekasegi. Los peruanos que vivían en Okinawa migran como *dekasegi* a las islas principales. Para ese entonces los peruanos tenían 2 tipos de visas para llegar a Japón desde el Perú. Una era por medio de la visa de estancia familiar y la otra por la visa de capacitación. Los que migraron del Perú al Japón comenzaron a concentrarse en las áreas industriales de la provincia de Kanagawa, al igual que se vió en el caso de la provincia de Tochigi (ver Capítulo 1). Varios voluntarios se reunieron para formar la Asociación Perú Nikkei con el fin de apoyar a los *nikkei* peruanos que tenían problemas con el idioma y con el acceso a la información. Ellos ofrecían de manera gratuita servicios de consultoría y publicaban revistas informativas, pero no cobraban cuotas de membresía sino que organizaban eventos como la celebración del Año Nuevo para recaudar fondos para sus actividades. La asociación continuó sus actividades hasta alrededor de 1993, pero terminó de una manera que podría llamarse extinción natural. Entre las razones de ello se cuentan los cambios en las prioridades de los miembros fundadores debido a su traslado, a la llegada de otras familiares a Japón, al establecimiento gradual de un sistema de apoyo en la sociedad japonesa y a la diversificación de los peruanos que vienen a Japón debido a la revisión de la Ley de Control de Inmigración.

4. Peruanos en Japón

En base a lo mencionado anteriormente, la complejidad de los grupos que conforman los peruanos en Japón es un tema que no se puede pasar por alto[28]. Pero, éste no es un problema solamente visto en Japón desde la década de 1990. Emigrantes de todas partes del Perú se empezaron a instalar en varios países como Italia, España, Argentina, etc., y dieron origen a las asociaciones de peruanos. Sin embargo, en todos los países se presentaron fricciones por las diferencias de lugares de origen o de estratos sociales, las que terminaron afectando a las estructuras organizativas y operativas de las asociaciones. Dado este contexto, la existencia de un fenómeno similar no sería extraño en Japón, pero ¿es así también en Japón?, ¿cuál es la situación real?

En 2006, el entonces viceministro de Justicia Taro Kono declaró que los *nikkei* fueron solamente considerados como una fuerza laboral por lo que su aceptación en la sociedad japonesa fue un fracaso. Así como hubo casos en el que un cónyuge no *nikkei* que migra a Japón con su cónyuge *nikkei* es categorizado bajo la misma palabra *nikkei*, también hubo *nikkei* que eran lingüística y culturalmente distantes del ideal supuesto. Tomemos al Perú como ejemplo. El proceso de mestizaje ya se había iniciado antes de la Segunda Guerra Mundial (Rocca Torres 1997), y se debió haber considerado que después de la misma, la situación de la comunidad *nikkei* en Perú en términos de lengua y cultura japonesa había cambiado considerablemente（小波津 2023b；在ペルー日系人社会実態調査委員会 1969; Fukumoto 1997, etc.).

En el caso de Japón, se considera al período de la década de 1990 a la década de 2000 como el período de proliferación de las asociaciones peruanas, y a la década de 2010 como del período de integración. Y a la segunda mitad de la década de 2000 como el periodo de cambios. ¿Qué sucedió durante los períodos formativos y de cambios? Para revisar estos periodos, me gustaría centrarme en los casos de las provincias de Okinawa y de Kanagawa. Alrededor del 30 al 40% de los peruanos que vivían en Japón durante el periodo formativo de las asociaciones vivían en la provincia de Okinawa[23] . Se dice que aproximadamente el 70% de la comunidad *nikkei* en el Perú, país de origen, tiene ascendencia de Okinawa[24], por lo que resulta sorprendente que se mudaran de Perú a Okinawa. Los inmigrantes japoneses, los issei o la primera generación, y los nisei peruanos, los hijos de los inmigrantes japoneses o la segunda generación, se convirtieron en líderes y así nacieron la Asociación Peruana de Okinawa y la Agrupación Perú Koza[25]. La primera se formó con un grupo diverso de miembros[26] : los que vivieron en Perú solo unos pocos años, los que regresaron a Okinawa después de vivir en un campo de internamiento en Estados Unidos durante la guerra y también los que apoyan independientemente de su relación con el Perú. La Agrupación Perú Koza está formada también por los issei y los nisei, y ha estado trabajando para apoyarse mutuamente con el sistema de *tanomoshi* y realizando reuniones para profundizar las amistades. El objetivo de la agrupación es apoyar a los miembros y casi no hay eventos para el público externo.

Aunque estas dos organizaciones son asociaciones de peruanos, se hallan activas y mantienen su etnicidad de "*nikkeijin*" más que la de 'peruanos', además tienen un fuerte carácter de ser organizaciones del mismo pueblo de origen[27]. Por un lado, brindan apoyo que no se limita al interior del Japón sino que también traspasa sus fronteras, y por el otro, apoyan a las personas que tienen las mismas raíces que viven en la región donde trabajan. El mantenimiento de la etnicidad como "*nikkeijin*" tiene como ejemplo simbólico la realización del *tanomoshi* por la Agrupación Perú Koza y también por la comunidad "*nikkei*" en el Perú. El *tanomoshi* no se puede realizar si no existe una fuerte relación de confianza entre los miembros. Deben demostrar que son *nikkei*, que poseen el capital social de ser *nikkei*, que comparten la historia de sus lugares de origen y que tienen la suficiente credibilidad para participar en el sistema. Por supuesto, como no todos los miembros de la Agrupación Perú Koza participan en el *tanomoshi*, el número de miembros activos puede ser limitado, pero se puede decir que es un sistema que apoya la solidaridad de sus asociados en el día a día.

En las otras provincias de las islas principales, no se ha podido confirmar la existencia de una asociación peruana con un fuerte carácter de compartir un pueblo natal tan fuerte como éstas de la provincia de Okinawa. Hubo un movimiento en la provincia de Kanagawa en la segunda mitad de la década de 1980, que corresponde al periodo de cambios. Se trata de la Asociación Perú Nikkei que nació en 1989 (se puede ver por el nombre que era una organización que tenía conciencia de ser "*Nikkeijin*"). La segunda mitad de la década de 1980 visas, permanencia en Japón a pesar de tener las visas vencidas, actos delictivos y problemas en el trabajo（福田 2015; 渕上 1995; 山脇 1999; Del Castillo 1999, etc.). Preocupado por tal situación social, el gobierno peruano tomó medidas y nació así la Asociación Japonés Peruana para la Integración.

Posteriormente, en la década de 2010, aparecieron nuevamente las asociaciones de peruanos, que fueron organizadas a instancias de las representaciones diplomáticas peruanas en Japón. Sin embargo, en la década de 2000, la formación de las asociaciones responde en gran medida a la apelación personal de un diplomático destacado en Japón o de su cónyuge, más que a la intención del Ministerio de Relaciones Exteriores de Perú. El gobierno peruano participa activamente en la Asociación de Peruanos en Japón como una organización que centraliza a las asociaciones de peruanos en Japón. Sin embargo, ante la dificultad de organizarlas[19], poco a poco cambió de rumbo y comenzó a realizar eventos de gran envergadura[20] de manera irregular para los peruanos en Japón.

La Asociación Académica Peruano Japonesa, que nació por la misma época, se formó principalmente para apoyar a los estudiantes y becarios peruanos que pertenecían a la Universidad de Tsukuba. Sin embargo, poco a poco fue incorporando a peruanos pertenecientes a otras universidades y posgrados japoneses, y en la actualidad se dedica a brindar orientación en los aspectos académicos de los estudiantes e investigadores que viven en Japón. La Asociación de Damas Peruanas en Japón se constituyó a pedido de la esposa del entonces embajador peruano. La asociación nació bajo el ideal de realizar actividades de caridad para la comunidad *nikkei* en el Perú, pero este tipo de actividades se observan de manera irregular en Japón. Sin embargo, con el traslado de la esposa del embajador, las actividades han decaído y actualmente se encuentran suspendidas.

Por otro lado, se puede afirmar que las otras asociaciones peruanas constituidas después de la década de 1990 han sido influenciadas por el contexto social japonés o peruano. La década de 1990 corresponde al período de proliferación de las asociaciones peruanas en el mundo, y movimientos similares se observaron también en Japón. En la década de 1990, la presencia de los peruanos en la sociedad japonesa se hizo notoria y los problemas que enfrentaban se diversificaron. Así, en las provincias en donde vivían los peruanos como Tochigi, Kanagawa, Aichi, se formaron asociaciones[21]. En la década del 2000, se formaron asociaciones peruanas en varias partes de Japón, y podemos apreciar el impacto de los contextos sociales como el establecimiento por parte del Ministerio del Interior y Comunicaciones de Japón de los principios de la convivencia multicultural del 2006[22], el terremoto del sur de Perú de 2007, y la crisis económica de finales de 2008.Y en la década de 2010, hay intentos de unificar las asociaciones peruanas con la intervención del gobierno peruano, además, a medida que la convivencia multicultural impregna la sociedad japonesa, el interés de la sociedad japonesa origina el aumento en la escala de actividades de las asociaciones de peruanos.

Cuadro 2: Detalles históricos de las Asociaciones de Peruanos en Japón

Año	Las tendencias de las asociaciones de peruanos en el mundo	Tendencias en Japón	Contexto social — Japón	Contexto social — Perú
1945 1960	Periodo formativo	Asoc. Peruana de Okinawa / Agrupación Perú Koza	Viajes entre la provincia de Okinawa y el Perú	Emigración de personas de las clases adineradas, régimen militar, etc.
1980	Periodo de cambios	Asoc.	Crecimiento económico y escasez de mano de obra	
1990	Periodo de proliferación	Perú Nikkei / Asoc. Peruana de Tochigi / Asoc. Peruana de Nishio / Asoc. Peruana de Yokohama / Asociación Perú Ashikaga	Implementación de un nuevo sistema de visado	Inestabilidad socioeconómica
2000	Período de consolidación	Asoc..Japonés Peruana para la Integración / Comunidad Peruana Japonesa de Kansai / Asoc.Peruana de Aichi / Apoyo / Asoc. Peruana de Toyohashi / Asoc. Japonés Peruana para la Integración Kanagawa	Convivencia multicultural, recesión económica	Concientización sobre la emigración, desastres naturales
2010 2020		Asoc. de Peruanos en Gunma / Red de Convivencia Multicultural de Isesaki / Asoc. de Peruanos en Japón / Asoc. Académica Peruano Japonesa / Asoc. Peruana Intercultural de Toyohashi / Agrupación Latina Okinawense / Asoc. de Damas Peruanas en Japón	Desastres naturales, convivencia multicultural	Crecimiento económico estable

NOTA: Se omiten Federación Mundial de Instituciones Peruanas sede Japón y la Asociación de Intercambio Cultural de Perú y Latinoamérica de Wakayama, cuyos años de fundación se desconocen.

interpretación/traducción, idioma japonés y apoyo al aprendizaje. Para el apoyo económico, las organizaciones no cuentan con un presupuesto especial, pero al igual que la Asociación Peruana de Okinawa, realizan eventos y donan una cierta cantidad como una forma de apoyo económico. Entre los fines de la donación se cuentan vivienda, educación superior y tratamiento médico. La construcción de capital social se refiere a la organización de eventos culturales como el Día de la Madre, el Día de la Independencia del Perú, fiestas navideñas, y eventos sociales como seminarios y foros. El apoyo al empoderamiento tiene como objetivo mejorar la vida de los peruanos en Japón a través de actividades de concientización y capacitación de la comunidad. Por otro lado, como apoyo cultural, se están realizando actividades de transmisión de la herencia cultural como la de la lengua española y cultura peruana (principalmente danzas folklóricas) y difusión de la cultura peruana.

No existen organizaciones con la capacidad de operar a través del apoyo social y cultural, sino que más bien necesitan especializarse en algo (por ejemplo, construir capital social o transmitir la cultura peruana). Además, son pocas las organizaciones que pueden operar de acuerdo con un calendario anual y, a menudo, solamente entran en actividad cuando hay una solicitud del gobierno peruano (ej. periodo electoral), si se cuenta con algún aportante de capital para la actividad, si se puede recibir alguna subvención del gobierno japonés o de alguna empresa o cuando están apremiados por una necesidad (eventos de caridad, etc.). Debido a la crisis de la epidemia de Covid19, son pocas las organizaciones que han operado, ya que las asociaciones funcionan principalmente bajo el espíritu del voluntariado, y cuentan con una base y capacidad operativa inestables.

Antecedentes de la formación de la Asociaciones Peruanas en Japón

Con el Cuadro 2, veremos los antecedentes del nacimiento de las asociaciones de peruanos en Japón. Primero, como factores relacionados al establecimiento de las asociaciones, tenemos el contexto social de Japón y Perú, la presencia de las representaciones diplomáticas peruanas (embajadas, consulados generales o familiares de los funcionarios diplomáticos) en Japón. Y hay casos en los que estos factores se cruzan.

Las representaciones diplomáticas peruanas en Japón se involucraron en el establecimiento de la Asociación Japonés Peruana para la Integración, Asociación de Peruanos en Japón, Asociación Académica Peruano Japonesa y Asociación de Damas Peruanas en Japón.   Bajo la convocatoria del gobierno peruano la Asociación Japonés Peruana para la Integración se formó como una organización de voluntarios en 1999[18]. En la década de 1990, poco después del inicio del fenómeno *dekasegi* se observa que muchos trabajadores *dekasegi* que llegan a Japón desde América del Sur enfrentan problemas, particularmente destacan los problemas que tienen o causan los peruanos. Los peruanos llegan a tener una mala reputación dentro de la sociedad japonesa por los casos de falsificación de documentos para la obtención de

Cuadro 1: Clasificación de actividades de las Asociaciones de Peruanos

APOYO SOCIAL

	Agrupación Perú Koza Asoc. de Peruanos en Gunma Asoc. Académica Peruano Japonesa Agrupación Latina Okinawense Federación Mundial de Instituciones Peruanas sede Japón	
Asoc. Peruana	de Okinawa	
PERÚ	Asoc. Japonés Peruana para la *Integración* Asoc. Japonés Peruana para la Integración Kanagawa	JAPÓN
	Asoc. de peruanos en Japón Asoc. Peruana Intercultural de Toyohashi	

APOYO CULTURAL

NOTA: Las líneas punteadas en el cuadro marca el límite en la implementación del apoyo social y cultural.

En el eje horizontal del Cuadro 1 se muestran a las asociaciones de peruanos de acuerdo a su apoyo a los peruanos en Japón o Perú, y en el eje vertical el tipo de apoyo que ofrecen. En primer lugar podemos anotar que son pocas las asociaciones que tienen conexiones de manera regular con su país de origen, el Perú. La Asociación Académica Peruano Japonesa mantiene relaciones académicas con sus similares pero no brinda apoyo a su país de origen. La Asociación Peruana de Okinawa, que tiene la historia más larga entre las Asociación de peruanos, es probablemente la única que continúa apoyando a los peruanos en Japón y en el Perú[17]. Concretamente, brinda apoyo financiero a través de las donaciones de sus miembros, de eventos de caridad y ventas de productos.

El apoyo social del eje vertical se centra en los apoyos que ofrecen las asociaciones en el quehacer diario, a la integración en la sociedad japonesa, en el aspecto económico, en la creación de capital social y en el empoderamiento. En el apoyo en el quehacer diario y en la integración a la sociedad japonesa se incluyen trámites administrativos, servicios de

Nota:

(a) Organización registrada en el portal de las sociedades sin fines de lucro de la Oficina del Consejo de Ministros o en el listado del número de registro de sociedades de la Agencia Nacional de Impuestos (el año de constitución y el año de registro pueden no coincidir), pero puede ser ya ha sido disuelta.

(b) Dato desconocido.

(c) Nombre traducido por el autor

A través de los cuatro periodos que llega hasta la década de 2000 hemos resumido las asociaciones de peruanos basadas en las tendencias de la emigración peruana. Las asociaciones se han desarrollado en respuesta a la emigración de peruanos, y se puede decir que la naturaleza de las asociaciones ha cambiado de acuerdo con la naturaleza de la emigración. Además, la tendencia de organizar a los emigrantes, entre ellos el del Ministerio de Relaciones Exteriores del Perú y el de las asociaciones de peruanos, es también un símbolo de lo que 山脇 (2010) llama la identidad nacional peruana.

3. Las Asociaciones de Peruanos en Japón: Desde su nacimiento hasta la actualidad

Estado actual de las Asociaciones Peruanas en Japón

¿Cuándo y por qué se establecieron la Asociación de peruanos en Japón? Resumimos a continuación la investigación realizada[11]. En primer lugar, el autor se centró en las asociaciones de peruanos que tienen experiencia en apoyar a los peruanos[12]. Nos referimos al apoyo como la experiencia en ofrecer una amplia gama de recursos a los peruanos que viven en Japón. Así, no se incluyen las organizaciones que brindan solamente apoyo en el aprendizaje de los niños. También quedan excluidas las organizaciones religiosas que actúan en los templos y las organizaciones de danzas folclóricas peruanas que tienen como objetivo participar en concursos y eventos[13]. Además, durante la investigación, encontramos siete organizaciones[14] que se cree que son asociaciónes de peruanos denominadas "Asociación de la Provincia Japonesa de XX-Perú", pero muchas de estas fueron establecidas por japoneses con el objetivo de mantener relaciones amistosas con el Perú. Además, la mayoría de sus miembros son japoneses. También se excluyen los casos en que la organización fue establecida principalmente por peruanos pero agrupa a personas de diversas nacionalidades, o donde el apoyo no es exclusivamente para los peruanos[15].

La presencia de organizaciones con información incompleta se debe a la falta de registros, al no poder contactarse con sus representantes o a pesar de haber sido contactados no haber recibido la información faltante antes de la fecha límite. Las organizaciones sombreadas en la tabla son nueve asociaciones peruanas que estaban activas independientemente de su tamaño a abril de 2023[16], y sus actividades se clasifican como se muestra en el Cuadro 1.

Tabla 1: Lista de Asociaciones Peruanas en Japón (incluidas las ya disueltas)

	Fecha de Fundación	Japonés	Español (Siglas)
1	1947	Okinawa Peru Kyokai	Asociación Peruana de Okinawa
2	1961	Koza Peru Kai	Agrupación Perú Koza
3	1989	Peru Nikkei Kyokai	Asociación Perú Nikkei
4	28 de julio de 1991	Tochigiken Peru Kyokai	(c) Asociación Peruana de Tochigi
5	Entre 1994-1996	Nishio Perujin Kyokai → Hisupanikku Kyokai	Asociación Peruana de Nishio → Asociación Hispanoamericana
6	Entre 1994-1996	Yokohama Peru Kyokai	Asociación Peruana de Yokohama
7	Abril de 1994	Peru Ashikaga Kyokai	(c) Asociación Perú Ashikaga
8 (a)	1999	Nihon Peru Kyosei Kyokai	Asociación Japonés Peruana para la Integración (AJAPE)
9	19 de octubre de 2004	Kansai Nihon Peru Kyokai	Comunidad Peruana Japonesa de Kansai
10	21 de noviembre de 2007	Aichi Peru Bunka Koryu Kyokai	Asociación Peruana de Aichi Apoyo (APEAA)
11	01 de agosto de 2008	Toyohashi Nihon Perujin Kyokai	Asociación Peruana de Toyohashi (APT)
12 (a)	2009	Nihon Peru Kyosei Kyokai Kanagawa	Asociación Japonés Peruana para la Integración Kanagawa (AJAPE Kanagawa)
13 (a)	08 de setiembre de 2011	Gumma Perujin Kyokai	Asociación de Peruanos en Gunma (APG)
14 (a)	06 de setiembre de 2012	Tabunka kyosei nettowaku Isesaki	(c) Red de Convivencia Multicultural de Isesaki
15 (a)	19 de enero de 2013	Ippan shadan hojin Zainichi Perujin Kyokai	Asociación de Peruanos en Japón (ASPEJA)
16	16 de marzo de 2013	Nippi Akademikku Kyokai	Asociación Académica Peruano Japonesa (APEJA)
17	02 de octubre de 2016	Toyohashi Peru kokusai kyosei bunka kyokai	Asociación Peruana Intercultural de Toyohashi (APIT)
18	10 de julio de 2015	Okinawa raten kai	Agrupación Latina Okinawense (ALO)
19	01 de diciembre de 2015	Ippan shadan hojin Zainichi Peru Fujin Kyokai	Asociación de Damas Peruanas en Japón (ADPJ)
20	(b)	Sekai Perujin Kyokai Nihon shibu	Federación Mundial de Instituciones Peruanas sede Japón (FEMIP Japón)
21	(b)	Wakayama Peru raten Amerika bunka koryu kyokai	(c) Asociación de Intercambio Cultural de Perú y Latinoamérica de Wakayama

unas cincuenta organizaciones. La Convención proporciona un lugar de reunión regular para las diversas organizaciones dispersas por los Estados Unidos para discutir su situación actual. El segundo punto es que la emigración desde el Perú tuvo un rápido aumento y estaba llena de diversidad. Este fenómeno fue causado por la situación interna del Perú. En el Perú la década de 1980 es llamada la década perdida. Perú había caído en una depresión económica y con una situación social inestable por los actos de terrorismo. Como resultado, muchas personas comenzaron a buscar nuevos lugares en el extranjero, incluso usando medios no regulares. Comenzaron a emigrar a España, Italia, Argentina, Japón, etc., siendo la clase económica a la que pertenecían, etnia, lugar de origen y edad significativamente diferentes a las anteriores.

Posteriormente, en la década de 1990, apareció una variedad de asociaciones de peruanos en cada país, lo que podría llamarse un período de proliferación. Se establecieron asociaciones para ayudar a los muchos peruanos que comenzaron a migrar durante el periodo de cambios, o para preservar y transmitir sus identidades culturales y religiosas. Estados Unidos es un buen ejemplo de ello, en donde se han identificado 477 organizaciones (Altamirano Rua 2000). Las asociaciones peruanas también estaban aumentando rápidamente en Argentina, Italia, España y Japón. Sin embargo, el proceso de formación y la realización de las actividades no fueron necesariamente fáciles. También enfrentaron la discordia entre organizaciones antiguas y nuevas (Macchiavello 2012; Merino Hernando 2002), fricciones entre peruanos (Macchiavello 2012) y barreras idiomáticas e institucionales en el país receptor. Por supuesto, habiendo llegado al país como inmigrante económico o en situación similar, es innegable que las largas jornadas laborales y las malas condiciones de vida fueran obstáculos naturales.

En la década de 2000, las asociaciones entraron en un período de consolidación. Como trasfondo, podemos señalar el rol que desarrollaron dos actores. Por una parte en 2001, el Ministerio de Relaciones Exteriores del Perú creó la Subsecretaría de Comunidades Peruanas en el Exterior[8]. Se dice que esto fue influenciado por el reconocimiento del Ministerio de Relaciones Exteriores peruano del impacto económico de los peruanos que viven en el extranjero y por los esfuerzos internacionales relacionados con la migración（山脇 2010). Por otra parte, en 2004 la Federación Mundial de Instituciones Peruanas (FEMIP) [9] organizó el Congreso Mundial de Organizaciones Peruanas en Estados Unidos. FEMIP fue establecida el 24 de febrero de 2000 por delegaciones de Estados Unidos, Canadá, Venezuela y Japón, en parte alentadas por el gobierno peruano, y se registró oficialmente en Florida al año siguiente[10]. En los EE. UU. y Canadá, las asociaciones peruanas están mostrando variado desarrollo, y se aprecia que principalmente brindan apoyo en campos como la educación al país de origen, Perú. FEMIP tiene una sucursal en Japón, pero está dirigida por individuos particulares y ha organizado principalmente conferencias mundiales de FEMIP en Japón. Sin embargo, en Japón, el conocimiento de su nombre es bajo y la situación actual es que solo ciertas personas la reconocen.

posible transmitirlas a la siguiente generación.

Genealogía de las Asociaciones de Inmigrantes Peruanos

En la actualidad ya no resulta extraño que los peruanos vivan en países distintos al Perú. Generalmente se les reconoce como inmigrantes económicos. Sin embargo, al interior de ellos la situación es tan complicada que no se los puede resumir simplemente como inmigrantes económicos. La migración de los peruanos tiene aspectos de una diáspora, de ser transnacional y de seguir flujos circulatorios. Así, el caso de los migrantes de zonas empobrecidas del Perú que migraron temporalmente a Lima, capital del Perú, para luego trabajar en el exterior (Altamirano Rua 2000; Paerregaard 2013; Tamagno Arauco 2018, etc.), el caso de los inmigrantes posteriores a la Segunda Guerra Mundial con diferentes características a lo largo del tiempo (por ejemplo, Altamirano Rua 2000; Merino Hernando 2002; Paerregaard 2010), el caso de los peruanos que abandonaron el país por la situación inestable del Perú desde la década de 1980（杉山 2008; 藤崎 1992; Macchiavello 2012; Merino Hernando 2002, etc.); también está el caso de las personas que buscan nuevos mundos en los países de sus antepasados（渕上 1995; Melgar Tísoc 2015; Takenaka 2005; Tamagno Arauco 2018, etc.). Estos a menudo son retratados como inmigrantes económicos, pero la realidad es mucho más compleja.

La relación entre los inmigrantes peruanos y las asociaciones ha venido cambiando desde la Segunda Guerra Mundial y ha venido desarrollándose de la siguiente manera a través de cuatro periodos. En primer lugar está el período de formación de las asociaciones peruanas en cada país. A partir de la década de 1960, jóvenes de las clases altas empiezan a continuar su educación superior en España, Argentina, Venezuela y otros países. Entre los factores de esta migración se menciona que en ese momento estos países tenían una mejor educación universitaria (sobre todo médica) que la del Perú, y que el sistema les ofrecía un trato preferencial. El régimen militar en Perú en la década de 1970 estimuló esta tendencia. Los Estados Unidos de América (en adelante referida solamente como los Estados Unidos) era un país popular para ir a trabajar antes de la guerra. Hubo casos en los que mujeres peruanas que trabajaban como empleadas domésticas para estadounidenses se mudaron con ellos a los Estados Unidos. Luego, estas empleadas a veces llamaban a sus familias a los Estados Unidos y la clase inmigrante se expandió. Después de la guerra, jóvenes de la clase alta también fueron a estudiar a Estados Unidos, y en varios países empezaron a brotar asociaciones peruanas que en muchos casos estaban a cargo de la llamada clase intelectual.

Luego vino un periodo de cambios en la década de 1980. Primeramente, en 1985 se realizó en Estados Unidos la Primera Convención de Instituciones de Peruanos en los Estados Unidos con la asistencia de 13 organizaciones (Altamirano Rua 2000). Desde entonces, la Convención ha continuado realizándose cambiando de sede en los Estados Unidos[7], con una asistencia de

¿Cuál es la importancia de las asociaciones de inmigrantes que cumplen estos roles? Ciertamente, incluso si se establecieron formalmente, hay organizaciones de papel y organizaciones dormidas (*sleeping organization*) cuya importancia son cuestionadas.

Aunque los inmigrantes tienen un cierto nivel de capital humano, ellos están en desventaja en la sociedad receptora, produciéndose fricciones con el sistema, la cultura y el idioma. Sin embargo, las asociaciones de inmigrantes no nacerían sin estos problemas. Así, ellas se forman aun en los casos en que los inmigrantes hablen el mismo idioma que el país receptor (Macchiavello 2012; Merino Hernando 2002). Incluso dentro de un mismo país, donde se comparten culturas y sistemas, han surgido grupos que personas que proceden de un mismo pueblo (藤浪 2020; Altamirano Rua 2000). También existen diferencias de género a la hora de involucrarse en las actividades de la asociación. Mientras que los hombres a veces utilizan las asociaciones con el objetivo de buscar un avance político, para las mujeres las asociaciones son importantes para la adaptación en el país receptor y para la educación de sus hijos (石田・龔 2021; Schrover & Vermeulen 2005).

Además del propósito de ayudar a sus compatriotas, existen otras tres razones para la existencia de las asociaciones de inmigrantes o la razón de sus actividades. Primero, las asociaciones son lugares para acumular capital (relaciones sociales, cultura y comunidad) (Altamirano Rua 2000; D'Angelo 2005; Morad & Della Puppa 2019; Ryan & Eril et al. 2015; Pilati 2012, etc.). La reunión de inmigrantes en un determinado lugar o espacio hace que sea más fácil reproducir las redes de inmigrantes y las costumbres de sus países y regiones de origen, lo que conduce al empoderamiento de los inmigrantes. Sin embargo, tales foros no siempre tienen un efecto positivo sobre la sociedad receptora ni tampoco en la confraternidad entre los inmigrantes, y pueden más bien crear nuevos problemas.

En segundo lugar, las asociaciones facilitan la transmisión de la herencia cultural, de las costumbres y de la identidad del país/región de origen (Caselli 2010; Oner, 2014 etc.). Los inmigrantes no pierden sus bagajes culturales aunque abandonen su país o región de origen. Incluso si surgen fricciones culturales en el país de acogida, la búsqueda de la realización de sus prácticas culturales, aún dentro de la sociedad japonesa, es común, y esto conduce a un aumento de la autoestima en los inmigrantes. Y el ser reconocido como una asociación de inmigrantes o una organización representativa por el país receptor facilita la capacidad de comunicación (Caselli 2010; Bloemraad et al. 2020; Pirkkalainen et al. 2013). En algunos casos, esto también incluye aspectos políticos y puede desviarse del propósito original de la organización. No obstante, las asociaciones de inmigrantes tienen esa cara de ser organizaciones representativas, y pueden ser llamadas a opinar sobre la situación[6] y realidad de sus compatriotas.

Las asociaciones de inmigrantes dependiendo de los miembros que las conforman, propósito e importancia son internamente complejas. Por lo tanto, si los inmigrantes no entienden estos temas, será difícil continuar con la gestión y las actividades de la organización, y no será dekasegi pueden tener vínculos con la diáspora y mostrar aspectos transnacionales（藤浪 2020; Altamirano Rúa 2000; Merino Hernando 2002; Tamagno Arauco 2018）. Finalmente, dado que migran desde distintas partes del país de origen al país receptor (Morimoto 1979; Tornos & Aparicio et al. 1997), los inmigrantes no pueden traer consigo las relaciones sociales del país de origen; y no es fácil formar un grupo central que reúna a todos. Ya que se necesita cierto tiempo para construir una relación, se estima que la organización ha de desaparecer al no poder tener un cambio generacional (Schrover & Vermeulen 2005).

Propósito y Significado de las Asociaciones de inmigrantes

Una asociación de inmigrantes se refiere a una organización compuesta por inmigrantes[5]. 小波津 (2023a) resume brevemente las definiciones, funciones, clasificaciones y capital que ofrecen estas asociaciones, pero aquí las he de presentar un poco más en la línea de las preguntas de este capítulo, y con base en la sección anterior.

El propósito y la importancia de las asociaciones de inmigrantes están, por supuesto, determinados por los antecedentes que llevaron a su establecimiento. Además, las asociaciones que se gestionan básicamente en un espíritu de voluntariado son difíciles que continúen si carecen de un propósito claro. Esto es de particular importancia ya que los migrantes trabajan muchas horas en el país receptor, lo que deviene en una barrera para continuar participando en las asociaciones（石田・龔 2021; Keen 1999; Moya 2005）.

El propósito de una asociación puede ser clasificada en términos generales en dos tipos. El primero es aquella organización que enfoca sus actividades en los compatriotas en el país receptor y el segundo es la que enfatiza la relación con el país de origen, el país emisor. El primer tipo de organización tiene como objetivo apoyar la participación y la integración en el país de acogida y crear identidades étnicas, e incluye organizaciones sociales, culturales, deportivas y de apoyo a los compatriotas (Vermeulen 2005; Oner 2014). Sirve como un espacio para los inmigrantes que no pueden recibir suficiente apoyo del país receptor, para expresar sus costumbres y cultura, para hacer uso de sus habilidades. Del segundo tipo de organización, se dice que éstas se caracterizan por su participación en el apoyo y desarrollo de regiones específicas (principalmente de las regiones de origen) de los países de origen (Amelina & Faist 2008; Tamagno Arauco 2018). Estas asociaciones son a menudo organizaciones de personas de un mismo lugar de origen y tienden a trasladarse del país de origen al país receptor sobre la base de redes definidas. No solo brindan apoyo financiero para el desarrollo de sus regiones de origen, sino que también ayudan a los inmigrantes que van llegando al país receptor. Por otro lado, hay también casos, como las organizaciones religiosas y las organizaciones de profesionales, que se establecen con el propósito de realizar actividades en el país receptor, pero construyen vínculos con el país de origen a medida que pasa el tiempo y se amplía su escala.

desde el inicio del fenómeno *dekasegi*, me gustaría mirar hacia atrás, mirar al pasado a través de este capítulo y desde la perspectiva de las asociaciones de peruanos ver el futuro de los peruanos que viven Japón.

2. Las asociaciones formadas por inmigrantes

Las asociaciones de inmigrantes como protagonistas

Los inmigrantes[2] vienen de diversas situaciones y no les he fácil dejar su país de origen y comenzar una nueva vida en el país receptor. Ya sea con la ayuda de familiares o a través de intermediarios, a los *nikkei* les resulta difícil adaptarse a la sociedad receptora y, en muchos casos, se ven obligados a regresar a su país de origen o mudarse a un tercer país[3]. Por otro lado, el que los inmigrantes lleven una vida estable en la sociedad receptora no implica que estén integrados a esa sociedad, y en algunos casos, como en Japón, existe también *Kaono mienai teijuka*, la realidad de un "asentamiento sin rostro" (梶田 et al. 2005). Hay casos en que debido a la exclusión por parte de la comunidad receptora o a la fricción cultural resultante, a los inmigrantes se les prohíbe expresar sus costumbres, religión o cultura, o son objetos de sometimiento.

Las asociaciones de inmigrantes actúan como las protagonistas que mejoran esa situación, y vienen llamando la atención desde la segunda mitad del siglo XX (por ejemplo, Casselli 2012). Las teorías sobre asociaciones se encuentran en una etapa desarrollo, lo que muestra lo difícil que es investigar sobre el tema. Los factores de éxito de una organización no pueden explicar el éxito o el fracaso de otras organizaciones de compatriotas o asociaciones de inmigrantes[4]. Además, aún dentro de la misma región, existen diferentes factores que contribuyen al éxito entre los grupos de inmigrantes, y se dice que las razones del establecimiento y la continuidad no están claras (Vermeulen 2005). Tradicionalmente, bajo la influencia de la teoría clásica de la asimilación, se ha prestado atención a las diferencias culturales posteriores a la entrada al país, a la acumulación de recursos de los grupos de inmigrantes y a los patrones migratorios. Sin embargo, en los últimos años, las perspectivas se han desplazado hacia el proceso migratorio, a la estructura de oportunidades de los países receptores y a las características de las comunidades de inmigrantes (Moya 2005; Schrover & Vermeulen 2005).

Después de la Segunda Guerra Mundial y de los procesos de independencia de las colonias, el desplazamiento de personas se caracterizó por ser un flujo desde los países en desarrollo hacia los países desarrollados, especialmente de las antiguas colonias a las antiguas metrópolis, que ha influido en las políticas de inmigración de cada país, y que a su vez también ha influido en la formación de las asociaciones de inmigrantes (Amelina & Faist 2008; Chaudhary 2018; Morad & Della Puppa 2019; Oner 2014; Ong'ayo 2016; Pirkkalainen et al. 2013). Además, existe un aspecto oculto que da mayor complejidad al tema. El movimiento de personas no se limita a solo dos puntos, el país de origen y el país de destino. Incluso los llamados migrantes

Capítulo 4
Las Asociaciones de Peruanos en Japón: Del pasado hacia el futuro

José Raúl Bravo Kohatsu

1. Introducción

En este capítulo presentaremos a las asociaciones de peruanos en Japón. En primer lugar, me gustaría describir cómo llegué a ser el responsable de este capítulo y las dudas que se me presentaron al comenzar el trabajo de campo.

Desde 2020, el autor se ha venido desempeñando como presidente de una asociación de peruanos, constituida en 1999[1]. Cuando asumí este cargo por primera vez, tuve la impresión de que la asociación había estado activa durante mucho tiempo, lo cual es poco común en una asociación de peruanos, y en algún momento sentí que era necesario dejar por escrito las huellas que va dejando su historia. Esto debido a que esta asociación ha venido funcionando por más de 20 años de manera continua dentro de una realidad en donde los problemas internos de organización hacen que las asociaciones de peruanos sean inestables y de corta duración. De hecho, las asociaciones creadas después del fenómeno dekasegi son generalmente de corta duración, y muchas de ellas han desaparecido de manera natural. Así, dada mi experiencia previa resultó en parte inevitable que yo asumiera el cargo de presidente de la asociación, y que se despertara también en mí un interés por la investigación.

Por otro lado, a los inicios de la investigación muchas veces me sentía confundido y me enfrentaba a situaciones que me obligaban a replantearme "¿Qué significa ser peruano?". Para dar una respuesta a esto, uno de los criterios que se podría usar sería el de la nacionalidad peruana de la primera generación de inmigrantes (la generación de *dekasegi*), pero luego comprendí que no debía darle demasiada importancia al tema de la nacionalidad. Al ser un inmigrante peruano de segunda generación, reconocía el trasfondo estructural y cultural de los peruanos. La problemática que se presenta por el origen étnico, el lugar de origen, la clase y el nivel educativo de los inmigrantes de primera generación ciertamente existe y, en algunos casos, sigue estando profundamente arraigado. Los peruanos en Japón viven separados sin tratar de resolver sus diferencias. Y en ciertos eventos (fiesta de la Independencia de Perú, partidos de fútbol, etc.), se han creado una sensación superficial de unión. En el proceso de la investigación, a menudo me enfrenté a esta realidad que me llevaba a reconsiderar una pregunta fundamental: "¿Qué es ser peruano?".

Comencé a escribir este capítulo con este sentir, pero ahora que han pasado más de 30 años

13) Este descenso en la década de 2010 podría deberse al debilitamiento de las redes de contactos entre familiares, parientes y otros migrantes, que a su vez sería la consecuencia del regreso a su país de origen de un mayor número de migrantes tras la crisis económica.

14) Aunque puede ocurrir también que sea el trabajador quien solicite un cambio debido a sus dificultades para adaptarse a su actual trabajo, estos casos son extremadamente raros, por lo que no han sido tenidos en cuenta.

6) Este método de viajar a Japón con el respaldo de una contratista dejó de ser posible en la segunda mitad de la década de 1990.

7) Según el censo de población que se realiza cada cinco años desde 1995, los peruanos presentan establecen una proporción de desempleados mayor que la de los brasileños（大曲ほか 2011；髙谷・大曲・樋口・鍛治 2013；髙谷・大曲・樋口・鍛治・稲葉 2013；髙谷ほか 2015b）. Esta mayor proporción no puede explicarse por la diferencia en el nivel de estudios, ya que el de los peruanos es superior al de los brasileros y a mayor nivel de estudios la proporción de desempleados es menor. Cabe pensar en la existencia de otros tres factores, el primero de los cuales sería la competencia en el idioma japonés. En Perú la enseñanza del japonés estuvo prohibida durante cierto tiempo y, además, si excluimos a los japoneses que fueron llamados a emigrar por sus parientes ya establecidos en Perú, después de la Segunda Guerra Mundial no ha habido olas migratorias en esa dirección, razones por las cuales el nivel de japonés es, en general, bajo. El segundo posible factor sería que, al ser la colonia peruana menor en número que la brasileña, no haya podido aprovechar suficientemente su capital social. Finalmente el tercer factor sería el trato desfavorecedor que, posiblemente, haya sufrido la colonia peruana en un mercado laboral, el de los trabajadores sudamericanos en Japón, centrado en los brasileños（丹野 2002）. Podría ocurrir también que la existencia entre los migrantes peruanos de un cierto número de indocumentados, tal como vemos en el capítulo 6, se haya constituido en un factor negativo desde la perspectiva de los empleadores. También podría tener alguna relación con este problema la discriminación racial ejercida por los empleadores. Se ha señalado que, cuanto más se aleja el aspecto físico del inmigrante del promedio de los japoneses, menor es la posibilidad de ser contratado y mayor la de ser despedido（丹野 1999）lo que haría más difícil la situación de los "nikkeis" peruanos, especialmente la de los "nikkeis" de tercera y cuarta generación, entre quienes son normales las uniones matrimoniales con no "nikkeis".

8) Esta es una de las razones por las que, de parte de las contratistas, se oye decir a menudo que la mano de obra "nikkei" no es confiable ya que con gran facilidad cambia de empresa（丹野 1999）.

9) Solo los lazos establecidos con personas que tienen información o atribuciones relativas a los empleos de mejor calidad, es decir, con las personas de un estatus social superior se constituyen en capital social que posibilita los ascensos en la escala laboral (Lin 2001).

10) Nos referimos a las búsquedas a través de las oficinas públicas de empleo HelloWork, de los anuncios de ofertas de trabajo que se ponen en los medios de comunicación, de los servicios de asesoría en la búsqueda de empleo existentes en las escuelas, etcétera. Este agrupamiento se hace en consideración a la naturaleza impersonal de estas vías y, por tanto, los casos en que profesores japoneses presentan privadamente trabajos quedan incluidos en la categoría de "Japoneses".

11) Esta tendencia difiere de la detectada entre los "dekasegis" llegados a Japón desde Argentina（稲葉・樋口 2013a）. La diferencia podría deberse a alguna de las siguientes razones. En el caso de Argentina, país al que muchos migrantes japoneses llegaron después de la Segunda Guerra Mundial, la proporción de "nikkeis" de primera generación que hablan japonés es más alta que en otros países sudamericanos. Además, al iniciarse el fenómeno "dekasegi" alrededor de 1990, se abrían muchas posibilidades de negocio. Por esta razón, independientemente de los años de residencia, hubo personas que pusieron en marcha un negocio. En el caso de los peruanos, prácticamente nadie hablaba japonés a su llegada a Japón, por lo que cabe pensar que se necesitaron ciertos años de residencia para que surgieran esas iniciativas.

12) Aunque en este trabajo no lo mostramos en datos, sobre la relación entre periodo de residencia y las vías de búsqueda de empleo puede decirse lo mismo que expresa el Gráfico 8.

la industria de autopartes, y siendo derivados hacia otros puestos peor pagados en la industria alimentaria y en la industria ligera). Además, encadenando trabajos de corta duración, es difícil que el dinero ahorrado resulte suficiente para la vejez.

Aunque todavía no sea demasiado patente, hay que considerar también el problema del creciente número de trabajadores que, por haber pagado las cuotas de la pensión durante un periodo corto recibirán una asignación exigua, o el caso de quienes, por no haberlas pagado, no recibirán nada. Podrán continuar activos mientras tengan fuerzas físicas, pero irremisiblemente les llegará el momento en que las fuerzas les falten. La consecuencia será un mayor número de personas que necesiten acogerse a los programas municipales de ayuda a la subsistencia (*seikatsu hogo*), una situación de la que cabe responsabilizar a la inacción del Gobierno de Japón, que, conociendo el problema de la insuficiente cobertura social para muchos extranjeros, no ha hecho nada por remediarlo, demostrando una absoluta falta de visión de futuro. En 2008, con ocasión de la crisis económica, el Gobierno de Japón implementó una torpe medida: ofrecer una ayuda económica a quienes desearan retornar a su país, bajo la condición de no volver a establecerse en Japón. Me gustaría recalcar aquí la necesidad de que, aprendida la lección y de cara a los próximos 10 años, el Gobierno se responsabilice de ofrecer una cobertura social que no origine situaciones como la que sufrieron quienes, por no poder beneficiarse de una pensión, se vieron obligados a retornar al Perú.

---

1) Entre los años 2011 y 2021, Inaba Nanako y el autor de este artículo realizaron una encuesta en Perú y Japón con entrevistas a un total de 534 migrantes de origen peruano con experiencia de haber trabajo en Japón (se incluye el caso de un migrante peruano con esa misma experiencia encontrado en Italia). Los datos manejados en este apartado corresponden a las 2.139 experiencias de trabajo que tuvieron estas 534 personas. Queremos dejar constancia de nuestro agradecimiento a las numerosas personas que colaboraron en el proceso de investigación.

2) Todos los gráficos que se adjuntan en este apartado son pruebas χ^2 con significancia del 1 %. A la hora de comprobar el nivel de correlación he tomado como referencia el valor Cramér´s V. Por otra parte, debido al carácter de esta publicación solo se han adjuntado gráficos de tabulación cruzada. En el texto principal solo se hacen alusiones a las partes relacionadas partiendo de los resultados del análisis de regresión logística multinomial que toma como variables dependientes el tipo de trabajo y la razón por la que se dejó.

3) En el caso de los peruanos de origen japonés, propiamente hablando, la experiencia de autoempleo entraría en la definición de capital humano. Sin embargo, la proporción de peruanos que se autoemplean en Japón en baja, lo que quiere decir que dicha experiencia no se está aprovechando como capital humano.

4) Entre quienes no completaron su educación secundaria la proporción de autoempleados es alta, pero debido a su pequeño número, cabe pensar que la diferencia pueda explicarse por el margen de error del estudio.

5) En el Gráfico 4, situaciones como enfermedades, lesiones o problemas en las relaciones humanas quedan incluidas en la categoría de "renuncia voluntaria" como razón de haber dejado el empleo. "Cambio de colocación" hace referencia a los casos en que un trabajador es enviado por la contratista a un nuevo destino y pasa a ser contratado directamente por la empresa receptora.

4. Conclusión

Anteriormente, el autor de estas líneas calificó de "20 años perdidos" el periodo comprendido entre el inicio del fenómeno "dekasegi" y el año 2010（稲葉・樋口 2013a）. Sin embargo, la perspectiva que dan los 30 años transcurridos desde su inicio impone la necesidad de revisar esa valoración. La idea de los 20 años perdidos parecía todavía más convincente con el refuerzo que supuso la crisis económica de 2008, pero al proponerla no se prestó la debida atención a un cambio casi imperceptible: el aumento de los trabajadores que accedían a empleos en planilla y de los autoempleados. El aumento de la proporción de trabajadores que disfrutaban de empleos estables durante la década de 2010 se debió en parte al regreso a su país de origen de muchos de quienes tenían empleos precarios. Pero, al mismo tiempo, no debe pasarse por alto el hecho de que también hay muchas personas que han aprendido el japonés y, con una planificación de largo plazo, han ido forjándose poco a poco una carrera profesional.

Hay que decir también que el paso del tiempo no ha traído consigo un enriquecimiento de las relaciones sociales. Proporcionalmente, los trabajos obtenidos a través de amistades japonesas no han subido, a diferencia de lo que ha ocurrido con los obtenidos por uno mismo, a través de HelloWork o mediante los anuncios de ofertas de empleo en la prensa, es decir, por métodos impersonales. En el apartado anterior hablábamos de los iraníes que trabajaron en Japón, y tomábamos este caso como ejemplo de la tendencia contraria. De hecho, todavía recordamos las impresiones recibidas durante una encuesta que hicimos entre ellos. Descubrimos que no pocos recordaban con nostalgia los nombres de las personas japonesas a quienes habían conocido, a menudo superiores y compañeros de trabajo con quienes habían establecido lazos tales que, pese a haber pasado muchos años desde entonces, a su regreso a Irán todavía los recordaban. Por el contrario, en los relatos de los peruanos apenas aparecen nombres de japoneses. Uno de los puntos problemáticos del empleo en "contratistas" es que a los "dekasegis" les resulta difícil establecer lazos con personas que no sean migrantes como ellos mismos. Esto, además de convertirse en un factor que dificulta el acceso a empleos más estables, en un sentido más amplio, retrasa también su progreso de integración social.

Por último, diremos también que durante esta historia de 30 años de migración, ha aumentado el número de personas que echan raíces en Japón, como se ve en el porcentaje de vivienda en propiedad, que en 2010 ascendía al 25 %（髙谷ほか 2015a）. Sin embargo, si bien es cierto que a partir de 2010 hay más casos de migrantes que consiguen un trabajo estable y llevan una vida holgada, las condiciones laborales que ofrecen los empleos en "contratista" han empeorado. En este sentido, cabe pensar que en la colonia peruana se está abriendo una brecha entre quienes tienen una vida holgada y quienes no la tienen. Por su propia naturaleza, trabajar en "contratista" significar tener cada vez menos oportunidades conforme se envejece (los trabajadores acaban perdiendo los puestos con retribución horaria más alta, como los de trabajadores en tanto en cuanto hubo menos empleos disponibles.

Además, vemos también que el pico de los despidos se sitúa en la década del 2000, algo explicable en gran parte por la crisis económica de 2008 (樋口 2010). Del número total de despidos, que se sitúa en los 358, vemos que 88 (25 %) se concentran entre 2008 y 2009. Esos 88 despidos de los años 2008-2009 representaron, a su vez, el 43 % de todos los casos (203) de trabajadores que dejaron su empleo en esos años.

Se dice que este no fue un problema pasajero, puesto que incluso después de acabada la crisis económica siguieron aumentando los trabajos inestables, para un corto periodo (丹野 2011). Para comprobar si esta idea es correcta o no, en el Gráfico 10 se ha trazado una línea de puntos que marca la evolución del porcentaje de empleos dejados durante el primer año de trabajo. Como puede apreciarse, hasta 1991 el porcentaje es alto, del 44 %, lo que se debe a que este fue el periodo inicial del fenómeno "dekasegi" y las dificultades de adaptación arrastraron a muchos trabajadores de un trabajo a otro. Posteriormente baja hasta el 36 %, pero a partir de 2010 sube todavía más, hasta el 49 %. A partir de la crisis económica, hubo un gran aumento del número de personas que subsistían yendo de un trabajo de corta duración (menos de un año) al siguiente, lo que significa que se llegó a una situación de precariedad que hizo inútiles los esfuerzos de los migrantes. Como, simultáneamente, se constató también un aumento de la proporción de empleos en planilla y de autoempleo, habrá que concluir que en la colonia peruana la situación se está polarizando, con un grupo que disfruta un empleo estable y otro que continúa en la precariedad.

Gráfico 10: Año en que se dejó el trabajo x Razones

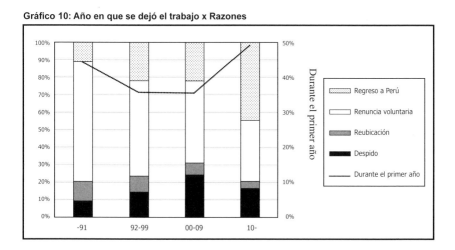

japonesas obtiene trabajos diferentes a los de sus padres. Pero sigue habiendo una superposición o coincidencia de situaciones con la generación anterior en un grado tal que no cabe decir que los jóvenes se desenvuelvan en un mundo completamente diferente al de sus padres. Una de las causas puede ser el hecho ya comentado de que sigue siendo difícil obtener trabajos estables debido al grado de acceso a niveles educativos superiores, que es inferior al de los estudiantes japoneses. Sin embargo, la obtención de trabajos estables se da a un nivel superior al que cabría esperar de la magnitud de esa brecha educativa, y este punto encajaría correctamente en la hipótesis de la asimilación.

Verificación de la hipótesis de los cambios en el mercado laboral

Finalmente, examinaremos los cambios estructurales ocurridos en el mercado de trabajo de los peruanos residentes en Japón, basándonos en aspectos como la permanencia en el puesto de trabajo o las razones para dejarlo. El Gráfico 10 muestra dos series temporales de cambios. Por una parte, las columnas expresan las razones para dejar el trabajo, de las cuales son especialmente relevantes los porcentajes de "reubicación en un nuevo puesto" y de "despido". Las empresas receptoras establecen contratos de diferente duración con las "contratistas" que las surten de trabajadores. A mayor duración del contrato, mayor posibilidad tendrá el trabajador de continuar en su puesto（丹野 1999）. Cuando los contratos son de corta duración, al finalizar el periodo la "contratista" puede despedir al trabajador o reubicarlo en otra empresa[14]. Por ello, la reubicación en un nuevo puesto y el despido son dos importantes indicativos de la estabilidad laboral.

La proporción de trabajadores reubicados por las "contratistas" ha descendido año a año paulatinamente del 11 % del periodo que termina en 1991, al 4 % del periodo que se abre a partir de 2010. Cabe interpretar este dato de dos formas. Se ha señalado que, si el número de trabajadores sudamericanos en Japón siguió incrementándose incluso después de aliviarse la crítica escasez de mano de obra sufrida durante la burbuja económica, fue precisamente porque subió la demanda del trabajo en "contratistas", que ofrecen poca estabilidad (e.g. Higuchi and Tanno 2003). Frente a esta idea, vemos que los trabajos más propensos a ocasionar continuas reubicaciones fueron en todo caso disminuyendo, con lo que mejoró en conjunto la estabilidad laboral. Tenemos, después, la explicación de que cuando se trata de un periodo de bonanza económica, las "contratistas" siempre pueden encontrar otra empresa a la que enviar a sus trabajadores en caso de que la primera haya rescindido el contrato, pero que, cuando no es posible responder a esa situación mediante la reubicación, la empresa recurre al despido. Observando los datos, vemos que el porcentaje representado por la suma de reubicación y despido apenas varió entre el primer periodo (hasta 1991) y el segundo (1992-1999), lo que parece avalar la segunda interpretación, según la cual los despidos aumentaron solo en la medida en que se redujeron las reubicaciones y resultó tanto más fácil despedir a los entenderse como algo provisional que los jóvenes afrontan con objetivos como ahorrar dinero de forma rápida y sencilla para su propio futuro (invertir en sí mismos) o experimentar el mismo trabajo que vinieron haciendo sus padres, y en ese sentido puede decirse que están sabiendo aprovechar una de las características de esta modalidad de empleo, que es la posibilidad de obtener unos ingresos relativamente altos el primer año de trabajo (樋口 2023).

Por lo que respecta al resto de tipos de trabajo (a tiempo parcial, en planilla y autoempleado), todos presentan proporciones más altas en el grupo de quienes asistieron a escuelas japonesas. El alto porcentaje de trabajo a tiempo parcial se debe a que en esta categoría se incluyen los trabajos por horas que habitualmente hacen los jóvenes durante sus estudios (en japonés, *arubaito*). Si bien la diferencia más marcada entre estos dos grupos se aprecia en las respectivas proporciones de empleos fijos en planilla, es igualmente reseñable que la proporción entre quienes recibieron educación en Japón solo ascienda al 26 %. Desde el punto de vista de la primera generación que se estableció en Japón, puede decirse que la segunda ha alcanzado una mayor estabilidad laboral, pero si adoptamos la perspectiva de esta segunda generación, veremos que entre ellos mismos y sus compañeros de estudios japoneses sigue abriéndose una distancia insalvable, lo cual, al mismo tiempo, muestra que el bajo nivel de acceso a los niveles superiores de educación constatable en la colonia peruana está creando una importante brecha laboral. Aun con todo ello, no es menos cierto que se advierte una tendencia hacia la obtención de empleos más estables, que persiste por encima de las desventajas derivadas del inferior nivel de estudios (樋口 2023；山野上 2023).

Como presupone la hipótesis de la asimilación, la generación que ha asistido a escuelas

Gráfico 9: Educados / no educados en Japón x Tipo de trabajo

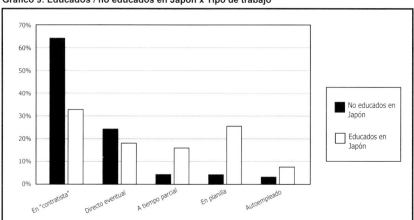

residieron en las casas de sus parientes de nacionalidad japonesa que no habían emigrado a Perú (véase el capítulo 1) y pudieron obtener trabajos por intermediación de dichas personas.

Entre los supuestos que se manejan en la hipótesis de la asimilación económica está el de que la fuente de información sobre empleo va desplazándose gradualmente hacia los japoneses. De hecho, esto se constató en el caso de los iraníes que trabajaban en Japón, cuyo porcentaje de obtención de empleo a través de japoneses fue aumentando a medida que se alargaba su estadía (樋口・稲葉 2009). Aunque, en parte, esto podría achacarse a la circunstancia de que, con el rápido descenso del número de integrantes de la colonia iraní en Japón, ya no fue posible seguir dependiendo de la red de contactos entre compatriotas para obtener empleo, parece más ajustado a la realidad pensar que fue consecuencia de las relaciones sociales que los iraníes fueron creando progresivamente con los japoneses (樋口 2007). Sin embargo, al igual que ocurre en el caso de los "dekasegis" argentinos (稲葉・樋口 2013b), los peruanos no han llegado a obtener empleo a través de sus contactos japoneses.

En cuanto a la hipótesis de la asimilación económica, encontramos aspectos que encajan en ella junto a otros que no encajan. En primer lugar, en el aspecto del tipo de empleo, vemos que aumentaron gradualmente los empleos en los que no concurre una "contratista", especialmente los empleos de planilla y el autoempleo, si bien no fue un aumento demasiado marcado. Aunque el proceso es lento, la asimilación económica avanza. Además, descendió el grado de dependencia de otros trabajadores "dekasegis" a la hora de buscar empleo y fue aumentando la proporción de quienes se servían del HelloWork o de los anuncios de ofertas de empleo. También esto avala la hipótesis de la asimilación económica. Lo que ha ocurrido es que las vías de búsqueda de empleo han derivado hacia métodos no dependientes de las relaciones personales, es decir, hacia métodos impersonales, pero no cabe decir que se hayan creado redes sociales que faciliten el acceso a los trabajos que ofrecen mejores condiciones. Este es un importante factor que obstaculiza el ascenso en la escala laboral de los peruanos residentes en Japón.

Verificación de la hipótesis de la asimilación

La hipótesis de la asimilación pone el foco en las diferencias intergeneracionales que surgen en las comunidades migrantes; aquí, nos centraremos en las diferencias derivadas del hecho de haberse educado o no en escuelas japonesas. El Gráfico 9 muestra los diferentes tipos de empleo, agrupando a quienes no estudiaron en escuelas japonesas en las columnas negras, y a quienes sí lo hicieron, en las blancas. La diferencia entre ambos grupos es patente en el caso de empleos en "contratistas", que representan el 64 % en el primer grupo y el 33 % en el segundo. Sobre este segundo grupo podría señalarse, desde otro ángulo, el hecho de que un tercio trabaja en "contratistas" pese a haber egresado de escuelas japonesas. Sin embargo, entre los miembros de la segunda generación en Japón, el trabajo en "contratistas" suele

Gráfico 8: Año de inicio de trabajo x Vía de búsqueda de empleo

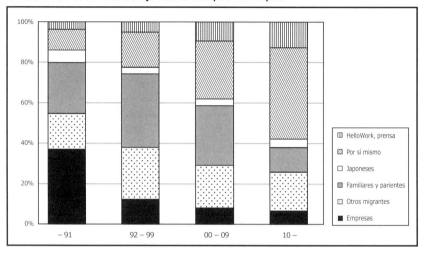

años en Japón se adquieren las destrezas necesarias para desenvolverse en el mundo laboral.

Una tendencia similar se aprecia en el porcentaje de uso de otras vías, como HelloWork, los anuncios de ofertas de empleo en la prensa o la asesoría de una escuela. En conjunto, estas vías solo representaban el 4 % hasta 1991, pero luego suben para situarse en el 12 % a partir de 2010. Aunque, en general, para encontrar trabajo los migrantes suelen servirse de contactos personales más que de métodos institucionales o impersonales (Cornelius et al. 2010; Falcon and Melendez 2001), entre los trabajadores peruanos en Japón el uso de estos últimos se está extendiendo gradualmente. Esto significa obtener trabajo por métodos similares a los utilizados por los japoneses, un resultado que encaja con la hipótesis de la asimilación económica.

Por el contrario, se aprecia un fuerte descenso en la obtención de empleo a través de familiares y parientes, que en la década de 1990 era del 37 % y cae al 12 % en la década de 2010. En cuanto a la otra vía, las redes de contactos entre migrantes, vemos que también su uso desciende ligeramente entre esas mismas décadas, del 25 % al 19 %. En conjunto, las relaciones entre trabajadores "dekasegis" están dejando de usarse en la búsqueda de empleo[13]. Vemos, sin embargo, que el porcentaje de los empleos obtenidos a través de japoneses a lo largo de todas las décadas observadas se queda, en promedio, en un escaso 4 %, no apreciándose ninguna tendencia al alza en función de la duración de la estadía ni de la época. Más bien, vemos que el porcentaje más alto se sitúa precisamente en el primer periodo, hasta el año 1991, durante el cual un cierto número de peruanos radicaron en Okinawa, donde comprobar después la relación entre años de residencia y capital social.

El Gráfico 7 muestra cómo, conforme aumentan los años de residencia, baja la proporción de empleo en "contratistas" y suben la proporción de empleo en planilla y la de autoempleo[11]. El trabajo en "contratistas", que representa el 71 % de todos los empleos entre quienes habían residido menos de dos años en Japón, bajó hasta el 46 % entre quienes han residido 10 o más años. Las proporciones de empleo en planilla y de autoempleo suben del 2 % al 13 %, y del 1 % al 8 % respectivamente. Aunque sea un aumento modesto, puede decirse que el proceso de cambio está en marcha. Como expondremos más adelante, este efecto se debe, entre otras cosas, a que las personas que recibieron educación escolar en Japón comenzaron ya a trabajar. Es, no obstante, una tendencia constatable también entre quienes llegaron a Japón después de haber completado su educación en Perú, siendo por tanto indudable que se accede a trabajos más estables a medida que la estadía se hace más prolongada.

Gráfico 7: Años de residencia en Japón x Tipo de empleo

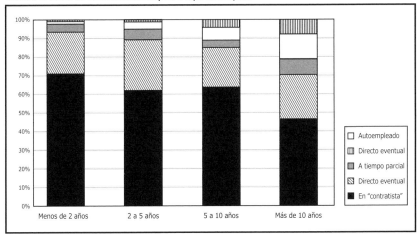

¿Permite vivir largos años en Japón formar redes sociales que faciliten la obtención de un empleo estable? El Gráfico 8 nos muestra que no puede decirse tal cosa[12]. Antes de 1991, en el periodo inicial del fenómeno "dekasegi", el 37 % de los peruanos llegaban a Japón con un contrato de trabajo. Frente a aquella situación, vemos que más personas son capaces de encontrar trabajo por sí mismas. El método más usado para encontrar un nuevo empleo es volver a contactar con la "contratista" para la que se había trabajado anteriormente. Aunque los datos son escasos, también en el caso de los autoempleados vemos que casi todos los emprendedores comienzan a trabajar sin la ayuda de nadie, prueba de que viviendo largos

HelloWork por primera vez resulta psicológicamente difícil, una vez superado este paso se evidencian las ventajas de este servicio.

La vía de búsqueda influye también sobre la mayor o menor estabilidad del empleo obtenido. La causa de haber dejado el trabajo es, en un 18 % de los casos, el despido por parte de la empresa. Pero la proporción de despidos difiere según la vía de búsqueda utilizada y, como queda de manifiesto en el Gráfico 6, la más alta se alcanza entre los empleos conseguidos a través de otros migrantes. Es también alta en empleos obtenidos a través de familiares y parientes, y en los obtenidos sin ayuda de nadie, y alcanza su punto más bajo (7 %) entre los empleos obtenidos a través de japoneses. También en este sentido puede decirse, por lo tanto, que los japoneses pueden facilitar trabajos más estables.

Gráfico 6: Vía de búsqueda x Razón para dejar el trabajo

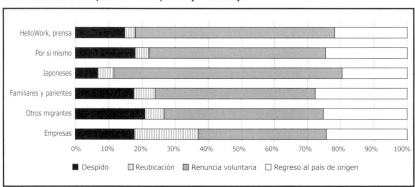

Los resultados a los que hemos llegado hasta el momento avalan firmemente la hipótesis del capital social. Los "vínculos fuertes" establecidos entre las personas que trabajan como "dekasegis" hacen que la información sobre el trabajo circule eficazmente. Sin embargo, para obtener trabajos más estables en planilla son especialmente necesarios los "vínculos débiles" con japoneses.

Verificación de la hipótesis de la asimilación económica

La hipótesis de la asimilación económica concede especial importancia a los años de permanencia en Japón. Ya que se basa en el supuesto de que las habilidades lingüísticas y laborales aumentan con el tiempo, el foco se pone sobre el capital humano, pero es igualmente lógico pensar que, cuanto más largo sea el periodo de residencia, también el capital social aumentará. Examinaremos primero la relación entre años de residencia y tipo de empleo para en "contratistas" no deja de ser una consecuencia lógica de esa situación. Pero, al margen de estas consideraciones, también es cierto que esta vía hace posible rebajar el riesgo de caer en el desempleo, ya que, aunque se pierda un empleo, es posible encontrar el siguiente fácil y rápidamente[7]. Además, puede pensarse que, en los momentos de alta demanda de trabajadores, fue más fácil dar el salto a las contratistas que ofrecían pagos horarios más altos[8]. En otro sentido, dado que el trabajador tiende a emplearse otra vez en una "contratista", esta vía no suele abrir las puertas hacia los empleos en planilla.

En el extremo opuesto se encuentra la búsqueda de trabajo a través de japoneses. En este caso, los trabajos en "contratistas" representan el 10 % de los conseguidos, frente al 23 % de los puestos de planilla y el 6 % de los de autoempleo. Se han obtenido resultados similares en estudios realizados en "dekasegis" procedentes de Brasil（竹ノ下 2016）y de Argentina（稲葉・樋口 2013a）, por lo que podemos considerarlos de alta confiabilidad. Los japoneses, en su mayoría, trabajan como empleados de planilla y es por lo tanto lógico que muchos de los trabajos que presenten sean también en planilla[9].

Entre ambos extremos se sitúan los casos de búsqueda de trabajo a través del HelloWork, de los anuncios de ofertas de empleo en medios de comunicación (prensa) o de las escuelas[10]. Entre los medios de prensa incluimos aquí, además de las publicaciones japonesas especializadas en ofertas de empleo, todo tipo de periódicos y revistas en español, portugués, inglés y japonés, por lo cual entre las ofertas pueden encontrarse tanto de empleo en planilla como en "contratistas". En el caso del HelloWork, no se presentan trabajos en "contratistas", siendo las modalidades más corrientes el empleo directo eventual y el empleo en planilla. El servicio de HelloWork presenta además la particularidad de que muchos de quienes lo usaron una vez recurren a él otras veces. Dicho de otro modo, si bien dar el paso de visitar un

Gráfico 5: Vía de búsqueda x Tipo de empieo

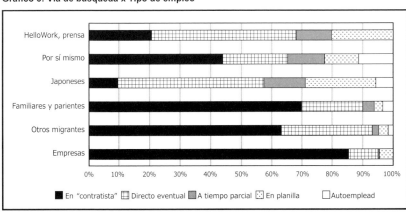

ser despedido. Si se trata de aprovechar al máximo el nivel de estudios, existe la opción de dirigirse hacia el autoempleo, como ocurre entre los inmigrantes coreanos en Estados Unidos, que suelen tener un nivel académico alto, pero problemas en su competencia lingüística (Light and Bonacich 1988). En el caso de los peruanos residentes en Japón, pese a que muchos de ellos vienen con experiencia de autoempleo o tienen padres que han sido autoempleados, son pocos los que emprenden negocios. En ese sentido, fuera de la competencia en japonés, no vemos que existan otros elementos del capital humano que se constituyan en condiciones ventajosas por lo que respecta al trabajo.

Verificación de la hipótesis del capital social

A la hora de buscar empleo, los "dekasegis" recurren más frecuentemente a la intermediación de familiares, parientes, amigos y conocidos que a la escuela, el HelloWork o los anuncios de ofertas de trabajo. Puede decirse, en ese sentido, que ellos utilizan su capital humano en mayor medida que los trabajadores japoneses. El Gráfico 5 muestra cómo las vías utilizadas en la búsqueda de empleo están íntimamente ligadas al tipo de trabajo que se obtiene. El grado de interrelación es tan fuerte como en el caso de la competencia en japonés, demostrándose que los trabajos obtenidos varían fuertemente en función de cuál haya sido la fuente de información.

En primer lugar, el empleo en "contratista" se da en alta proporción cuando la búsqueda se realiza mediante una empresa, a través de otros migrantes o a través de familiares y parientes. La empresa es, en casi todos los casos, la "contratista" con la que el trabajador ha firmado un contrato en Perú antes de trasladarse a Japón[6]. Hay algunos casos en los que trabajadores inicialmente de "contratista" son contratados directamente por la empresa receptora como eventuales, pero no muchos. Y no se encuentran casos en que logren entrar en planilla como trabajadores fijos. En ese sentido, por muy largo que sea el periodo durante el cual el trabajador de "contratista" permanece en un mismo lugar de trabajo, sus posibilidades de acceder a un trabajo estable son muy pocas. Para acceder a trabajos que ofrezcan buenas condiciones, es obligado dejar la "contratista".

Los empleos conseguidos cuando la búsqueda es a través de otros migrantes y los conseguidos a través de familiares y parientes suelen tener similares características. Aunque aquí no se ofrecen datos, estas dos vías de búsqueda suman el 51 % del total de empleos obtenidos, siendo por tanto las principales. En comparación con otras vías de búsqueda, ambas se caracterizan por conseguir una alta proporción de empleos en "contratista" y una baja proporción de empleos a tiempo parcial, arubaito, en planilla o como autoempleado. Puesto que, con la excepción del periodo posterior a 2010, la mayor parte de los trabajadores estaban empleados en "contratistas", cabe pensar que también lo estaban muchos de quienes presentaron dichos trabajos. Que los trabajos presentados fueran, en su mayoría,

Gráfico 3: Nivel de japonés x Tipo de ocupación

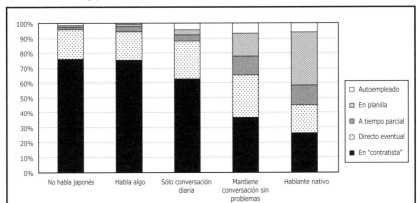

Las ventajas de ser competente en el idioma japonés van más allá de la posibilidad de conseguir un buen trabajo. Esto se muestra en el Gráfico 4, donde vemos cómo las personas con una mayor competencia en el idioma tienen menos probabilidades de ser despedidas de su trabajo[5]. Aunque esto puede explicarse en parte por el hecho de que estas personas ocupan puestos más estables, incluso en las "contratistas" vemos que los despidos suelen hacerse empezando por los trabajadores que no hablan japonés. Por otra parte, no se constata relación alguna entre la formación académica obtenida en Perú y las razones por las que se deja el trabajo. Es decir que tener un alto nivel de estudios no implica menor posibilidad de

Gráfico 4: Nivel de japonés y experiencia educativa en Japón x Razón para dejar el trabajo

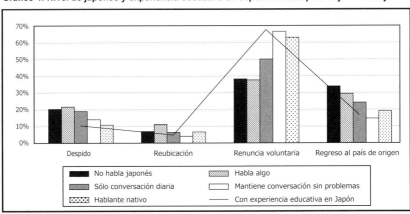

Gráfico 2: Formación académica en Perú x Tipo de ocupación

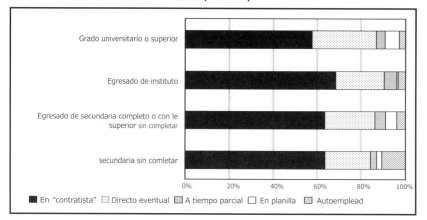

En el caso de Perú, se sumaron circunstancias como la hiperinflación y el terrorismo, lo cual explica que personas de alto nivel educativo decidieran emigrar a Japón en mayor proporción que en otros países como Brasil o Argentina. Sin embargo, si aceptamos que tener una buena formación académica no significa nada en términos laborales, la conclusión es que, a mejor formación, menos atractiva resultará la perspectiva de trabajar en Japón. Cabe pensar que una de las causas de que el nivel de estudios del conjunto de los peruanos en Japón fuera en 2010 inferior al existente en 2000 sea el regreso a su país de gran parte de quienes tenían mejores currículos（高谷ほか 2015b）.

La capacidad de mantener una conversación en japonés guarda una relación más estrecha con el empleo que puede conseguirse en Japón que el historial académico cosechado en Perú. Si observamos el Gráfico 3, mientras que tres cuartas partes de quienes saben poco japonés trabajan a través de "contratistas", entre quienes hablaban sin problemas la proporción baja a un tercio. Los hablantes nativos de japonés se educan en escuelas japonesas y muestran una elevada proporción de empleados de planilla, pero incluso entre los no nativos capaces de trabajar en japonés son una minoría los empleados en "contratistas". Quienes tienen una capacidad de japonés limitada a la conversación cotidiana trabajan a través de "contratistas" en menor proporción que los que no hablan el idioma, pero los 13 puntos porcentuales no pueden considerarse una diferencia demasiado amplia. Tampoco ese conocimiento básico de la conversación diaria abre las puertas a los puestos fijos de planilla, ni al autoempleo. Sin un nivel de japonés que permita utilizarlo en el trabajo, es difícil eludir el empleo precario (eventual o a tiempo parcial). En ese sentido, la capacidad de hablar bien en japonés es una condición necesaria para conseguir un trabajo que ofrezca buenas condiciones y se constituye también en un importante elemento dentro de la hipótesis del capital humano.

Hipótesis de los cambios en el mercado laboral

Hasta ahora hemos visto los factores concretos que advertimos en el lado de los migrantes, pero durante estos 30 años de fenómeno "dekasegi" también la estructura del mercado laboral japonés ha experimentado grandes cambios. En primer lugar, durante la larga recesión que siguió al estallido de la burbuja económica, en las empresas japonesas disminuyó la proporción de trabajadores de planilla año tras año y aumentó el número de los que tenían un empleo precario (a través de "contratistas" o a tiempo parcial). Si la población de los trabajadores peruanos en Japón ha aumentado pese a la mala coyuntura económica ha sido porque han aceptado los empleos más inestables, de los que era fácil ser despedidos, incluso para los estándares del trabajo a través de "contratistas" (梶田ほか 2005). La consecuencia fueron los despidos masivos de latinoamericanos ocurridos con ocasión de la crisis económica de 2008 (樋口 2010).

El influjo de la crisis económica no fue puramente transitorio, pues la inestabilidad del trabajo de los sudamericanos en las "contratistas" continuó. Como señala Tanno (2011), dicha inestabilidad se plasmó en la alta frecuencia con la que las "contratistas" reubicaban al trabajador en un nuevo puesto, y en las grandes variaciones de un mes a otro en el total de horas trabajadas. Pero el problema no se limita a estos aspectos. Aumentaron los casos en que los trabajadores debían ir de un trabajo a otro, forzados por el acortamiento del periodo de contratación. Podríamos, por lo tanto, plantear la hipótesis de que, en un contexto de cambios estructurales que hacen cada vez más difícil encontrar un puesto fijo como empleado de planilla, los trabajos a través de las "contratistas" se están haciendo también más inestables.

En adelante, presentaré una panorámica de cómo ha evolucionado la situación laboral de los peruanos en Japón partiendo de las hipótesis arriba esbozadas.

3. Análisis de datos: una retrospectiva de la experiencia de los trabajadores peruanos
Verificación de la hipótesis del capital humano

Comenzaremos por la relación entre la educación recibida en Perú y los trabajos obtenidos en Japón, que queda expuesta en el Gráfico 2. Si bien la relación entre la formación académica y el tipo de ocupación laboral existe, no puede decirse que sea una relación demasiado consistente. Aun así, vemos que quienes han finalizado sus estudios universitarios tienden a trabajar mediante "contratista" en menor medida. No obstante, como decíamos, no cabe decir que exista una relación consistente entre una mejor formación y una menor proporción de empleo a través de "contratista", como se ve en el hecho de que los egresados de institute sean quienes más fácilmente recurren a ese tipo de contratación[4].

En ese sentido, aunque no sería correcto decir que la formación académica obtenida en Perú no se está aprovechando en Japón, sí que podría decirse que su efectividad es débil e irregular.

que no emigraron a Perú, quedándose en Japón. Este último caso se da, por ejemplo, entre los migrantes establecidos en Okinawa, donde frecuentemente viven en las casas de sus parientes de nacionalidad japonesa y consiguen trabajos a través de ellos. En comparación con los parientes peruanos, los parientes japoneses que no emigraron a Perú tienen más redes sociales en la sociedad japonesa, razón por la cual los incluimos entre los "vínculos débiles". Plantearíamos, entonces, la hipótesis de que los trabajos obtenidos mediante estos "vínculos débiles" ofrecen mejores condiciones que los obtenidos gracias a los vínculos entre "dekasegis".

Hipótesis de la asimilación económica

Aunque se superpone con los temas del capital humano y del capital social, hay que considerar también la teoría relativa a la asimilación económica, que presta especial atención al transcurso del tiempo. Según esta idea, aunque al momento de emigrar no se disponga de un capital humano suficiente, habiendo vivido en Japón durante un largo periodo de tiempo, uno puede familiarizarse con el idioma y con el trabajo, estableciendo relaciones sociales, con lo cual es posible encontrar un trabajo que ofrezca buenas condiciones (Chiswick 1978). Podríamos entonces plantear la hipótesis de que los trabajos conseguidos después de haber residido largo tiempo en Japón ofrecen mejores condiciones.

La hipótesis de la asimilación

Otra teoría parcialmente superpuesta con el capital humano y con el capital social es la de la asimilación, que pone el foco en el relevo generacional. Frente a la teoría de la asimilación económica, que se centra en la primera generación de migrantes, la teoría de la asimilación trata de los cambios producidos por el relevo generacional (Alba 2009). La asimilación es, en este caso, el proceso por el que las diferencias entre peruanos y japoneses van borrándose. Indica cómo el centro de sus relaciones sociales va desplazándose hacia los japoneses a partir de la segunda generación, crecida y educada en Japón, que tiene el japonés como primer idioma.

En comparación con los japoneses, o con los residentes coreanos y chinos, los peruanos de segunda generación tienen un menor índice de acceso a la secundaria (15-18 años) y a la universidad, si bien la diferencia se va acortando paulatinamente（樋口・稲葉 2018）. Por otra parte, aunque solo un pequeño porcentaje inicia sus actividades de búsqueda de empleo antes de terminar sus estudios universitarios, para ellos ya es posible elegir tipos de trabajo diferentes de los de sus padres（樋口 2023）. Esto nos llevaría a plantear la hipótesis de que el cambio que se advierte a partir de 2010 posiblemente se deba a la incorporación al mundo del trabajo de la segunda generación.

se aprecian diferencias（大曲ほか 2011）. Si la formación académica obtenida en el país de origen fuera debidamente valorada en Japón, se esperaría encontrar alguna diferencia entre ellos. En ese sentido, puede conjeturarse que en Japón la formación académica conseguida en Perú no tiene un claro reflejo en la situación laboral.

Cabe pensar que, como capital humano, el historial académico surte un efecto diferente según cuál sea el país en el que se ha obtenido la formación escolar. Nuestro grupo realizó una encuesta entre peruanos de segunda generación en Japón, educados en escuelas japonesas. Aunque deben tenerse en cuenta los posibles efectos de la discriminación hacia los extranjeros en la búsqueda de trabajo, parece lógico pensar que haber estudiado en Japón haga variar considerablemente el rango de trabajos accesibles.

En cuanto a la competencia en idioma japonés, las ventajas que ofrece a la hora de conseguir un trabajo, aunque no se haya recibido educación en Japón, se han comprobado entre los residentes argentinos（稲葉・樋口 2013a）y entre los extranjeros en general (Nagayoshi and Kihara 2023). Podría, por tanto, plantearse la hipótesis de que, frente al limitado efecto que tiene la formación académica recibida en Perú, tanto la recibida en Japón como la competencia en idioma japonés resultan muy efectivas.

La hipótesis del capital social

Para conseguir un trabajo, los migrantes no suelen depender de los métodos públicos o institucionales (la escuela, las oficinas públicas de empleo HelloWork (en adelante, HelloWork), los anuncios de ofertas de trabajo en la prensa, etcétera), que podríamos llamar impersonales, sino de otros, entre los cuales uno de los principales es la presentación a través de algún conocido. En ese sentido, las relaciones sociales resultan de gran importancia también a la hora de asegurarse un empleo, si bien las condiciones que ofrece ese empleo varían según quién haga la intermediación. Estas conexiones personales que resultan beneficiosas para uno mismo constituyen lo que se denomina capital social y en este apartado nos fijaremos especialmente en cómo el carácter de dicho capital social determina qué tipo de trabajo puede conseguirse. El capital social consiste en los llamados "vínculos fuertes", que se consiguen en redes de alta densidad en las que los individuos se conocen mutuamente, y en los "vínculos débiles", que se entablan entre personas pertenecientes a diferentes redes, siendo estos últimos vínculos los que proporcionan mejores trabajos (Granovetter 1973). Esto es así porque la información a la que uno mismo no tiene acceso es más fácil obtenerla de personas que se mueven en otras redes, que de personas similares a uno mismo.

Ciñéndonos al contexto de los "dekasegis" peruanos, los "vínculos fuertes" son los que se establecen con los familiares y parientes peruanos, con los compatriotas en general y con los extranjeros de otras nacionalidades llegado a Japón igualmente como "dekasegis". Los "vínculos débiles" serían los establecidos con los japoneses, o con los familiares japoneses

Gráfico 1: Tipo de ocupación x Año de inicio

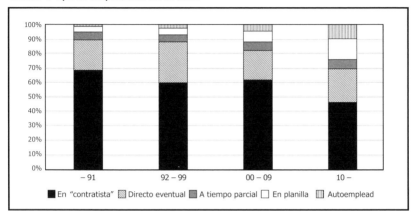

2. ¿Qué ha pasado en estos 30 años? Algunas hipótesis

Observando el gráfico del apartado anterior, vemos que han tenido que pasar más de 20 años desde el inicio del *boom* "dekasegi" para que se observen cambios perceptibles. Los descendientes de japoneses pueden migrar en familia y elegir libremente su trabajo. Su nivel de estudios es alto y muchos de ellos tenían su propio negocio. Reunían, por tanto, condiciones muy favorables para encontrar en Japón empleos de calidad. Pese a ello, durante todo ese tiempo continuaron dependiendo de las contratistas. ¿Por qué esas favorables condiciones de las que partían no se tradujeron en mejoras concretas? Seguidamente se expondrán, mediante algunas hipótesis, los factores que podrían haber intervenido.

Hipótesis del capital humano

Los trabajadores migrantes no se desplazan portando un gran capital, por lo que deben trabajar por sí mismos para ganarlo. A ese fin, resulta de gran ayuda el capital humano, que redunda en una mayor capacidad para ganar dinero. Aunque el capital humano toma las más variadas formas (destrezas, capacidades, personalidad, presencia, fama, credibilidad...), por lo general se expresa en términos de un historial académico y unas cualificaciones (títulos, licencias, etcétera), cosas que se obtienen a través de la educación y de la capacitación (Becker 1993). En el contexto "dekasegi", son capital humano su historial académico y sus conocimientos o competencia en el idioma japonés, y en la medida en que tengan ambos lograrán encontrar empleos de mayor calidad[3].

Colectivamente, los peruanos en Japón tienen en general una formación académica superior a la de los brasileños, pero entre las situaciones laborales de ambos grupos apenas

Capítulo 3
Evolución de la situación laboral de los peruanos en Japón

Naoto Higuchi

1. 30 años entre la contratación directa y la indirecta: ¿dónde reside el problema?

Se ha señalado que los problemas que afectan a los peruanos y, en general, a todos los sudamericanos de origen japonés residentes en Japón giran en torno al hecho de que su contratación para trabajar en las fábricas se hace indirectamente, a través de las empresas de intermediación comúnmente llamadas "contratistas" (en japonés, *hakengaisha*, literalmente "empresas de envío de personal"). Con esta forma de contratación, los trabajadores perciben al principio ingresos netos superiores a los de los trabajadores de planilla (empleo directo fijo), pero su salario no sube y, además de estar en una situación de precariedad, no es raro que queden fuera de la cobertura de la seguridad social (sobre estos efectos de largo plazo, véase el capítulo 1). A la hora de examinar la evolución de la situación laboral de los peruanos hay que comprobar, en primer lugar, si trabajan bajo otras modalidades de contratación y en qué medida lo hacen. Por lo general, los migrantes suelen comenzar con trabajos que no ofrecen las mejores condiciones, pero conforme su estadía se alarga pueden mejorar el tratamiento que reciben. Con el paso del tiempo, los migrantes adquieren nuevos conocimientos y consiguen aprovechar en mayor grado las capacidades que tenían, consiguiendo así reducir la brecha que los separa del resto de la sociedad (Chiswick 1978: 899).

¿Cómo se reflejan estas ideas en la realidad? La situación que se infiere de los datos obtenidos en nuestra investigación queda reflejada en el Gráfico 1[1], que expresa la relación entre el año de inicio de trabajo y la modalidad de empleo. Se aprecia que hasta 1991, año del *boom* "dekasegi", cerca del 70 % del trabajo era a través de "contratistas". Después se abre un periodo sin grandes cambios, pero a partir de 2010 esta proporción baja a menos de la mitad. Simultáneamente, suben los porcentajes de trabajadores de planilla y autoempleados, recibiéndose la impresión de que, paradójicamente, hubo un ascenso en el estatus profesional de la colonia a partir de la crisis económica[2]. Cabe preguntarse hasta qué punto es correcta esta impresión. Si realmente se produjo un cambio, ¿a qué se debió? En las siguientes líneas trataremos de responder a estas cuestiones mostrando primero algunos de los factores que pudieron intervenir.

a estudios, no podrán vivir solo de lo que recibirán por sus aportaciones de 40 años o más, sino que tendrán que echar mano a sus ahorros para vivir decorosamente o solventar cuidados geriátricos.

Ante esta situación, es factible que entre la comunidad extranjera se imponga como solución vivir en hogares multigeneracionales (donde viven más de dos generaciones), posibilitando que los hijos puedan dar apoyo económico y asistencial a sus padres en edad avanzada.

El retorno al país de origen en esta etapa de la vida tampoco se descarta, desde que se cumplan ciertas condiciones como el poseer un lugar donde vivir. Es posible hacer cobrar los importes por jubilación en el extranjero, para lo que deberán abandonar definitivamente el Japón. El bajo valor de las pensiones a obtener, al cambio de moneda, puede resultar más rentable si los recibimos en nuestros países. Muchos jubilados japoneses deciden vivir su vejez en el exterior por este motivo.

Si en la década de los noventa, era común que en los medios de comunicación de la colonia latina desarrollásemos temas promoviendo la escolarización de los niños y jóvenes, combatiendo la deserción escolar y otros problemas relacionados como el hostigamiento (ijime), en la actualidad el principal problema a tratar en la comunidad es el tema de la jubilación y la preocupación en relación a las condiciones en las que transcurrirá el futuro cercano de los peruanos, cuya población cada vez envejece más. Es una carrera contra el reloj.

El período prolongado del COVID promovió en todo el mundo la utilización de la tecnología y la internet. En esta dinámica de creación de contenidos para compartirse en redes sociales, la comunidad conoció a mucha gente nueva y entusiasta por activar la comunidad peruana y latina.

El tiempo y sus acciones dirán si entre ellos se encontrarán los nuevos líderes capaces de conducir a la colonia de peruanos en Japón.

Un nuevo desafío

Probablemente los objetivos que nos llevaron a venir al Japón han sido cumplidos. Tal vez lo ahorrado permitió reunir el capital para el negocio o la casa propia y lo ganado con tanto esfuerzo nos sirvió para educar a nuestros hijos lo mejor que pudimos.

Ojalá que las rentas obtenidas hayan incidido en darle a nuestra familia un nivel de vida satisfactorio, que era la finalidad original para venir al otro lado del mundo.

En síntesis, que el sacrificio y los muchos sinsabores derivados de la experiencia de vivir en un país tan diferente, al que tanto nos costó o nos está costando adaptarnos, haya valido la pena para quienes conformamos esa primera generación de peruanos en Japón, los "dekasegi" que se convirtieron en inmigrantes.

Como para muchos, ser inmigrante en Japón me brindó una experiencia de vida valiosa, de la que vengo aprendiendo mucho y que agradezco, particularmente.

Sin embargo, aún tenemos por delante un desafío más por cumplir. El de determinar cómo iremos a envejecer y en dónde lo haremos.

A fines del 2022, más del 15% de la comunidad peruana se encontraba en los 60 años o más. Si incluimos a los que frisan los 50, la cifra crecería a más de 17 mil personas, que representa el 35% de la población total de nacionalidad peruana que vive en Japón, lo que es de 48,914 personas. Son niveles etarios en los que el tema de las pensiones se torna prioridad. Buena parte de estas personas ha venido envejeciendo sin haber aportado al sistema de jubilación local o habiéndolo hecho tardíamente, con lo que resulta preocupante cómo se afrontará el futuro.

Durante mucho tiempo, las contratistas se negaron a inscribir a los trabajadores al seguro social para que realicen pagos de pensiones y ello tampoco fue rigurosamente controlado por las autoridades.

De otro lado, muchos de los propios trabajadores se negaron a sufrir el descuento mensual de estas aportaciones por considerarlo innecesario, en la creencia que pronto retornarían a sus países. No lo hicieron ni en el sistema privado de pensiones (kosei nenkin hoken) ni en el sistema nacional de pensiones (kokumin nenkin). En estos días, casi todas las contratistas obligan al pago de la jubilación, que se incluye en el seguro social (shakai hoken).

El problema de las pensiones es un tema latente entre los propios japoneses que, de acuerdo las siguientes generaciones.

A lo largo de todos estos años recuerdo haber escrito muchos artículos anunciando la fundación de asociaciones de peruanos de toda índole. Pasados los años, éstas son escasas y de ellas, muchas no desarrollan ningún tipo de actividad regularmente.

Se intentó desde 1989, cuando se creó la Asociación Nikkei Perú, integrada por peruanos que ya vivían en Japón antes del llamado "Fenómeno Dekasegi". Dicha entidad se creó para reunir a los compatriotas que llegaban a trabajar a las fábricas y entre sus actividades iniciales promovían charlas de orientación sobre la rutina del país y clases de idioma japonés.

También llegaron a convocar a buen número de compatriotas en actividades de celebración de fiestas nacionales, para luego perder vigencia y desaparecer al poco tiempo, cuando los trabajadores extranjeros latinoamericanos comenzaron a llegar en forma masiva.

La última organización, aún vigente aunque inactiva desde el período de la pandemia, es la Asociación de Peruanos en Japón, integrada en su directiva por peruanos residentes en varias prefecturas. Esta asociación llegó a organizar varias ediciones de la feria gastronómica Oishii Perú en el Parque Yoyogi, que ha sido hasta el momento el evento más grande realizado para mostrar abiertamente la culinaria peruana en el Japón.

Sin ser esencialmente una asociación de tipo social y sí una entidad comercial, el Grupo Kyodai Remittance, dedicado al envío de remesas al exterior, es la institución de mayor vigencia e importancia en la comunidad peruana, en su papel de patrocinador de eventos y organizador de la anual celebración por las Fiestas Patrias peruanas.

Existen otras asociaciones en varias prefecturas, pero sus acciones prácticamente se limitan a prestar ayuda logística y de organización a los consulados peruanos cuando realizan actividades itinerantes.

Mejor funcionamiento muestran las entidades pequeñas que tienen objetivos puntuales y dedican sus esfuerzos exclusivamente a ellos. En este nivel se encuentran los talleres y grupos de enseñanza del español en varias partes del Japón, o entidades relacionadas a cultos religiosos, como las hermandades del Señor de los Milagros, encargados de transmitir una de las más populares tradiciones entre los católicos del Perú.

También tienen su propio cronograma de actividades algunos grupos dedicados a enseñar a los niños aspectos culturales y artísticos del Perú como las danzas, o los muchos clubes que se reúnen para tomar parte en eventos deportivos, sin mayor pretensión que el del sano esparcimiento.

En tres décadas, poco hemos hecho como colectividad. Los grupos organizados son escasos y son pocos los líderes que han venido apareciendo. Tampoco pareció haber mucho entusiasmo en los peruanos por ejecutar proyectos que perduren, ni mucho tiempo para tomar parte en ellos. Quizás la prolongada disyuntiva entre vivir en Japón o retornar, tenga que ver en esto.

categoría 100 kg. Para torneos internacionales. Ganó una medalla de oro en un campeonato panamericano de Lima.

SORAMI TANAKA. Patinadora artística. Vive en Japón (Aichi). Representa al Perú en torneos internacionales de patinaje sobre hielo.

11. Peruanos del Japón: Algunas Reflexiones

El recuento que he realizado sobre lo que que hizo noticia entre los peruanos en este período de más de tres décadas, permite de alguna forma hacer unas reflexiones personales sobre lo andado como comunidad peruana en todo este tiempo.

A los descendientes de japoneses, se nos presentó la posibilidad de ir al Japón en una migración de carácter étnico que resultó ser una oportuna tabla de salvación, una alternativa que aceptamos casi a las prisas, en situación de urgencia y para la que en general no hubo mayor preparación.

No todos estuvieron conscientes del choque cultural y el duro régimen laboral que encontrarían en Japón, lo que motivó que muchos se derrumben anímicamente. La nostalgia por los suyos y el ambiente diferente, añadido a la impotencia de no poder comunicarse o protestar alguna injusticia por no saber el idioma, causó estragos en quienes no estuvieron preparados.

La única alternativa de trabajar en el Japón pasó por enrolarse en las contratistas que durante mucho tiempo determinaron la forma de vivir y trabajar de los "dekasegi", creando en muchos una dependencia a la que se fueron acostumbrando. El sistema de tercerización de empleo fue y continúa siendo el mal necesario para muchos japoneses y extranjeros, aunque ahora con mayor control por parte del gobierno que impide los abusos del pasado.

Como hemos revisado en este artículo, a lo largo del tiempo nos tocó enfrentar en el Japón muchas situaciones, algunas de carácter histórico como aquella catástrofe financiera mundial del 2008, que terminó marcando un hito en la vida de los latinoamericanos en el Japón, un parteaguas que desencadenó una coyuntura difícil que a muchos peruanos llevó a evaluar las ventajas de seguir viviendo en el Japón pero, sobre todo, la forma en la que venían haciéndolo.

Se pensó al inicio que iría a ser temporal. Nadie quiso ni imaginó que terminaría viviendo aquí, o que en Japón formaríamos nuestras familias creciendo aquí nuestros hijos y nietos. Algunos salieron del Perú solteros y hoy son abuelos.

Tres décadas después, en Japón viven hoy hasta cuatro generaciones de peruanos.

Sin organizaciones

Algo que los peruanos no pudimos hacer realidad en estas tres décadas fue el crear un colectivo en el que se articulen diversas instituciones que puedan hacer posible proyectos conjuntos en beneficio de la comunidad. Una tarea pendiente que tal vez puedan hacer suya

MELISSA ARAKI. Cantante y compositora peruana.

SAKAMOTO MARYBELEN. Miss Universo Japón 2022, hija de peruano y japonesa.

BARBY HIGA. Modelo, presentadora y reportera de varios espacios televisivos como el conocido programa de viajes "Sekai fushigi hakken!".

ALEXANDER. Modelo, actor y cantante, muy popular en progamas de variedades en la televisión.

FUKASAKU JESUSU (JESÚS). Político japonés nacido en el Perú. Se estrenó en la vida pública en el 2022, candidateando a un lugar en la Cámara de Representantes representando a Kanagawa por el Partido Democrático del Pueblo (Kokumin Minshuuto). Hijo de japonés y peruana que llegó al Japón con apenas 6 meses de edad, antes del "Fenómeno Dekasegi".

BRUNO NAKANDAKARI. Chef propietario del restaurant Bépocah de Tokio. El establecimiento ha ganado durante seis veces consecutivas la distinción Bib Gourmand de la prestigiosa Guía Michelin.

MORIOKA KAORU. Uno de los jugadores más representativos del futsal profesional japonés. El segundo goleador histórico de su liga profesional. Su talento nació en los torneos deportivos de la comunidad peruana y de allí fue contratado por el Nagoya Oceans, con el que ganó 22 títulos. Se nacionalizó para representar al seleccionado japonés en torneos internacionales, ostentando la capitanía del equipo. Ha jugado también en clubes de Indonesia y España y actualmente lo hace en la segunda división integrando el Ligarevia Katsushika.

MOMII AKI. Voleibolista. Jugó por la selección japonesa en los Juegos Olímpicos TOKIO 2020 como levantadora principal. A nivel de clubes integra el JT Marvelous. Nació en Japón, de padres peruanos.

KAZUYOSHI SHIMABUKU. Futbolista peruano del Albirex Niigata, de la primera división (J1)

NAMIE SHIMABUKURO. Futbolista del Regina Sanfrecce Hiroshima de la primera división del fútbol femenino profesional.

FRANK ROMERO. Futbolista del Kagoshima United de la tercera división profesional (J3)

DIEGO TABA. Futbolista del YSCC Yokohama de la tercera división profesional (J3)

MIREY YONEMURA. Luchadora profesional de box tailandés y kickboxing.

RENZO RAMÍREZ. Beisbolista. Fue el primer peruano en ser seleccionado para tomar parte en la selección de jugadores de las dos ligas profesionales más grandes del Japón, luego de destacar en el béisbol universitario. Actualmente actúa en el Sapporo Hornets.

YUTA Y JUNTA GALARRETA. Judokas. Ambos viven en Japón (Saitama), pero defienden al Perú como seleccionados en competencias internacionales. Yuta (cat. 90 kg.) consiguió medalla de bronce en los Juegos Panamericanos de Lima 2019. Junta, su hermano menor, también representa a Perú en la categoría juvenil.

DARYL YAMAMOTO. Judoka. Vive en Japón (Aichi). Seleccionado peruano de la una participación presencial.

La pandemia hizo que la comunidad, adaptándose a los requerimientos de la época, también descubra que utilizando el internet y plataformas de comunicación social como Facebook, Instagram, YouTube o la aplicación Zoom que ganó gran popularidad en este período, pueda seguir disfrutando, bajo otra modalidad, de eventos tradicionales como la anual celebración de Fiestas Patrias en julio, o los homenajes por el Señor de los Milagros en octubre, que se transmitieron a través de las redes.

También haciendo uso de estas plataformas, fue interesante observar la aparición de espacios dirigidos a los miembros de la colectividad peruana creando contenido digital en forma de charlas sobre ocupaciones como el cuidado de ancianos, salud mental o agricultura, hasta programas de entrevistas abordando temas sobre la vida diaria en Japón, con lo que se renovó el interés por conocer detalles sobre pago de impuestos, uso de seguros de salud o temas sobre jubilación.

10. Orgullos Peruanos

Como periodistas hemos estado atentos a aquellos personajes que han venido destacando en diferentes campos de la sociedad japonesa. Sus logros y aportaciones a las actividades en las que se desenvuelven son destacadas en los medios de comunicación y eso siempre es un motivo de orgullo para la comunidad.

Los hay artistas y deportistas, así como profesionales en grandes empresas y decenas de profesionales que se desenvuelven en el mundo académico como investigadores o profesores universitarios.

Muchos han nacido en el Japón, de padres que llegaron como "dekasegi", mientras que otros migraron siguiendo sus sueños, fuera de las fábricas. Sus procedencias y razones para vivir en Japón pueden ser diferentes, pero siempre reivindican sus raíces peruanas cuando tienen la oportunidad de hacerlo.

Una lista de algunos de estos peruanos destacados en Japón:

ALBERTO SHIROMA. Cantante peruano, productor musical y artista visual. Como líder de la banda de música pop rock Diamantes, tiene más de 30 años de vida artística en el Japón. A no dudar, y por trayectoria, es el peruano más destacado en estas tierras.

LUCY NAGAMINE. Cantante peruana. La única peruana en hacer carrera en el género musical regional de Okinawa, con una dilatada carrera de casi 30 años difundiendo el folclor de esa prefectura a través de sus discos y conciertos.

RIOSKE. Cantante. Integra el grupo COLOR CREATION y actúa como solista también. Hijo de japonés y peruana.

ERIC FUKUSAKI. Cantante, compositor y productor peruano.

293 (058)

También se supo que algunos de ellos encontraron cobijo en iglesias en forma temporal. La comida era por sus propios recursos o recibiendo la ayuda que podía brindarles el consulado, que había registrado a todos los que se encontraban en esa penosa situación.

El 6 de mayo del 2020, casi al mismo tiempo que el avión que llegaba a Narita con japoneses y peruanos que partieron del Perú, arribó a Lima un vuelo chárter desde México con un centenar de peruanos que se encontraban varados en varios países del mundo, entre ellos el Japón. Ambos viajes fueron coordinados entre los gobiernos de ambos países para permitir el retorno de sus nacionales en medio de la crisis motivada por la pandemia.

Suemi Naruse fue una de las 22 personas que viajaron repatriadas desde el Japón. Esta joven administradora de empresas, llegó al Japón por turismo en la quincena de enero y planeaba pasar un par de meses conociendo el Japón y otros dos países de Asia. La crisis global le cambiaría todo lo programado y supuso que la vuelta no tendría fecha específica, luego de reprogramar su pasaje hasta en tres oportunidades. El hecho que no haya ningún comunicado sobre cuándo permitirían los vuelos y extiendan la cuarentena de dos en dos semanas, le generó mucha ansiedad porque vio que la situación duraría varios meses.

Una vez más, los peruanos residentes en Japón demostraron que la solidaridad es una de sus características. Enrique Ponze Harada, -un peruano con muchos años de residencia en Japón y que se dedicaba al transporte de carga en la región de Nagano-, se sensibilizó con la situación y fue de los que quiso pasar de la solidaridad de las palabras, a la acción. Creó una cuenta en el Facebook llamada "Solidarios a peruanos varados en Japón" que quiso canalizar algún tipo de auxilio para ellos.

Inicialmente, a raíz de la ayuda de 100 mil yenes que daría el gobierno japonés a toda la ciudadanía, se preguntaba si sería posible que los que quisieran solidarizarse pudieran aportar con mil yenes a un fondo que pueda ayudar a los peruanos que quedaron atrapados en Japón. La propuesta la hizo en uno de esos grupos que reúne a los peruanos del Japón en redes sociales, donde hubo gente que quiso comprometerse y de inmediato preguntó cómo ayudar.

Por ello decidió crear una cuenta de Facebook específica que inicialmente se llamó 'Ayuda directa a los varados en Japón', para evitar tener responsabilidad sobre el dinero o el tipo de ayuda a darse, y ver la forma que las personas puedan hacerlo directamente, evitando cualquier tipo de suspicacia. El objetivo principal fue apoyar a quienes no tenían un lugar dónde quedarse, ni medios para subsistir mientras no puedan retornar al Perú.

La tecnología, para seguir en contacto

Pese a los momentos difíciles, el largo período de restricciones por el COVID-19 imposibilitando la organización de actividades públicas, no fue obstáculo para que grupos de la comunidad peruana emplean la tecnología en procura de seguir relacionándose y, en muchas ocasiones, crear interesantes eventos de todo tipo que hasta ese momento requerían

Un turista japonés también ganó notoriedad cuando la pandemia lo sorprendió en Perú. Se trató de "Jesse" Katayama, un profesor de boxeo que llegó al Perú como parte de una gira por Sudamérica y, como todos los visitantes del extranjero, compró un boleto para visitar Machu Picchu. En la víspera, el gobierno decretó situación de emergencia y prohibición de eventos, visitas a lugares turísticos incluidos. Fue cuando vivió una experiencia que lo dejaría marcado de por vida.

Sin poder continuar su gira ni retornar a Lima porque la movilización interna también estuvo prohibida, Takayama no tuvo más remedio que quedarse a vivir en Aguas Calientes, el pueblo ubicado bajo la famosa ciudadela imperial inca. Vivió como un lugareño más durante siete meses, cuando recién pudo abandonar el Perú. Se dedicaba a explorar la zona y enseñar boxeo. Cuando sus medios económicos se agotaban, entidades comerciales y de la ciudad, acudieron en su ayuda.

Su caso fue conocido mundialmente y días antes de su partida el ministerio de Cultura hizo una excepción, permitiendo que pueda conocer la joya histórica de los peruanos un mes antes de lo proyectado para abrir Machu Picchu al turismo. Fue el único visitante ese día.

Desde entonces, el deportista japonés guarda un cariño especial por el pueblo, al que ha retornado para realizar actividades de ayuda comunal, en reciprocidad por el trato recibido durante esos meses, y es un activo promotor del Perú, por lo que ha sido nombrado como "embajador digital" por la embajada peruana en Japón, en mérito a la difusión que realiza sobre Machu Picchu y la cultura peruana y las diferentes regiones del país como atractivos turísticos internacionales.

Los que querían volver: Tokio - Lima

Si muchos se quedaron en Lima sin poder saber cuándo abordarían el avión hacia Japón, al otro lado del Pacífico, también existía un problema similar, con el agravante que no todos los peruanos que visitaban el Japón antes del cierre de aeropuertos, contaban con un lugar y medios como para subsistir varias semanas.

Los peruanos varados en Japón, también lograron convocarse a través de redes sociales y desde allí hacer conocer la difícil coyuntura por la que atravesaban. Una cuenta en la aplicación de comunicaciones WhatsApp, llamada "Peruanos varados en Japón", reunió a muchos de ellos y gente que buscaba ayudarlos. Se organizaron creando un grupo para comunicarse y coordinar cómo hacer su situación más visible, pudiendo llegar de esa forma a muchas personas informando la situación que vivían. Por parte, el chat posibilitó una comunicación más constante con los consulados peruanos en Japón, que vio cómo podía acudir en su auxilio.

Muchos se alojaron en casa de familiares o se hospedaron con latinos que les ofrecieron un lugar para pasar los días, mientras que los que pudieron, alquilaron un lugar donde quedarse.

prolongar su estadía en el Perú porque todos los vuelos se cancelaron. A su vez, turistas peruanos y estudiantes que ya habían cumplido el tiempo de su pasantía en centros de estudios locales, se encontraron también impedidos de retornar, con lo que se creó toda una situación dramática en ambos países.

En contraparte, Japón también tomó la decisión de no permitir la llegada de pasajeros procedentes de una lista de países en la que figuraba el Perú, y pasaría algún tiempo aún para permitir la llegada en forma exclusiva de naturales japoneses o extranjeros residentes en Japón que vinieran de esos destinos.

No fueron pocos los que se esforzaron durante esos días para salir del Perú, pese a las restricciones, con destino al Japón y regresar con sus familias. De pronto, sus vuelos de retorno fueron reprogramados en varias ocasiones. El día acababa para ellos a las seis de la tarde por la imposición del "toque de queda" y se vieron confinados en una cuarentena rígida que el gobierno peruano dispuso para evitar contagios masivos. Se acostumbraron a despertarse con la angustia de no saber cuándo volverían.

Los peruanos que querían viajar de vuelta al Japón llegaron a juntarse a través de un grupo de chat en redes sociales para dar conocimiento de su aflicción, darse ánimo y sobre todo compartir informaciones. Se empadronaron en la embajada japonesa en Lima -cuyo personal en todo momento cuidó de todos los detalles-, junto a muchos ciudadanos japoneses que clamaban también por retornar y se organizó un vuelo especial con transbordo en Ciudad de México. Fueron 115 entre peruanos y japoneses quienes abordaron ese primer vuelo de retorno, que llegó a Narita el 6 de mayo. Otros grupos de residentes en el Japón debieron resignarse y recién pudieron regresar al Japón en el mes de junio.

Shigueru Sakuda, que vive desde 1989 en Japón, había planeado su viaje de visita al Perú desde diciembre del 2019. Serían unas semanas para ver a su madre e hijo en Lima y hacer algo de turismo en Argentina; planeaba pasar unas cortas vacaciones en su país, luego de once años. Llegó desde Japón el 24 de febrero pensando quedarse alrededor de un mes. Cuando arribó al aeropuerto "Jorge Chávez" una mascarilla lo protegía , cuando en Lima casi nadie la usaba. No sería la primera de sus preocupaciones: ni siquiera sabía que no podría volver hasta el 6 de mayo.

Gran parte de ese período lo pasó en la casa de un familiar, donde se alojaba, acatando la rígida cuarentena implantada por el gobierno peruano, que calificó como una experiencia difícil, ya que vivir encerrado durante varias semanas, fue sumamente desgastante anímicamente. Durante el aislamiento trató de mantenerse informado y a través de sus redes sociales trató de dar a conocer objetivamente lo que ocurría con la epidemia en Lima.

Ya se había hecho a la idea de que solo podría viajar a Japón en agosto, por lo que trataba de cuidarse mucho. Vivía tenso de solo pensar que podría contagiarse y llevar el mal para dentro de casa, infectando a sus familiares.

nuestros parientes y amigos vivieron una realidad muy diferente.

Perú, un panorama caótico

A diario los medios de comunicación mostraron imágenes surrealistas de entierros masivos o colapso en la atención hospitalaria en países sudamericanos, mostrando un nivel de crisis generalizada que no llegó a vivirse en el Japón y que llenaron de congoja e impotencia a los extranjeros residentes en el país.

Un año y medio después de declarada la pandemia, el Perú, con más de 200 mil muertos fue el país que tuvo la mayor tasa de mortalidad por COVID-19 en el mundo, produciéndose casi la mitad de las defunciones en Lima. El gobierno de turno impuso una cuarentena drástica con obligatorio aislamiento domiciliario desde las últimas horas de la tarde en la capital y en varias regiones las ciudades fueron cercadas, prohibiéndose la movilización de la ciudadanía.

La población de menores recursos, la que diariamente tiene la necesidad de salir a buscar su sustento, fue el sector de la sociedad peruana más afectado con las restricciones. No tardaron en producirse desbordes y la cuarentena no fue acatada por todos.

La comunidad "nikkei" en el Perú, a través de sus instituciones, comandadas por la Asociación Peruano Japonesa, inició una cruzada denominada "Perú Gambare", una campaña de solidaridad que llevó alimentos, agua, medicinas y artículos de protección personal a la población menos favorecida de Lima y apoyó la labor del personal médico y de seguridad, así como el cuerpo de bomberos, profesionales que actuaron en la primera línea de combate a la crisis.

A esta campaña se unieron también los peruanos y extranjeros residentes en Japón que apoyaron, a su vez, la campaña "Ai Perú" (Amor Perú) organizada por la empresa Kyodai, que solicitó donativos en dinero para ser entregados a "Perú Gambare" en Lima. Se consiguió reunir más de un millón de yenes que fueron utilizados para hacer donaciones en favor de poblaciones en situación de vulnerabilidad en Lima, en el contexto de la pandemia.

Los que querían volver: Lima - Tokio

La pandemia y el cierre de fronteras en todo el mundo originó otro gran problema: el de los viajeros que no pudieron regresar por muchos meses a sus lugares de residencia. Cientos de ellos, de nacionalidad peruana y japonesa, no pudieron abordar el avión de regreso cuando el 16 de marzo el gobierno peruano dictaminó estado de emergencia, cuarentena en varias ciudades y cierre de aeropuertos.

Según un artículo del diario peruano El Comercio, a mayo del 2020, casi 17 mil peruanos se encontraban empadronados en los consulados peruanos en el mundo pidiendo retornar al Perú ante el cierre internacional de aeropuertos, como consecuencia de la crisis por la pandemia.

Pero también hubo cientos de peruanos y japoneses que, sin imaginárselo, debieron mil personas, pocos llegaron a imaginarse que la enfermedad cobraría la vida de casi siete millones de personas y pondría al mundo de cabeza durante más de tres años y afectaría drásticamente nuestra forma de vivir.

En tres años de pandemia en Japón se contabilizaron más de 33 millones de nuevos contagios por COVID-19. Tokio, con más de 4 millones de casos, fue la prefectura con mayor número de contagios, mientras que Tottori, la que menos registró.

Una crisis de características distintas

Llegó el 2020 y tardó algunas semanas para que seamos conscientes del peligro real al que nos enfrentábamos con la expansión de este virus mortal para el que, por esos días, los únicos antídotos eran mantenernos separados y protegidos a través del uso de mascarillas para evitar el contagio. Algo nunca vivido en lo que va del siglo 21 y que acabó cambiando nuestras rutinas de un día para otro.

Hubo sectores de la producción que se paralizaron también al cortarse la cadena de suministro que proveía material de fuera, dado que por causa del coronavirus, también se detuvo toda actividad logística y la red de transporte.

No fueron pocos los que perdieron sus trabajos en esta nueva crisis puesto que la paralización duró semanas y hasta meses, debiendo buscar auxilio en las diversas ayudas económicas que dispuso el gobierno, tanto para trabajadores, como para los comerciantes y empresas de todo porte.

Aquí en Japón, las primeras noticias de contagios comunitarios entre los extranjeros residentes se dieron en los centros de trabajo y hasta en reuniones sociales de cumpleaños. Fue común en diferentes sectores de la comunidad peruana oír casos de infección en las fábricas, por lo que líneas de producción y secciones enteras -cuando no toda la empresa- debieron detener su funcionamiento por varios días.

Toda decisión fue comunicada en redes sociales, avisos locales y afiches en varios idiomas, lo que permitió a la comunidad extranjera también sumarse a los esfuerzos para hacer frente el problema, difundiendo detalles inherentes a la difícil coyuntura, sobre cómo proceder en casos de contagio o la forma en la que tendría lugar la vacunación, por ejemplo.

Tanto la ayuda monetaria que el gobierno otorgó a los residentes en el país, así como todo el abanico de diferentes partidas de soporte financiero para casos específicos, también estuvieron a disposición de los extranjeros que viven en el Japón, con lo que se disiparon las dudas existentes al inicio, cuando muchos peruanos se preguntaban si los 100 mil yenes que el gobierno iba a otorgar a toda la ciudadanía, también beneficiaría a los extranjeros.

Nuevamente nos tocó enfrentar una crisis global, ésta vez de características diferentes, que puso en peligro no solo la estabilidad económica, sino también ahora nuestro propio bienestar y salud. Pero las cosas se presentaron mucho peor en el Perú y otros países vecinos, donde tardaron en enviar a sus periodistas al Perú para recabar mayor información sobre uno de los casos que más estupor han causado entre la ciudadanía.

Los reporteros de los medios japoneses llegaron a recabar declaraciones de parientes del criminal, tanto en el Japón como en el Perú. En ambos casos, sus hermanos y familiares más cercanos se mostraron consternados por la situación y pidieron disculpas por el dolor causado a personas inocentes.

De otro lado, decenas de periodistas japoneses también llegaron a frecuentar durante varios días ciudades de las prefecturas de Gunma y Saitama, en procura de descubrir nuevos indicios sobre el caso o personas que hayan conocido a Nakada que puedan aportar información para construir un perfil de su personalidad.

Buena cantidad de ellos llegaron principalmente a la ciudad de Isesaki, localidad donde viven muchos peruanos y en donde se encontraba el último centro de trabajo del asesino, una firma de alimentos preparados a la que renunció días antes de perpetrar los hechos. En su intento de informar algún detalle no conocido sobre el caso o el personaje, no dudaron en pedir declaraciones a encargados de agencias contratistas, comerciantes y hasta a cualquiera que estuviera transitando por la calle con apariencia de extranjero.

Quienes fueron sus compañeros de trabajo refirieron que Vayron Nakada era un tipo introvertido y huraño, que rehuía socializar en los horarios de descanso y refrigerio, pero que aparentemente cumplía sus labores con seriedad. No se le conocía amigos ni solía andar como parte de algún grupo.

Las redes sociales, desde esa época bastante utilizadas por miembros de la colectividad latina para dar voz a sus opiniones, mostraron también la indignación de diferentes sectores por lo ocurrido. Como una década atrás, menudearon comentarios sobre el daño que el caso iba a causar en la imagen de los peruanos en el país y el temor por que se presente algún tipo de discriminación en el trabajo o con los niños en la escuela, hasta pedidos de pena de muerte para Nakada.

Mientras que muchos de esos comentarios solicitaban hasta la intervención de las autoridades diplomáticas peruanas para la deportación del asesino, la Asociación de Peruanos en Gunma, una organización sin fines de lucro que tiene entre sus afiliados algunos japoneses y que periódicamente realiza eventos que reúnen a los peruanos en esa prefectura, creyó conveniente, a poco de conocida la noticia de los asesinatos, lanzar un comunicado a través de sus redes sociales, repudiando los crímenes y solidarizándose con las familias afectadas.

9. La Crisis del COVID-19 (2020)

Cuando la Organización Mundial de la Salud (OMS) declaró oficialmente el 30 de enero del 2020 que la explosiva expansión del nuevo coronavirus había ocasionado una situación de pandemia y que el COVID-19 ya se había expandido por 18 países afectando a más de siete la ciudad de Kumagaya, de forma aleatoria.

Todo tuvo inicio días antes, cuando comportándose de forma extraña, se presentó en una estación de bomberos pidiendo ser llevado a una delegación policial de la ciudad, en donde solicitó retornar al Perú. Nakada desapareció del lugar luego de decirle a los custodios que saldría a fumar.

En los próximos tres días apuñalaría, sin motivo alguno, a media docena de personas, hasta que fue visto dentro de la casa de los Kato. Desde allí intentó escapar del cerco policial que se extendió por toda la ciudad, cuando las autoridades emitieron una alerta luego de encontrar muerta a Kazuyo Shiraishi, una anciana octogenaria que vivía a pocos metros de donde fue hecho prisionero por las autoridades. También se sabría después que fue responsable por la muerte de Minoru y Misae Tasaki, una pareja de esposos en sus 50 años, hecho que desencadenó la serie de asesinatos.

Vayron Nakada fue sentenciando a pena de muerte en marzo del 2018. Luego de apelaciones, un año después, su defensa consiguió probar que sufría de alteraciones mentales, por lo que la punición fue reducida y cambiada a cadena perpetua por el Supremo Tribunal de Tokio. Dos años después, en setiembre del 2020, la condena fue ratificada.

Una vida difícil y un hermano asesino

Dada las características de esta serie de asesinatos, el caso fue aireado durante varias semanas en los medios de comunicación locales, que no solo estuvieron atentos a lo que aparecía en sus similares peruanos, sino que enviaron al Perú a varios de sus periodistas a descubrir más detalles sobre el asesino serial.

De este modo, se supo que Vayron Nakada tuvo una niñez difícil, quedando huérfano a muy corta edad. También que su verdadero nombre es Vayron Jonathan Mesías Ludeña. A cambio de 800 soles, su hermano mayor, Pedro Pablo, fue adoptado por un peruano de origen japonés, con lo que cambiaron su apellido a Nakada, a fin de facilitar un viaje al Japón para trabajar como descendientes de japonés. Vayron viajó al Japón a los 20 años, mientras que su hermano no lo hizo nunca.

Grande fue la sorpresa general al descubrir que Pedro Pablo, al que la prensa peruana había apodado "El apóstol de la muerte", era también un asesino serial diagnosticado con esquizofrenia paranoide, que fue sentenciado en el 2007 a 35 años de cárcel en un pabellón psiquiátrico por la muerte de 25 personas.

Conmoción en la colectividad peruana

Como ocurriera exactamente diez años atrás en Hiroshima, nuevamente otro peruano ganaba espacio en las noticias por crímenes contra la vida de inocentes. Como entonces, los medios de comunicación locales destacaron la nacionalidad del asesino en todos sus reportes y no plantas nucleares y otras subestaciones a lo largo del país, instalando y dando mantenimiento a maquinaria que convierte esta energía en electricidad. Trabajó mucho tiempo en las usinas de Fukushima Dai-Ichi y Dai-Ni. En las plantas trabajan centenares de personas, no solo funcionarios de la Tokyo Electric Power Company (Tepco), responsable de las mismas. Por su trabajo, visitó el lugar con frecuencia y por períodos de tiempo que duraban varios días. Siempre se hospedó por varias semanas en el distrito de Ukedo, ubicado en Namiemachi, un pueblo que vive de la industria pesquera, el más cercano a Fukushima Dai-Ichi. Allí la compañía rentaba un "minshuku" -una especie de casa de huéspedes- regentado por una familia del lugar.

Higuchi, por esas cosas del destino, tenía programadas sus tareas hasta un día antes de los sucesos del 11 de marzo, tras lo cual debió ir a Tokio, para retornar a la semana siguiente, según su agenda de trabajo. De no haber sido así, hubiera sido testigo de la magnitud de la catástrofe.

Cuando se enteró que el mar había ingresado a Fukushima Dai-Ichi, supo lo que ello significaba y no demoró en imaginarse la gravedad de la situación. Después sabría que sus compañeros de trabajo fueron rescatados ilesos al día siguiente por varios helicópteros, gracias a que se resguardaron en las partes altas de los edificios de la planta. Como conocedor del lugar, le resulta increíble pensar que la altura del agua superó los gigantescos rompeolas y murallas que se levantaron para proteger la planta.

Tras los sucesos y con la situación controlada, Higuchi debió retornar en algunas ocasiones a la usina para revisar el estado de la maquinaria que la empresa en la que prestaba labores tenía en la planta, ocasiones en las que debía prepararse muy bien, vistiendo hasta ropa interior especial en trajes de trabajo cerrados herméticamente, y siempre portando un medidor que le va notificando los niveles de radiactividad en cada ambiente. Debía hacer todo este trabajo en unas tres horas, tiempo límite de exposición que se podía tener.

8. Los Asesinatos de Saitama (2015)

El miércoles 16 de setiembre del 2015 todos los noticieros de la televisión japonesa informaron sobre la captura de un hombre peruano de 30 años, sospechoso por el asesinato de seis personas en Saitama. Un crimen que tuvo repercusión a nivel nacional e internacional por lo espeluznante de los detalles que rodearon el caso, a medida que las investigaciones avanzaban y la prensa -japonesa y peruana- indagaba más sobre la vida del asesino.

Aquél día los telediarios transmitieron a todo el país las imágenes del infructuoso intento de fuga de Vayron Nakada Ludeña, arrojándose desde el segundo piso de la vivienda en la que residían sus últimas víctimas, Miwako Kato, una mujer de 41 años y sus dos hijas menores, cuyos cuerpos se encontraban en el armario de una de las habitaciones. Horas después de la captura se sabría que había acuchillado a otras personas en un radio de kilómetro y medio en los voluntarios, trasladándose los fines de semana a barrios de la región para cocinar para los pobladores.

Algunos otros, sea organizadamente a través de entidades sociales, deportivas o religiosas, se trasladaron hacia las ciudades damnificadas para hacer entrega de alimentos y enseres de primera necesidad. Tuve la oportunidad de ir con dos amigos a la localidad de Kesennuma, en Miyagi, para dejar víveres y cajas con botellas de agua que peruanos residentes en la ciudad de Moka, Tochigi, habían recolectado para ayudar.

De la misma manera, en varias partes del Japón diferentes grupos de la colectividad latina se organizaron para desarrollar actividades para recaudar fondos y ayuda para los damnificados en Tohoku, siendo una de las más recordadas un show artístico denominado Perú Festival, que fue realizado en las inmediaciones de los antiguos almacenes Akarenga, uno de los lugares más turísticos más conocidos y concurridos de la ciudad de Yokohama, que contó con nutrida asistencia.

Una peruana, entre las sobrevivientes
El número de evacuados en todo el país, incluidas las prefecturas de Iwate, Miyagi y Fukushima, que sufrieron daños especialmente graves, llegó a aproximadamente 470.000 inmediatamente después del desastre, y muchas víctimas se vieron obligadas a vivir en centros de evacuación.

En el año 2011 un número de 93 personas de nacionalidad peruana vivía en estas tres prefecturas. De ellas, 4 residían en Iwate, 41 en Miyagi y 48 en Fukushima.

La embajada peruana reveló que no hubo víctimas mortales entre sus nacionales, pero sí la existencia de una mujer peruana que se encontraba en los refugios. Se trataba de Amira Rengifo, cuya familia pudo salvarse del tsunami cuyas olas, en la ciudad de Onagawa, donde reside, llegó a alturas mayores a las de 15 metros.

Casada con un ciudadano japonés, trabajaba en una fábrica de procesamiento de productos marinos, cuando aquella tarde, tras el terremoto y la posterior alarma de llegada del tsunami, supo que debía escapar a terrenos altos, tal y como había sido instruida en los frecuentes simulacros que realizaban en su centro de trabajo.

Junto a otras personas que consiguieron huir, debió esperar varias horas, entre la nieve y el frío de la noche, para poder ser rescatada y conducida a un refugio. Onagawa es un pueblo que vive de la industria pesquera, en donde las olas del mar tomaron la vida de 827 personas de una población de 10,014, destruyendo total o parcialmente casi el 90% de las viviendas.

Trabajando en Fukushima Dai-ichi
El peruano Shigeru Higuchi llegó al Japón en 1990 y aprendió aquí la profesión de técnico especializado en instalaciones de maquinaria pesada de alto voltaje. En el 2011 trabajaba en

lo que se estaba viviendo en Japón, pretendiendo dramatizar y justificar ante las cámaras su condición de evacuados, diciendo que ya sentía la radiación en el agua y otras inexactitudes que los medios sensacionalistas peruanos no se dieron el trabajo de verificar.

Me ocurrió también algo en relación a la forma cómo se informó sobre la crisis en mi país. Fue al décimo día tras el terremoto, cuando aún en casa dormíamos en la sala, prestos a salir en cualquier momento a la calle, por si alguna de aquellas sucesivas réplicas sísmicas llegara a intensidades que obligaran a ello.

Una reportera de un canal peruano me llamó por teléfono pidiéndome que le envíe algunas imágenes en vídeo para pasarlas en los programas noticiosos que se irradiarían al día siguiente. Horas después les remití grabaciones sobre la paulatina vuelta a la rutina que reinaba en esta parte de la región de Kanto (vivo en Ibaraki, a 120 kms. de Tokio y a 150 de Fukushima Dai-ichi).

Las filmaciones incluyeron escenas de largas filas que hubo aquella mañana para abastecerse de combustible, pero también vistas de la tranquilidad que reinaba dentro del supermercado del barrio, donde no se percibía racionamiento ni la escasez de los primeros días post-terremoto.

En las imágenes no se veía caos ni cuadro apocalíptico alguno como se venía informando afuera. Que no había pánico en la población, peligro alguno, ni nube radiactiva sobre mi cabeza, comenté en la grabación.

Como me lo temía, fue material inservible que no fue llevado "al aire". Tanta tranquilidad, al parecer, no iba con el tono alarmista que, por esos días, prefería dar a sus reportajes gran parte de la prensa del exterior.

La propia cuenta en Facebook del Consulado del Perú en Tokio fue inundada, sin respuesta, con mensajes de peruanos residentes aquí, pidiendo información sobre lo que venía ocurriendo realmente en el país. Algunos de éstos denotaban preocupación y hasta pánico por la coyuntura, esperando algún tipo de recomendación de sus representantes gubernamentales en el Japón. Ello no ocurrió sino luego de muchos días de silencio y muchísimas críticas sobre el desempeño que la entidad cumplió en los días de la crisis de Tohoku.

Contrariamente a esta situación, a través de las redes sociales, blogs y correos electrónicos, extranjeros de toda nacionalidad libraron casi al mismo tiempo una cruzada, incluyendo información real y tranquilizante, a través de interesantes entrevistas y notas hechas por periodistas que viven en el Japón, traducciones fieles de las declaraciones del gobierno para compartir en la red, y comentarios dando cuenta sobre la real situación, para contrarrestar el efecto nocivo que venía causando los informes de la prensa de fuera entre los propios extranjeros.

De otro lado, muchos prefirieron quedarse en Japón y colaborar en esos momentos de crisis, yendo a la misma zona de desastre para ayudar en trabajos de limpieza, hombro a hombro con comunicación japoneses que comenzaron a llamar "flyjin" (mezcla de "fly", volar en inglés, y "gaijin", palabra que designa al foráneo), a los miles de extranjeros que por todos los medios intentaban dejar un Japón en estado de crisis.

Si ya la situación era de gravedad, muchos medios de comunicación del exterior se encargaron de transformar una coyuntura de crisis en algo cercano al fin del mundo en cuestión de días. A ello contribuyó también el hermetismo del gobierno y la empresa a cargo sobre la situación en la planta de energía y la poca información que se tenía sobre el problema.

En las redes sociales se expuso todo tipo de noticias -muchas de ellas falsas y en ocasiones mal traducidas desde las fuentes oficiales japonesas-,que acabaron creando pánico y mal informando sobre lo que realmente sucedía por esos días en el Japón. Todo ello se transmitió en los noticieros del exterior y "retornó" aquí creando pánico entre la comunidad extranjera, gran parte de la cual, por desconocimiento del idioma, no se informaba a través de los medios japoneses, sino consultando los medios de comunicación de sus países.

Por ello el miedo también vino de afuera, y muchos que vivían aquí consumieron vía internet estas informaciones sensacionalistas, confiando más en las noticias que venían del exterior, que las emitidas localmente, creándose una espiral de pánico.

Los noticiarios televisivos peruanos contactaron con connacionales residentes en el Japón (ninguno en condición de damnificado y todos viviendo a cientos o miles de kilómetros de la zona afectada) que pudieran informarles sobre lo que venía ocurriendo. Muchos lanzaron desesperadas súplicas en la televisión peruana para que los saquen del Japón, transmitiendo a través de sus declaraciones una situación que no estaba ocurriendo. La histeria de algunos fue todo un manjar para los periódicos sensacionalistas. Muchos fueron ganados por la desesperación y, o no supieron, o no quisieron explicar bien el real estado de las cosas, empezando por su ubicación geográfica con respecto a las zonas de emergencia, generalmente a cientos de kilómetros.

Los desesperados pedidos de ayuda tuvieron motivaciones propias de una película de ciencia ficción. Hubo mucha intención de dramatizar las cosas, cayendo en la exageración. Pero sobre todo hubo mucha desinformación sobre lo que pasa en Japón. Creo que para muchos siempre la hubo, desde mucho antes del 11 de marzo, pese a que viven muchos años en el país.

Esta desinformación creció tanto como la desesperación en buena parte de la comunidad extranjera, y ya no sólo por la región de Tohoku y Kanto; se acabó extendiendo por Nagoya y hasta Osaka, donde algunos peruanos pedían también al gobierno un avión para dejar el país. Una familia peruana residente en Shizuoka (a unos 500 kilómetros de la zona de desastre y la planta nuclear), consiguió abordar un avión colombiano que repatrió residentes de ese país y de nacionalidad chilena.

Ya en Lima y frente a los periodistas, los repatriados peruanos contaron mentiras sobre

Japón, no quisiera que sientan en su propio país esa parte frustrante que me tocó experimentar como "dekasegi".

Otra de las razones que muchos habrían tomado en cuenta sería el riesgo que implicaba el retorno al Perú, un país muy cambiado en las últimas dos décadas, en el que deberían comenzar posiblemente de cero y a una edad superior a los 40 años (la mayoría de la comunidad peruana frisaba ese nivel etario durante la crisis).

El mayor entendimiento de la vida en Japón, su mayor conocimiento del idioma, así como la eficiencia de sus servicios de asistencia social y hospitalaria también podría haber sido considerado para tomar la decisión de permanecer y enfrentar una de las mayores crisis económicas de la historia, sobre todo entre las personas de mayor edad.

En todo caso, para muchos fue el momento en el que muchos decidieron dejar de ser "dekasegi" para convertirse en inmigrantes, tomando la decisión de continuar haciendo su vida aquí.

7. La Triple Catástrofe (2011)

El viernes 11 de marzo del 2011 se produjo uno de los acontecimientos más impactantes que se hayan vivido en el Japón, el Gran Terremoto del Este del Japón (Higashi Nihon Daishinsai, su denominación oficial en japonés).

El violento sismo dio origen también a un tsunami que no solo cobró miles de víctimas (más de 20 mil personas entre fallecidas y desaparecidas en relación al desastre), sino que desencadenó además la peor catástrofe nuclear desde los tiempos de Chernóbil.

El tamaño de la serie de olas superó la altura de la barrera de contención de la central nuclear de Fukushima Daiichi, inundándola y produciendo fallas en su sistema de enfriamiento. Tres de los seis reactores se fundieron. Por la noche, el gobierno reconoció una emergencia y procedió a evacuar las zonas cercanas a la planta en un radio de hasta 30 kilómetros en los que vivían casi 120 mil personas.

"Flyjin" y prensa "radioactiva"

Las imágenes que casi en tiempo real se vieron por la televisión fueron elocuentes y aún hoy cuesta creer que fueran reales. A un escenario dantesco producido por la destrucción causada por el fuerte terremoto y las gigantescas olas asolando minutos después las ciudades de la costa, siguió el peligro desconocido e invisible de una fuga radiactiva desde Fukushima Dai-Ichi.

Tras el anuncio del desastre nuclear, embajadas de varios países recomendaron a sus nacionales residentes en el país alejarse de Fukushima por lo menos en un radio de 80 kilómetros (cuando el gobierno japonés dictaminó que evacuar 30 kilómetros serían suficientes para estar fuera de peligro). Toda esta coyuntura llamó la atención de los medios de para enfrentar la situación, fue el polémico Programa de Ayuda para el Retorno (Kikokushien jigyo), que consistía en recibir la suma de 300 mil yenes (unos 3 mil dólares de la época) por migrante y 200 mil (2 mil dólares) por cada uno de sus dependientes.

El ofrecimiento se hizo dentro del plazo comprendido entre abril del 2009 y febrero del 2010 y quienes lo solicitaran perderían su estatus de visa y no podrían retornar al Japón durante tres años. Era la única condición a la que deberían someterse los solicitantes.

Muchas familias, agobiadas por la crisis, optaron por esta salida, mientras que para otros muchos el ofrecimiento resultó casi un insulto. Los "nikkei", decían las voces más críticas, fueron bienvenidos en la época que Japón necesitó de su trabajo en las fábricas, y ahora, frente a los problemas, los mandan de vuelta a casa. Este apoyo financiero, en todo caso, no tuvo la acogida esperada. Solo cubrió a alrededor del 5% de la población total de trabajadores latinoamericanos.

En su reporte oficial, el Ministerio de Salud, Trabajo y Bienestar dijo que el programa benefició a un número de 21, 675 trabajadores, siendo 20,053 de nacionalidad brasileña, 903 peruanos y 719 de personas provenientes de otros países. La ayuda fue solicitada mayormente por nikkei residentes en las prefecturas de Aichi, Shizuoka y Mie, donde residía más de la mitad de los solicitantes.

En todo caso, el número de peruanos que se inscribió en el programa del gobierno para dejar el Japón, fue menor al que se esperaba. En términos porcentuales, ni el 2% de su población en Japón decidió regresar de acuerdo a las condiciones impuestas por el gobierno.

Mayor fue la cifra de los que dejaron el país entre el 2009 y 2010 por voluntad propia, sin inscribirse en el programa de ayuda que los obligaba a dejar sin efecto su visa de residencia. De los 57,464 peruanos que las autoridades de Inmigración tuvieron registrados en su contabilidad del 2008, dos años después residían en Japón 52,843. De acuerdo a estos números, en ese período casi 5 mil dejaron el Japón, de los cuales cuatro mil no aplicaron al programa gubernamental de retorno.

Esto podría significar que los que viajaron de vuelta al Perú por sus propios medios, confiaban en que posteriormente las cosas mejorarían, lo que posibilitaría una vuelta al Japón en futuro cercano, si sus proyectos no funcionasen.

En ese entendimiento, quizás creyeron que no valía la pena "sacrificar" la pérdida de una visa que tanto les costó conseguir y solventar por sí mismos los gastos de retorno al país.

Dentro de las razones que explicarían por qué más peruanos desearon quedarse en Japón y enfrentar la crisis, hay varias y de todo tipo. El haber creado una familia, con hijos plenamente incorporados al sistema de vida japonés, probablemente haya sido la principal. Muchos de estos niños y jóvenes no hablaban el español y, dependiendo de la edad y entorno en el que fueran a vivir, el choque cultural podría ser bastante fuerte. Lo que me dijo un amigo puede encuadrar perfectamente en esta idea: "No quisiera que ellos pasen lo que yo viví aquí en puertas por la crisis, dejando sin posibilidad de educación a muchos niños y jóvenes, que debieron ingresar al sistema japonés de educación pública, oroginando una serie de problemas en relación al idioma y adaptación.

Gobierno lanza la "Operación retorno"

El gobierno japonés emitió en los meses siguientes una serie de medidas económicas para ayudar a la ciudadanía, que incluyeron reducción de impuestos, préstamos a pequeñas empresas y ayuda directa a los hogares, consistente en bonos de 12 mil yenes por cada miembro de la familia, adicionando 8 mil extras por cada menor de edad y adultos mayores de 65 años. También ofreció subsidios a los gobiernos prefecturales para que diseñen proyectos de emergencia que tengan por objeto crear oportunidades de trabajo.

El seguro de desempleo fue reformado y prolongó el período de ayuda a quienes perdieron su puesto de trabajo. No fueron pocos los trabajadores que fueron inscritos solo a partir de que fueron despedidos. De otro lado, ante la grave situación, se estableció también un proyecto para brindar préstamos de dinero a aquellos que hayan perdido empleo y hasta vivienda tras la rescisión de sus contratos.

Datos oficiales revelaron que solo entre noviembre del 2008 y enero del 2009 (a poco del estallido de la crisis financiera), unos diez mil extranjeros ya habían visitado los centros estatales de colocación laboral (Hello Work) en procura de conseguir un nuevo empleo. La cifra era once veces mayor a la registrada en el mismo período del año anterior.

Con estas cifras, todo indicaba que lo peor estaba por venir para este segmento de la población laboral, por lo que el gobierno dictó medidas de ayuda específicas para los trabajadores extranjeros de origen japonés y sus familias.

En marzo de 2009 el gobierno japonés creó una Oficina de Coordinación de Políticas para Residentes Extranjeros que emitió diferentes directivas para paliar los efectos que la crisis venía originando entre los descendientes de japoneses, por entonces, unas 400 mil personas.

Dentro del paquete de medidas -equivalentes a unos 12 millones de dólares asignados dentro del ejercicio fiscal de aquél año- se encontraba el apoyo económico a los gobiernos municipales para incrementar el número de traductores y consejeros en las oficinas de empleo para ayudarles en la búsqueda de un nuevo puesto de trabajo.

Este aumento de personal se inició en las oficinas de empleos en ciudades como Ota en Gunma, Hamamatsu en Shizuoka, Toyohashi en Aichi y Minokamo en Gifu, donde vivían y trabajaban muchos nikkei. De la misma forma, se ofrecía capacitación, tanto para el aprendizaje del idioma japonés, como para la adquisición de habilidades que puedan ayudarlos en futuros empleos, así como la comprensión de normas de seguridad social y prácticas laborales. Se esperaba que esta capacitación pudiese atender a unas cinco mil personas.

Otra de las respuestas gubernamentales para brindar herramientas a los latinoamericanos y al que Eduardo fue inscrito recién cuando supo que sería despedido, con lo que pudieron defenderse durante unos meses. Pese a ello, se vieron en problemas para pagar el alquiler del departamento, debiendo solicitar ayuda a la municipalidad. Hubo un momento en que hasta el presupuesto para alimentación se vio en problemas y no supieron cómo enfrentar tantas dificultades.

Como si fuera poco, sus hijas cambiaban de período escolar, con lo que también se sumaban gastos de uniformes, bicicleta, pasajes de tren, etc. Salían de un problema para entrar en otro. Amigos cercanos, pendientes de las dificultades por las que atravesaban acudieron en su auxilio aportando económicamente o con víveres para alimentación. Poco a poco, hallaron trabajos por hora durante algunos días a la semana, hasta que los empleos comenzaron a aparecer.

Nunca olvidarán esos gestos de solidaridad, por lo que, a partir de aquella experiencia, también procuran retribuir esa ayuda a quien la necesite en cualquier emergencia.

Retornar al Perú, usando el dinero que el gobierno japonés estaba dando, nunca la consideraron una opción. Primero, porque sabían que no podrían regresar al Japón dentro de tres años y ello les preocupaba; también porque sus hijas no dominaban el idioma español y, finalmente, porque luego de vivir en muchos lugares entre Saitama, Tochigi e Ibaraki, le habían prometido a ellas que no se iban a mudar más. Solo era tener esperanza y creer en Dios que las cosas mejorarán, recuerdan.

Medios de comunicación de comunidades latinoamericanas informaron que entidades de asistencia a extranjeros que actúan en la región de Tokai -Koryunet, de Aichi, y la Sociedad Amigos del Brasil (SAB) de Gifu-, iniciaron la recaudación de cinco mil firmas apoyando un manifiesto que pretendió mostrar al Estado la situación en la que se encontraban miles de trabajadores extranjeros que perdieron sus puestos.

Por primera vez desde que el llamado "Fenómeno Dekasegi" se inició, hubo manifestaciones públicas en calles de varias ciudades del Japón en las que tomaron parte trabajadores latinoamericanos. Los sindicatos convocaron a marchas pacíficas en varias ciudades, reclamando a las autoridades gubernamentales solución a la situación de los trabajadores no regulares, contando en ellas con la presencia de manifestantes extranjeros, la mayoría de nacionalidad brasileña, pero también peruana y filipina.

En lugares como Hiroshima, Tokio, Aichi (Nagoya), Shizuoka (Hamamatsu) o Gunma (Ota), los medios de comunicación informaron sobre la participación de extranjeros marchando junto a activistas japoneses portando carteles con reclamos relacionados a trabajo, vivienda y educación para sus hijos y,ganando protagonismo a través de discursos exponiendo su difícil situación en su propio idioma.

En el caso del colectivo brasileño, decenas de escuelas privadas que ofrecían servicios educativos con el sistema curricular de ese país en varios lugares del Japón, cerraron sus o rescindirlos. Hubo historias de gente que pernoctó en sus automóviles o hasta en la calle por esos días, o que en espera de la aparición de algún empleo, recorría lugares públicos recogiendo latas vacías de bebidas para venderlas a empresas de reciclaje.

Familias enteras se vieron desamparadas y en serios aprietos económicos porque podrían pasar muchos meses sin encontrar un empleo. En Aichi, una ciudadana japonesa residente en la ciudad de Okazaki, puso a disposición varias habitaciones de su hotel en desuso para albergar temporalmente a las familias desamparadas y sin vivienda por efectos del desempleo existente.

El Consulado peruano en la ciudad de Nagoya inició en el mes de diciembre un empadronamiento de aquellos registrados en su jurisdicción que se vieron afectados por los despidos y que no tengan vivienda, a fin de establecer las gestiones correspondientes para coordinar apoyo de entidades gubernamentales y organizaciones japonesas.

Igual de complicado lo tuvieron las familias que por esos años compraron bienes a través de créditos. Muchas decidieron adquirir sus casas a través de la financiación con entidades bancarias, con compromisos a pagar durante 20 años o más. Hubo de los que no tuvieron más solución que declararse en quiebra y devolver las viviendas.

Fue común ver a muchas familias peruanas tratando de obtener recursos extra para equilibrar el presupuesto o buscar mantenerse hasta la aparición de un empleo. A menudo se organizaban actividades para generar fondos, vendiendo informalmente comida los fines de semana para entrega a domicilio o intermediando en la venta de productos, desde cosméticos hasta productos peruanos como panetones, postre tradicional de gran salida en los días finales del año.

Tal situación de desempleo generalizado afectó también a muchos comerciantes, que debieron cerrar sus puertas. Muchos propietarios de comercios dedicados a vender productos latinoamericanos y pequeños restaurantes de comida peruana decidieron dar por finalizadas sus actividades comerciales por falta de clientela. Consumir productos peruanos o visitar un restaurante, dada la situación, era incurrir en gastos superfluos. Debido a ello no fueron pocos los dueños de establecimientos comerciales que necesitaron volver a emplearse en las fábricas en una época de escasez de puestos de trabajo.

Luz y Eduardo, padres de tres menores en edad escolar arribaron al Japón a comienzos de la década del 90. Fue una de las tantas familias que la pasaron mal durante la crisis. Con la mayor de sus hijas requiriendo atención médica permanente en esos meses, la madre constantemente debía faltar al trabajo para cuidarla hasta que la fábrica en la que se empleaba le dijo que no vaya más. La familia solo dependía de los ingresos del padre, hasta que el lugar donde trabajaba también optó por despedir a todos los trabajadores extranjeros.

Fueron meses muy duros porque los gastos se acumulaban y no había cómo solventarlos sin ingresos. Tampoco sabían que existía un seguro de desempleo al que nunca aportaron

Fue cuando le dije que lo que les estaba negando estaba fuera de la ley y que era obligatorio inscribirlos (los brasileños también estaban en la misma situación) en el seguro de desempleo, aún antes de desvincularse de la contratista, a fin de que puedan mantenerse económicamente hasta que consigan un nuevo empleo. También que esos contratos debían tener copias en el idioma del trabajador a enrolar y que los días de descanso también estaban estipulados para trabajadores temporales.

Por la época mi japonés ya era lo suficientemente inteligible como para transmitir el reclamo, y obviamente a la mujer no le gustó lo que oyó. Visiblemente molesta, luego de varios minutos de espera, trajo de la habitación contigua sobres con dinero en efectivo que entregó bruscamente a cada uno de sus ahora ex trabajadores y una ficha con la que debían ir a ver lo de su seguro de desempleo. Nada de copias, ni fichas individuales con documentación.

Luego, en un gesto que hasta ahora me tiene intrigado, sacó de su cartera un billete de diez mil yenes que lanzó sobre la mesa, diciéndome con una sonrisa que tuvo mucho de arrogante, algo que no llegué a entender. El "kozukai" (propina) aún debe estar allí, sobre la mesa. Así de informales eran algunas de estas empresas y muchas veces los trabajadores ignoraban los abusos laborales de los que eran víctimas. Pero también hubo gente que se aprovechó de la desesperada situación de muchos latinoamericanos despedidos. Si hubo solidaridad y ayuda, también hubo gestos criticables.

Gente que conservó sus empleos y conocía lugares donde había oferta de trabajo, llegó a cobrar dinero a sus compatriotas solo para hacer los contactos o dar a conocer el número de teléfono de las contratistas que ofrecían vacantes, lejos de sensibilizarse y prestar auxilio a aquellos que se habían visto desamparados.

"Dekasegi": Del drama a la protesta

Al momento de estallar la crisis, muchos comprendieron que luego de tanto tiempo nada los protegía de eventuales abusos por el empleador. Que era necesario informarse más sobre lo que significa vivir en el Japón, de sus derechos y obligaciones como trabajadores. Y que precisamente ese desconocimiento del idioma japonés podría ser el principal problema al momento de intentar competir por una de las escasas vacantes de trabajo en los meses siguientes.

Fueron ellos el eslabón más débil en esta cadena de despidos intempestivos en industrias de todo porte, llegando a vivirse situaciones verdaderamente dramáticas en muchas familias que debieron enfrentar, en situación de desempleo, problemas para costear gastos básicos como los pagos mensuales de las viviendas que rentaban, la educación de sus hijos y hasta la propia alimentación.

Muchos de los alojamientos que ocupaban estos trabajadores tuvieron como garantes a las propias contratistas, por lo que debieron abandonar las habitaciones al culminar sus contratos

"No hay vacantes, no insistir"

Los sudamericanos vivieron por esos meses la etapa más dura de su vida como migrantes en Japón. "La crisis del 2008" marcó para muchos un antes y un después en su permanencia en el país: se dieron cuenta de la precariedad de su forma de vida y la manera de ganársela. El episodio obligó a muchos a tomar decisiones drásticas, desde retornar al país de origen, hasta separarse de sus familias para buscar un empleo en cualquier lugar donde se ofreciese en el Japón en temporadas de escasez de puestos.

El panorama se tornó incierto y la crisis afectó a todos los rubros, aunque con mayor gravedad a la industria automovilística, que vive de la exportación. Contratistas en Gunma, por ejemplo, recibían solicitudes de trabajo de latinoamericanos que residían en zonas alejadas como Nagano, Shizuoka o Aichi, dispuestos a trasladarse hacia donde haya trabajo. Muchos hombres consiguieron hacerse de una vacante, pero cobrando el salario de una mujer. En otras labores que requerían cierta minuciosidad, las fábricas solo empleaban mujeres por su habilidad para manipular piezas delicadas.

Lamentablemente, no todas las empresas contratistas cumplían con proveer de todos los derechos a sus afiliados. Sea por ignorancia, o por depender de malos empleadores que se aprovecharon de su falta de entendimiento del idioma, la gran crisis hizo descubrir a muchos extranjeros que, pese a trabajar varios años, no poseían derechos básicos en sus contratos de trabajo como pago de seguros de desempleo, reconocimiento de días de descanso, cotización en la seguridad social, etc. Muchas de las empresas de colocación de empleos manejaban estos asuntos con un escandaloso nivel de informalidad y no cumplieron con brindarles el mínimo de beneficios laborales, dejándolos desamparados.

Recuerdo que por esos meses, fui acompañando a una persona que había sido despedida a la oficina de la contratista que la había reclutado. Quería reclamar a los responsables de la agencia unos beneficios que le habían sido prometidos, pero que se estaban negando a abonarle. Algo relacionado con el reconocimiento de días de licencia (yukyukyuka) y pagos de jornadas extra, que no sabía si podría obtener, porque los detalles del contrato estaban en japonés y fueron firmados sin saber si, efectivamente, en el documento constaba lo prometido. También el tema de iniciar los trámites de cobro del seguro de desempleo que le había estado siendo descontado, pero al que no habían aludido al momento de comunicarle el despido. Esa tarde también hubo allí un par de brasileños esperando reunirse con la "shachou" por motivos similares, según supe después.

Tras varios minutos, nos hicieron ingresar a todos a un departamento que tenía solo un escritorio, sin computadores ni mobiliario que aparente una oficina, en el que irrumpió una mujer de mediana edad con unos papeles para hacerles firmar su desvinculación de la contratista. Noté que el japonés de los ahora ex trabajadores era precario y había dificultad de expresarle los reclamos por los que la señora pretendía desentenderse.

Hiroshima.

6. La Peor Crisis (2008 - 2009)

Un hecho de repercusión internacional que tendría serias consecuencias en la economía japonesa y, por ende, también en miles de latinoamericanos, tuvo lugar a mediados de setiembre del 2008.

Lehman Brothers, una empresa financiera que ofrecía servicios en el sector inmobiliario con inversiones de alto riesgo se declaró en quiebra y originó una situación caótica en los Estados Unidos que, como en un "efecto dominó", acabó colapsando el sistema económico global en la mayor crisis mundial ya sufrida; comprometiendo la producción de las empresas, los puestos laborales y los derechos sociales de los trabajadores que por millones perdieron sus empleos en todo el mundo.

De allí en adelante, casi automáticamente, los grandes consorcios industriales anunciaron severos recortes de producción y el despido de miles de trabajadores temporales, japoneses y foráneos, en una decisión que golpeó directamente al gran sector de mano de obra extranjera integrada por latinoamericanos. El comercio exportador, motor de la economía japonesa, se vio en pocas semanas seriamente resentido por causa de la recesión mundial y sectores como los de los automóviles y electrodomésticos, tuvieron personal excedente del que hubo que desprenderse en poco tiempo. El efecto negativo fue inmediato.

A diario los noticieros daban cuenta del número de personas que perdía sus puestos que, en su punto más alto, julio del 2009, sumó más de tres millones, un 5,5 porcentual que lo convertía en el mayor registro de desempleo desde la época de la guerra, según informó el Ministerio de Trabajo, Salud y Bienestar.

Del total de personas en Japón que fueron cesadas de sus puestos laborales, la gran mayoría fueron empleados temporales despachados a fábricas de todo el país por empresas contratistas. La crisis hizo también ver que la legislación laboral vigente no los amparaba en la misma medida que a los trabajadores regulares en situaciones de emergencia como las que se vivieron.

Decenas de miles de estos trabajadores perdieron también, con su empleo, el lugar en el que vivían. Al finalizar sus contratos, fueron obligados a abandonar los alojamientos a los que eran destinados, o simplemente debían salir de ellos, ante la imposibilidad de pagar la renta mensual por falta de ingresos.

La crisis y los medios de comunicación hicieron visibles a diario a las primeras víctimas de la crisis: los trabajadores tercerizados (pertenecientes a empresas contratistas, los "hakengaisha"), un sistema de trabajo no regular en el que se empleaban millones en Japón y la mayoría de extranjeros.

Las grullas de la solidaridad

Por entonces, el semanario International Press -que durante muchos años fue el principal medio de prensa escrito en español en Japón-, convocó a sus lectores a iniciar una campaña consistente en elaborar pequeñas grullas en *origami* (arte japonés de la papiroflexia), a fin de mostrar la solidaridad de la comunidad con los padres de la niña asesinada.

Durante varias semanas se inició el acopio de estos *tsuru* (grulla, en japonés) doblados en papel por miembros de entidades de ayuda social, comunidades religiosas y clubes deportivos pertenecientes a la colectividad latina. Se sumaron a la tarea también personal del cuerpo diplomático peruano, así como personas de nacionalidad japonesa que tenían relación con familias peruanas.

Según la creencia japonesa, confeccionar mil grullas (*senbazuru*) sirve simbólicamente para muchas cosas. En Japón actualmente se entregan para motivar el esfuerzo por algún objetivo deseado, para desear a los enfermos pronta mejoría o también como muestra de solidaridad ante alguna tragedia.

Luego que el tema salió en los medios de comunicación, la redacción del semanario International Press comenzó a recibir llamadas de lectores muy afectados por el asesinato de la niña en Hiroshima. Muchos padres comentaban que sus hijos se incomodaban en el colegio con bromas de los amigos sobre su nacionalidad peruana, aludiendo al caso. Otros se comunicaban sumamente impactados e indignados, al borde de las lágrimas, y opinaban que como colectividad algo se debía hacer.

De alguna manera, muchos parecían asumir la responsabilidad de que alguien de la misma nacionalidad haya sido capaz del espantoso crimen. Algo que, según Luis Álvarez, por aquellos años editor de la publicación, tiene que ver con nuestra formación religiosa, eso de cargar con la cruz de otros. Como medio de comunicación, intuían que había necesidad en la gente de liberar toda esa presión. Fue así que surgió lo de la idea de las Senbazuru.

Antes de lanzar la campaña los responsables del semanario consultaron con gente enterada en estos temas, sobre si era posible realizar una cruzada como ésta y cómo sería tomado por los japoneses, cerciorándose si era aplicable a este tipo de situación.

También le presentaron la idea a colegas de medios de comunicación japoneses y les pareció magnífica. A través de periodistas amigos, pudieron contactar al padre de Airi-chan -Kenichi Kinoshita-, quien se comunicó telefónicamente con la redacción. Le explicaron que el gesto no tenía otra intención de la comunidad peruana de identificarse con su dolor y compartir su pena, lo cual agradeció profundamente.

Se pretendía, siguiendo la leyenda, reunir mil grullas. Se recibieron más de 8 mil. Por encargo del propio padre de la niña, las cajas conteniendo las grullas fueron entregadas por Álvarez a una organización católica y se encuentran en el Museo del Parque la Paz de capturado en casa de unos parientes en la prefectura de Mie. La noticia impactó a todo el Japón por las circunstancias del asesinato. Los medios de comunicación del país, a través de sus reportajes abordando el caso, dirigieron sus investigaciones más allá del abominable crimen, volviendo a poner en evidencia la existencia de peruanos que habían fraguado su documentación para obtener la visa que les permitiera trabajar en el país, un escándalo que tuvo repercusión durante la primera mitad de la década de los 90 en el Perú.

A raíz de este acontecimiento, se impuso un mayor rigor en la solicitud de documentos para expedición de visa, requiriéndose además la presentación de un certificado de antecedentes policiales emitida por las autoridades peruanas.

Peruanos del Japón expuestos negativamente

La comunidad peruana residente en el Japón -por entonces de poco más de 57 mil miembros en los registros oficiales- se vio profundamente impactada por la noticia. Fue la primera vez que, de alguna manera, se vio expuesta de forma negativa ante la opinión pública japonesa. En todos los noticieros televisivos y titulares encabezando informaciones en las publicaciones diarias, el hecho de que el asesino fuera peruano era resaltado.

Varios sectores se sintieron aludidos, en una mezcla de vergüenza y repudio ante lo hecho por Torres. Sentían que el crimen dañaba la buena imagen que muchos se esforzaban en labrar como colectivo extranjero residente en el Japón. Muchos se sintieron presionados por la responsabilidad de un peruano en un hecho de tal magnitud. Residían entonces alrededor de 700 peruanos en Hiroshima.

Raúl, un peruano que vivió en la época en la prefectura, se enteró del hecho porque los periódicos locales publicaron ediciones especiales que regalaban a los transeúntes en las inmediaciones de la estación de trenes que frecuentaba. Estos diarios destacaban en su primera página y en grandes letras que un peruano había violado y asesinado a la niña. Peruujin, eso sí podían leerlo y entenderlo muchos en los noticieros de la televisión, aunque no el resto del relato.

Al día siguiente comenzaron a comentar el hecho entre los compatriotas y algunos especulaban sobre aspectos de la vida del homicida, que solía frecuentar un local peruano. Para muchos fue muy difícil en sus trabajos. Sentían que los japoneses guardaban distancia y ni mirarlos querían; que les tenían miedo, aunque no comentaran nada sobre el asesinato. Muchos de sus compañeros en la fábrica consideraban que la barbarie cometida por Torres podría originar un sentimiento contra ellos, porque en Japón es así, tienden a generalizar cuando se trata de extranjeros, creían. Durante varios días en los noticieros solo se habló de este asunto a toda hora del día, al punto que un familiar de Raúl solo salía de su casa para ir al trabajo, de la vergüenza que sentía.

Imagen 2: Foto de peruanos en estadio de fútbol
El domingo 6 de junio de 1999, en el Nissan Stadium de Yokohama se jugó el primero partido oficial que enfrentó a las selecciones de fútbol de Perú y Japón. Se reunieron en las tribunas unos cinco mil peruanos residentes en Japón para alentar a su equipo, la mayor congregación de migrantes de esta nacionalidad habida hasta el momento. (Foto: Eduardo Azato S.)

seleccionados los jugadores José Pereda Maruyama y Javier Soria Yoshinari (su hermano menor, David, estudió en el Japón y fue jugador profesional en el torneo local en el Kawasaki Frontale). Dos jugadores "nikkei" de destacada trayectoria, cuyas familias estuvieron en el estadio y también migraron como "dekasegi" al Japón. Ellos mismos también llegaron a pensar en la posibilidad de venir a trabajar en alguna fábrica japonesa, de no haber despegado sus carreras deportivas.

5. Horror en Hiroshima (2005)

El 22 de noviembre del 2005, la niña Airi Kinoshita, de 7 años de edad, fue abusada sexualmente y asesinada por asfixia a manos del peruano José Manuel Torres Yake, un hombre de 33 años de edad que vivía y trabajaba en Hiroshima.

Torres Yake, que ingresó al Japón con identidad falsa (Juan Carlos Pizarro Yagi, figuraba en su pasaporte adulterado) había interceptado a la niña cuando retornaba de la escuela para después esconder el cuerpo en una caja de cartón que abandonó cerca a su domicilio, fue

4. ¡Arriba Perú! (1999)

Había transcurrido exactamente una década desde que miles de peruanos comenzaron a llegar a través de grandes grupos organizados para trabajar en el Japón. En 1999, los registros oficiales de las autoridades japonesas daban cuenta que éramos poco más de 42 mil peruanos.

En junio de aquél año, alrededor de cinco mil compatriotas nos reunimos en el novísimo estadio de Yokohama, en lo que fue la más grande convocatoria de peruanos en Japón que se recuerde en tres décadas de presencia en este país.

Fue cuando el seleccionado de fútbol de Perú vino a jugar la Copa Kirin, enfrentando a su similar japonés.

Era la primera vez que ambos países se enfrentaban oficialmente en un campo de fútbol, en un juego que formó parte de los festejos del Centenario de la Inmigración Japonesa al Perú. Pero bien pudo haber sido también una celebración del décimo aniversario desde cuando masivamente los peruanos llegaron al Japón sumándose a la fuerza laboral del país, que fue en 1989.

Para los peruanos del Japón ese partido representó mucho más que un empate a cero, que fue el resultado final y le permitió a Perú alzar el trofeo en disputa, como coganador.

Fue un acontecimiento emotivo por todo lo que se vivió, más allá de apoyar a su equipo, que pareció jugar en calidad de local por el aliento que recibió de los peruanos que estuvieron en las tribunas, y de otros miles que vieron el partido por televisión.

La afición peruana, con su vestimenta de blanco y rojo, y sus cánticos, le dieron colorido a la fiesta deportiva. Muchos se movilizaron horas desde su lugar de residencia para estar presentes y mostrar orgullo por sus deportistas. Algunos de ellos, llegaron sin dormir ese domingo al estadio, luego de completar su jornada laboral nocturna.

Para muchos niños nacidos aquí fue también la oportunidad de ver materializado el Perú del que le hablaban sus padres, de enorgullecerse por esas banderas que flameaban desde todos los puntos del estadio. Y muchos de esos padres, emocionados, volvieron a cantar después de mucho tiempo su himno patrio, más fuerte que nunca.

En las graderías, los aficionados también se jugaron otro partido enfrentando con sus gritos y rutinas de aliento a la inmensa cantidad de hinchas japoneses. De alguna manera, era su forma de mostrar presencia, de sentirse públicamente orgullosos de su nacionalidad, luego de tantos años fuera del país.

Fui de los afortunados que pudo estar abajo, en el campo, fotografiando el acontecimiento por encargo de medios de comunicación peruanos que me pidieron cubrir la noticia. Recuerdo que fue impresionante lo que se vivió en las zonas ocupadas por los aficionados peruanos. Nunca vi tantos compatriotas reunidos en un solo lugar en todo este tiempo en Japón. Fue un espectáculo muy emotivo.

En el terreno de juego, como dándole mayor significado al partido, estuvieron como de las malas noticias, como sería común a lo largo de estas tres décadas.

Diez años después, en medio de una crisis social motivada por su intención de gobernar un tercer período, el descubrimiento de toda una estructura de corrupción liderada por su principal asesor, Vladimiro Montesinos, terminó también señalándolo y motivó su huida al Japón, aprovechando un viaje a un cónclave internacional en Brunei. Acosado, viajó y se refugió en Tokio, renunciando a la presidencia del país a la distancia.

Peruanos del Japón: bastión fujimorista

Las transformaciones que se ejecutaron en el país bajo el nuevo régimen también fueron valoradas por los peruanos residentes en el Japón, que se entusiasmaban con los logros que se venían obteniendo a partir de la segunda parte de los 90, sobre todo en lo económico. Muchos de los que retornaron de paseo al Perú constataban que las cosas comenzaban a mejorar, que había diferencia con la época en la que habían dejado el país. Los cambios que vieron invitaban al optimismo y a pensar en el retorno para invertir lo ahorrado.

Por estas razones, tras la reticencia inicial de los electores en la elección de 1990, Japón pasó a convertirse en un bastión del "fujimorismo" entre los peruanos residentes. Desde entonces, en cada elección presidencial, los votantes peruanos en Japón han apoyado y hecho ganador al partido que represente esta tendencia con amplio margen. Miles de peruanos habían dejado el país poco antes o durante el primer período de gobierno de Fujimori, cuando se iniciaron las transformaciones.

Se explicaría así el gran apoyo en las urnas a su hija y ahora lideresa del movimiento fundado por su padre, Keiko Fujimori, pese a que no obtuvo la victoria en sucesivos escrutinios nacionales, el último de ellos, en el 2021. En la elección de aquél año, del total de votos contabilizados en Japón, Fujimori venció con más del 92% de los votos a su contendor en la segunda vuelta, Pedro Castillo, que solo obtuvo 7,5%.

A pesar de esta popularidad, hay que indicar que los votos de los peruanos que viven en el Japón no son determinantes para hacer ganador a un candidato. Aquí viven más de 34 mil votantes hábiles para participar en las elecciones, del casi millón de peruanos residentes en el exterior que pueden hacerlo.

Pese a haberse refugiado durante cinco años en Japón, antes de ser apresado en Santiago de Chile y extraditado al Perú, la relación de Alberto Fujimori con la comunidad peruana fue nula. Solo se recuerda una oportunidad, en setiembre del 2005, previo a su viaje a Chile, en la que hizo una sorpresiva aparición en el local del consulado peruano en Tokio para tramitar la renovación de su pasaporte. Acompañado de su hijo menor, Kenji, estuvo en la sede consular alrededor de media hora, tiempo en el recibió el saludo de muchos de los presentes. El hecho fue registrado en los medios de comunicación de todo el mundo.

cambiado, solo el escenario y un calor insoportable.

Fue un evento organizado por la primera entidad que aglutinó a los peruanos en Japón, la Asociación Nikkei Perú. Calculo que un número cercano al millar de peruanos debe haberse reunido ese día, los que arribaron desde muchos lugares para este reencuentro por nuestras fiestas jubilares nacionales.

Como recién llegado, y junto a los numerosos ofrecimientos para irme a trabajar y vivir con ellos (los empleos en cualquier sector y región abundaban por aquellos días), mis amigos y familiares también querían enterarse de las novedades del país. Junto a las preguntas de rigor sobre cómo estaba la situación del Perú, querían también saber quién era el nuevo presidente y si era verdad que la colonia japonesa estaba siendo discriminada por este hecho, tal como les contaban sus familiares en las ocasiones que se comunicaban telefónicamente.

Notaba en sus preguntas más preocupación que optimismo sobre lo que le depararía al Perú bajo su mandato. Estas preocupaciones también se comentaban en las líneas de producción en las fábricas, en cada descanso en la jornada laboral.

Recuerdo que un periodista comentaba la paradoja de que un descendiente de japonés ingrese a la Presidencia, en el momento en que miles de otros peruanos del mismo origen étnico huían del Perú.

Ese 29 de julio, mientras Alberto Fujimori asumía el mando en el Perú, aquí en Japón, al mismo tiempo, los "dekasegi" celebrábamos las Fiestas Patrias.

Fujimori, cuya campaña proselitista aprovechó su condición de descendiente de japonés y la imagen internacional del Japón ("Honradez, Tecnología y Trabajo", fue su eslogan), heredó un país en bancarrota al que gobernó con mano dura y poderes absolutos durante dos períodos, transformando al Perú y recomponiéndolo económicamente, gracias a un período de bonanza apuntalado desde el sector minero.

Durante su gestión también debió afrontar la crisis de la toma de la residencia de la embajada japonesa en Lima, en diciembre de 1996, cuando un comando terrorista del MRTA mantuvo como rehenes a 72 personas, entre las que se encontraban altas autoridades del gobierno y diplomáticos japoneses. El secuestro se prolongó por espacio de 126 días y concitó la atención internacional y no hubo día en Japón en el que no se informase sobre lo que sucedía en Perú.

Los peruanos aquí mostraban suma preocupación con lo que estaba ocurriendo en Lima. Un desenlace desafortunado que tuviera como víctima a los rehenes japoneses, dañaría severamente la imagen del país y no se sabía cómo podría afectar a los que trabajábamos en Japón, pensaban.

Por ese motivo nos convertimos en una referencia para el japonés común y corriente -el compañero de trabajo, el amigo o el vecino-, para contextualizar las escenas del secuestro que veían en los noticieros a toda hora. Nos molestaba que se interesen por el Perú solo por causa rápidamente, si quería defenderme mejor en el tiempo que viva en este país: dos años, que es el plazo que una gran mayoría de "dekasegi" (como yo), prorrogó una y otra vez, hasta la fecha.

En pocos años, con la llegada de mis padres, que por entonces ya eran casi sexagenarios, conseguimos reunir a la familia. Formé también la mía. A medida que la comunidad latina crecía en número, surgieron también los primeros medios de comunicación y vi allí una oportunidad para volver al periodismo, en los tiempos libres que dejaba el trabajar en la fábrica.

Casi como un trabajo secundario, comencé a escribir artículos y hacer fotos como colaborador para muchas publicaciones en español y hasta pude editar algunas revistas, mayoritariamente tocando temas relacionados directamente con la comunidad peruana.

Los eventos que consignaré a continuación forman parte de lo que los peruanos hemos vivido en el tiempo que llevo en Japón.

Más de la mitad de mi vida.

3. Fujimori y Fiestas Patrias en Kawasaki (1990)

Cuando Alberto Fujimori y Mario Vargas Llosa se disputaban las Elecciones Generales para gobernar el Perú en abril de 1990, yo fui a votar teniendo en la cabeza que mi futuro a corto plazo estaba en el Japón. Sea quien fuera el elegido.

Al otro lado del mundo, los peruanos migrantes vivían sus primeros meses en el Japón, cuando vieron con extrañeza y sorpresa la postulación y posterior triunfo de Fujimori, un profesor universitario, hijo de japoneses, que se convirtió en presidente del Perú en 1990 venciendo al Premio Nobel de Literatura, un personaje de prestigio internacional.

Su nombre era desconocido también en el propio círculo de la comunidad peruano japonesa que, inicialmente, vio su candidatura más con temor, que con cercanía. Los fantasmas de la época de la guerra y el rebrote de un sentimiento antijaponés (que muchos sufrimos, en situaciones aisladas provocadas por algunos sectores contrarios a su inusitado avance en las encuestas electorales), pesaban más que un sentimiento de orgullo ante la posibilidad de que uno de sus integrantes pudiera llegar a la Primera Magistratura.

Llegué al aeropuerto de Narita un 26 de julio de 1990 y solo comenzaría a trabajar en la primera semana de agosto, de modo que dispuse de algún tiempo libre.

Tres días después, el domingo 29, me estaba reuniendo con familiares y muchos de mis amigos en un concurrido evento de celebración de un nuevo aniversario de la independencia del Perú, que se realizó en Kanagawa.

Quién lo diría. Estaba celebrando las Fiestas Patrias en el Japón teniendo alrededor a gente de mi entorno habitual a la que no veía desde hace algunos meses, todos ellos, "dekasegi" de los primeros grupos de migrantes que se me habían adelantado. Parecía que nada había le permitiera alargar una bonanza económica inédita. Cambios en sus leyes de migración facilitaron la llegada de miles de latinoamericanos, en su mayoría, hijos y nietos de inmigrantes japoneses, con lo que se determinó una migración étnica -o "de retorno", según algunos sociólogos-, que tuvo como único requisito tener ascendencia japonesa.

Trabajaba entonces como periodista en un diario de la comunidad peruano japonesa, de modo que seguí, desde sus inicios, todo lo relacionado a lo que prensa y muchos académicos llamaron el "Fenómeno Dekasegi" que fue configurándose a fines de los 80. Los primeros avisos reclutando personal que desee ir a trabajar en el Japón, aparecieron en el diario en el que trabajaba entonces.

Pocos meses después me convertiría en uno de los 10,279 peruanos que, oficialmente, figurábamos en 1990 en el registro oficial de las autoridades japonesas, formando también parte de este éxodo de "nikkei".

Un solo viaje iba a permitirme ahorrar una cantidad de dinero que en Lima tomaría décadas probablemente, pero también conocer el Japón, ese lugar del que tanto me hablaron desde pequeño ("aprende japonés, algún día irás a Nihon", me dijo muchas veces la abuela) y al que culturalmente sentíamos tan cercano por formación familiar. Al menos, eso creí entonces.

Ingresé a trabajar en una fábrica de partes de automóviles en la que rápidamente percibí que el hecho de que uno fuera "nikkei" no representaba nada especial para los japoneses, más allá de un tema anecdótico sobre nuestra biografía.

Supe que tener rasgos parecidos, balbucear algunas palabras en japonés (gracias a que mis padres me mandaron a estudiar en un colegio de la comunidad japonesa en Lima) ,estar al tanto de algunas noticias sobre este país y hasta practicar algunas de sus costumbres tradicionales, no significaba un plus en el campo de las relaciones con mis vecinos o colegas japoneses del trabajo.

Que a nuestros "anfitriones" japoneses de gesto adusto y a menudo ademanes rudos durante la hora de trabajo, solo les importaba que fuera rápido y eficiente en mi labor. Que era extranjero y que estaba allí para trabajar.

Lo entendí muy rápido y bien. Como también entendí que mis precarios conocimientos del "nihongo" no me alcanzarían y que debería aumentar mi vocabulario de palabras japonesas muy

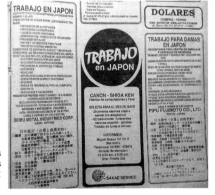

Imagen 1: Foto de avisos de trabajo
Durante la década de los 90, avisos como éstos comenzaron a aparecer en gran número en los diarios de la comunidad peruano japonesa. (Foto: Diario Prensa NIKKEI).

Capítulo 2
30 Años de Sucesos: Los peruanos del Japón

Eduardo Azato

1. Resumen

El presente capítulo ha sido escrito a partir de mi experiencia como periodista en publicaciones de la comunidad peruana residente en Japón durante más de 30 años, los que llevan los inmigrantes peruanos en este país.

A través de los siguientes párrafos, intento consignar la forma cómo el colectivo peruano vivió y reaccionó a acontecimientos que tuvieron gran repercusión nacional e internacional, cuyas circunstancias le afectaron como comunidad.

Desde eventos locales hasta sucesos de relevancia internacional que ganaron titulares y horas en los medios de comunicación, el impacto que produjeron estas noticias, de alguna manera, marcaron también la historia de los peruanos en este país.

Si hace más de 30 años atrás trabajaba relatando lo que ocurría con la comunidad de japoneses en el Perú, en estas tres décadas hice en Japón exactamente lo contrario: estar al tanto de lo que hacemos los peruanos (y latinoamericanos en general) en este país que nos abrió las puertas. Por ser parte de la comunidad de peruanos en este país, me ha tocado ser testigo de muchos episodios de su historia a lo largo de todos estos años.

Este capítulo es un relato vivencial, un testimonio con muchos pasajes escritos en primera persona y, en ocasiones, también a través de relatos de personas entrevistadas años atrás, cuando acontecieron los hechos.

2. "Ittekimasu": Lima - Tokio

Mis abuelos - Azato y Shimabukuro- se subieron a un barco casi un siglo antes con las mismas motivaciones: labrarse un futuro que su propio país, en ese momento, no les podía ofrecer. Ellos eran de Okinawa y eligieron como destino el Perú.

A mi me tocó hacer el "camino de vuelta" en 1990, buscando casi lo mismo, siguiendo la huella de decenas de amigos y de familiares que se embarcaron meses antes que yo: Japón era el futuro cercano, el bote salvavidas para huir de la coyuntura caótica que representaba un país en donde la violencia terrorista era rutina y la situación económica asfixiante, con una aguda recesión y una inflación récord que llegó en ese año al 7,649%. Un Perú en donde los precios de los artículos y servicios se duplicaban cada dos semanas.

Por la misma época, al otro lado del mundo, Japón vivía una crisis de mano de obra que fuimos quedando.

Quedó demostrado que la comunidad extranjera contribuye activamente al desarrollo económico de la ciudad y desea participar en las actividades vecinales, ya no es la persona que está de paso; quiere integrase a la sociedad, pero no ha habido oportunidad, tanto del lado de los japoneses como de los extranjeros. Es por eso que en la Asociación tratamos de promover este acercamiento cultural a través de la difusión del arte como la música, el baile e incluso la gastronomía. A pesar de todas las vicisitudes vividas en estos 33 años, las familias Nikkei cuentan con cierta estabilidad económica, aquí formaron su familia, y sus hijos estudian en las escuelas japonesas, muchos de los cuales se han formado profesionalmente en prestigiosas universidades integrándose a la sociedad; incluso muchos de la primera y segunda generación de Dekasegi han hecho realidad el sueño de la casa propia.

La segunda generación, o sea los hijos de los primeros Dekasegi nacidos y/o criados en Japón, representa un gran salto cualitativo en la evolución de la comunidad peruana, dado que ellos son conocedores de dos culturas y dos idiomas y en este mundo globalizado pueden convertirse en recursos humanos que necesita Japón y el mundo. En la actualidad, esta nueva generación destaca en distintos campos profesionales llámese ingenieros, médicos, economistas, comunicadores sociales, deportistas entre otras profesiones. Hay hasta un político de madre peruana que postuló al Senado, mas no fue elegido, y una Miss Universo Japan 2022 de padre peruano. Es de esperar que esta segunda generación (Hijos de Dekasegi) sea la que impulse el ascenso social de la comunidad latina.

---

1)   Con la reforma vigente desde el 1 de setiembre del 2017 podrán recibir la pensión de jubilación al cumplir los 65 años con un mínimo de 10 años de aportaciones.

permanecer por más tiempo, incluso obtener la residencia permanente y llamar a su familia. Cabe destacar que, en esta categoría califican los trabajadores de la categoría №1, ya que tienen experiencia de 5 años y su nivel del idioma no es nada despreciable.

Para los dekasegi latinoamericanos esto podría ser nefasto, pues la competencia por un puesto de trabajo se les hace más difícil, ya que los practicantes laborales son jóvenes cuyo salario es menor que el de los Nikkei y tranquilamente pueden ser reemplazados. Por otro lado, el desconocimiento del idioma y su "no integración" a la sociedad japonesa hacen que las oportunidades de encontrar un empleo mejor, sean bajas. Por esta razón es indispensable el dominio del idioma japonés y/o poseer cartas de habilitación en alguna especialidad tales como la licencia para montacargas (forklift), soldadura, operador de grúa (tamakake) entre otras, que les permita ser indispensable en su puesto de trabajo.

¿Entonces, qué hacemos?

¿Trabajar y aportar hasta donde nos permitan? ¿Regresar al Perú? ¿Invertir en bienes inmuebles? ¿Poner un negocio?... El Perú de hoy, ha cambiado para bien en muchos aspectos, gracias a que, en los últimos años del siglo 20, el valor de los minerales se cotizó a muy buen precio, por lo que mejoró la economía familiar de la clase media y alta. Pero piénsenlo bien. El Perú de hoy es muy diferente al que dejamos, muchas cosas han cambiado, tendremos que estudiar y aprender mucho... sería un nuevo reto, un nuevo inicio, otro punto de quiebre en nuestras vidas. Sin embargo, la delincuencia y la inestabilidad política son factores que desaniman a cualquier persona que está acostumbrada a vivir en Japón, en donde al menos no nos preocupamos de la delincuencia. De otro lado, las familias han alcanzado cierta estabilidad económica, al punto de comprar un bien inmueble, aprovechando el crédito hipotecario "Flat 35" y los hijos están estudiando una carreras técnicas o ingresaron a la universidad.

Llegados a este punto, 33 años después, los primeros Dekasegi que vinimos a la edad de 20 a 40 años de edad ya hemos pasado la edad de jubilación y otros están próximos a ingresar a esta etapa. Considerando que muy pocos han cumplido con los 25 años mínimos de aportación al sistema de jubilación -lo que quiere decir que no recibirán o recibirán una pensión insuficiente para poder vivir dignamente-, muchos deberán seguir trabajando para complementar su manutención con algunos ingresos extras.

Lamentablemente el tiempo no perdona. Así como sucedió con los pioneros que llegaron al Perú y se quedaron, la colonia de Nikkei peruanos terminó echando raíces en Japón, pese a que todos tuvimos la intención de quedarnos solo dos o tres años. Para la mayoría esto no sucedió, pues nuestros planes fueron variando, más que nada por la educación de nuestros hijos. Primero pensamos que terminen la educación obligatoria (Shogakko y Chugakko), luego que terminen el Koko (Secundaria superior). Pero ellos, ya con 18 años de edad, decidieron seguir alguna carrera en universidades, escuelas tecnológicas o trabajar en fábricas. Y así nos nada hasta 24 horas después en que regreso el fluido eléctrico. Una gran falla, ¡imperdonable!, pero ¡APRENDIMOS! Provisionalmente se confeccionaron carteles manualmente.

Por otro lado, muchos de los que participaron en el seminario "Asistencia a los extranjeros en caso de desastre" por falta de comunicación con la Asociación, procedieron por iniciativa propia a ayudar a sus vecinos, informar y visitar los refugios cercanos, una labor noble digna de resaltar en circunstancias en que está en juego su propio bienestar. ¡APRENDIMOS a ser generosos y desprendidos! Al día siguiente recorrí los principales refugios de la ciudad, confirmando unos 100 extranjeros en estos lugares, no habiendo desgracias personales ni heridos, la mayoría de ellos se refugiaron por temor a las réplicas. Conforme pasaron los días y volvía la calma el número fue disminuyendo gradualmente. Conforme pasaron los días y la ciudad volvía a la normalidad se hizo necesaria la ayuda para la reconstrucción, como por ejemplo el recojo y traslado de escombros, ayuda a las personas de edad avanzada, recolección y distribución de víveres etc. etc. En ese sentido los extranjeros se hicieron presente desde un principio, demostrando su espíritu de unión, solidaridad y colaboración, participando en trabajos voluntarios, donación de víveres, efectivo, y ayudaban en todo lo que podían, sorprendiendo gratamente a las autoridades municipales.

8. Los Nikkei ¿Pasados de moda?
La nueva ley de inmigración y los latinos

Al igual que los primeros Nikkei que vinieron con la "Visa Técnica" (febrero de 1989) los del Sudeste Asiático pueden ingresar a este país gracias a la visa Gino Jisshu (2017) o lo que comúnmente conocemos como la visa de "practicante laboral", que tienen una duración de 3 años no renovables que les impide cambiar de trabajo. En realidad, esta visa data de 1993, y su finalidad principal fue la de traspasar tecnología en el sector manufacturero a países en vías de desarrollo, adiestrando o perfeccionando a trabajadores que, al término de su pasantía, regresen a su país y ponga en práctica lo aprendido en Japón. Esta visa se fue modificando hasta llegar a la reforma del 2019.

Con estos nuevos trabajadores, el gobierno tomó cuidado en no cometer los mismos errores que se cometieron con los Nikkei. Por ejemplo, la obligatoriedad de inscripción al seguro de salud y de jubilación, pero por, sobre todo, el estudio obligatorio del idioma antes de venir, para luego, cada año rendir un examen de conocimiento como requisito indispensable para poder renovar la visa. Por otro lado, con la reforma de abril del 2019 se establecen dos categorías complementarias a la anterior, llamada "tokutei gino" (Calificación Específica). Calificación Específica №1 con un máximo de estadía de 5 años no renovables, para 12 rubros tales como el de construcción, enfermería, agricultura, pesca, industria de servicios alimentarios, hotelería, etc. Calificación Específica № 2, para aquellos que tengan cierto conocimiento técnico y un buen nivel en el idioma japonés, dándoles la posibilidad de

Imagen 9: Cartel improvisado de REFUGIO hecho a mano y el preparado con anterioridad

los niños en la escuela (menos mal) y los padres en sus centros de trabajo ganándose el pan de cada día, cuando a las 2 de la tarde con 46 minutos un primer remezón de 9.1 grados escala Richter sacudió la prefectura de Miyagi, el peor desastre natural ocurrido en 140 años sacudió la región de Kanto y Tohoku, fue el comienzo de la peor tragedia que azotó este país en los últimos tiempos. Terremoto, tsunami, y para rematar, problemas en la planta de energía nuclear de Fukushima. Pero quisiera contarles las experiencias vividas en esta ciudad de Moka situada en la prefectura de Tochigi y la función de la Asociación Internacional en la cual trabajo.

"Integración Social de los extranjeros" es el lema de la Asociación, para lo cual colabora con la enseñanza del idioma japonés y promueve actividades en las que puedan participar tanto extranjeros y japoneses.

1) En el mes de setiembre del 2010, se dictó el curso práctico de "primeros auxilios y resucitación cardiopulmonar" con traducción en portugués y español.

2) En el mes de enero 2011 se realizó el seminario "Asistencia a los extranjeros en caso de catástrofe" con la participación de 20 traductores. Se analizaron los terremotos de Kobe y Niigata, las funciones y el desempeño de los traductores voluntarios.

3) Mas aún en febrero se confeccionó y distribuyó a 1851 hogares extranjeros el "Mapa de prevención de desastres" en 5 idiomas.

Como verán amigo/a lector/a, estábamos bien preparados, (eso pensábamos). Una vez pasado el gran susto, se implementó el "Centro de operaciones contra desastres" designando inmediatamente 12 refugios en toda la ciudad. Y es allí donde la Asociación entraba en acción para asistir a los residentes extranjeros; tomamos el file de "procedimientos en caso de desastres", donde teníamos los avisos y señalizaciones para colocarlos en los centros de refugio, pero teníamos sólo las originales, necesitábamos 12 juegos, más la copiadora, las computadoras e impresoras no funcionaban, ¡no había fluido eléctrico! No pudimos hacer dictan entre 4 o 5 clases de nivelación, en donde los niños traen las tareas escolares que no comprenden y los estudiantes de la universidad, de la especialidad de Estudios Internacionales del Proyecto Hands los ayudan a resolverlos. En estos 10 años de actividad, han pasado por estas aulas 883 estudiantes y 183 alumnos universitarios.

Folclore Peruano

En el 2010 se crea el grupo de baile "Danzas del Perú Moka", con la finalidad de difundir la cultura y el folclore peruano a través de sus bailes típicos como la marinera, el festejo y los bailes andinos. Ello ha llevado al grupo a ser invitado a participar en actividades culturales de la ciudad y otras localidades de Tochigi, o viajar a otras prefecturas como Tokio, Saitama, Ibaraki y Gunma, entre otras. Además, en el año 2018 el grupo participó en el Festival Gastronómico y Cultural "Oishii Perú" realizado en el parque Yoyogi en Tokio por la Asociación de Peruanos en Japón (ASPEJA).

Imagen 8: Danzas del Perú Moka

A fines del 2019 la Organización Mundial de la Salud (OMS) declaró pandemia del nuevo coronavirus (COVID 19) que se extendió por todo el mundo. Debido a este "impase", y a las restricciones emitidas por el gobierno, se tuvieron que suspender las reuniones, los ensayos y todo evento que conlleve el riesgo de contagio. Esperemos que muy pronto podamos reanudar las actividades en forma gradual según las disposiciones del gobierno local.

Terremoto Higashi Nihon

El 11 de marzo de 2011 a horas 14.46 ocurrió un gran terremoto al cual se le llamó como "Gran Terremoto del Este de Japón" (Higashi Nihon Dai Shinsai). Como recordarán, no fue solo el terremoto sino que luego de ocurrido el remezón vino el tsunami de enormes proporciones, con olas gigantes mayores a los 40 metros y según la Agencia Nacional de Policía 15.899 fallecidos y 2529 desaparecidas. Como consecuencia del tsunami, la planta de energía nuclear de Fukushima colapsó, con el cual se tuvo que desalojar a la población que vivía a 30 km. alrededor de la planta nuclear, y hasta la fecha se sigue trabajando en la reparación y descontaminación de la planta. A un mes del penoso acontecimiento, escribí una nota en la que daba cuenta de lo ocurrido ese día y los posteriores en la ciudad de Moka.

Para muchos de nosotros el día 11 de marzo del 2011 quedará marcado de por vida. Fue un día normal como cualquier otro, con un sol radiante que calentaba el frío invierno de Japón,

A raíz del evento y la presentación del grupo de samba, muchos se animaron a practicar esta danza brasileña y hubo disposición para conformar también un grupo de ejecutantes musicales, con lo cual se crea el grupo de samba "Kizuna", integrando a entusiastas participantes extranjeros y japoneses. El grupo participa en los eventos de la ciudad, de otras asociaciones hermanas de la MIA y en eventos particulares en hoteles, parque de diversiones, entre otros. Cabe destacar que, gracias al esfuerzo de sus miembros, en el décimo año de su fundación, "Kizuna" se ganó el derecho de participar en el riguroso y famoso "Carnaval de Samba de Asakusa" que se realiza todos los veranos en Tokio.

"Amauta" Taller de Español

Desde que se inició la emigración de latinoamericanos al Japón han transcurrido 33 años. En un principio, todos pensaban trabajar 2 o 3 años y luego regresar a sus respectivos países. Sin embargo, la situación los obligó a quedarse más tiempo y formar o traer a su familia e hijos, los que estudiarían en las escuelas japonesas. Ello hizo que el idioma predominante para estos niños sea el japonés, con lo que, en muchísimos casos, la comunicación con sus padres se volvió difícil. Al vivir en carne propia esta situación, en el julio de 2012, un grupo de seis voluntariosas y entusiastas madres de familia, residentes en la ciudad de Moka, se propuso formar un taller de enseñanza del español para descendientes latinoamericano. La finalidad fue el tener un lugar en donde los niños de habla hispana puedan relacionarse entre sí y a la vez aprender a leer, escribir y conservar su identidad nacional.

Imagen 7: Vacaciones Útiles: Amauta taller de español & Proyecto HANDS de la Universidad de Utsunomiya

Al grupo se le llamó Amauta, que, en el idioma nativo del imperio incaico, el quechua, significa "hombre sabio" o "maestro". Una vez por semana, sacrificando sus horas de descanso, estas voluntarias se convierten en "monitoras" para enseñar a una veintena de niños deseosos de aprender el idioma de sus padres. Por otra parte, también hay un grupo de adultos japoneses que ávidos de aprender el español se aúnan a las clases. Si bien es cierto que los alumnos extranjeros utilizan el japonés con sus compañeros de clase, su nivel de compresión del idioma no es igual que el de los estudiantes locales, puesto que ellos desde que nacieron han escuchado de sus padres el japonés y los ayudan con las tareas escolares. En cambio, los niños extranjeros no tienen esa ventaja y poco a poco se van retrasando a medida que progresan en su formación escolar.

Por esta razón, por iniciativa de Amauta Taller de español, el apoyo del Comité Educativo de Moka y la Universidad de Utsunomiya, durante las vacaciones de verano (agosto) se

Hasta antes de tener los navegadores para auto o aplicaciones para teléfonos celulares, para viajar en automóvil a lugares que no conocemos, teníamos que guiarnos con los libros que contenían los planos de las principales carreteras y vías rápidas de Japón. Muchas veces nos hemos perdido en grandes ciudades como Tokio, soportando el congestionamiento vehicular en un día de verano con la incertidumbre de si podríamos llegar a tiempo a la cita. Los navegadores GPS (Sistema de Posicionamiento Global) para autos, que nos permiten hoy conocer nuestra ubicación en tiempo real y nos proporcionan información detallada para poder llegar a lugares de interés fácilmente y con seguridad.

Las "tsukaisute" guardan nuestros primeros recuerdos

"Tsukaisute" se les dice así a las cámaras fotográficas descartables y compactas, con función de enfoque automático cuya particularidad es que cualquier persona inexperta, incluso niños, pueden hacer una foto, en cualquier momento o lugar, a precio muy cómodo. Claro que después teníamos que enviarlas a revelarla, y luego de una semana tendríamos las fotos sabiendo, recién en ese momento, si las fotografías fueron tomadas correctamente o no. Estas cámaras, que aún son usadas por los más jóvenes -más por cuestiones de moda "retro" que por utilidad-, fueron muy populares en los años 90 cuando llegamos. Podían comprarse en cualquier lugar y sin lugar a dudas, guardaron las primeras imágenes de la rutina de los trabajadores extranjeros en Japón. Sin embargo, no se podían usar dentro de los centros de trabajo, pues las fábricas eran muy estrictas y recelosas al respecto, ya que se podrían filtrar secretos de diseño y de producción, catalogados dentro del "espionaje industrial". Es la razón por la cual no abundan fotos de aquella época, dentro del centro de labores.

7. Moka después de la crisis económica
Bloco de samba "Kizuna"

Un grupo conformado por solidarios vecinos japoneses, organizó un evento benéfico en favor de los Nikkei que perdieron sus empleos como consecuencia de la crisis del 2008. La actividad convocó a mucho público, llegando a participar muchos grupos musicales, de danzas japonesas, de Hawai, de Tahití, profesores voluntarios de enseñanza del idioma japonés y la

población en general. También se contó con la participación de la escuela de samba "Saúde", que vino desde Tokio. El evento fue todo un éxito y con lo recaudado se pudo financiar las aulas de "Atención y cuidados para el adulto mayor" como programa de reinserción laboral y un curso de idioma japonés, dirigidos a los extranjeros residentes en la ciudad.

Imagen 6: Bloco de samba KIZUNA

sólo para que haga ruido, ya que no entendían nada de lo que se decía en las imágenes que veían. Cubriendo esta necesidad, y aunado a la nostalgia por el Perú, es que surge el negocio de alquiler de cintas de vídeos con los programas más populares de la televisión peruana más populares, desde noticieros y telenovelas, hasta espacios deportivos, entre otros.

¿Cómo funcionaba este negocio? En un principio eran los familiares en Perú que grababan algunos programas sus familiares radicados en Japón para que se distraigan e informen. El vídeo cassette se prestaba luego a los compañeros de trabajo. Este fue el principio de un negocio muy rentable, paralelo al trabajo en fábrica. La frecuencia de envíos fue incrementándose, así como la cantidad de las cintas de video VHS catalogadas por programación a las que se le llamaban "master" u originales. Se hacían copias de las mismas para venderlas a distribuidores intermedios que se encargarían de, a su vez, copiarlas en grandes cantidades para alquilarlas bajo la modalidad de entregas a domicilio, junto con la venta de productos peruanos. Posteriormente, también se podía encontrar toda esta variada programación en las tiendas de productos peruanos.

El avance tecnológico digital, favoreció en muchos aspectos el abaratamiento de los costos ya que, del formato análogo de cinta VHS se pasó al formato digital CD y DVD. Ello facilitó todo el proceso, ganando rapidez en la tarea de copiado y optimización en la tarea de logística y transporte. El cliente no requería devolver los programas que alquiló, pues del sistema de préstamo se cambió al de venta, debido a que los formatos digitales comunes no eran regrabables.

La llegada de internet revolucionó las comunicaciones y la transmisión de datos, generando grandes cambios en nuestra forma de comunicarnos, de trabajar e incluso en la forma de disfrutar de nuestro tiempo libre. Con este avance tecnológico, prácticamente se dio fin al negocio de alquiler / venta de los DVD, dando paso al ingreso de canales de transmisión por suscripción pagando una tarifa mensual, a cambio de tener a disposición la programación regular de los canales de televisión peruanos, pudiendo verlos cuándo lo deseemos y algunos hasta en tiempo real.

Pero todo lo anterior quedó en desuso con la aparición de páginas web que ofrecen películas, series, documentales, musicales y mucho más, pudiendo hacerlo desde casi cualquier dispositivo como los teléfonos inteligentes, tabletas, PC e incluso la televisión. A esto se le conoce con el nombre de streaming que es un tipo de tecnología multimedia que transmite contenidos de vídeo y audio a un dispositivo conectado a internet. Todo esto totalmente gratuito y sin tener que registrarse o, si lo desea, pagando una cuota mensual para obtener exclusividades. Para ver algunos programas de la televisión y películas peruanas hoy en día, sólo basta buscarlos en YouTube.

De mapas en papel a los navegadores

comunicación con nuestros familiares en Perú se hacía desde las cabinas de teléfonos públicos, con una tarjeta prepago y en horario nocturno; siempre a partir de las once de la noche porque a esa hora la tarifa era más económica. Estos teléfonos especiales para hacer llamadas internacionales se ubicaban en zonas estratégicas donde había mayor afluencia de usuarios, tales como las estaciones de tren, en las cercanías de los edificios públicos, correos, bancos etc. Cada fin de semana era común ver largas filas de extranjeros esperando pacientemente su turno frente a estas cabinas, puesto que cada llamada demoraba como mínimo 30 minutos. Mientras esperaban en la fila, también se hizo común el intercambio de información sobre trabajos, salarios, cantidad de horas extras, noticias de Perú y chismes en general. Pero también podíamos ver a algunos llorar al recibir una mala noticia o decir que extrañaban a los hijos y a la familia, o el regocijo al recibir buenas nuevas.

Historias sobre teléfonos públicos hay muchísimas, como las tarjetas pre pago fraudulentas, que eran "reprogramadas" por los yakuza (mafia japonesa) y eran comercializadas por iraníes o pakistaníes a un precio módico. Otra forma de evitar el pago real de la tarifa telefónica por la llamada, era la técnica del "pinchado", que consistía en hacer cortocircuito con una tachuela en el cable del auricular, consiguiendo línea para la llamada internacional. Posteriormente la compañía telefónica NTT, con la finalidad de evitar este acto delincuencial recubrió el cable revestido de un tubo metálico.

A fines del año 1989, en pleno auge del "Fenómeno Dekasegi", para la contratista NKK—que colocaba a sus trabajadores Nikkei en fábricas distribuidas en Moka y sus alrededores, así como también en ciudades dentro y fuera de la prefectura de Tochigi—era importante tener comunicación con los encargados de fábricas en caso de alguna urgencia, para lo cual a cada uno se le otorgó un "pocket bell" o "beepers", aparatos receptores unidireccionales, que solo recibían mensajes numéricos. Aparecía en la pantalla del adminículo el número de teléfono al que debería contactar, al que habría que llamar tras conseguir un teléfono público para enterarse de la urgencia. Con el correr del tiempo y los avances tecnológicos, surgió el teléfono inalámbrico. Era de gran tamaño y fue más conocido como "ladrillos", eran pesados y costosos, fuera del alcance familiar. Posteriormente, a mediados de la década del 90 aparecieron los primeros teléfonos celulares compactos que adicionaron más funciones como los mensajes de textos, cámara y otras aplicaciones más con el transcurso del tiempo.

Pasados 33 años desde nuestra primera llegada, muchas cosas han cambiado para bien; ahora tenemos internet, teléfonos inteligentes, aplicaciones que nos permiten hablar y transmitir datos, fotos, vídeos, hacer teleconferencia, ver telenovelas, películas, series y mucho más, y todo esto gratuitamente.

Nostalgia de la TV peruana
Muchos peruanos, tras largas horas de trabajo, regresaban a casa y encendían el televisor

fin de semana la estrenó, salió orgullosa de su nueva adquisición y se dirigió hacia la estación. En el camino sentía unas miradas y sonrisas maliciosas, lo mismo en el tren, hasta llegar al punto de encuentro con sus amigas. Luego del saludo, una de ellas le pregunta, ¿Por qué estás con ropa interior? Llevaba puesto una camisola de las que se usan bajo la ropa. "¡Queee! ¡Qué vergüenza! Efectivamente se le llama kyamisoru (Camisole)".

Pan con hot dog

Después de recoger a un grupo de nuevos trabajadores que venía del Perú, nos dirigíamos hacia la ciudad de Moka. Hicimos un descanso en un "parking area" (estacionamiento) para estirar las piernas. Algunos aprovecharon para refrescarse y otros para comer algo. Hubo quienes prefirieron un sandwich de hot dog que se veía delicioso. El primero en recibir su pedido se jactaba de haber podido hacer la compra sin saber el idioma e inmediatamente después cogió el frasco de color amarillo y lo coloco sobre la salchicha, dándole un gran mordisco.

Para sorpresa de todos, quienes esperaban saber si estaba bueno, escucharon un grito y botando fuego por la nariz dijo: "Carajo, esto piiica". Y es que en Japón hay 2 tipos de mostaza, la normal que todos conocemos y la picante que también de color amarillo idéntico a la mostaza, elaborada de un tipo de pimienta llamada karashi, pero se usa para algunos platos típicos.

¡Con permiso...!

Un fin de semana, tres amigos decidieron entrar a una cafetería muy pequeña pero acogedora. Eligieron ocupar una mesa cercana a la entrada, mientras que al fondo del corredor se encontraba la mesa de una pareja disfrutando de un delicioso helado. Transcurrido un tiempo la pareja decidió retirarse del establecimiento, debiendo obligadamente hacerlo por el estrecho pasadizo donde estaban sentados los amigos.

El caballero, solicitando permiso para pasar, con el brazo extendido y la mano abierta haciendo un gesto que se estila aquí en Japón para poder pasar, a lo que uno de los amigos, viendo el gesto del japonés, se levantó y le estrechó la mano para saludarlo, ante su desconcierto.

Y dirigiéndose a los amigos les dice. "¡Guau, se pasó el japonés!, no me conoce y me estrecha la mano." " Nooo, tonto, el Señor te estaba diciendo "con permiso, déjame pasar".

6. Tecnología de la comunicación

Teléfono

¡Amarrados a un cable telefónico! Hace 33 años atrás ¡No teníamos teléfonos celulares ni internet! En los primeros años de iniciado el retorno a estas tierras como dekasegi, la cómo se les dice a los que no tienen experiencia o por desconocimiento del idioma o costumbres locales, con lo que terminaban metidos en situaciones jocosas o vergonzosas. Todo esto como parte del aprendizaje, hasta adquirir experiencia. Recopilé algunas de ellas.

Conservas enlatadas

Al no saber cocinar sus alimentos, pues nunca habían cocinado en casa, algunos optaban por la opción más sencilla: ir a comprar al supermercado atún enlatado para preparar su sándwich de atún con cebolla y limón. Práctico, barato y riquísimo. Pasados algunos días, y viendo que todas las latas de conservas tenían una figura de gato o perro, se preguntaban ¿Por qué tendrán ese diseño? Hasta que el misterio se develó: ¡era comida para las mascotas de la casa!

Champú

Entre los artículos de higiene personal eran indispensables el jabón y el champú. El más popular era el de una botella de plástico transparente y el líquido de color verde. Decían que tenía un buen aroma y dejaba el cabello bien suavecito. Hasta que alguien les explicó que esa botella era detergente para lavar los platos.

Ropa interior para hombres

Como sabrán, el verano aquí en Japón es muy caluroso y húmedo, así que para salir a pasear se puede usar ropas muy ligeras: una camiseta, un pantalón corto y sandalias. Resulta que un amigo decidió salir a pasear hasta Roppongi, el barrio de fiesta de las noches tokiotas, salió muy temprano para tomar el tren que lo llevaría hasta la súper ciudad. Se colocó la camiseta del equipo peruano, un short floreado y sus sandalias. Llegó a Roppongi, paseó por las calles y tiendas haciendo algunas compras. Pero sentía una extraña sensación que lo veían y hablaban de él, más no le dio importancia, pues pensó que por ser Nikkei peruano llamaba la atención de los transeúntes.

Al regresar a casa, se encontró con uno de sus vecinos que lo reprendió:

-¿Oye, que haces con ropa interior en la calle? ¿No te da vergüenza?

-¿Ropa interior, cuál?

-¡El calzoncillo!

-¿Calzoncillo? Pero si es mi short.

-¡Noooo! Es un calzoncillo a la que llaman boxer o trunks

-¡Que! ¡No puede ser! Con razón la gente me veía de forma extraña y algunos se reían.

Y no solo los varones, las damas también tuvieron su desliz. Resulta que una dama salió de compras a una tienda de departamentos y en la sección femenina se exhibían unas camisetas sin mangas con unos diseños muy bonitos y de colores tenues, de algodón, aparentemente muy frescos. Su precio no era muy cómodo, pero como era de su agrado, la compró. El siguiente en contacto con el asiento.

Hoy en día, casi ha desaparecido el estilo washiki y sólo se les puede ver en casas muy antiguas o en el interior de las provincias. Ahora, podemos gozar de la comodidad de los inodoros modernos, equipados con funciones de inodoros con bidé, con calefacción, chorro de agua templada y hasta sonidos especiales.

Los baños públicos

Una de las tradiciones japonesas antiguas es el frecuentar los sento o baños públicos. En algunas fábricas, todavía los conservaban dentro de sus alojamientos para que sus trabajadores, luego de largas jornadas laborales, pudieran socializar y relajarse. Es una especie de pequeña piscina o estanque de baja profundidad llena de agua caliente en la que los usuarios se sumergen totalmente desnudos. Antes de entrar a la poza, uno debe bañarse y asearse fuera, en las duchas y compartimientos destinados a ello. El no hacerlo es una falta de respeto muy mal vista por el resto de la gente con la que se compartes el sento.

Los peruanos al ver la piscina pensaban que se podía nadar y saltaban a la poza sin saber que no era profunda y bien caliente. Bueno, y ya se imaginan el resultado. Posteriormente teníamos que ir a explicarles la manera correcta de tomar un baño en estos lugares, donde no se permiten tatuajes, no se puede nadar ni bucear y se tiene que hablar en voz baja.

La primera Navidad en Japón

Japón no es un país en donde se practique mayoritariamente la religión cristiana, por lo que no se celebra el nacimiento del niño Jesús como en países católicos. La Navidad en Japón se celebra comiendo pollo frito de Kentucky Fried Chicken y el infaltable Christmas Cake (pastel de Navidad) de la cadena de pastelerías Fujiya que, con muy buen olfato comercial, introdujo el postre en la cena navideña. En el primer año en que llegamos a Japón, la Navidad fue un día lunes por lo que la pasamos trabajando. La víspera de Nochebuena, los que estaban en turno de noche trabajando en sus centros de trabajos, hicieron un corto descanso a la medianoche para saludarse y recordar a la familia. Los afortunados que estaban de descanso en su turno laboral, corrían al teléfono público más cercano para comunicarse con sus hijos y desearles una Feliz Navidad.

En la navidad de 1993, me desempeñaba como encargado de la fábrica de Daihatsu en la ciudad de Maebashi. Para muchos de los muchachos esta sería su segunda o tercera Navidad lejos de la familia, así que entre todos organizamos una cena navideña en nuestra oficina-comedor, con sus respectivos pollos al horno, piqueos, gaseosas y, para brindar, champaña.

5. Anécdotas

Muchos Dekasegi, al llegar por primera vez a Japón tuvieron que "pagar derecho de piso", entrar al baño hay que cambiarse con unas pantuflas especiales llamadas surippa en japonés.

En dos oportunidades tuvimos que ir al ryo (dormitorio de la fábrica) de dos fábricas, una en Narita y otra en la ciudad de Matsudo ambas en la Prefectura de Chiba, con la finalidad de llamar la atención de los trabajadores que entraban a su dormitorio con zapatos, ensuciando y maltratando el piso de tatami (suelo de esteras confeccionadas con paja). Días después volvimos para constatar el buen cumplimiento de las recomendaciones y la limpieza.

En Japón, el común de la gente no acostumbra perfumarse para ir a trabajar a la fábrica. Solo suele hacerse cuando tienen algún compromiso o reuniones festivas. Hubo muchos trabajadores extranjeros de ambos sexos que llegaban al trabajo rociándose mucho perfume y usando accesorios llamativos como collares y aretes de grandes dimensiones, lo que era mal visto por sus compañeros japoneses en la línea de trabajo. El motivo principal es por la seguridad del trabajador, ya que los objetos colgantes pueden engancharse a las máquinas ocasionando un grave accidente.

Una mala costumbre de algunos japoneses, muy arraigada, y que fue motivo de no pocos problemas que llegaron a mayores en muchas fábricas, fue el dar palmadas en el trasero a las mujeres. A pesar de hacerlo sin ninguna mala intención, las chicas daban un grito y el "nalgueador" se ganaba un susto y la fama de manoseador. Hoy esto es penado legalmente como asedio sexual.

El ohashi o palillos para comer son muy usados en los comedores y restaurantes. Es de muy mal gusto clavar los palillos en el tazón de arroz, pues esta costumbre se relaciona con el rito funerario. Los extranjeros al hacer una pausa, en lugar de dejar los palillos sobre la mesa los clavaban sobre el arroz.

Los tatuajes en Japón siempre se han asociado a los yakuza, la mafia japonesa y la delincuencia. Es por eso que no están muy bien vistos. Además, se prohíbe la entrada de quienes tienen alguna parte del cuerpo tatuada a los sento (baños públicos) los onsen (baños termales), y hasta a piscinas públicas y gimnasios. Algunas fábricas solicitaban un cambio de personal por este motivo.

Inodoros

Para los que vinimos a Japón la primera vez y deseábamos entrar al baño, tal vez nos sorprendió encontrar la taza en el suelo. ¿Dónde nos sentamos?, ¿será que hay que usarlos de pie?, podríamos habernos preguntado. Y es que en Japón existen dos tipos de inodoros: El de estilo japonés (washiki) y estilo occidental (yoshiki). Estilo japonés que es el que es construido casi al ras del suelo y muchos extranjeros primerizos se sintieron confundidos al usarlo por primera vez. Este tipo de inodoro, aunque resulte extraño para quien no esté acostumbrado, se considera más higiénico. Para usarlo, la persona debe ponerse en cuclillas mirando hacia la pared, posición incómoda para muchos occidentales, con lo que ninguna parte del cuerpo está de residencia y trabajo se resquebraje y, como consecuencia de ello, su rendimiento en el trabajo disminuya, con lo cual la fábrica solicitaba el cambio de personal.

Grupo Consejeros

Como el número de dekasegi había aumentado tremendamente, los problemas de desadaptación, salud física y mental también aumentaron. En esas circunstancias, en el mes de febrero de 1990, la empresa contratista NKK creó un grupo llamado Counseling cuya finalidad, entre muchas otras, fue la de atender las necesidades médicas de los funcionarios extranjeros. Inicialmente, esta sección estuvo a cargo del Dr. Alberto Kosaka, psiquiatra de profesión, quien se encargó de identificar y proveer ayuda en estos casos de desadaptación, ofreciéndoles soporte emocional y psicológico. Pero la principal función era la de servir de intérpretes en los centros médicos de la ciudad. El hospital más frecuentado por estos trabajadores fue la Clínica Fukuda, por su cercanía a la oficina contratista y por contar con servicio en muchas especialidades. En los casi cuatro años que duro este grupo, el equipo también lo conformó el Dr. Ricardo Shiroma (médico internista) que al poco tiempo tuvo que regresar al Perú. En su reemplazo ingresó el Dr. Julio Matsuoka, luego vendrían Luis Kanashiro (actor) y por último Dr. Toshi Kitsuta.

Otra de las funciones del grupo, en especial la del Dr. Kosaka, fue el de visitar "in situ" a los trabajadores en su centro de trabajo, teniendo que desplazarse hasta las distintas ciudades en las que se encontraban para conocer de cerca sus inquietudes, problemas, así como evaluar también su estado de salud físico y mental. En algunas ocasiones era acompañado por Luis Kanashiro quien, además de fungir de consejero, brindaba su experiencia de actor como mimo, ofreciendo un poco de entretenimiento a los trabajadores.

4. Choque Cultural

Como expliqué anteriormente, las principales causas de depresión y desadaptación, se debieron a muchos factores como la soledad, la presión en el trabajo, a no entender el idioma, cambios en el horario de trabajo y hasta la rutina de alimentación. En síntesis, la diferencia de costumbres fue fundamental en el cambio de comportamiento de los trabajadores.

Diferencia cultural

Si bien es cierto que Japón es considerado como uno de los países más avanzados del mundo, la sociedad japonesa es muy conservadora teniendo elementos culturales que pueden resultar extraño para los extranjeros, incluso para los de origen japonés. Por ejemplo, en Japón lo normal es que, al entrar a una casa, las personas se descalcen y dejen los zapatos en la entrada, llamada "genkan", para luego ingresar al interior sin zapatos o con algún calzado cómodo. La finalidad de esta costumbre es para que la suciedad de la calle no ingrese al hogar. Incluso para muchos hijos de japoneses y sus siguientes generaciones no hablan el japonés, aún en niveles básicos.

En ese sentido, la contratista se preocupó en proporcionar traductores (japoneses que radicaron en Brasil) llamados shūnin (jefes), quienes tuvieron la responsabilidad de supervisar a los trabajadores ante la fábrica y se encargaban de traducirles todo: desde la entrevista, explicación del reglamento y procedimientos de trabajo, horarios de descansos, reglas de seguridad etc. Inclusive debían respaldarlos fuera del trabajo con los trámites en el municipio, apertura de una cuenta de banco donde depositar su sueldo, el envío de las remesas y correo para su familia, movilidad de entrada y salida de la fábrica, llevarlos a los hospitales en caso de enfermedad, entre muchas otras prestaciones más.

Tanto era y aún es la dependencia con los traductores, que los Nikkei no se preocuparon en aprender el idioma. Se "mal acostumbraron", lo que permitió conformar una comunidad cerrada sin necesidad de estar integrado a la sociedad. Esto no sucedió con trabajadores de otras nacionalidades como los iraníes y paquistaníes, entre otros grupos extranjeros, pues al no tener traductores, la necesidad los obligó a aprender el japonés. En Japón, hay un proverbio que dice "Onbu ni dakko". Se dice que su origen proviene de la forma en que los padres miman a sus hijos cargándolos en la espalda (onbu) o en sus brazos (dakko), y suplir todas sus necesidades. Generalmente, se usa como una crítica hacia la persona que depende en demasía de otros.

En la Fábrica

El primer contacto de estos trabajadores con japoneses, ocurrió en las fábricas de autopartes, desempeñando trabajos denominados como 3K refiriéndose a las palabras: kitanai (sucio), kitsui (pesado) y kiken (peligroso), con largas jornadas de trabajo, como mínimo 8 horas más 2 o 3 horas extras, la gran mayoría, sin entender a plenitud lo que les decía la persona que les enseñaba el trabajo. Con palabras que no llegaban a identificar, solo con señas, muecas y mucha intuición, es que fueron aprendiendo la rutina

Imagen 5: Grupo de Dekasegi en Tochigi, fábrica Teito Gomu, foto cedida por Candy Miyashita

laboral. Una y otra vez, hasta comprender la forma correcta de hacer el trabajo en el menor tiempo posible, con el mínimo esfuerzo, para alcanzar la producción promedio del día.

Toda la tensión y esfuerzo físico y mental acumulados en largas jornadas de trabajo, de procesos repetitivos día a día, pensar en la familia, la soledad, mala alimentación, el no entender el idioma y otros problemas, hizo que muchos tuvieran problemas de adaptación, trastornos emocionales, depresivos, entre otros, haciendo que la relación con sus compañeros en donde se alojaban. La distribución y difusión de estos manuales, se nos encomendó a los traductores y jefes.

Como la mayoría de las recién llegadas tenían parientes y amistades que ya trabajaban en ciudades cercanas, era de suponer que las visitaran para darles la bienvenida, dilatando la conversación hasta altas horas de la noche. Este tipo de actitudes molestaba a los vecinos que llamaban a la policía para poner orden, y ellos, hacían lo propio con la contratista. Una situación problemática y confusa. Por esta razón, con la finalidad de prevenir estas reuniones que tanto molestaban a la vecindad, es que se dispuso visitar las casas entre las 9 y 12 de la noche para salvaguardar la tranquilidad de los vecinos. En estas visitas intercambiábamos también información sobre la situación laboral, las costumbres de Japón, las clases de japonés, el modo y días de sacar la basura, entre otras orientaciones. A esto se le llamó, en son de broma, el "Toque de queda" en Moka.

Impacto de dekasegi en Moka

Desde que en 1988 comenzaron a llegar a la ciudad de Moka los primeros Nikkei brasileros y peruanos, la pequeña ciudad vio alterada su tranquilidad de un momento a otro. Sus calles y tiendas de departamentos como Iseya, Fukudaya, o el "Shoppingu" (un pequeño centro comercial ubicado entre edificios de apartamentos que pertenecían a muchas de las fábricas que albergaban a los trabajadores latinos), se vieron de pronto invadidas por gente extraña, con rasgos similares pero que no hablaba el mismo idioma. ¿Quiénes son?, ¿de dónde vienen?, ¿qué idioma es ése? estas y muchas otras preguntas flotaban entre la vecindad, las que fueron develadas poco a poco cuando la ciudad supo que aquellas personas que trabajaban en las fábricas de autopartes de la localidad, eran descendientes de los japoneses que emigraron décadas atrás a Perú y Brasil.

A poco de su arribo, el local del municipio se vio atiborrado de extranjeros queriendo cumplir con el trámite obligatorio de registrar sus datos (tipo de residencia, dirección, empleador etc.). Cuentan antiguos empleados del municipio, que se vieron en apuros cuando llegaban 15 o 20 extranjeros juntos para regularizar su situación, pues en aquella época aún no se utilizaban las computadoras y todo el proceso se hacía en forma manual.

Onbu ni Dakko

Desde su llegada, los Nikkei latinos que vivían en la ciudad y las empresas que los empleaban, debieron enfrentar muchos problemas y dificultades. El primer obstáculo que se presentó fue el desconocimiento del idioma. A diferencia de otros países, Perú optó por una posición beligerante frente a Japón durante la Segunda Guerra, lo que motivó un quiebre de relaciones diplomáticas y la implantación de una serie de restricciones e injusticias. Como parte de ellas, se cerraron las escuelas japonesas y se prohibió la enseñanza del idioma. Es por ello que a declinar el período de la bonanza. La época de la "burbuja económica japonesa" llegaba a su fin.

Fin de la Burbuja Economia

Intereses bajos, poco consumo interno y disminución en las exportaciones al no ser competitivas en el mercado internacional, ocasionaron el fin de la mayor época de bienestar y avance económico en la historia del Japón. Como consecuencia de la desaceleración, el sector manufacturero sufrió un pequeño bajón, haciendo que las fábricas reprogramen su producción suspendiendo los trabajos de fines de semana y regulando las horas extras, con lo que podrían equilibrar su estado financiero. Lógicamente esta medida afectó en cierto grado la economía de los trabajadores del país, que percibirían menor salario, pero conservando aún sus empleos. Las fábricas que se vieron afectadas por esta crisis, reubicaron al personal excedente en otras líneas de producción o enviaron a sus funcionarios a empresas subsidiarias. En casos extremos, se procedió al despido de personal no calificado, muchos de ellos, "Dekasegi" latinoamericanos. En el caso de la contratista NKK, los trabajadores despedidos que formaban parte de su nómina fueron reagrupados en la ciudad de Moka, en espera de ser colocados en un nuevo empleo.

Paralelamente, en Perú se seguían organizando grupos y algunos ya estaban listos para venir, incluso ya tenían fecha de salida por lo que no era posible cancelar su venida, en espera que la situación mejore en las fábricas japonesas. En enero de 1990 se juntaron 3 grupos de migrantes en la ciudad de Moka, dos de ellos conformados exclusivamente por mujeres. En total, aproximadamente 200 personas entre viajantes de nacionalidad brasileña y peruana, los que estaban alojados en distintos "apatos" (casas o departamentos). Como era lógico, la empresa se hacía responsable del alojamiento y la alimentación (2 refrigerios al día) hasta conseguirles trabajo. Mientras eso sucedía, se implementaron las clases diarias de idioma japonés, con movilidad a su disposición. Sin embargo, no todos aprovecharon estas clases, siempre había alguna excusa para no estudiar.

"Toque de Queda" en Moka

La concentración de tantos extranjeros desocupados no pasó desapercibida en la ciudad, debido principalmente a que caminaban en grupos hablando muy fuerte, hacían ruidos molestos en sus alojamientos, oían música a todo volumen hasta altas horas de la noche, sacaban la basura cualquier día y no la separaban, robos menores (manbiki) en los super mercados, etc. En un intento de ponerles al tanto de la forma de vida en el Japón, se confeccionaron manuales en idioma español y portugués sobre las costumbres y comportamiento a seguirse, con instrucciones sobre diferentes temas de la cotidianidad, como por ejemplo la forma de separar la basura incinerable de la no incinerable, los días y hora de recolección, según el distrito

Por esta razón es que me encargaron traducir un "Manual de seguridad industrial", tarea que me tomó mucho tiempo, pues primero tenía que estudiar el "kanji", descifrar y entender la expresión, para luego traducirla al español. Tras ello, debía escribir el material en el procesador de texto (Word processor), ya que las computadoras personales aún no eran tan populares y no existía el Windows 95. Luego de todo este proceso, tenía que recortar la figura y el texto en español y pegarlos en un papel, para luego enviarlo para su impresión. Sin darme cuenta, me había convertido en un "pirata", copiando material de otros libros.

Vencimiento de la Vista Tecnica

Por ese entonces, los primeros grupos que habían llegado con la "visa técnica" cumplirían el sexto mes, y al no ser renovable el permiso de estadía, debían regresar al Perú, una situación que desconocían totalmente, a pesar que en el sello de ingreso decía 6 meses. Se me encargó ir a las distintas fábricas donde se encontraban estos compatriotas y explicarles del por qué tenían que regresar (así lo estipulaba la Ley de migraciones), lo que fue atendido por mucho de mala gana. Una situación problemática motivada por la falta de comunicación, desconocimiento y otro tanto de mala interpretación de parte de los protagonistas, que, en medio de protestas y reclamos airados, se resistían a regresar tan pronto. Tenían que volver rápido, sin cumplir su meta de trabajar 2 años, por lo que se sintieron engañados y derrotados. Luego de algunas discusiones, comprendieron que no había otra solución más que, tomarlo por el lado positivo: serían unas merecidas vacaciones en compañía de sus familiares y luego de algunos meses, regresar.

De regreso a casa (Vacaciones Forzadas)

Días antes del obligado retorno, muchos trabajadores venían desde las distintas ciudades donde estaban residiendo hasta Moka, para luego ser llevados al aeropuerto de Narita. El día de la partida todo era alegría, pues regresarían a su terruño como triunfadores, como aquellos soldados que regresan a su país después de una gran batalla donde hubo muchos heridos, deserciones, noches de insomnios por extrañar a la familia, largas y exigentes horas de trabajo y donde el "enemigo" no perdonaba una falla. Pero al final de todo eran sobrevivientes, triunfadores y héroes de la familia. Cabe destacar que para transportarlos fue necesario un enorme bus y un camión especial para llevar las pesadas maletas que los acompañaban, las que estaban llenas de regalos para la familia y amigos.

A partir de la segunda mitad de 1989 se modificó el tiempo de permanencia de la visa técnica a un año, permitiendo a aquellos que retornaron al Perú, volver con dicha visa. Fueron tiempos en que la producción de las fábricas de autopartes estaba en auge. Todos querían aprovechar esta situación, laborando 2 o 3 horas extras por día, incluso trabajando sábados y domingos sin descansar para ahorrar lo máximo posible. Hasta que a finales de 1989 comenzó aprendizaje y prácticas de las técnicas de soldadura con arco eléctrico semiautomático. Durante un mes estuvimos juntos y el mes de agosto regresé a Moka para trabajar en la oficina de la contratista NKK. Aquí es donde me incorporé al grupo de traductores brasileros y peruanos, donde ya estaban Rosa Espinosa y Mercedes Endo. Tres meses más tarde se incorporaría el Dr. Alberto Kosaka con quien se formaría el grupo "Counseling" (un equipo de traductores para acompañar a los trabajadores cuando requerían visitar el hospital local).

Primer día en la oficina
La oficina de la contratista NKK estaba ubicaba dentro de los terrenos de la fábrica Yamakawa (hoy Unipress, en la zona industrial número 1 de la ciudad de Moka). En ese sector se ubicaba la mayoría de las fábricas que producían en exclusividad piezas de autopartes para la marca Nissan, en las que la empresa colocaba a sus trabajadores. El local, edificado con material prefabricado, constaba de dos oficinas. En una se encontraba la parte administrativa y contable, y la otra era un ambiente para los encargados responsables del personal en las fábricas (shunin), que tenían que reportar la asistencia y cualquier otra novedad acaecida en los 2 o 3 turnos de trabajo. Uno de los primeros trabajos que me encargaron fue el de transcribir al "furigana" (sistema de caracteres silábicos que ayuda a la lectura de extranjerismos

Imagen 4: "Manual de Seguridad en el trabajo" traducido al español

y nombres) de la lista de embarque que la agencia de turismo en Lima enviaba a la contratista. Esta lista de nombres debía estar escrita en "katakana" (uno de los dos silabarios empleados en la escritura japonesa) más el problema era que hacía muchísimo tiempo que no lo utilizaba, por lo que lo había olvidado por completo. En su reemplazo utilicé el "hiragana", y al presentarlo me llamaron la atención (Oh, qué vergüenza la que pasé). Esa misma noche al regresar a mi "apato" me puse a practicarlo hasta aprenderlo.

Eran épocas en que la producción de automóviles estaba en todo su apogeo por lo que la falta de mano de obra era notoria. A tal punto, que las fábricas presionaban a la contratista para que les envíen a los trabajadores Nikkei apenas llegaran al país. Y así fue en aquellos días. Luego de llegados a la ciudad de Moka, se preparaban los currículos inmediatamente, y a los 2 o 3 días ya estaban trabajando sin ninguna o pocas recomendaciones de seguridad. Éstas las aprenderían con la práctica en su puesto de trabajo. Como ninguno de estos trabajadores Nikkei había tenido la experiencia de trabajar en fábricas en líneas de producción, hubo algunos percances menores, ya sea por desconocimiento del idioma y no entender las instrucciones del encargado, por descuido o negligencia.

Se comenzó entonces a buscar estos trabajadores faltantes en otros países como Perú, que contaba con una abundante población de origen japonés, haciendo contacto con la agencia de viaje de Perú ITS, la que se encargaría de reclutar a los posibles "practicantes técnicos", tramitándoles la visa ante el Consulado de Japón en Perú, reservar el pasaje y embarcarlos en el aeropuerto. La NKK, por su parte, se comprometía a financiarles el pasaje, recogerlos en el aeropuerto de Narita, ubicarlos en un trabajo, con alojamiento, transporte hasta la fábrica, traductores en el centro de trabajo, entre otros.

"Me Voy Solo por 2 años..."

80 años antes, mi abuelo, habría vivido una situación igual a la mía. Muchos de su generación estaban viajando hacia Perú con la finalidad de labrarse un futuro mejor que el que en ese momento los ofrecía el Japón. Ahora era yo. Después de meditarlo bien, elegí el camino del retorno con la intención de capitalizar el futuro de mi familia y decidí viajar y calcular el plazo de mi vuelta al Perú: "Me voy por dos años", lo había determinado.

En mi grupo fuimos 35 "dekasegi", todos con visa de "visita familiar", los que nos embarcamos vía Canadá, arribando al Japón el 27 de junio de 1989 a las once de la mañana. No hubo nadie esperándonos en el aeropuerto de Narita, pues en realidad, debíamos haber llegado un día antes, pero por problemas técnicos en el avión, luego de 3 horas de viaje tuvimos que regresar, quedándonos varados en Vancouver. El personal de la empresa contratista llegó a recogernos por la tarde e inmediatamente nos trasladaron a una ciudad llamada Moka. ¿Dónde queda?, ¿cuánto tiempo se demora en llegar?, ¿qué trabajo me tocará? Dudas, temores y miles de preguntas que nos hacíamos camino a esa ciudad que nos albergaría temporalmente. Llegamos a la ciudad al atardecer y nos llevaron a distintos alojamientos; en mi grupo fuimos 10, los que tuvimos que acomodarnos en dos habitaciones. Al día siguiente, desde muy temprano, comenzaron a distribuir a los compañeros de viaje a diferentes fábricas en el mismo Moka y otras ciudades. En muchos de los casos, esta fue la última vez que nos veríamos.

Imagen 3: Grupo de traductores en español y portugués frente a la oficina de NKK

El saber un poco el idioma me permitió realizar labores hasta cierto punto de responsabilidad. Recién llegado al Japón, mi primer trabajo fue en una fábrica en Saitama, en la ciudad de Omiya. Debía hacerla de traductor de 10 compañeros de trabajo, transmitiéndoles las instrucciones que daban los funcionarios japoneses en el quedaríamos hasta la edad de jubilación. Esta situación duro muchos años, hasta que el gobierno ejerció mayor control a las empresas contratistas, exigiendo la inscripción obligatoria de sus funcionarios al seguro social. Inclusive, la Oficina de Inmigraciones, para solicitar la visa permanente, comenzó a exigir como requisito indispensable la presentación de un certificado expedido por la oficina de pensiones sobre los aportes del asegurado.[1]

3. Dekasegi en Moka
La Visa Técnica

Para 1988 ya se anunciaba en el diario de la comunidad peruano japonesa, "Perú Shimpo", la propuesta de empleo en Japón. Empresas contratistas que, a través de agencias de viaje, contactaban a los candidatos ofreciéndoles un contrato de trabajo y financiamiento del pasaje de avión. En esta primera etapa, sólo fue posible tramitar si los interesados en viajar tenían la nacionalidad japonesa; los que no, podían solicitar la visa de "visita familiar", garantizados por parientes que residían en Japón, trámite hasta cierto punto complejo y tedioso pues muchos no tenían comunicación con familiares en la isla, por lo que la mayoría de postulantes no cumplían con este requisito.

En ese sentido y aprovechando la ambigüedad en la Ley de migraciones con respecto a la "visa técnica" o de practicante laboral, es que se facilita el ingreso de los descendientes de japoneses, iniciándose así la inmigración masiva de los Nikkei peruanos. Los primeros grupos organizados de futuros trabajadores llegaron desde el Perú como becarios, para aprender cómo desempeñarse en el sector manufacturero japonés durante unos meses y, sobre el papel, aplicar lo aprendido en su país.

Entre muchas de las agencias de viajes y contratistas encargadas de traer a los trabajadores Nikkei, a la zona de Kanto, la ciudad de Moka—una pequeña ciudad ubicada en la prefectura de Tochigi al noreste de Tokio—fue la que albergó a muchísimos de ellos, ya sea de paso hacia otras ciudades, o para establecerse definitivamente. En esta ciudad funcionaba la empresa contratista NKK que, desde el inicio de 1988 traía a japoneses radicados en Brasil para trabajar en la fábrica de Nissan y sus subsidiarias. Sin embargo, la demanda de mano de obra era tanta que no podían abastecer los requerimientos de las empresas.

Imagen 2: Visa de capacitación técnica (Kenshu) 4-1-16-2 del primer grupo de Dekasegi, fechado el 2 de febrero de 1989

fue el tema de los elevados salarios que se percibían por trabajar en las fábricas. Éstos, se especulaba, podrían llegar a unos 3 o 4 mil dólares mensuales, con lo que, ahorrando al máximo, uno podría cumplir con el sueño de la casa o departamento propio en poco tiempo. Pero lo que omitieron fue mencionar los descuentos o deducciones obligatorios. Por definición, las asignaciones son las remuneraciones que recibe el trabajador, según la ley. Estos ingresos provienen de los salarios por hora de trabajo, horas extras, bonificaciones por horario nocturno, premio por asistencia, entre otros, cuyas características fuimos aprendiendo en el camino. Por otro lado, también existen las deducciones fijas, tales como el impuesto sobre la renta, pagos a la Seguridad Social, seguro de desempleo, entre otras. Los peruanos también vinimos con el fin de trabajar y acumular capital lo antes posible y para lograr este cometido cualquier gasto innecesario estaba fuera de nuestros planes. Lo mismo sucedió con aquellos que nos antecedieron, me refiero a los japoneses radicados en Brasil que un año antes habían venido como Dekasegi.

En Japón, todos los extranjeros que permanecen por más de tres meses y reciben una remuneración (a excepción de los que portan visa de turista) deben afiliarse obligatoriamente al seguro de salud pública y de pensiones. En cuanto al seguro de salud, existen dos: uno es el Seguro Social de Salud (SSS) para los empleados a tiempo completo, comúnmente llamado como Shakai Hoken, y el Seguro Nacional de Salud (Kokumin Kenko Hoken), al que deben afiliarse las personas que obtienen sus ingresos de forma independiente, como los agricultores, por ejemplo, o las personas que no posean el SSS, el cual está a cargo del municipio donde resida. Por otro lado, la afiliación al seguro de pensiones también es obligatoria. Toda persona a partir de los 20 años tiene la obligación de afiliarse al Seguro Social de Pensiones o al Seguro Nacional de Pensiones. Cumpliendo con estos pagos podrá recibir la pensión de jubilación después de haber aportado como mínimo 25 años.

Cuando en 1988 la empresa NKK les comunicó sobre los descuentos por el seguro de salud y de pensión, sus trabajadores rechazaron la propuesta, pues sus intenciones eran volver al Brasil lo más pronto posible, dado que aquellos descuentos retrasarían sus planes. Por su parte, esta negativa le resultaba beneficiosa a la empresa contratista pues ella también se ahorraría la parte que estaba obligada a aportar. Entonces, se buscó la forma de substituir al menos el seguro de salud, encontrando un seguro opcional en el que usaban los turistas extranjeros que visitaban Japón, cuya cobertura cubría el 100 por ciento de los gastos por enfermedad o accidente.

Al llegar los primeros Nikkei peruanos, ellos también prefirieron el seguro de turistas extranjeros que le reembolsaría el 100 por ciento de sus gastos hospitalarios, pagando una cuota anual de 10 mil yenes. A todas luces esta cantidad era una ganga, comparado con los aportes al SSS. En cuanto al seguro de jubilación que también era y es obligatorio, el municipio no les exigía su inscripción, puesto que se suponía que los Dekasegi no nos

El Primer Grupo

El 28 de enero de 1989 salió el primer grupo de entre 30 y 40 varones que llegaron el 2 de febrero al aeropuerto de Narita con la "Visa de capacitación técnica 4-1-6-2" sellada en sus pasaportes. Ellos fueron trasladados hasta la ciudad de Moka con la finalidad de que se aclimaten y verificar la documentación correspondiente para poder confeccionar el "currículum vitae" en japonés, que sería presentada a las fábricas que soliciten sus servicios.

Como dato, en la ciudad de Moka, al 31 de diciembre de 1988, antes de la llegada de los primeros grupos, se tuvo registrados solo a 5 peruanos, 3 brasileros, 3 argentinos, 1 chileno y 1 mexicano. Y un año después, con la llegada de los primeros grupos de migrantes, la cifra tuvo un notable aumento en la población de latinoamericanos, con 159 peruanos y 128 brasileros, un incremento mayor a 3 mil y 4 mil por ciento, respectivamente. De este primer grupo, algunos se quedaron en Moka y otros fueron derivados a diferentes fábricas de la zona de Kanto como Tokio, Kawasaki, Chiba, Yokohama, Saitama y otras ciudades en Tochigi. A partir de allí, los grupos de "dekasegi" sudamericanos comenzaron a arribar con una frecuencia de dos o más grupos por mes (sólo para Tochigi). El gráfico 1 representa la población de Moka que está conformada mayoritariamente por los Nikkei brasileño y peruanos.

Gráfico 1: Población de extranjeros en Moka 1988 ~ 2021

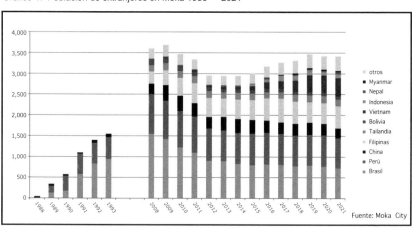

Fuente: Moka City

Asignaciones y Deducciones Salariales

Desde antes de comenzar la emigración masiva de los Nikkei a Japón, un rumor extendido

Pero al otro lado del Océano Pacifico, en Japón, durante la década de los 80 se vivió una época de máxima prosperidad. Desde 1987 a 1990, la economía japonesa creció con fuerte dinamismo en un ambiente de euforia económica a la que se le llamó la "época de la burbuja". El auge fue espectacular: el mercado interno experimentó un aumento en la demanda cada vez mayor y por otro lado en el mercado externo, los productos "Made in Japan" invadían el mundo obteniendo un elevado superávit comercial, es decir sus productos se exportaban más de lo que se importaba. Esto ocasionó una falta de mano de obra tal que, aprovechando esta coyuntura y la falta de una política de inmigración, los extranjeros del sureste asiático pudieran ingresaran bajo eufemismos legales, tales como la visa de practicante laboral o estudiantes de idioma japonés. Ello sucedió con los taiwaneses, coreanos y chinos. De igual manera, producto de acuerdos de excepción, con visa de turismo o como refugiados ingresaron, iraníes, pakistaníes, bangladesíes etc.

Pero luego de algunos años, se hizo evidente una serie de problemas tales como idioma, religión, costumbres y lo que fue más grave, problemas de permanencia ilegal, transcurrido el período de los permisos de estadía emitidos. Es así que el gobierno japonés comenzó a ver la posibilidad de reemplazar esta fuerza laboral por descendientes japoneses de Sudamérica, principalmente de Brasil y Perú, países que en esa época padecían crisis inflacionaria, desempleo y, en el caso del segundo, hasta terrorismo.

Primera Parada, Okinawa

Paralelo a estos acontecimientos, en Okinawa ya residían muchos Nikkei peruanos que por circunstancias familiares se establecieron en la isla. Unos tenían la nacionalidad japonesa y otros, la mayoría, había ingresado con una "visa familiar" que les permitía residir por 6 meses en el país, con posibilidades de extender ese período. Algunos de ellos, después de un tiempo de "aclimatación", en donde aprendían lo básico del idioma y las costumbres, podían trasladarse a la isla principal Honshu en busca de mejores trabajos (sector industrial y manufacturero) y excelentes remuneraciones. Fueron ellos los que se percataron de la falta de mano de obra y avisaron a sus familiares en Perú que Japón podía ser una solución para los problemas financieros que se vivían en el país, con lo que muchos se animaron también a hacer maletas. Por lo general, viajaban en grupos pequeños, acompañados de hermanos o primos. Lo primero era ir a Okinawa y, a través del Shokugyo Anten sho (la Agencia de Empleo Público), conseguir un trabajo en la isla principal.

Mientras el gobierno japonés estudiaba la posibilidad de permitir la entrada de los descendientes de japoneses, ya algunas empresas estaban viajando a Sudamérica con la finalidad de contactar a trabajadores Nikkei ofreciéndoles un puesto de trabajo bien remunerado con alojamiento y todo lo necesario. Así comenzó a gestarse la emigración masiva de los Nikkei hacia la Tierra del Sol Naciente, el llamado "Fenómeno Dekasegi".

Capítulo 1
El retorno: Dekasegi en Moka

Jaime Takashi Takahashi

1. Introducción

Cuán cierto es el dicho que argumenta que "La vida da muchas vueltas". Sin embargo, en ocasiones, no es que se regrese al mismo lugar o tiempo, sino a una situación del pasado muy parecida desde la que reconocemos la anterior. Como en una escalera caracol, regresando al mismo punto, pero en diferente plano. En mi caso particular, y el de mi abuelo por parte materna—Rokuro Tojo—sucedió que, por circunstancias de la vida, tuvimos que cruzar el océano Pacifico en busca del bienestar familiar, repitiéndose las mismas coyunturas y motivaciones, 80 años después.

Al analizar las circunstancias que vivió mi abuelo para emprender la travesía hacia Perú, encontré mucha similitud con las que me hicieron hacer lo mismo. En estas notas deseo compartir mis vivencias y la de los "dekasegi" Nikkei peruanos, que elegimos el camino del retorno.

En mi caso, fueron 80 años después de que el pionero de la familia, Rokuro Tojo, pisara tierras peruanas y sentara las bases para sus generaciones futuras. Por circunstancias de la vida, también debí cruzar el Océano Pacifico, pero en sentido contrario, en procura de un futuro mejor, retornando al país del cual un día él mismo se despidió. Pero antes de entrar de lleno al tema, sería bueno explicar la situación por la cual los Nikkei peruanos nos decidimos a atravesar medio mundo, en busca de mejoras económicas como lo hicieron nuestros abuelos.

En la segunda mitad de los años 80 el Perú atravesó una época terrible pues la situación económica había colapsado, con una inflación acumulada que llegó a más de 2 mil % con desabastecimiento y largas colas para conseguir los productos de primera necesidad. La intempestiva subida de precios, como consecuencia a una crisis galopante, hizo que los salarios no alcanzaran a fin de mes, y la ciudadanía se viera en serios problemas. Más aún, las acciones de dos grupos subversivos -Sendero Luminoso y el Movimiento Revolucionario Túpac Amaru-, sembraron el terror entre la población a través de asesinatos selectivos, secuestros de personalidades y atentados con explosivos, cuya finalidad era la de derrocar al estado democrático e instaurar en su reemplazo un estado socialista, agravando aún más la profunda crisis económica.

2. Cruzando el Pacifico: "El Retorno"

evolución de la situación laboral de los peruanos, basada en cientos de entrevistas a personas con experiencia laboral en Japón desarrolladas a lo largo de una década.

Treinta años después, como colectivo, la comunidad peruana no ha conseguido consolidar una red de instituciones y asociaciones en la que puedan alternar. Sigue siendo una tarea por realizar. En el cuarto capítulo, José Bravo Kohatsu, que llegó al Japón de pequeño y se formó académica y profesionalmente en este país, analiza, desde la parte organizativa, a esta comunidad. Como peruano de "segunda generación" en Japón, su óptica sobre lo que debe ser una asociación de peruanos en este país resulta interesante.

Junto a sus sueños y sus deseos de superación, los migrantes también trajeron consigo su bagaje cultural y sus creencias religiosas, que han funcionado como soporte espiritual durante toda su estadía. Los actos de homenaje al Señor de los Milagros no han dejado de realizarse durante los meses de octubre en varias ciudades desde que se realizara la primera procesión en la ciudad de Kobe, Hyogo, en 1990 y se ha convertido en el evento más representativo de los peruanos en Japón. Rosa Ochante Muray, en el quinto capítulo del libro, analiza la fe de los peruanos a partir de una investigación sobre la festividad del Cristo Morado.

La imagen del Japón como nuevo "El Dorado" de los 90, el destino a elegir para ir a laborar y obtener bonanza, no se limitó solamente a los descendientes de japoneses. En un Perú en profunda crisis, no fueron pocos los que, sin tener origen japonés, también se arriesgaron por todos los medios -lícitos o no- a trabajar en las fábricas japonesas y hacer un capital en poco tiempo que en Perú podría demorar muchos años. Los peruanos sin documentos que les permitieran residir y trabajar en Japón se llegaron a contar por miles durante los primeros años y sus historias también se revelan en el sexto capítulo escrito por Nanako Inaba.

Finalmente, en el sétimo capítulo, a través de un relato personal, cálido e intimista, Carlos Ochante cuenta la historia de su padre, un peruano inmigrante que desde el primer día que llegó al Japón buscó que adaptarse a a cultura del nuevo país de residencia y a hacer todos los esfuerzos por interrelacionarse con la sociedad japonesa. Para ello tuvo la herramienta de la música, como idioma universal para acercar a japoneses y extranjeros, expresión que le permitió también mostrar las cosas buenas del Perú a los japoneses.

sobre lo que significa pertenecer a este colectivo.

Se conglomeran entonces en este material: el rigor de la investigación y la estadística para analizar el desarrollo de la comunidad peruana a través de los años, junto al relato de primera mano, vivencial y emotivo, de quienes se aventuraron a cambiar de vida en un país ajeno; así como también la particular experiencia de quienes han aprendido a alternar entre dos vertientes culturales que han tenido influencia en su formación como personas y profesionales.

Un libro editado en dos idiomas que permitirá al lector japonés conocer a los peruanos del Japón, y también un documento para que las nuevas generaciones de peruanos aquí, sepan de dónde vienen.

Siete capítulos, treinta años de historia

La trayectoria de los peruanos en Japón puede comenzar a contarse desde la ciudad de Moka, en la prefectura de Tochigi, localidad en la que pasaron su primera noche en Japón miles de latinoamericanos antes de ser enviados a laborar en fábricas de todo el país. Aún viven allí "dekasegi" de los primeros días. En el primer capítulo, Jaime Takashi Takahashi -que fue funcionario de una empresa contratista y hoy labora en el municipio de la ciudad-, escribe sobre la forma cómo se ha desarrollado la comunidad peruana en esa ciudad, la primera que recibió a los migrantes sudamericanos.

Eduardo Azato es periodista y trabajaba en un diario de la comunidad "nikkei" en Perú, en donde llegó a redactar artículos relacionados a los primeros días del "Fenómeno Dekasegi". Poco tiempo después, él también tomó el avión hacia Tokio para trabajar en una fábrica de autopartes. Durante tres décadas ha venido desempeñándose como colaborador en muchos medios de prensa nacidos en el seno de la comunidad latina. Desarrolla en el segundo capítulo los hechos noticiosos locales e internacionales que causaron mayor impacto entre los peruanos del Japón y la particular forma en la que, como comunidad, respondieron a estos acontecimientos.

La diáspora de peruanos hacia el Japón, como cualquier otra corriente migratoria, tuvo razones económicas. Los publicitados "tres mil dólares mensuales" de salario funcionaron como el mejor aliciente para que miles se arriesguen, sin mayor información, a la aventura de trabajar en Japón. ¿Laboralmente, los peruanos en Japón están mejor hoy, a diferencia de cuando comenzaron a llegar en los 90?, ¿cómo la gran crisis mundial del 2008 afectó esta situación?, ¿qué le depara el futuro a esta comunidad? Son algunas de las preguntas que intenta responder en el tercer capítulo del libro la investigación realizada por Naoto Higuchi en torno a la

PRÓLOGO

Ha transcurrido más de tres décadas desde que miles de latinoamericanos decidieron abandonar sus países en busca de mejores condiciones de vida en el Japón, por entonces, la segunda economía del mundo que necesitaba de más trabajadores para mantener ese período de prosperidad.

A partir de finales de la década de los 80, la mayor parte de la mano de obra llegó desde las comunidades de origen japonés en Sudamérica, región sumida en una grave crisis económica y social, luego que el gobierno japonés decidiera incentivar la llegada de sus nacionales y sus descendientes con cambios en sus leyes migratorias, favoreciendo su estadía por razones étnicas.

El éxodo fue llamado de "Fenómeno Dekasegi" por estudiosos vinculados a las Ciencias Sociales y la prensa.

La palabra "dekasegi" designa en Japón a los trabajadores que migran temporalmente desde las provincias a los grandes centros urbanos para emplearse en labores por las que obtienen mejor remuneración. Viajan momentáneamente a un lugar para hacerse de un capital.

En Brasil y Perú, los países de los que procede la mayoría de estos trabajadores, la palabra se ha seguido usando erróneamente para identificar a todos aquellos que viajaron a laborar a las fábricas y viven en Japón.

Pero no se tiene en cuenta que muchos dejaron de ser "dekasegi" hace tiempo. Hay un buen sector ya no se considera de paso para una residencia transitoria; ellos no piensan retornar a sus países de origen. Son inmigrantes, aunque el propio Japón no reconozca oficialmente esta condición.

Muchos han decidido -como sus abuelos y padres, que viajaron como inmigrantes y se establecieron en el Perú- hacer también suyo este país que los recibió, por el que han invertido sus mejores años de esfuerzo y al cual, pese a los años transcurridos, todavía les cuesta acostumbrarse y hasta entender.

Hoy son casi 50 mil personas, cuatro generaciones de personas de nacionalidad peruana que han escrito su propia historia en todos estos años, la misma que podría contarse a través de los siete capítulos que integran este libro que intenta documentar la vida de los peruanos en Japón abordándolo desde diferentes ópticas.

Entre los autores de los textos figuran académicos en Ciencias Sociales especializados en investigar comunidades extranjeras en Japón, los propios trabajadores que llegaron en los primeros años, así como miembros de la segunda generación de peruanos, hijos de estos migrantes, que tienen su propia valoración

ペルーから日本への
デカセギ30年史
Peruanos en Japón,
pasado y presente

Índice

ペルーから日本への デカセギ30年史

Peruanos en Japón, **pasado y presente**

2024 年 2 月 5 日　第 1 刷発行

著　者　　ハイメ・タカシ・タカハシ
　　　　　エドゥアルド・アサト
　　　　　樋口直人
　　　　　小波津ホセ
　　　　　オチャンテ・村井・ロサ・メルセデス
　　　　　稲葉奈々子
　　　　　オチャンテ・カルロス

装　幀　　いちむらみさこ

発行人　　川満 昭広

発　行　　株式会社 インパクト出版会
　　　　　東京都文京区本郷 2-5-11　服部ビル 2F
　　　　　Tel 03-3818-7576　Fax 03-3818-8676
　　　　　impact@jca.apc.org　http://impact-shuppankai.com/
　　　　　郵便振替　00110-9-83148

印刷・製本　モリモト印刷